Hoofdzaken van het bestuursrecht

W0273105

Prof. mr. drs. F.C.M.A. Michiels

Hoofdzaken van het bestuursrecht

Achtste druk

Wolters Kluwer
When you have to be right

Deventer – 2016

ISBN 978-90-13-13132-1
NUR 823-302

© 2016, F.C.M.A. Michiels

Ontwerp omslag: H2R+ creatieve communicatie

Alle rechten voorbehouden. Niets uit deze uitgave mag worden verveelvoudigd, opgeslagen in een geautomatiseerd gegevensbestand, of openbaar gemaakt, in enige vorm of op enige wijze, hetzij elektronisch, mechanisch, door fotokopieën, opnamen of enige andere manier, zonder voorafgaande schriftelijke toestemming van de uitgeverij.

Voor zover het maken van kopieën uit deze uitgave is toegestaan op grond van art. 16h tot en met 16m Auteurswet jo. het Besluit van 27 november 2002, *Stb.* 2002, 575, dient men de daarvoor wettelijk verschuldigde vergoedingen te voldoen aan de Stichting Reprorecht (Postbus 3051, 2130 KB Hoofddorp). Voor het overnemen van gedeelte(n) uit deze uitgave in bloemlezingen, readers en andere compilatiewerken dient men zich tot de uitgever te wenden.

No part of this book may be reproduced in any form, by print, photoprint, microfilm or any other means without written permission from the publisher.

Hoewel aan de totstandkoming van deze uitgave de uiterste zorg is besteed, aanvaarden de auteur(s), redacteur(en) en uitgever(s) geen aansprakelijkheid voor eventuele fouten en onvolkomenheden, noch voor gevolgen hiervan.

Op alle uitgaven van Wolters Kluwer zijn de algemene leveringsvoorwaarden van toepassing. Deze kunt u lezen op www.wolterskluwer.nl/shop.

VOORWOORD

Bij de zevende druk
De bestudering van het bestuursrecht valt veel studenten niet gemakkelijk. Het bestuursrecht is breed en bij vluchtige beschouwing onoverzichtelijk. Bovendien lijkt het, anders dan het strafrecht en het privaatrecht, vooral te gaan over dingen die ver afstaan van de dagelijkse werkelijkheid waarin studenten leven. Bij nadere beschouwing heeft het bestuursrecht zich de laatste decennia sterk ontwikkeld, is van leerstukken en systematiek sprake en gaat het wel degelijk ook over zaken waarmee studenten direct of indirect (kunnen) worden geconfronteerd. Daarmee is nog niet gezegd dat dit in het onderwijs aan beginnende rechtenstudenten altijd gemakkelijk is over te brengen. Dit boek, waarin is gepoogd de lezer met het bestuursrecht vertrouwd te maken, is primair bedoeld voor de propedeuse van de rechtenstudie, maar is ook bruikbaar voor niet-juridische studenten en anderen die belangstelling hebben voor de hoofdzaken van het bestuursrecht. Om de stof zo levendig en concreet mogelijk te presenteren, is gekozen voor een aanpak waarin casus centraal staan. De theorie wordt aldus gekoppeld aan concrete gevallen.

Sinds de vorige druk zijn er weer enkele belangrijke veranderingen in het bestuursrecht te signaleren. Zo is het bestuursprocesrecht ingrijpend gewijzigd door inwerkingtreding van de Wet aanpassing bestuursprocesrecht. Deze wet strekte tot aanpassing van de Awb en een aantal andere wetten. Hierdoor is het stelsel van toegang tot de bestuursrechter overzichtelijker geworden. Voorts zijn onder meer voorzieningen in de wet opgenomen om het procederen bij de bestuursrechter meer bij de tijd te brengen, met het oog op een snelle en finale geschilbeslechting. Ook kent de Awb sinds kort een regeling voor het doen van verzoeken om schadevergoeding aan de bestuursrechter, hetgeen een spectaculaire inbreuk vormt op het klassieke stelsel van het beroep uitsluitend tegen besluiten. Genoemde wijzigingen zijn in deze nieuwe druk verwerkt. Daarnaast zijn uiteraard andere wijzigingen in de wetgeving meegenomen, is aandacht besteed aan recente literatuur en zijn de belangrijkste uitspraken van de diverse bestuursrechters die sinds het verschijnen van de vorige druk zijn gedaan, in deze nieuwe druk verwerkt. Aan de tenuitvoerlegging van sanctiebesluiten is iets meer aandacht besteed, nu dit ook tot het bestuursrecht is gaan behoren en er inmiddels diverse belangwekkende rechterlijke uitspraken over zijn gedaan. Van de gelegenheid is voorts gebruikgemaakt enkele oneffenheden uit de vorige druk weg te werken.

Ik dank de student-assistenten Jade Alderkamp en Ilona Bierkens voor hun voorbereidende werkzaamheden. Mede door hun hulp was het geen straf om wederom een nieuwe druk te verzorgen. Ik dank ook degenen die suggesties deden voor verbetering. Een boek is immers nooit af! Ik houd mij daarom ook ten aanzien van deze nieuwe druk weer aanbevolen voor opmerkingen van lezers (f.michiels@uvt.nl).

Tilburg, november 2013
Lex Michiels

Bij de achtste druk
Het bestuursrecht verandert (op onderdelen) vaak en snel! In deze nieuwe druk zijn weer veel wijzigingen en aanvullingen aangebracht die nodig waren vanwege de ontwikkelingen in wetgeving en rechtspraak. Wat de wetgeving betrof, waren het overigens geen majeure wijzigingen. Van de komst van de Omgevingswet – wél een majeure wijziging – is in het boek gewag gemaakt, maar de wet is vanzelfsprekend nog niet in deze druk verwerkt, nu het nog wel enkele jaren zal duren voordat zij in werking zal treden. Bij de rechtspraak is vermeldenswaard dat op diverse plaatsen in het boek speciaal aandacht is besteed aan de discussie over en de subtiele veranderingen in de mate van indringendheid waarmee de bestuursrechter bestuursbesluiten toetst. Voorts is de tekst van het boek, al dan niet op instigatie van anderen, hier en daar verder verduidelijkt en zijn enkele 'oneffenheden' weggewerkt. Ook zijn diverse nieuwe voorbeelden uit de jurisprudentie opgenomen, ter vervanging van dan wel ter aanvulling op de voorbeelden die al in het boek te vinden waren. Vanzelfsprekend is ook weer naar nieuwe literatuur verwezen. Alles bijeen was er voldoende reden een nieuwe druk te maken. In de structuur van het boek (en daarmee samenhangend de inhoudsopgave) is niets gewijzigd.

Ik dank Mariëlle Rog, voor haar hulp bij het uitzoekwerk, alsmede degenen, binnen en buiten mijn vakgroep, die suggesties deden voor verbetering. In verband met mijn inmiddels voltijdse aanstelling bij de Afdeling bestuursrechtspraak verzoek ik de lezers eventuele opmerkingen ten aanzien van deze achtste druk te zenden aan f.michiels@raadvanstate.nl.

Tilburg, juni 2016
Lex Michiels

INHOUDSOPGAVE

HOOFDSTUK 4
Bevoegdheden en rechten van bestuursinstanties / 61

HOOFDSTUK 5
Centraal en decentraal bestuur / 95

HOOFDSTUK 6
Normen voor bestuurlijk handelen / 121

AFKORTINGEN

AAe	Ars Aequi
AB	Administratiefrechtelijke Beslissingen
ABRvS	Afdeling bestuursrechtspraak van de Raad van State
ACM	Autoriteit Consument en Markt
AGRvS	Afdeling voor de geschillen van bestuur van de Raad van State
amvb	algemene maatregel van bestuur
APV	algemene plaatselijke verordening
ARRvS	Afdeling rechtspraak van de Raad van State
art.	artikel(en)
Aw	Ambtenarenwet
Awb	Algemene wet bestuursrecht
B en W	burgemeester en wethouders
b.a.s.	besluit van algemene strekking
BES-lichaam	Bonaire, Sint Eustatius en Saba
Bor	Besluit omgevingsrecht
BR	Bouwrecht
BV	besloten vennootschap
BW	Burgerlijk Wetboek
BZK	Binnenlandse Zaken en Koninkrijksrelaties
CBb	College van Beroep voor het bedrijfsleven
CBR	Stichting Centraal Bureau Rijvaardigheidsbewijzen
CdK	commissaris van de Koning(in)
Chw	Crisis- en herstelwet
CRvB	Centrale Raad van Beroep
D-G	directeur-generaal
diss.	dissertatie
EG	Europese Gemeenschappen
EHRM	Europees Hof voor de rechten van de mens
EU	Europese Unie
EVRM	Europees Verdrag tot bescherming van de rechten van de mens en de fundamentele vrijheden
EZ	Economische Zaken
Gemw	Gemeentewet
GS	gedeputeerde staten
Gst.	De Gemeentestem

Gw	Grondwet
HR	Hoge Raad der Nederlanden
HvJEG	Hof van Justitie van de Europese Gemeenschappen
HvJEU	Hof van Justitie van de Europese Unie
Hw	Huisvestingswet
IVBPR	Internationaal Verdrag inzake burgerrechten en politieke rechten
IBES	Invoeringswet openbare lichamen BES
I&M	Infrastructuur en Milieu
JB	Jurisprudentie Bestuursrecht
KB	Koninklijk Besluit
LNV	Landbouw, Natuur en Voedselkwaliteit
m.a.	met aantekening
m.nt.	met noot
M en R	Tijdschrift voor Milieu en Recht
NJ	Nederlandse Jurisprudentie
No	Nationale ombudsman
NV	naamloze vennootschap
OM	Openbaar Ministerie
PBO	publiekrechtelijke bedrijfsorganisatie
Pres.	President
PS	provinciale staten
RAwb	Rechtspraak Algemene wet bestuursrecht
Rb	Rechtbank
RvdW	Rechtspraak van de Week
S-G	secretaris-generaal
SER	Sociaal-Economische Raad
Sr	Wetboek van Strafrecht
Sv	Wetboek van Strafvordering
SZW	Sociale Zaken en Werkgelegenheid
tB/S	Ten Berge/Stroink e.a. (red.), Administratieve Rechtspraak Overheidsbeschikkingen
TK	Tweede Kamer
VAR	Vereniging voor Administratief Recht/Bestuursrecht
VROM	Volkshuisvesting, Ruimtelijke Ordening en Milieubeheer
vvgb	verklaring van geen bedenkingen
Vz	Voorzitter
Wabo	Wet algemene bepalingen omgevingsrecht
Wav	Wet arbeid vreemdelingen
Wbp	Wet bescherming persoonsgegevens
Wed	Wet op de economische delicten
Wet Arob	Wet administratieve rechtspraak overheidsbeschikkingen
Wet BOPZ	Wet bijzondere opnemingen in psychiatrische ziekenhuizen
Wet BBO	Wet bestuursrechtspraak bedrijfsorganisatie
Wet RO	Wet op de rechterlijke organisatie

Wet RvS	Wet op de Raad van State
Wgr	Wet gemeenschappelijke regelingen
Wm	Wet milieubeheer
WNo	Wet Nationale ombudsman
Wob	Wet openbaarheid van bestuur
WolBES	Wet openbare lichamen Bonaire, Sint Eustatius en Saba
Wom	Wet openbare manifestaties
Wrgt	Wet revitalisering generiek toezicht
WRO	Wet op de Ruimtelijke Ordening
Wro	Wet ruimtelijke ordening
Ww	Woningwet
zbo	zelfstandig bestuursorgaan

HOOFDSTUK 1

Inleiding

1.1 Een casus

De zaak van de Weertse wurgslangen
Twee inwoners van Weert hebben het plan opgevat wurgslangen te houden. Ingevolge art. 82 van de door de gemeenteraad vastgestelde Algemene Plaatselijke Verordening (APV) van Weert is het verboden een wild dier, dat bij ontsnapping gevaar kan veroorzaken, aanwezig te hebben. B en W kunnen van dit verbod een ontheffing verlenen. Hoewel de slangenvrienden menen dat wurgslangen geen wilde dieren zijn, hebben zij veiligheidshalve een ontheffing aangevraagd. Die krijgen ze, zij het voor slechts twee jaar en bovendien voorzien van enkele voorschriften. Eén daarvan luidt dat ze niet meer dan vijf volwassen wurgslangen tegelijk mogen houden. De slangenhouders dienen een bezwaarschrift in, dat grotendeels ongegrond wordt verklaard. Vervolgens gaan ze in beroep bij de bestuursrechter. Hun stelling is dat zij eigenlijk geen ontheffing nodig hebben en dat het stellen van daaraan verbonden voorschriften dus ook niet mogelijk is. Hun argumenten voor deze stelling zijn dat slangen geen wilde dieren zijn, dat ze niet gemakkelijker ontsnappen dan honden en katten, dat ook tamme dieren gevaar kunnen veroorzaken en dat het verschil tussen wilde en tamme dieren niet duidelijk is, zodat de verordening op dit punt eigenlijk niet deugt. B en W voeren aan dat zij een beleid voeren waarbij onderscheid wordt gemaakt tussen relatief en absoluut gevaar. Gifslangen bijvoorbeeld zijn absoluut gevaarlijk en zijn daarom in woonwijken verboden, wurgslangen zijn slechts relatief gevaarlijk en daarom in beginsel niet verboden. Maar ter bescherming van het woon- en leefklimaat en in het bijzonder om onrust bij omwonenden weg te nemen, wordt wel een stringent ontheffingenbeleid gevoerd, met kort durende ontheffingen, voorzien van voorschriften.

De rechter acht dit beleid niet onredelijk en meent dat de verleende ontheffing met de daaraan verbonden voorschriften in dit beleid past. Hij verwerpt het beroep.[1]

1 Deze casus is ontleend aan ABRvS 12 april 1994, *AB* 1994/435, *Gst.* 6989/4 m.nt. B. Zie voor een casus over een muilkorfgebod voor een 'gevaarlijke hond' ABRvS 7 oktober 2015, ECLI:NL:RVS:2015:3093.

1.2 Wat is bestuursrecht?

De hierboven gepresenteerde casus lijkt zeer eenvoudig en in enkele zinnen als volgt weer te geven. Twee personen willen wurgslangen houden. Ze krijgen daarvoor toestemming, doch slechts voor de duur van twee jaar en voor een beperkt aantal slangen. Omdat ze het met deze beperkingen en enkele voorschriften niet eens zijn, gaan ze in beroep, maar de rechter vindt de aan de ontheffing verbonden voorschriften en beperkingen niet onrechtmatig. Toch ligt in deze inderdaad eenvoudige, betrekkelijk willekeurig gekozen, casus een groot deel van het bestuursrecht besloten. De vragen, die naar aanleiding van de casus kunnen worden gesteld, geven een eerste idee van wat het bestuursrecht inhoudt. De antwoorden zijn nu nog niet van belang; die volgen uit hetgeen in de andere hoofdstukken wordt behandeld.

a. Wat is een APV en wat is een ontheffing? Op grond waarvan mogen verboden worden ingesteld en aan burgers plichten worden opgelegd?
b. Waarom wordt een APV door de gemeenteraad vastgesteld, terwijl een ontheffing door het college van B en W wordt verleend?
c. Welke andere bevoegdheden dan het maken van APV's en het geven van ontheffingen heeft het gemeentebestuur?
d. In de casus is sprake van beleid ter uitvoering van de ontheffingsbevoegdheid. Moet er altijd beleid worden gevoerd? Wat is beleid eigenlijk, juridisch gezien?
e. Hoe verloopt de besluitvorming bij de overheid? Moet voor een ontheffing een schriftelijk verzoek worden ingediend? Krijgt de verzoeker voorafgaand aan de beslissing de gelegenheid een mondelinge toelichting te geven?
f. Stel dat de slangenhouders zich niet aan de ontheffingsvoorschriften houden; (hoe) kan het gemeentebestuur daartegen dan optreden? Kan het de slangen verwijderen? Kan het de slangenhouders straffen?
g. Wat is een bezwaarschrift? Wie beslist daarop aan de hand van welke criteria?
h. Wanneer kan wie in beroep gaan bij de rechter en bij welke rechter?
i. Wat kan men bij die rechter bereiken?

Op de vraag 'wat is bestuursrecht?' kan met een definitie worden geantwoord. Dat gebeurt hier niet. Het is, zo al mogelijk, niet erg zinvol. Definities in studieboeken nodigen uit tot het uit het hoofd leren ervan, hetgeen weinig nut heeft. Bovendien moeten voor een definitie van een begrip als 'bestuursrecht' veel nog onbekende termen worden gebruikt, hetgeen ontmoedigend werkt. Wie erachter wil komen wat bestuursrecht is, kan zich het best met bestuursrechtelijke vraagstukken bezighouden. Gaandeweg zal dan wel blijken wat bestuursrecht inhoudt. Toch is het handig nu reeds een idee te hebben in welke richting men het zoeken moet. Daarom wordt hierna enig houvast omtrent het begrip bestuursrecht gegeven.

Het bestuursrecht heeft betrekking op het openbaar bestuur, op hetgeen het openbaar bestuur doet en op zijn relatie tot de burgers. Tot het openbaar bestuur (hierna kortweg: het bestuur) behoren de besturen van gemeenten, provincies en waterschappen, de ministeries en vele andere overheidsinstanties. Wát het bestuursrecht regelt, is samen te vatten in vijf hoofdvragen. Achter de hoofdvragen staat tussen haakjes een verwijzing naar de corresponderende vragen over de casus:

- Hoe is het bestuur georganiseerd? (b)
- Welke bevoegdheden heeft het bestuur? (a en c)
- Aan welke rechtsnormen heeft het bestuur zich te houden? (d en e)
- Hoe kan het bestuur er voor zorgen dat burgers zich aan de voor hen geldende rechtsnormen houden? (f)
- Welke juridische bescherming is er voor burgers tegen beslissingen en handelingen van het openbaar bestuur? (g, h en i)

Deze vijf hoofdvragen kunnen worden samengevat in de vijf trefwoorden die op het omslag van dit boek zijn vermeld: organisatie, bevoegdheden, normering, handhaving, rechtsbescherming. Deze onderwerpen vormen de hoofdzaken van het bestuursrecht.

Bijzondere delen en algemeen deel

Het bestuursrecht heeft betrekking op alle beleidsterreinen waarop het openbaar bestuur werkzaam is. Voor veel onderdelen, meestal genoemd bijzondere delen, van het bestuursrecht bestaan aparte namen die corresponderen met de afzonderlijke beleidsterreinen. Zo kennen we het omgevingsrecht, waartoe o.a. het milieurecht, het waterrecht en het ruimtelijk bestuursrecht behoren, het huisvestingsrecht, het vreemdelingenrecht, het bestuursrecht inzake openbare orde en veiligheid, het economisch bestuursrecht, het financieel bestuursrecht en het socialezekerheidsrecht. Wat het bestuur doet, doet het altijd op een bepaald terrein; het handelt dus altijd in het kader van een of meer bijzondere delen van het bestuursrecht. Een bestuursorgaan geeft nooit een vergunning zonder meer, maar altijd voor een specifieke activiteit, bijvoorbeeld om een bepaald pand te bewonen (bijzonder deel huisvestingsrecht) of een varkenshouderij te vestigen (bijzonder deel omgevingsrecht).

Hoewel deze bijzondere delen van het bestuursrecht onderling verschillen, bevatten ze veel gemeenschappelijks. Hoe bestuursorganen aan bevoegdheden komen om besluiten te nemen en andere handelingen te verrichten, welke typen bestuursbesluiten kunnen worden onderscheiden, hoe bestuursorganen het recht kunnen handhaven, zijn vragen die in alle bijzondere delen van belang zijn. Rond die vragen zijn wettelijke bepalingen opgesteld, is jurisprudentie ontwikkeld en zijn algemene leerstukken opgebouwd. Daarom wordt naast de bijzondere delen ook een algemeen deel van het bestuursrecht onderscheiden, waartoe de centrale onderwerpen en leerstukken van het bestuursrecht behoren en waarop met name de Algemene wet bestuursrecht betrekking heeft. Dat algemene deel komt in dit boek over de hoofdzaken van het bestuursrecht uiteraard ruimschoots aan bod. In de bijzondere delen van het bestuursrecht komen de abstracte onderwerpen van het algemene bestuursrecht echter pas tot leven.

Daarom worden veel voorbeelden uit allerlei bijzondere delen gebruikt. Voor een goed begrip van de tekst is het echter niet nodig de details van die bijzondere delen te kennen.

Ingrijpende wijzigingen in één van de bijzondere delen: het omgevingsrecht
Ofschoon het omgevingsrecht niet méér bijzonder is dan andere bijzondere delen, is het mede omdat in dit boek veel voorbeelden aan het omgevingsrecht zijn ontleend van belang hier reeds melding te maken van het feit dat er op dit gebied voortdurende en spectaculaire ontwikkelingen in de wetgeving zijn. Tot dit gebied behoren regelingen op het gebied van de leefomgeving als de Wet ruimtelijke ordening (Wro), de Monumentenwet, de Wet milieubeheer (Wm), de Natuurbeschermingswet 1998 en de Flora- en faunawet (welke laatste twee wetten op 1 januari 2017 opgaan in de Wet natuurbescherming). Op 1 oktober 2010 is daar de Wet algemene bepalingen omgevingsrecht (Wabo) bijgekomen, evenals het daarop gebaseerde Besluit omgevingsrecht (Bor) en de Ministeriële regeling omgevingsrecht (Mor). Dat was een belangrijke ontwikkeling, want in hoofdstuk 2 Wabo zijn zo'n 25 voormalige toestemmingen (vergunningen, ontheffingen e.d.) geïntegreerd in één *omgevingsvergunning*. De belangrijkste van die voorheen afzonderlijke toestemmingen zijn de ontheffing van het bestemmingsplan, de bouwvergunning, de sloopvergunning, de kapvergunning, de milieuvergunning en de Natuurbeschermingswetvergunning. De integratie heeft ertoe geleid dat thans voor heel veel activiteiten (projecten noemt de Wabo het) nog maar één vergunning nodig is, waar dat er vroeger in sommige gevallen twee, drie of (veel) meer waren. Denk aan de oprichting van een bedrijf, waarvoor eerst een oud pand moet worden gesloopt, enkele bomen moeten worden gekapt en vervolgens een nieuw pand moet worden gebouwd, terwijl dat bedrijf tevens tamelijk grote milieugevolgen teweeg zal gaan brengen waarvoor eveneens een vergunning nodig is. Degene die dit wil doen, hoeft tegenwoordig in plaats van vier aanvragen (in dit voorbeeld) nog maar één aanvraag in te dienen en krijgt, na het volgen van de procedure als bedoeld in afdeling 3.4 Awb, één beslissing op die aanvraag, waartegen hij in beroep kan gaan bij de bestuursrechter.

De wetgever suggereert hier echter meer eenheid en eenvoud dan er is. Ten eerste kan de aanvrager ervoor kiezen toch afzonderlijke vergunningen aan te vragen. In bovengenoemd voorbeeld zou hij er bijvoorbeeld voor kunnen kiezen eerst een vergunning voor het kappen van bomen en het afwijken van het bestemmingsplan ten behoeve van de aanleg van een toegangsweg aan te vragen en pas als dat allemaal in orde is een vergunning voor het bouwen van een bedrijfsruimte, tevens het oprichten van een inrichting in de zin van de Wet milieubeheer. Ook kan de aanvrager de (hele) vergunning in twee fases aanvragen (zoals voorheen de gefaseerde bouwvergunning). In principe is er voorts inderdaad één bevoegd gezag (de vergunningverlener) maar in sommige gevallen heeft dit orgaan (B en W) een verklaring van geen bedenkingen (een soort toestemming) nodig van een ander orgaan (gemeenteraad of GS), zonder welke verklaring de vergunning niet mag worden verleend. Dit speelt o.a. bij activiteiten die schadelijk zijn voor de natuur (dan is GS dat andere orgaan). Ten slotte zijn nog lang niet alle toestemmingen op het gebied van het omgevingsrecht opgegaan in de omgevingsvergunning.

Ook wanneer iemand iets eenvoudigs wil aanvragen, bijvoorbeeld een vergunning voor het kappen van een boom, heet die vergunning officieel toch omgevingsvergunning (en niet kapvergunning). Sterker: in veel gevallen zal het bij een vergunningaanvraag inderdaad gaan om zo'n enkelvoudige activiteit. We spreken dan niettemin van een omgevingsvergunning, eventueel met een aanduiding erbij; dus bijvoorbeeld een omgevingsvergunning voor het kappen, een omgevingsvergunning voor het bouwen etc.[2]

Om de wetgeving in elk geval voor de burger aanzienlijk verder te vereenvoudigen, is gewerkt aan een alomvattende Omgevingswet, die vele wetten (vooralsnog 26), waaronder de Wabo, in zich zal verenigen. Het wetsvoorstel[3] is op 1 juli 2015 in de Tweede Kamer en op 22 maart 2016 in de Eerste Kamer aanvaard.[4] De wet kent echter nog veel witte plekken. Er zijn inmiddels 'aanvullingswetten' in de maak. Ook moet er nog veel uitvoerings-, invoerings- en aanpassingswetgeving tot stand worden gebracht. De verwachting is dat de Omgevingswet daarom pas op zijn vroegst voorjaar 2019 in werking zal treden. Om die reden is deze wet nog niet inhoudelijk in de voorliggende druk van *Hoofdzaken* verwerkt.

1.3 Het belang en de plaats van het bestuursrecht

Maatschappelijk belang

Uit de vermelding in de vorige paragraaf van een aantal bijzondere delen blijkt het maatschappelijk belang van het bestuursrecht al enigszins. Dit belang wordt nog duidelijker door het volgende. Er gaan in Nederland miljarden om aan geldelijke verstrekkingen door de overheid. Miljoenen mensen zijn direct of indirect afhankelijk van een uitkering. De besluiten en procedures daaromtrent behoren tot het bestuursrecht. Hetzelfde geldt voor besluiten inzake huurtoeslagen, zorgtoeslagen, studiebeurzen (ofschoon die categorie geldelijke verstrekkingen inmiddels ernstig aan betekenis heeft ingeboet) en steunverleningen aan banken en andere bedrijven. Het gaat hierbij steeds om verzoeken en/of aanspraken van burgers en bedrijven jegens de overheid. Andersom vormen de door burgers en bedrijven te betalen belastingen de grootste inkomsten voor de overheid. Het heffen van belastingen en de daaraan verbonden procedures behoren eveneens tot het (fiscale) bestuursrecht. Ook bij grote infrastructurele projecten als de aanleg van spoorwegen (Hogesnelheidslijn en Betuwelijn) en van industrieterreinen (zoals de Tweede Maasvlakte), de verbreding van autosnelwegen en de uitbreiding of herinrichting van luchthavens, speelt het bestuursrecht een

2 De oude termen als bouwvergunning en milieuvergunning, blijven in zoverre van belang dat ze in de praktijk nog wel worden gebruikt. Ook veel oudere jurisprudentie gaat uiteraard uit van de oude regelingen en bevat de oude termen.

3 *Kamerstukken II* 2013/14, 33 962.

4 Vervolgens is het voorstel wet geworden (*Stb.* 2016, 156). Bij de Invoeringswet Omgevingswet en de aanvullingswetten zal er echter nog veel aan de Omgevingswet worden toegevoegd en gewijzigd.

belangrijke rol. Vele bestemmingsplannen moeten worden aangepast, talloze vergunningen zijn nodig etc. Ook het verkeersrecht is in hoge mate bestuursrechtelijk van aard geworden. Uit de casus kan worden opgemaakt, dat het bestuursrecht zo doordringt in het leven van burgers, dat het zelfs betrekking kan hebben op handelingen die burgers in hun eigen woning verrichten, omdat en voor zover die handelingen effecten op de omgeving (kunnen) hebben. Het bestuursrecht 'bemoeit zich' dus met enorm veel facetten van het maatschappelijk leven. Dat is deels zo omdat de overheid steeds meer taken aan zich heeft getrokken. Tegelijk zijn de mensen mondiger geworden en is er een sterke behoefte aan (uitgebreide) rechtsbescherming ontstaan; ook dáárin voorziet het bestuursrecht. De samenleving is in verband met het voorgaande in hoge mate gejuridiseerd. Regelmatig wordt de vraag gesteld of we daarmee niet te ver zijn doorgeschoten. Uit bestuurlijke kring is in de jaren negentig kritiek gekomen op het feit dat de bestuursrechter het bestuurlijk handelen te zeer juridisch zou benaderen en soms de plaats van het bestuur zou innemen.[5] Juridisering is met name een probleem waar relaties tussen burgers onderling, tussen overheid en burgers en tussen overheden vrijwel uitsluitend (dreigen te) worden beheerst door juridische instrumenten en procedures.[6] Feit is echter dat in een rechtsstaat als de onze al het optreden van de overheid in elk geval mede door het recht dient te worden beheerst. Het bestuursrecht is daarom niet ten onrechte zo breed en omvangrijk geworden. Tegelijk klinkt de roep om vermindering en vereenvoudiging van regelgeving onverminderd luid, zowel in het bedrijfsleven als in de politiek. Opeenvolgende kabinetten hebben deregulering tot een speerpunt van het beleid verheven. We zouden met veel minder regels en minder gedetailleerde regels toe kunnen. Zodra evenwel in de samenleving een algemeen belang wordt bedreigd, bijvoorbeeld de veiligheid, eist diezelfde politiek als eerste dat er nieuwe wetten komen die de bedreiging moeten wegnemen of beheersen. Wetgeving wordt dus als probleem, maar tegelijk als oplossing gezien. Het is ook de vraag in hoeverre deregulering mógelijk is: we hebben nu eenmaal behoefte aan ordening ter bescherming van allerlei belangen.[7] Waar wetten worden vereenvoudigd, worden vaak beleidsregels door de uitvoerende bestuursorganen vastgesteld om de vereenvoudigde, maar daardoor veelal ook minder precieze wetsbepalingen uit te leggen of uit te werken; waar wetten worden afgeschaft, vullen niet zelden regels van particuliere instanties de vrijgekomen ruimte weer in. Waar meer vrijheid wordt geboden aan bestuursorganen, burgers, bedrijven of instellingen, gaat dat vaak gepaard met een intensiever toezicht op het gebruik van die vrijheid.

Naast een streven naar deregulering zijn er ook initiatieven genomen om de rechtspraak doelmatiger te maken. Door de nieuwe zaaksbehandeling bij de rechtbanken, een meer op een inhoudelijk eindresultaat gericht proces bij de

5 Werkgroep Van Kemenade, *Bestuur in geding*, Haarlem 1997.
6 In deze zin ook het kabinetsstandpunt Juridisering in het openbaar bestuur, *Kamerstukken II* 1998/99, 26 360, nr. 1, p. 4.
7 Zie P. Westerman, 'De onmogelijkheid van deregulering', *NJB* 2006, p. 132-137.

bestuursrechter ('finale geschillenbeslechting') en het sneller doen van uitspraken, probeert de bestuursrechtspraak het bestuursrecht meer aan zijn maatschappelijke doelen te laten voldoen en een tegenwicht tegen de juridisering te bieden.[8] Zie over deze ontwikkelingen verder hoofdstuk 8. Van een rechtsgebied dat een halve eeuw geleden nog nauwelijks bestond, laat staan ontwikkeld was, is het bestuursrecht uitgegroeid tot een belangrijk rechtsgebied dat een volwaardige plaats toekomt naast het privaatrecht en het strafrecht. Van een strikte scheiding tussen die rechtsgebieden is overigens geen sprake; ze dringen over en weer in elkaar door. Het bestuur bedient zich van privaatrecht (al gelden dan soms wel bijzondere beperkingen) en kan in bepaalde gevallen boeten opleggen, hetgeen vanouds een strafrechtelijke activiteit was. Andersom kan de officier van justitie strafbeschikkingen nemen (in plaats van de zaak aan de strafrechter voor te leggen). Gezegd kan worden dat met de grotere rol die de overheid in onze samenleving is gaan spelen, ook noodzakelijkerwijs het bestuursrecht is gegroeid, zowel in de sfeer van de bestuurlijke bevoegdheden als wat betreft de bescherming van de burgers tegen de uitoefening daarvan.

Het vak bestuursrecht in de rechtenopleiding

Het belang van het vak bestuursrecht hangt direct samen met het maatschappelijke belang van het bestuursrecht als rechtsgebied, maar door de aard van het bestuursrecht leent het vak bestuursrecht zich ook voor het aanleren van de typisch juridische denkwijze. Het vak is enerzijds technisch van aard, met veel, nu en dan ingewikkelde, systematiek, die nodig is om de enorme hoeveelheid wetgeving, beleid en jurisprudentie te kunnen ordenen en begrijpen. Anderzijds biedt de bestuurswetgeving het bestuur veel ruimte voor afweging van belangen en interpretatie van wettelijke regels.

Die ruimte voor afweging en interpretatie, bij praktisch alles wat het bestuur doet, is nodig om in het concrete geval de best mogelijke beslissing te nemen. Dat geeft het bestuursrecht iets ongrijpbaars. Wie uitsluitend zekerheden zoekt, heeft het daarom moeilijk met het bestuursrecht (maar zal dat tot op zekere hoogte ook met het privaatrecht hebben, waarin de redelijkheid en billijkheid een belangrijke rol spelen). Wie daarentegen uit is op inzicht in de systematiek, zal bestuursrecht niet alleen een maatschappelijk belangrijk, maar ook boeiend vak vinden en na bestudering ervan voor veel bestuursrechtelijke problemen een (begin van een) oplossing kunnen vinden.

Naast het bestuursrecht wordt het staatsrecht of constitutioneel recht onderscheiden. Deze rechtsgebieden horen in zekere zin bij elkaar. Het onderscheid tussen bestuursrecht en staatsrecht is betrekkelijk en valt moeilijk in abstracto aan te geven. Dat is ook niet bezwaarlijk, want er is geen rechtsgevolg aan verbonden. In sommige opleidingen worden het staatsrecht en het bestuursrecht vanwege de aangeduide verwantschap als één geïntegreerd vak gegeven. Van de meeste onderwerpen in dit boek is onomstreden dat ze doorgaans tot het bestuursrecht worden gerekend. De inrichting van het openbaar bestuur,

8 Zie K.E. Haan, 'De Nieuwe Zaaksbehandeling op het goede spoor?', *NTB* 2013/3, p. 23-25.

zoals behandeld in hoofdstuk 5, zal echter door sommigen tot het bestuursrecht, door anderen tot het staatsrecht worden gerekend, maar het behoort in wezen tot beide vakken. Het is in dit boek summier behandeld.

1.4 Nederlands bestuursrecht en Europees bestuursrecht

Nederlands bestuursrecht is verweven met Europees (en internationaal) bestuursrecht, zowel met het EU-recht als met de mensenrechtenverdragen, in het bijzonder het EVRM. De invloed van het Europese recht, vooral van de uitleg die daaraan door het Hof van Justitie en het EHRM wordt gegeven, op het Nederlandse bestuursrecht en de toepassing daarvan, is van niet te onderschatten belang. Andersom beïnvloedt het Nederlandse bestuursrecht, evenals het bestuursrecht van de andere lidstaten, de opvattingen van het Hof van Justitie, want het Hof laat zich in zijn rechtspraak leiden door de gemeenschappelijke elementen in het recht van de lidstaten. Bovendien zijn het vooral Nederlandse organen die het EU-recht in Nederland toepassen en zijn het Nederlandse (bestuurs)rechters die die toepassing beoordelen. Daarom staat in dit inleidende boek over bestuursrecht het systeem van het Nederlandse bestuursrecht centraal. Niettemin is uiteraard ook aan het EU-recht en het EVRM aandacht besteed. Zo is in algemene zin ingegaan op de vraag in hoeverre ons bestuursrechtelijke systeem direct door EU-recht en/of het EVRM wordt bepaald of is gecorrigeerd. Meer in het bijzonder worden de volgende vragen (summier) behandeld: hoe toetst de rechter de Nederlandse wetgeving aan het EU-recht? Welke beginselen van gemeenschapsrecht spelen een rol en in hoeverre zijn het EU-recht en het EVRM van belang voor de handhaving? Ook is summier behandeld hoe de rechtsbescherming tegen besluiten van EU-organen en besluiten ter uitvoering van EU-recht alsmede de rechtsbescherming in het kader van het EVRM is georganiseerd (8.8).

1.5 Opzet van dit boek

Indeling
Na de eerste twee algemeen getinte hoofdstukken, worden de vijf eerder aangeduide hoofdvragen besproken. De hoofdstukken 3 tot en met 5 hebben betrekking op de hoofdvragen met betrekking tot de organisatie en de bevoegdheden. In de hoofdstukken 6, 7 en 8 worden achtereenvolgens de andere drie hoofdvragen besproken, die de normering, de handhaving en de rechtsbescherming betreffen. Bij wijze van toegift wordt ter afsluiting teruggekomen op de in dit hoofdstuk gepresenteerde casus. Aan de hand van de behandelde stof zullen de antwoorden worden gegeven op de in 1.2 naar aanleiding van de casus gestelde vragen. Er is voor gekozen geen aparte hoofdstukken over de thema's 'overheid en privaatrecht' en 'schadevergoeding' op te nemen. Beide belangrijke onderwerpen zijn geïntegreerd behandeld. Ze spelen namelijk ten aanzien van verschillende vraagstukken een rol.

Casus
Alle hoofdstukken beginnen met een casus. Sommige casus zijn geheel verzonnen, andere zijn gebaseerd op zaken die zich werkelijk hebben voorgedaan, weer andere vormen een bewerking van een of meer zaken die in de jurisprudentie zijn behandeld. De onderwerpen van de casus zijn divers, maar zijn ontleend aan het dagelijks leven. Deze casus lopen als rode draden door de desbetreffende hoofdstukken heen, al is dat, in verband met de behandelde stof, in het ene hoofdstuk meer het geval dan in het andere, en duiken soms ook in andere hoofdstukken op. Aanvullend worden andere voorbeelden gegeven. De casus aan het begin van de hoofdstukken en de vele andere voorbeelden laten zien, dat het bestuursrecht zogezegd op straat ligt, dat het leeft.

Leeswijzer
In het boek worden veel *wetsartikelen* genoemd. Het is voor een goed begrip van de tekst van dit boek, en van het bestuursrecht in het algemeen, van belang een wetgevingseditie bij de hand te hebben en de genoemde wetsartikelen te lezen. De lezer raakt op die manier bekend met een aantal belangrijke wetten. Wanneer een artikelnummer wordt genoemd zonder aanduiding van de wet, is altijd uit het verband direct op te maken over welke wet het gaat. Van de behandelde *jurisprudentie* is in de voetnoten altijd ten minste één vindplaats vermeld. Anders dan bij de wetsartikelen is het voor een goed begrip van de stof echter minder noodzakelijk, ofschoon wel gewenst, de vermelde jurisprudentie op te zoeken en na te lezen. Voor het met dit boek beoogde inzicht in het bestuursrecht is het niet nodig de in de voetnoten vermelde *literatuur* te bestuderen. Toch is regelmatig naar literatuur verwezen, met name ten behoeve van degenen die zich verder in bepaalde onderwerpen willen verdiepen, in enkele gevallen om te wijzen op andersluidende opvattingen van andere auteurs.

HOOFDSTUK 2

Kenmerken van het bestuursrecht

2.1 Inleiding; een casus

Nederland is een democratische rechtsstaat. Dat wil zeggen dat de overheid fundamentele rechten en vrijheden van burgers dient te eerbiedigen, zich moet inzetten voor de verwerkelijking van die rechten en vrijheid, terwijl dit alles geschiedt onder controle van de door het volk in vrije verkiezingen gekozen volksvertegenwoordiging. Om de doelen van de rechtsstaat te bereiken, moet aan vier fundamentele eisen worden voldaan: wetmatigheid van bestuur, rechterlijke controle, evenwicht tussen de verschillende 'machten' (wetgevende, uitvoerende en rechtsprekende macht) en eerbiediging van grondrechten.

Het grondrechtenleerstuk blijft, als een meer staatsrechtelijk georiënteerd onderwerp, in dit boek grotendeels buiten beschouwing. De rechterlijke controle en het machtsevenwicht komen (impliciet) in de hoofdstukken 6 tot en met 8 aan bod. In dit hoofdstuk wordt de nadruk gelegd op enkele andere aspecten van de democratische rechtsstaat, die te maken hebben met de eerste eis en die van groot belang zijn voor het begrip van de structuur van het bestuursrecht. Eerst komen twee uitgangspunten aan bod die de basis vormen van het bestuurlijke handelen: het legaliteitsvereiste en het specialiteitsbeginsel (2.2). Het bestuur heeft voor vele handelingen een grondslag nodig in een (democratisch tot stand gekomen) wet. Dit wordt het legaliteitsvereiste genoemd. Voorts dient het bestuur waar het handelingen verricht dit conform de wet te doen. Daarnaast is er het specialiteitsbeginsel. Dit houdt in dat het bestuur bij de uitvoering van een bepaalde wettelijke regeling slechts die belangen mag behartigen ter bescherming waarvan de betrokken regeling in het leven is geroepen.

Vervolgens kijken we naar het geheel aan wettelijke regels, de Staats- en bestuursrechtelijke normstelling (2.3). Op welke overheidsniveaus worden wettelijke regels gesteld en hoe verhouden al die soorten regels zich tot elkaar? Het geheel aan wetgeving is zeer complex, maar er zit wel een systeem in. Een bijzondere plaats neemt de Algemene wet bestuursrecht in dat systeem in, welke wet wordt besproken in 2.4. In die wet staat het begrip besluit centraal, hetgeen voldoende reden is een aparte paragraaf (2.5) aan dit begrip te wijden.

Het slot van dit hoofdstuk betreft een belangrijk uitgangspunt van het bestuursrecht: de openbaarheid van bestuur. Uit democratisch oogpunt en om een goede controle op het bestuur mogelijk te maken, is het van groot belang dat het bestuur met zijn handelingen, vergaderingen en beslissingen in de openbaarheid treedt.

Alvorens bovenstaande uit te werken, volgt een casus. Op die casus zal in de rest van het hoofdstuk herhaaldelijk worden teruggekomen.

De kapsalon van Antoinette

Antoinette Knipscheer heeft haar rechtenstudie niet afgemaakt, is inmiddels bezig met de kappersopleiding en wil alvast haar kennis en kunde in praktijk brengen. Zij wil de benedenverdieping van het door haar gehuurde woonhuis voor dit doel gebruiken. Of er ter plaatse een bestemmingsplan geldt en zo ja, of dit aan haar plannen in de weg staat, zal haar voorlopig een zorg zijn. Ze laat, zonder de daarvoor benodigde omgevingsvergunning, een aannemer het pand grondig verbouwen en enigszins uitbreiden en richt het deels in als kapsalon. Antoinette knipt op alle dagen van de week, behalve op woensdag. Zij doet dit zwart, hetgeen de tarieven laag houdt en haar inkomsten hoog. Verderop in de straat bevindt zich de 'witte' kapsalon Haarmode. De exploitant daarvan meent dat van oneerlijke concurrentie sprake is en vraagt daarom in een brief het gemeentebestuur tegen de (zijns inziens illegale) werkzaamheden van Antoinette op te treden. Het college van burgemeester en wethouders reageert snel en stuurt Antoinette een brief waarin melding wordt gedaan van het verzoek van Haarmode. In deze brief staat voorts dat B en W dit verzoek honoreren. Zij gelasten Antoinette de verbouwing ongedaan te maken en haar kappersbedrijf te staken. Antoinette verzoekt op haar beurt in een brief aan het gemeentebestuur om een afschrift van het verzoek tot optreden en van het bestemmingsplan alsmede om een verslag van de vergadering van het gemeentebestuur waarin de voor haar zo ongunstige beslissing is genomen. De rampspoed voor Antoinette is nog niet compleet, want ze krijgt ook nog eens van de belastinginspecteur een stevige aanslag inkomstenbelasting, gecombineerd met een boete.

Deze casus roept een aantal, verderop in dit hoofdstuk te beantwoorden, vragen op. Mag iemand zijn woonhuis voor andere doeleinden gebruiken dan wonen? Waarom menen B en W de verbouwing en de uitoefening van het kappersbedrijf te kunnen verbieden? Mag het bedrijfseconomische belang van Haarmode daarbij een rol spelen? Welke juridische betekenis heeft de door het college gezonden brief? Is de in de brief vervatte tweevoudige last (een last is het opleggen van een verplichting iets te doen of na te laten) rechtmatig opgelegd? Heeft Antoinette recht op inzage in of een afschrift van de stukken die zij in haar brief noemt? Mag de belastinginspecteur een boete opleggen?

2.2 Twee uitgangspunten

Het legaliteitsvereiste[1]

De overheid beschikt over vele, soms ingrijpende bevoegdheden. Dat is nodig om een geordende en min of meer rechtvaardig ingerichte samenleving in stand te houden. Niemand zal graag belasting betalen, maar zonder belastingopbrengsten kan de overheid in een vrije samenleving weinig uitrichten. De overheid moet daarom, via het belastingstelsel, geld van haar burgers kunnen 'afpakken'. Zij moet zelfs in staat worden gesteld, en dat is op grond van de Onteigeningswet inderdaad mogelijk, de particuliere eigendom van gronden ongedaan te maken wanneer dat bijvoorbeeld voor de aanleg van een spoorlijn nodig is. De reden waarom burgers uiteindelijk bereid zijn om deze 'legale roof' al dan niet met tegenzin te aanvaarden, is dat de betrokken bevoegdheden op een democratisch tot stand gekomen wet (in formele zin) berusten en op een zorgvuldige wijze worden uitgeoefend. Op dat laatste ziet de onafhankelijke rechter toe; daarover zullen we het later hebben. Nu gaat het om het feit dat veel bestuursbevoegdheden op de wet berusten en dat dit in een democratische rechtsstaat ook zo *moet* zijn. De overheid mag burgers iets verbieden of gebieden, inclusief het afstaan van geld en goederen, doch uitsluitend voor zover de wet dat uitdrukkelijk toestaat (legaliteitsvereiste). Het verbod of gebod mag wel in een lagere regeling staan, maar moet uiteindelijk een grondslag hebben in een wet in formele zin.

> Het Hof in Arnhem vernietigde daarom een naheffingsaanslag die was opgelegd aan iemand die te Nijmegen niet met een chipkaart het verschuldigde parkeergeld kon betalen, nu er volgens het hof geen bepaling in enige wet in formele zin was te vinden die de verplichting tot betaling door middel van een chipkaart mogelijk maakte.[2] De Hoge Raad was echter van mening dat het legaliteitsvereiste niet in de weg staat aan de verplichting om met een chipkaart te betalen. Art. 257 Gemeentewet staat het gemeentebestuur namelijk toe in het kader van de heffing en invordering van gemeentelijke belastingen, waaronder parkeergelden, passende nadere regels te stellen, ook die wat betreft de betaling met een chipkaart.[3]

De door Antoinette te betalen boete mag door de inspecteur worden opgelegd op grond van art. 67d Algemene wet inzake rijksbelastingen.

Het legaliteitsvereiste komt onder meer tot uitdrukking in veel grondrechtenbepalingen in de Grondwet, ingevolge welke enerzijds aantastingen van grondrechten steeds een wettelijke basis behoeven, terwijl anderzijds de wetgever de opdracht krijgt regels te stellen die ertoe strekken bepaalde rechten te (doen) verwezenlijken (zie bijvoorbeeld art. 18 en art. 20).

---

1 In de eerste zes drukken van dit boek sprak ik van het legaliteitsbeginsel, maar hoewel deze term ingeburgerd is, is zij in dit verband minder precies. Zie in deze zin terecht het betoog van S.E. Zijlstra, Wetgeven in een democratische rechtsstaat, in: S.E. Zijlstra e.a. (red.), *Wetgeven*, Deventer: Kluwer 2012, p. 71-80.

2 Hof Arnhem 7 oktober 2003, *Gst.* 7201/23 m.nt. J.W.M. Engels.

3 HR 8 juli 2005, *Gst.* 2006/76 m.nt. J.W.M. Engels.

In het strafrecht heeft het legaliteitsvereiste een enigszins andere betekenis. Art. 16 Gw en art. 1 Sr bepalen dat geen feit strafbaar is dan uit kracht van een voorafgaande wettelijke strafbepaling. Strafbaarstelling mag met andere woorden niet met terugwerkende kracht geschieden. Burgers moeten op het moment dat ze een handeling verrichten, kunnen weten of dit strafbaar is. Dat is een vorm van rechtszekerheid. Bij het bestuursrechtelijke legaliteitsvereiste ligt het accent op de voor een bevoegdheid van een bestuursorgaan benodigde wettelijke grondslag. Een combinatie van deze twee elementen zien we bij de bevoegdheid om bestuurlijke sancties op te leggen. Art. 5:4 Awb lid 1 ziet op de benodigde wettelijke grondslag voor de bevoegdheid om bestuurlijke sancties op te leggen. Lid 2 ziet op het verbod van terugwerkende kracht.

Bestuursorganen moeten de hen gegeven bevoegdheden vervolgens uiteraard conform de daarvoor geldende wettelijke regels en rechtsbeginselen uitoefenen. Eenieder moet zich in een rechtsstaat immers aan het recht houden, dus ook de overheid.

Onenigheid bestaat over de vraag hoe ver het legaliteitsvereiste precies reikt. Geldt dit voor al het overheidshandelen of alleen voor dat handelen dat belastend is, dat een inbreuk maakt op rechten of vrijheden van burgers? Voor het laatste soort handelen is de eis van een wettelijke grondslag voor de hand liggend. In een rechtsstaat hoeft niemand een inbreuk op rechten en vrijheden te aanvaarden zonder dat degene die de inbreuk veroorzaakt dat mag, juridischer gezegd: daarvoor een geldige titel heeft. Maar wanneer de overheid begunstigend handelt, dat wil zeggen iets geeft in plaats van neemt, bijvoorbeeld een subsidie verleent, wiens belang zou dan worden geschaad door het ontbreken van een wettelijke grondslag? Nu kunnen aan subsidies verplichtingen voor de ontvanger worden verbonden (zie afdeling 4.2.4 Awb), hetgeen ook vaak gebeurt. Die verplichtingen zijn belastend. Zuivere begunstiging komt niet vaak voor bij de overheid (en dat is ook wel terecht, want de overheid werkt met gemeenschapsgeld).

Uitkeringen in de sociale zekerheid worden alleen gedaan op grond van wettelijke regelingen die aangeven op welk bedrag iemand recht heeft. Daartoe dwingt ook art. 20 Grondwet. Veelal heeft de uitkeringsgerechtigde zich vervolgens ook aan specifieke wettelijke voorschriften te houden wil hij zijn uitkering niet verliezen.

Bij een subsidie met verplichtingen is er dus sprake van een mengeling van begunstigend en belastend optreden. Betekent dit dat ook die subsidiebesluiten aan de legaliteitseis moeten voldoen? Daarover wordt verschillend gedacht. Sommigen menen dat bedoelde verplichtingen weliswaar ingrijpen in rechten of vrijheden, maar dat die ingreep vrijwillig wordt aanvaard door de subsidie te aanvaarden.[4] Anderen leggen de nadruk op het feit dat vele instellingen niet zonder subsidies kunnen functioneren en de maatschappelijke werkelijkheid meebrengt dat hier wel degelijk van een echte inbreuk moet worden gesproken.[5] Wie het gelijk ook aan zijn zijde heeft, feit is dat de wetgever voor de

4 Aldus F.J. van Ommeren, *De verplichting verankerd* (diss.), Deventer: W.E.J. Tjeenk Willink 1996.
5 Zoals L.J.A. Damen, *Het legaliteitsbeginsel als constitutionele norm*, preadvies Staatsrechtconferentie 1998, Deventer: W.E.J. Tjeenk Willink 1999.

meeste overheidshandelingen een wettelijke grondslag heeft geschapen. Ook voor de meeste subsidies geldt dat die van een wettelijke grondslag moeten zijn voorzien (art. 4:23 Awb).

In de casus Knipscheer speelt het legaliteitsvereiste niet alleen ten aanzien van de opgelegde fiscale boete, maar ook op verschillende andere punten een rol. Waarom zouden B en W Antoinette kunnen verbieden haar huis als kapsalon te gebruiken? Het is waarschijnlijk dat er ook voor dat deel van de gemeente waarin Antoinette woont een bestemmingsplan geldt – het is namelijk verplicht voor het gehele grondgebied van de gemeente een of meer bestemmingsplannen te hebben vastgesteld – en de regels in dit plan een verbod inhouden om een woonhuis voor andere doelen dan de bestemming 'wonen' te gebruiken. Het bestemmingsplan en de bij dat plan behorende voorschriften worden door de gemeenteraad op grond van art. 3.1 Wet ruimtelijke ordening (Wro) vastgesteld. Om de gegeven last rechtmatig te doen zijn, zullen B en W de overtreden regels moeten vermelden. Behalve aan de regels van het bestemmingsplan zal Antoinette zich aan andere wettelijke voorschriften moeten houden, bijvoorbeeld de Zondagswet en de Winkeltijdenwet. Voor de verbouwing had Antoinette op grond van art. 2.1 lid 1 onder a Wet algemene bepalingen omgevingsrecht (Wabo) een omgevingsvergunning nodig (zie hierna). De Wabo geeft B en W de bevoegdheid zo'n vergunning te verlenen mits onder meer het bestemmingsplan zich daartegen niet verzet; is dat wel het geval, dan is ook nog een afwijkingsvergunning nodig (art. 2.10 lid 1 onder c Wabo).

Op grond van art. 2.1 lid 3 Wabo juncto het Besluit omgevingsrecht (Bor) is overigens een aanzienlijk aantal bouwwerkzaamheden vergunningsvrij. Dit houdt in dat voor bepaalde aangewezen categorieën bouwwerkzaamheden geen omgevingsvergunning is vereist (art. 2.3 lid 1 Bor juncto art. 3 en art. 5 Bijlage II Bor). Van vergunningsvrij (ver)bouwen is echter geen sprake in gevallen van verandering in de draagconstructie of in de brandcompartimentering en bij uitbreiding van het bouwvolume of de bebouwde oppervlakte (art. 3 lid 8 Bijlage II Bor). Daarnaast mag de verbouwing niet plaatsvinden in een woning die wordt gebruikt in strijd met art. 2.1 Wabo (art. 5 lid 2 Bijlage II Bor). In de casus Knipscheer is de verbouwing daarom niet vergunningsvrij, omdat het pand enigszins wordt uitgebreid en het gebruik als kapsalon in strijd is met het bestemmingsplan, zonder dat hiervoor een omgevingsvergunning is verleend (art. 2.1 lid 1 sub c Wabo). Indien Antoinette geen omgevingsvergunning heeft, mogen B en W haar aanschrijven om tot herstel in de oorspronkelijke toestand over te gaan. Weigert Antoinette, dan mogen B en W op kosten van Antoinette tot herstel overgaan. Zie hierover uitgebreider 7.5.2.

Ongetwijfeld zal Antoinette toestemming van de verhuurder nodig hebben om tot verbouwing over te gaan, terwijl ook het bijzondere gebruik dat zij van de benedenverdieping maakt waarschijnlijk in strijd met het huurcontract zal zijn. Dit is echter een puur privaatrechtelijke kwestie, die, hoewel niet onbelangrijk, volkomen losstaat van de bestuursrechtelijke kant. De beslissing van B en W heeft niets te maken met de privaatrechtelijke verhouding tussen Antoinette en haar verhuurder.

Het specialiteitsbeginsel

De overheid behartigt vele algemene belangen. Het zou echter gevaarlijk zijn haar op pad te sturen met de taak (en de bijbehorende bevoegdheden) *het* algemeen belang te behartigen, zonder dit nader te specificeren. Daarmee zou de deur naar willekeurig optreden worden opengezet, want 'het algemeen belang' is zo weinig bepaald, dat de overheid zich daarachter altijd wel zou kunnen verschuilen om ook slechte beslissingen te rechtvaardigen. Wetten dienen daarom een (min of meer) specifiek belang en geven aan een of meer organen nauwkeurig omschreven bevoegdheden om dat specifieke belang te behartigen. Daarmee wordt het bestuur in de teugels gehouden en heeft de rechter een maatstaf waarmee hij het bestuurlijke optreden kan toetsen. Het bestuur mag bij het gebruik van een bevoegdheid, toegekend in een bepaalde wettelijke regeling, dus slechts het belang behartigen waarvoor die regeling speciaal is vastgesteld.[6]

De aanvraag van een omgevingsvergunning moet, als die op meer activiteiten betrekking heeft, worden getoetst aan allerlei afzonderlijke normen. Zie § 2.3 Wabo. Dat zou pas anders zijn wanneer er één integraal toetsingskader zou komen in de vorm van 'het belang van een goede leefomgeving' of iets dergelijks. Tegen een integraal toetsingskader bestaat in de literatuur én in de samenleving echter veel weerstand, juist vanwege de waarborgkant van het specialiteitsbeginsel. De wetgever heeft daarom ook in de Omgevingswet afgezien van een integraal toetsingskader. Die wet kent weliswaar het brede begrip 'bescherming van de fysieke leefomgeving', maar dat is niet de weigeringsgrond voor (alle) vergunningaanvragen. In de te maken amvb's op grond van de wet komen afzonderlijke toetsingsmaatstaven te staan voor onderscheiden typen activiteiten.

De voorlopig nog geldende Wabo vervangt overigens niet álle toestemmingsstelsels op omgevingsrechtelijk gebied: op grond van onder meer de Waterwet zijn in sommige gevallen naast de omgevingsvergunning nog een of meer andere vergunningen nodig. Dat wordt dus anders onder de Omgevingswet.

Een ander voorbeeld van de toepassing van het specialiteitsbeginsel biedt de verlening van een verklaring van geen bezwaar door de burgemeester aan de exploitant van een klein helicoptervliegveld die het aantal vluchten wilde uitbreiden. Volgens de Afdeling mocht de burgemeester, gezien zijn bevoegdheden in art. 172 Gemeentewet, daarbij uitsluitend het belang van openbare-ordehandhaving betrekken en niet het tegengaan van geluidhinder, andere vormen van hinder en schending van de privacy.[7]

In de casus Knipscheer zal het gemeentebestuur zich, alvorens een brief met daarin een last te sturen, moeten afvragen of de verbouwing en de exploitatie van de kapsalon van Antoinette misschien kunnen worden gelegaliseerd. Daarbij zullen uitsluitend belangen van planologische respectievelijk bouwkundige aard een rol mogen spelen. Het gaat dan om vragen als de volgende. Valt het belang van een naburig vergelijkbaar bedrijf te zien als planologisch belang? Zo ja, hoe zwaar moet dit belang wegen? Past de (bedrijfsmatige) *activiteit* in de omgeving? Zo ja, kan dan wellicht op grond van art. 2.12 lid 1 sub a onder 1° Wabo voor die activiteit een vergunning worden verleend? Kan voor de *verbouwing* alsnog een vergunning worden verleend? Dat zal afhangen van de bestemming, maar wellicht ook van de bouwkundige kwaliteit van de verbouwing. Voor het verbouwen en het gebruiken zal overigens, ingeval vergunningverlening mogelijk is, één omgevingsvergunning worden verleend.

6 Zie zeer uitvoerig R.J.N. Schlössels, *Het specialiteitsbeginsel* (diss.), Den Haag: SDU 1998.
7 ABRvS 24 december 2003, *AB* 2005/95 m.nt. J.G. Brouwer en A.E. Schilder. De annotatoren zijn overigens kritisch over deze strikte uitleg van de Afdeling.

2.3 De structuur van de bestuursrechtelijke normstelling

Normadressaten

Het bestuursrecht kent vele wetten, regelingen, voorschriften etc. die normen bevatten. Er zijn normen die bedoeld zijn voor overheidsinstanties; meer juridisch gezegd: die overheidsinstanties als geadresseerde (adressaat) hebben. EU-richtlijnen leggen verplichtingen op aan de *lidstaten*. De Grondwet draagt de *wetgever* op allerlei wetten te maken (zie bijvoorbeeld art. 107 en art. 110 Gw). Tal van wettelijke voorschriften leggen *bestuursorganen* verplichtingen op. Beleidsregels bevatten normen die meestal het *bestuursorgaan* dat de regels opstelt, binden. De meeste normen zijn evenwel gericht tot de *burgers (bedrijven, instellingen)*. Denk aan absolute verboden, verboden behoudens vergunning of ontheffing, meldingsplichten, betalingsplichten e.d. Die normen zijn bijna allemaal in de verschillende bijzondere delen van het bestuursrecht te vinden.

Hiërarchische opbouw van het normenstelsel

De staats- en bestuursrechtelijke regels kennen een hiërarchische opbouw. Regelgeving komt op verschillende bestuurlijke niveaus tot stand, waarbij een lagere regeling niet in strijd mag komen met een hogere. De meeste regels gelden voor een onbepaald aantal gevallen, maar er zijn ook voorschriften e.d. die verbonden zijn aan besluiten voor individuele gevallen (beschikkingen). Zie het schema.

Verdragen/Secundair verdragsrecht
- Statuut
  - Grondwet
    - Wetten in formele zin
      - Koninklijke Besluiten die regels bevatten (zoals amvb's)
        - Ministeriële regelingen (verordeningen)
          - Provinciale verordeningen
            - Gemeentelijke verordeningen en waterschapsverordeningen
              - Beleidsregels
                - Voorschriften/verplichtingen verbonden aan een beschikking

Bovenaan staan de *verdragen* waarbij Nederland partij is, zoals het Europees Verdrag tot bescherming van de rechten van de mens en de fundamentele vrijheden (EVRM), het Internationaal verdrag inzake burgerrechten en politieke rechten (IVBPR), het Verdrag betreffende de Europese Unie (EU-verdrag) het Verdrag betreffende de werking van de EU en het *secundair verdragsrecht, in het bijzonder het secundair EU-recht*, zoals EU-richtlijnen en EU-verordeningen. Alle Nederlandse regelingen zijn daaraan ondergeschikt.

Een deel van het EU-recht werkt rechtstreeks. Is een Nederlandse wettelijke regeling daarmee in strijd, dan wordt de Nederlandse regeling buiten toepassing gelaten of onverbindend geacht. Bij niet rechtstreeks werkend EU-recht, waaronder vele richtlijnen, wordt door de rechter getracht het nationale recht zo veel mogelijk conform het EU-recht, dus bijvoorbeeld richtlijnconform, uit te leggen.[8]

Het *Statuut* geeft een regeling voor de verhoudingen tussen Nederland en de andere landen van het Koninkrijk (Aruba, Curaçao en Sint Maarten). De *Grondwet* bevat naast de grondrechten veel organisatierecht, doch weinig tot de burger gerichte regels. Het Statuut en de Grondwet worden daarom meer tot het staatsrecht dan tot het bestuursrecht gerekend.

Daarna komen de *wetten in formele zin*. Die mogen, gezien hun lagere hiërarchische positie, niet in strijd zijn met de Grondwet. De rechter mag echter niet toetsen of een wet in strijd is met de Grondwet (art. 120 Gw).[9] Bij de wetten in formele zin springt de Algemene wet bestuursrecht er in zekere zin uit. Die wet is voor het bestuursrecht van eminent belang (zie de volgende paragraaf). Toch is zij wat haar hiërarchische positie betreft een gewone wet; zij is dus niet hoger dan andere wetten in formele zin.

De extern werkende regels bevattende *KB's (met name verreweg de meeste amvb's)* en de diverse soorten verordeningen vormen de lagere wetgeving: de wetten in materiële zin die niet tevens wet in formele zin zijn. Zij bevatten, naast andere bepalingen, algemeen verbindende voorschriften, gericht tot de burgers.[10] Opmerking verdient dat waterschapsverordeningen hiërarchisch op hetzelfde niveau staan als gemeentelijke verordeningen. Bij strijd tussen een gemeentelijke en een waterschapsverordening moet de regering uitkomst bieden door een van beide verordeningen (gedeeltelijk) bij KB te vernietigen. *Beleidsregels* zijn geen wettelijke regels en komen daarom onderaan het regelbouwwerk. Het zijn regels die bestuursorganen (op alle bestuurlijke niveaus) meestal voor zichzelf opstellen, om een eerlijke en consistente uitvoering van aan hen toegekende bevoegdheden mogelijk te maken. Zijn ze opgesteld en bekendgemaakt, dan moet het orgaan ook in beginsel conform die regels handelen (zie 4.2.4).

Ten slotte zijn er nog *vergunningvoorschriften* en voorschriften of verplichtingen verbonden aan andere beschikkingen (besluiten voor individuele gevallen). Zij mogen nooit in strijd zijn met algemene regels en in beginsel ook niet

8 Zie uitvoerig over rechtstreekse werking en conforme uitleg J.H. Jans, S. Prechal en R.J.G.M. Widdershoven, *Inleiding tot het Europees bestuursrecht*, derde druk, Nijmegen: Ars Aequi Libri 2011, hoofdstuk III.

9 Een al op 11 april 2002 ingediend initiatiefwetsvoorstel van Halsema (Groen Links), waarvan de verdediging later is voortgezet door Van Tongeren, dat op 3 december 2008 door de Eerste Kamer was aangenomen, en dat strekte tot wijziging van de Grondwet op dit punt, heeft weliswaar het stadium van de tweede lezing bereikt, maar nu bij de behandeling daarvan in 2015 bleek dat op geen stukken na de twee derde meerderheid verkregen zou kunnen worden die nodig is om de Grondwet daadwerkelijk te wijzigen en aldus een constitutionele toetsing mogelijk te maken, is dit voorstel, hoewel het nog aanhangig is, feitelijk een zachte dood gestorven. Zie de *Kamerstukken* onder nummers 28 331 (eerste lezing) en 32 334 (tweede lezing).

10 Met deze term doel ik steeds ook op bedrijven, instellingen etc.

met beleidsregels die op de beslissing tot verlening of weigering van een vergunning of op een andere beschikking betrekking hebben. Daarom staan ze in het schema onder de beleidsregels. Anderzijds binden beleidsregels (het orgaan dat ze uitvaardigt) niet volledig, terwijl vergunningvoorschriften e.d. wel volledig bindend zijn voor de vergunninghouder. In die zin zou er ook iets te zeggen zijn voor een andere volgorde.

Er zijn ook beslissingen, regels e.d. die minder goed passen in bovenstaande. Denk aan verklaringen, regels en richtlijnen (zoals certificaten en NEN-normen) van private instellingen, aan internationale gedragscodes van non-gouvernementele organisaties en bedrijven en aan beslissingen van internationale comités (zoals het Europees Comité voor de Sociale Rechten) waaraan overheidsinstanties zich veel gelegen laten liggen en waaraan de rechter regelmatig juridische betekenis toekent. Men spreekt in dit verband wel van hybride bestuursrecht. Op deze boeiende verschijnselen wordt in dit inleidende boek niet ingegaan.[11]

Gelede normstelling

Het in het schema weergegeven normenstelsel is hiërarchisch van opbouw. Dit is des te relevanter omdat een burger in veel situaties met normstelling op meer niveaus tegelijk te maken heeft, bijvoorbeeld met een wet, een amvb en een beschikking. Men zegt ook wel dat het normenstelsel (verticaal) geleed is (uit meerdere onderdelen bestaand, vertakt); anders gezegd: er is sprake van (verticale) gelede normstelling.

Voor veel bouwwerken bijvoorbeeld is een vergunning nodig vanwege een norm in de Wabo, het verbod te bouwen zonder vergunning (art. 2.1 Wabo). De Wabo bevat echter niet alleen een verbod, maar ook criteria voor het al dan niet verlenen van een dergelijke omgevingsvergunning (art. 2.10 of indien er strijd is met het bestemmingsplan: art. 2.12 Wabo), aan welke vergunning vervolgens voorschriften kunnen worden verbonden. De *limitatief* opgesomde criteria zijn overigens geformuleerd als weigeringsgronden. Is geen enkele weigeringsgrond van toepassing, dan *moet* de vergunning worden verleend. Vandaar dat men bij de bouwomgevingsvergunning spreekt van een limitatief-imperatief stelsel. De vergunning mag onder meer niet worden verleend wanneer de aanvrager niet aannemelijk maakt dat het bouwen voldoet aan de voorschriften die zijn gegeven in het Bouwbesluit (een amvb) en in de gemeentelijke bouwverordening. We krijgen dan het volgende schema.

Wabo en Woningwet (wetten in formele zin)
Bor en bouwbesluit (amvb's)
Bouwverordening (gemeentelijke verordening)
Omgevingsvergunning (beschikking)

11 Zie uitgebreid hierover J.H. Gerards, M.W. Scheltema en A.R. Neerhof, *Hybride bestuursrecht*, VAR-preadvies, VAR-geschrift nr. 156, Den Haag: BJu 2016.

Iemand die een bouwwerk (of verbouwing; zie de casus Knipscheer) tot stand wil brengen en wil weten of dat mag en welke voorschriften hij daarbij moet naleven, moet zowel de genoemde wetten, de amvb's, de verordening als de beschikking raadplegen. Tevens moet hij weten hoe deze besluiten zich tot elkaar verhouden, dat wil zeggen welke plaats ze in de hiërarchie innemen. Hij kan dan (in principe) aan de hand van de genoemde algemene regels nagaan of hij een omgevingsvergunning kan krijgen. Eén belangrijk criterium daarbij is nog niet genoemd: het bouwwerk mag ook niet in strijd zijn met het bestemmingsplan. Dat plan is, zoals gezegd, niet op de Wabo of de Woningwet, maar op de Wro gebaseerd. Daarmee wordt eens te meer duidelijk dat voor een bepaalde activiteit soms meer wetten en de daarop gebaseerde regelgeving tegelijk van belang zijn. Men kan dit horizontale gelede normstelling noemen.

Willem de Bruin wil 'het' gaan maken door de vestiging van 'de' discotheek in Assenburg. Een naam voor de disco heeft hij al: 'Het'. Hij koopt vervolgens een aantal leegstaande bedrijfspanden in het buitengebied van de gemeente die hij wil slopen en vervangen door een gloednieuwe megadiscotheek. Geld is het probleem niet, maar Willem houdt wel van opschieten. Hij vermoedt echter dat voor de verwezenlijking van zijn plannen enige bureaucratische hindernissen zullen moeten worden genomen. Bij navraag op het gemeentehuis blijkt het allemaal een stuk eenvoudiger te zijn geworden dan vroeger, maar echt simpel is het toch nog niet. Weliswaar kan voor het slopen, het bouwen, eventueel in afwijking van het bestemmingsplan, en het brandveilige gebruik één vergunning, namelijk een omgevingsvergunning worden aangevraagd, Willem zal daarnaast bij die aanvraag zijn activiteit op grond van art. 8.41 Wm moeten melden (omdat deze milieugevolgen zal hebben). Voorts zal hij voor de indieningsvereisten die aan de aanvraag zijn gesteld het Besluit omgevingsrecht en de (ministeriële) Regeling omgevingsrecht moeten raadplegen. Als hij wil weten of hij kans op succes heeft, zal hij toch minstens een blik moeten slaan op het bestemmingsplan en het Bouwbesluit 2012 (zoals het Bouwbesluit officieel heet). Voor het exploiteren van de disco is het Activiteitenbesluit milieubeheer van belang en zal verder in elk geval een vergunning op grond van de Drank- en Horecawet nodig zijn. Wellicht zullen voorts nog een of meer niet in de omgevingsvergunning opgenomen afzonderlijke toestemmingen (vergunningen) moeten worden verkregen op grond van de Algemene Plaatselijke Verordening, zoals een terrasvergunning en een exploitatievergunning.

Wanneer we nu voor de belangrijkste, bovengenoemde wetten (Ww, Wabo, Wro en Wm) de verticale en de horizontale geleding combineren, krijgen we het volgende schema.

Woningwet (art. 2 en 8)	Wabo (art. 2.1, 2.10, 2.12)	Wro (art. 3.1)	Wm (art. 8.41)
Bouwbesluit	Bor Regeling omgevingsrecht	Bro	Activiteitenbesluit milieubeheer
Bouwverordening		Bestemmingsplan	
	Omgevingsvergunning		

Horizontale gelede normstelling is gezien het specialiteitsbeginsel tot op zekere hoogte noodzakelijk. Wel kunnen er daardoor bij complexe activiteiten veel regelingen tegelijk van toepassing zijn. Voor de inwerkingtreding van de Wabo kon dit ertoe leiden dat de burger heel veel vergunningen en toestemmingen moest aanvragen voor het uitvoeren van een bepaalde activiteit. Thans kan in veel gevallen worden volstaan met het aanvragen van één vergunning: de omgevingsvergunning. Hoewel er dus veelal geen veelheid aan vergunningen hoeft te worden aangevraagd, zijn zoals gezegd de verschillende toetsingskaders nog wel in stand gebleven. Wanneer er voor één onderdeel een weigeringsgrond van toepassing is, kan de omgevingsvergunning niet worden verstrekt. Het gemak van de Wabo ligt er voor de burger met name in dat er één bevoegd gezag is waarbij hij terechtkan (meestal het college van B en W; zie art. 2.5 Wabo). Het aspect water zit niet in de omgevingsvergunning, maar in de watervergunning uit de Waterwet.[12] De Wabo integreert dus wel veel, maar lang niet alles, zoals ook uit de casus over de discotheek bleek. Zo nodig kan de procedure voor het verkrijgen van een omgevingsvergunning worden gecoördineerd met procedures voor andere vergunningen (afdeling 3.5 Awb Samenhangende besluiten; zie hierover verder in 2.4.1). Als de nood echt aan de man komt en haast in het algemeen belang geboden is, grijpt de wetgever in uitzonderlijke gevallen wel eens naar constructies waarbij vele afzonderlijke besluitvormingstrajecten worden vervangen door één traject, zoals is gebeurd in de Deltawet grote rivieren. Door die ingreep van de wetgever konden in enkele maanden tijd de, na twee hoogwaterperioden midden jaren negentig noodzakelijk geachte, besluiten tot dijkversterkingen worden genomen en de procedures daartegen worden afgerond. Anders dan bij de Wabo is in dit geval sprake van het buiten werking stellen van bestaande toetsingskaders en de vervanging daarvan door een nieuw toetsingskader (waarin belangen van veiligheid worden afgewogen tegen belangen van landschap, natuur, cultuurhistorie, volkshuisvesting, ruimtelijke ordening en milieu).

Ook de Crisis- en herstelwet (Chw), die op 31 maart 2010 in werking is getreden, als antwoord op de economische crisis, biedt mogelijkheden voor een versnelde besluitvormingsprocedure. Deze wet, die aanvankelijk als tijdelijke wet was bedoeld, maar inmiddels 'permanent is gemaakt' (dus een gewone wet is geworden) voorziet in de mogelijkheid om ten aanzien van bepaalde ruimtelijke infrastructurele projecten de besluitvorming en beroepsprocedures te versnellen. De wet bevat daartoe enkele procedurele voorzieningen (hoofdstuk 1). Ook zijn in hoofdstuk 2 drie nieuwe instrumenten geïntroduceerd: het ontwikkelingsgebied, het projectuitvoeringsbesluit en de structuurvisie met coördinatieregeling. Het bestemmingsplan voor een ontwikkelingsgebied is erop gericht om in een bepaald ontwikkelingsgebied flexibeler om te gaan met de beschikbare

12 Zie art. 6.1. e.v. Waterwet. Deze wet heeft zes voorheen bestaande verschillende vergunningen op het gebied van water vervangen. De watervergunningsprocedure kan deels met de omgevingsvergunningsprocedure gecoördineerd worden; zie § 3.5 Wabo en § 4 Waterwet.

ruimte en het milieu (afdeling 1). Het projectuitvoeringsbesluit moet ervoor zorgen dat de besluitvorming voor woningbouwprojecten en andere projecten van maatschappelijke betekenis wordt versneld (afdeling 6). De wettelijke voorschriften die normaliter van toepassing zijn worden vervangen door één integraal besluit waarin alle belangen tegen elkaar worden afgewogen. De structuurvisie met coördinatieregeling ten slotte zorgt voor de stroomlijning en het snellere verloop van lokale projecten met nationale betekenis (afdeling 7). De betrokken gemeenten zijn daarbij onder meer verplicht de coördinatieregeling uit de Wro (art. 3.3 Wro) toe te passen. NB: In de juridische literatuur is veelvuldig kritiek geuit op de juridische houdbaarheid van de Crisis- en herstelwet. De wet zou in het bijzonder afdoen aan de rechtsbescherming van burgers en gemeenten en de bescherming van het milieu.[13]

2.4 De Algemene wet bestuursrecht

2.4.1 Algemeen

Historie

Begin jaren tachtig werd besloten dat er een wet moest komen die algemene regels van bestuursrecht zou bevatten. In de Grondwet 1983 werd een verplichting tot het vaststellen van een dergelijke wet opgenomen (art. 107). Voor het maken van een algemene wet bestonden, afgezien van deze grondwettelijke verplichting, goede redenen. Het bestuursrecht was zeer verbrokkeld. Er waren tal van procedurele voorschriften die van elkaar verschilden, terwijl voor die verschillen veelal geen rechtvaardiging was te geven. Zo liepen de termijnen voor bezwaar en beroep per regeling zeer uiteen. Veel inhoudelijke normen waren niet in de wet, maar alleen in de jurisprudentie te vinden. Daarbij was een complicerende factor dat het bestuursrecht meerdere hoogste rechters kent (zie 8.2.3) die niet altijd op één lijn zaten; inmiddels is het aantal gevallen waarin zich onderling inhoudelijke verschillen voordoen overigens sterk afgenomen. Ook was in vergelijking met het burgerlijk en strafrecht in negatieve zin opvallend dat een groot deel van de bestuursrechtelijke procedures bestond uit rechtspraak in één instantie (zonder hoger beroep of cassatie dus). Na vele jaren voorbereiding door een in 1983 ingestelde commissie, de Commissie algemene regels van bestuursrecht (ook wel naar haar voorzitter de Commissie Scheltema genoemd), traden op

13 Zie bijvoorbeeld: Advies van de Raad van State, *Kamerstukken II* 2009/10, 32 127, nr. 4; T. Barkhuysen en H.J. de Vries, 'Beperking van het beroepschrift van decentrale overheden in de Crisis- en Herstelwet: niet doen!', *Tijdschrift voor Bouwrecht* 2010, nr. 1, p. 65-70; C.N.J. Kortmann, 'Versnelling van infrastructurele en bouwprojecten: de crisis- en herstelwet voorbij?', *AAe* mei 2010, p. 326-334; C.W. Backes, 'Crisistijden voor de waarborgfunctie van het bestuursrecht?', *M en R* 2009, afl. 10, jrg. 35, p. 622-627; A. Weggeman en E.O.M.P. Florijn, 'De wetten zwijgen stil voor wapens en trompetten: nood breekt wet', *Tijdschrift voor Constitutioneel Recht* 2010, p. 165-176.

1 januari 1994 de eerste twee tranches van de Algemene wet bestuursrecht in werking. Per 1 januari 1998 trad de derde tranche Awb in werking. De vierde tranche (alsmede de daarmee verband houdende aanpassingswetgeving) is op 1 juli 2009 in werking getreden.

Het is gebruikelijk de grotere stukken wetgeving waaruit de Awb is opgebouwd respectievelijk waarmee ze nog zal worden aangevuld, aan te duiden als tranches. Het ging bij die eerste twee tranches voornamelijk om definities (hoofdstuk 1), normen voor overheidshandelen en procedures van besluitvorming (hoofdstukken 2-4) en rechtsbescherming (hoofdstukken 6-8). De derde tranche bevatte aanvullingen van enkele bestaande hoofdstukken alsmede de nieuwe hoofdstukken 5 (handhaving) en 10 (bestuurlijk toezicht, mandaat en delegatie). De vierde tranche bevatte, naast enkele kleinere aanvullingen en wijzigingen, een regeling voor geldschulden van en aan de overheid (titel 4.4) en een regeling voor de bestuurlijke boete (titel 5.4).

Van een vijfde tranche is nog geen sprake. Het is ook de vraag of die er ooit komt. Het nadeel van grote herzieningen of uitbreidingen is namelijk dat ze veel tijd vergen. Regelmatig krijgt de Awb beperktere uitbreidingen, waarvan ik er slechts enkele min of meer recente noem.

Ingevolge de Wet dwangsom en beroep bij niet tijdig beslissen zijn op 1 oktober 2009 § 4.1.3.2 en afdeling 8.2.4a aan de Awb toegevoegd. Deze bepalingen moeten ertoe leiden dat door bestuursorganen sneller op aanvragen wordt beslist. Met hetzelfde doel is § 4.1.3.3 Awb op 28 december 2010 in werking getreden, als gevolg van de Dienstenwet, waardoor in een groter aantal gevallen dan thans het niet tijdig beslissen op aanvragen leidt tot een fictieve positieve beslissing (bijvoorbeeld een vergunning). Op 1 januari 2010 heeft de Wet Bestuurlijke lus Awb onder meer afdeling 8.2.2A inzake de bestuurlijke lus aan de Awb toegevoegd (zie verder 8.5.3 van dit boek). Op 1 juli 2010 is ingevolge de Wet elektronisch verkeer met de bestuursrechter art. 8:40a Awb in werking getreden. Op 1 januari 2013 is ten gevolge van de Wet aanpassing bestuursprocesrecht (Wab) de Awb op een aantal punten gewijzigd, ten behoeve van een meer effectieve en snellere geschilbeslechting. Zie daarover uitgebreid hoofdstuk 8 van dit boek. Een half jaar daarna werd in de Awb een regeling opgenomen (titel 8.4) waarin het belanghebbenden mogelijk wordt gemaakt een verzoek tot schadevergoeding bij de bestuursrechter in te dienen (los van een beroep tegen een besluit). Deze regeling maakte deel uit van een omvattender wetswijziging, die ook een deel bevat met betrekking tot de nadeelcompensatie (titel 4.5); dit deel is echter nog niet in werking getreden, omdat er eerst nog aanpassingswetgeving moet worden gemaakt.[14] De Awb is dus voortdurend 'under construction'.

De structuur van de Awb

De Awb begint, zoals elke wet, met definitiebepalingen. Opvallend daarbij is dat deze bepalingen niet, zoals gebruikelijk, beginnen met de woorden '*in deze wet* wordt onder … verstaan', maar met de woorden 'onder … wordt verstaan'.

14 *Stb.* 2013, 50.

Daarmee heeft de Awb-wetgever tot uitdrukking willen brengen dat begrippen als bestuursorgaan, besluit en belanghebbende ook in andere wetten de betekenis hebben die daaraan in de Awb wordt gegeven (uiteraard tenzij een andere wet met zoveel woorden bepaalt dat dit niet het geval is).

De Awb kent een opbouw die gaat van algemeen naar bijzonder. De hoofdstukken 1 en 2 zijn het meest algemeen. Zij bevatten voornamelijk definitiebepalingen en bepalingen voor het verkeer tussen burgers en bestuursorganen. Verkeer betekent hier 'met elkaar omgaan' en omvat zowel juridische als andere handelingen. Een bijzondere vorm van dit verkeer is het nemen van besluiten jegens burgers; daarvoor worden inhoudelijke en procedurele normen gegeven in hoofdstuk 3. Vervolgens worden in hoofdstuk 4 normen gegeven voor enkele specifieke categorieën besluiten (beschikkingen, subsidiebesluiten, beleidsregels en (besluiten inzake) bestuursrechtelijke geldschulden). Dit gebeurt ook in de hoofdstukken 5 en 10 ten aanzien van de daar geregelde besluiten. Een zelfde soort trechtervorming treffen we aan bij de hoofdstukken 6, 7 en 8. Hoofdstuk 6 bevat algemene bepalingen ten aanzien van bezwaar en beroep, terwijl de hoofdstukken 7 en 8 bijzondere bepalingen bevatten ten aanzien van specifieke vormen van (rechts)bescherming. Bij elk van die bijzondere vormen (bezwaar, administratief beroep en bestuursrechtspraak) gelden dus ook steeds de algemene bepalingen van hoofdstuk 6. Hoofdstuk 9 bevat eveneens een regeling voor een specifieke vorm van bescherming tegen de overheid en is aanvullend ten opzichte van hetgeen is geregeld in de voorafgaande drie hoofdstukken (zie art. 9:8 Awb).

Enerzijds is het werken met de Awb door de bedoelde opbouw (ook wel gelaagde structuur genoemd) niet gemakkelijk. Voor de beantwoording van bestuursrechtelijke vragen zal men, wat de Awb betreft, bepalingen van meerdere hoofdstukken nodig hebben. Anderzijds wordt door de in de Awb gehanteerde systematiek voorkomen, dat regels op vele plaatsen moeten worden herhaald. Wat algemeen geldt, hoeft niet in elk afzonderlijk geval te worden gesteld. Zo maakt de Awb intern waar, waarvoor zij ook extern is bedoeld: vereenvoudiging van wetgeving.

Verdere uitbouw; doelstellingen

De Awb kan gezien het voorgaande als aanbouwwet worden gekenschetst.

De aanbouw zal ook de komende jaren onverminderd doorgaan. Er zijn diverse wetsvoorstellen aanhangig of in voorbereiding. Zo is al geruime tijd aanhangig een wetsvoorstel dat strekt tot een wijziging van de subsidietitel, met betrekking tot terugvordering van staatssteun.[15] Aanhangig (medio 2016) zijn enkele wetsvoorstellen tot aanpassing van o.a. de Awb ter vereenvoudiging en digitalisering van het procesrecht (het zogenaamde KEI-programma, waarbij KEI staat voor Kwaliteit en innovatie rechtspraak; zie *Kamerstukken* 34 059, 34 212 en 34 237) en een wetsvoorstel dat strekt tot reorganisatie en herverkaveling van de bestuursrechtspraak; zie daarover 8.2.2.

15 *Kamerstukken II* 2007/08, 31 418.

Een ander voorstel is het concept Wetsvoorstel schadevergoeding bij overschrijding redelijke termijn bestuursrechter, waarin een uniforme regeling voor schadevergoeding wordt voorgesteld in het geval van overschrijding van de redelijke termijn (toekomstige afdeling 8.4.2).[16]

Met de Awb is getracht een viertal doelen te bereiken.

- Er zou *meer eenheid in de bestuursrechtelijke wetgeving* moeten komen. Die is op een aantal punten zeker bereikt. Zo is er thans een algemene bezwaar- en beroepstermijn van zes weken, zij het dat sommige wetten (in formele zin) hierop toch weer een uitzondering kennen.
- Het *systematiseren en vereenvoudigen van bestuursrechtelijke wetgeving.* Dit is gebeurd door vele min of meer gelijkluidende bepalingen in vele afzonderlijke wetten te vervangen door één algemene regeling in de Awb. Zo zijn vele tientallen bijzondere bepalingen over bestuursdwang (zie 7.5.2) en de bestuurlijk boete (zie 7.5.3) geschrapt en vervangen door regelingen in de titels 5.3 en 5.4 Awb. Voorts is van groot belang dat de afzonderlijke procesrechtelijke regelingen grotendeels zijn samengebracht in één uniform bestuursprocesrecht (hoofdstuk 8 Awb).
- Het *in de wet vastleggen van normen die in de rechtspraak zijn ontwikkeld.* Te denken valt hierbij aan enkele beginselen van behoorlijk bestuur, zoals het zorgvuldigheidsbeginsel (uitgewerkt in vele bepalingen in de hoofdstukken 3 en 4 Awb) en het motiveringsbeginsel (afdeling 3.7 Awb; zie verder hierover 6.5.8 en 6.6.2 van dit boek).
- Het *treffen van voorzieningen die naar hun aard een algemene regeling behoeven* omdat ze anders in elke regeling afzonderlijk zouden moeten worden getroffen. Een goed voorbeeld daarvan vormt de zogenaamde doorzendplicht, ingeval een stuk (aanvraag, bezwaar- of beroepschrift) bij de verkeerde instantie wordt ingediend (art. 2:3 en art. 6:15 Awb). Een ander voorbeeld betreft de verplichting om, uitzonderingen daargelaten, alvorens beroep te kunnen instellen eerst een bezwaarschriftprocedure te voeren.

In de Awb is voorts getracht uitdrukking te geven aan het feit dat de overheid, anders dan vroeger, in een min of meer 'horizontale relatie' tot de burgers staat. Tegenwoordig zijn overheid en burger veelal partners in het proces van besluitvorming. Daarbij past een juridische relatie (een rechtsbetrekking) die wordt gekenmerkt door een zekere mate van wederkerigheid: burger en bestuur hebben allebei rechten én plichten. Zo kan de burger die een aanvraag wil indienen, worden verplicht daarvoor een bepaald formulier te gebruiken, maar wanneer die burger dat niet correct of onvolledig doet, is het bestuursorgaan anderzijds verplicht die burger in de gelegenheid te stellen de fout te herstellen of zijn aanvraag aan te vullen. Of hiermee ook een echt wederkerige, horizontale relatie

16 Het voorstel is te vinden op: www.recht.nl.

tussen overheid en burger is ontstaan, kan echter worden betwijfeld, want het is nog wel het bestuur dat uiteindelijk de knoop doorhakt en eenzijdig besluiten neemt. Ook lijkt het erop dat de overheid met invloedrijke organisaties horizontaler omgaat dan met individuele burgers.[17]

2.4.2 *Relatie tot andere wetgeving*

Met het tot op zekere hoogte verwezenlijken van de bovenvermelde doelstellingen is het bestuursrecht overzichtelijker en eenvoudiger geworden dan voorheen. Vele formele wetten en lagere regelingen zijn aangepast aan de Awb[18] en soms ook flink afgeslankt. Tegelijk bestaat de bestuursrechtelijke wetgeving, zoals we in hoofdstuk 1 zagen, nog altijd uit heel veel meer dan de Awb. Bestuursrecht is niet gelijk aan Awb-recht. Voor veel bestuursrechtelijke vragen zullen dan ook, naast de Awb, andere regelingen moeten worden geraadpleegd. Dit roept de vraag op hoe de Awb zich verhoudt tot andere bestuursrechtelijke wetgeving.

De Awb strekt er niet toe voor alle delen van het bestuursrecht een sluitende, alles omvattende regeling te geven. Dat zou ook niet kunnen; veel onderwerpen moeten in andere wetten en – vooral – in lagere wetgeving worden uitgewerkt, omdat er nu eenmaal veel verschillende beleidsterreinen en situaties bestaan. Die vragen om regelingen die zijn toegesneden op de problemen die zich op de onderscheiden terreinen en in de verschillende situaties voordoen. Er zijn vier manieren waarop de Awb richting geeft aan andere wetgeving, variërend in de mate van dwingendheid.

a. Dwingend recht

Een goed voorbeeld vormt art. 6:7 Awb, waarin de bezwaar- en beroepstermijn wordt vastgesteld op zes weken. Afwijking daarvan in lagere wetgeving is niet toegestaan en zal in een beroepsprocedure door de rechter onverbindend worden geacht. Afwijking in andere wetten in formele zin zou weliswaar zo veel mogelijk moeten worden beperkt, maar is wel toegestaan.

Zoals gezegd is de Awb van eminent belang, vanwege haar algemeenheid, maar zij gaat niet boven andere wetten in formele zin. Sterker: wanneer een bijzondere wet en de Awb met elkaar strijden, gaat de bijzondere wet voor. Een van de voorrangsregels met betrekking tot de verhouding tussen wetten luidt namelijk dat de bijzondere wet voor de algemene wet gaat. Inmiddels tracht de wetgever strijd tussen een bijzondere wet en de Awb zorgvuldig te voorkomen. Er bestaat evenwel in bepaalde gevallen behoefte aan een afwijkende regeling in een bijzondere wet. Zo is om redenen van doelmatigheid en specialisatie

---

17 Zie L.J.A. Damen, Bestaat de Awb-mens?, in: J.L. Boxum e.a. (red.), *Aantrekkelijke gedachten*, Deventer: Kluwer 1993, p. 109-129.

18 Bij elke nieuwe tranche van de Awb trad tevens een grote hoeveelheid aanpassingswetgeving in werking.

de behandeling van beroepen tegen besluiten op grond van de Mededingingswet, in afwijking van art. 8:7 Awb, opgedragen aan de rechtbank Rotterdam (art. 7 Bijlage II bij de Awb). Indien een bijzondere wet van de Awb afwijkt, wordt dit in die wet vermeld met de woorden 'in afwijking van de Awb'; zie naast het even genoemde artikel bijvoorbeeld ook art. 69 lid 1 Vreemdelingenwet 2000, ingevolge welk artikel de termijn voor bezwaar en beroep vier weken bedraagt. Ook kan een bijzondere wet bepalen dat artikelen van de Awb buiten toepassing blijven; zie bijvoorbeeld art. 83 lid 4 en art. 87 Wet op de inlichtingen- en veiligheidsdiensten 2002.

De term 'bijzondere wet' behoeft enige toelichting. Wanneer daarvan wordt gesproken in relatie tot de Awb, betekent deze term niet méér dan dat het om een andere wet in formele zin gaat, die ten aanzien van de Awb een minder algemeen, en dus relatief bijzonder, karakter draagt. Zelfs de organieke wetten, zoals de Gemeentewet, zijn ten opzichte van de Awb in zekere zin bijzonder (al kan ten aanzien van sommige aspecten ook het tegendeel worden beweerd).[19] In de casus Knipscheer en de casus over discotheek 'Het' kwamen de Wabo, de Wro, de Wm en de Woningwet aan de orde. Dit zijn, in relatie tot de Awb, 'bijzondere wetten'. Maar ze zijn niet méér bijzonder dan vele honderden andere bestuursrechtelijke wetten!

b. Regelend recht

De Awb bevat de, als meest wenselijk beschouwde, hoofdregel, maar staat afwijking daarvan ook in lagere wetgeving uitdrukkelijk toe. Zo bepaalt art. 4:1 Awb dat een aanvraag schriftelijk wordt ingediend *tenzij bij wettelijk voorschrift anders is bepaald.* (De term wettelijk voorschrift ziet op een voorschrift in een wet in materiële zin.) Zie voor nog een voorbeeld art. 3:12 lid 2 Awb (kennisgeving besluiten centrale overheid in *Staatscourant* tenzij).

c. Aanvullend recht

De regel is in beginsel te vinden in andere wetgeving, doch wanneer in de desbetreffende regeling niets staat, geldt de bepaling van de Awb. Zo gaat art. 3:6 ervan uit dat in bijzondere wettelijke voorschriften aan adviseurs is voorgeschreven binnen hoeveel tijd ze moeten adviseren. Waar dat niet is gebeurd, geldt hetgeen in art. 3:6 Awb staat: het orgaan kan een termijn bepalen. Zo ook gaat de Awb ervan uit dat de bijzondere regeling bepaalt binnen hoeveel tijd op een aanvraag moet worden beslist. Gezien de vele soorten beschikkingen die in de wetgeving aan de orde komen, ligt een regeling van beslistermijnen in de bijzondere regeling ook voor de hand. Is evenwel niets omtrent de beslistermijn bepaald, dan geldt de beslistermijn vermeld in art. 4:13 Awb.

Men moet dus altijd eerst de in een concreet geval van toepassing zijnde bijzondere regeling raadplegen. Pas als die niets bepaalt, geldt de aanvullende regeling in het desbetreffende Awb-artikel. Het verschil tussen aanvullend recht en regelend recht is dat bij aanvullend recht de Awb zo nodig een gat vult dat er normaliter niet is, terwijl

19 Zie C.A.J.M. Kortmann, Wie van de drie: de algemene wet, de algemene wet of de bijzondere wet?, VAR-preadvies, in: *De Awb en de bijzondere wetgeving*, VAR-geschrift nr. 124,Den Haag: BJu 2000.

bij regelend recht de Awb in beginsel zelf regelt, maar aan de bijzondere regelgever (ook de lagere regelgever!) de mogelijkheid geeft iets te regelen dat afwijkt van hetgeen de Awb regelt.

d. Facultatief recht

Deze variant vinden we in art. 3:10 Awb dat de toepasselijkheid van de openbare voorbereidingsprocedure betreft. Genoemd artikel geeft voor gevallen waarin voor het nemen van besluiten niet reeds bij wettelijk voorschrift is bepaald dat deze afdeling geldt, aan andere (ook lagere) regelgevers én bestuursorganen de bevoegdheid[20] te bepalen dat afdeling 3.4 moet worden toegepast bij de voorbereiding van bepaalde besluiten. Dat mogen ze dus doen, maar het hoeft niet; vandaar de term facultatief. Wanneer noch in een regeling, noch bij bestuursbesluit afdeling 3.4 van toepassing is verklaard, geldt die afdeling derhalve niet voor de voorbereiding van het desbetreffende besluit.[21]

De vier soorten recht overziend, kunnen we stellen dat bij dwingend en regelend recht in de Awb een voorkeur voor de Awb-regel wordt uitgesproken, terwijl bij aanvullend en facultatief recht het initiatief bij de bijzondere regelgever wordt gelegd.

Praktisch gesproken is het van belang aan de bewoordingen van wetsartikelen te kunnen zien van welk soort recht sprake is. De vrijheid van met name lagere regelgevers ten opzichte van de Awb verschilt immers per soort recht. Bovenstaand overzicht kan dus behulpzaam zijn bij het bepalen van de verbindendheid van een lagere regeling wanneer die iets regelt dat op het terrein van de Awb ligt. Voor de relatie van de Awb tot andere wetten in formele zin is het overzicht van minder groot belang, omdat een bijzondere wet altijd van de Awb kan afwijken en voor die relatie de vraag naar de verbindendheid van de andere regeling dus geen rol speelt.

2.5 Het begrip besluit

Een van de in hoofdstuk 1 gedefinieerde begrippen is het begrip besluit. Dit begrip staat centraal in de Awb. Veel Awb-normen betreffen de totstandkoming en de inhoud van besluiten (in het algemeen of van bijzondere typen besluiten). Ook is het zo dat bezwaar en beroep, met enkele uitzonderingen, slechts openstaan tegen besluiten. Het besluitbegrip vormt daarmee de poort tot de rechtsbescherming.

Art. 1:3 lid 1 Awb definieert het besluit als: een schriftelijke beslissing van een bestuursorgaan, inhoudende een publiekrechtelijke rechtshandeling. De onderscheiden elementen van deze definitie worden hierna kort besproken.

20 De wetgever in formele zin heeft die bevoegdheid natuurlijk hoe dan ook.

21 Een voorbeeld van een artikel in een andere wet in formele zin die bepaalt dat afdeling 3.4 Awb van toepassing is (zij het met enige aanpassingen) is art. 3.8 Wro.

Beslissing

Het moet gaan om een beslissing, dat wil zeggen een wilsverklaring met een definitief karakter. Het weergeven van een standpunt van het bestuursorgaan en het geven van inlichtingen over feiten zijn geen beslissingen (en zijn reeds daarom niet gericht op rechtsgevolg; zie hierna).

In de casus Knipscheer krijgt Antoinette een brief waarin haar een en ander wordt gelast. Dat laat aan duidelijkheid over het beslissingskarakter niets te wensen over. Vaak krijgen overtreders echter eerst een brief waarin hen slechts wordt gewezen op de onrechtmatigheid van hun handelen; soms wordt daaraan nog toegevoegd dat zij een sanctie riskeren. Dergelijke brieven bevatten geen beslissingen. Een standpuntbepaling van een bestuursorgaan over welke regeling in een bepaald geval van toepassing is, is geen beslissing.[22] Instructief is ook het geval waarin de Minister van SZW (het bestuursorgaan) schriftelijk een 'voorlopig standpunt' had ingenomen dat volgens de minister *als besluit* diende te worden beschouwd ingeval niet binnen twee weken bedenkingen zouden worden ingediend. De rechter maakte hier korte metten mee: een standpunt kan niet het voor de status van besluit definitieve karakter krijgen zonder nadere besluitvorming en bekendmaking.[23]

Schriftelijk

Hoewel bestuursorganen ook mondeling beslissingen kunnen meedelen, horen bestuurlijke beslissingen in een moderne rechtsstaat in het algemeen[24] op schrift te worden gezet. Daarvan gaat ook de Awb uit. Voor de rechtsbescherming is het schriftelijkheidsvereiste van belang uit bewijstechnisch oogpunt. Het procederen zou voor alle betrokkenen een stuk ingewikkelder worden wanneer er geen schriftelijk stuk zou hoeven te zijn. Het bewijs van hetgeen is beslist, zou in elk geval veel moeilijker worden.

Hoe dan ook is een mondelinge (telefonische) mededeling waarbij gegevens worden verstrekt, reeds vanwege het niet-schriftelijke karakter ervan geen besluit.[25] Nu kan het natuurlijk niet zo zijn dat een orgaan zich door maar niets op schrift te stellen, zou kunnen onttrekken aan controle door de bestuursrechter doordat er dan geen besluit zou zijn. In de praktijk reageert een orgaan soms niet of niet tijdig op een aanvraag. Om de burger de mogelijkheid te geven daartegen op te komen, kan tegen het niet tijdig beslissen beroep worden ingesteld. Hetzelfde geldt voor het geval dat het orgaan wel beslist, maar zijn beslissing niet (tijdig) op schrift stelt. In beide gevallen biedt art. 6:2 sub b Awb uitkomst. Een aardig voorbeeld biedt het geval waarin werd opgekomen tegen het niet op schrift stellen van het besluit tot het wegslepen van een voertuig.[26] Zie ook 8.2.3 en 8.3. Daarnaast heeft de inwerkingtreding van afdeling

22 ABRvS 18 december 2013, *Gst.* 2014/37 m.nt. F. Zafar.
23 CRvB 6 mei 2004, *JB* 2004/247 m.nt. E.C.H.J. van der Linden.
24 Zie voor een uitzondering art. 5 Wet openbaarheid van bestuur. Een afwijzing van een verzoek om informatie moet wel schriftelijk worden gedaan. Wanneer de informatie een derde betreft moet ook de beslissing tot toewijzing schriftelijk geschieden als de derde daarom heeft verzocht. NB: de mondelinge beslissing is geen besluit. De wetgever gaat er blijkbaar van uit dat de verzoeker geen rechtsbescherming nodig heeft als hij krijgt wat hij heeft gevraagd.
25 Zie ABRvS 2 mei 2007, *Gst.* 7279/99 m.nt. R. Kooper.
26 ABRvS 2 maart 2005, *AB* 2005/146 m.nt. A.A.J. de Gier.

4.1.3.3 Awb ervoor gezorgd dat bepaalde vergunningen worden geacht te zijn verleend bij het uitblijven van een beslissing binnen een wettelijk gestelde termijn. Dit wordt ook wel een vergunning van rechtswege genoemd. Art. 8:55f Awb maakt het mogelijk om bij de rechtbank beroep in te stellen tegen het niet tijdig bekend maken van een van rechtswege gegeven beschikking. Afdeling 4.1.3.3 Awb ziet alleen op vergunningen die onder de Dienstenrichtlijn vallen (vergunningen aan ondernemers) en op omgevingsvergunningen die regulier zijn voorbereid (d.w.z. niet met toepassing van afdeling 3.4 Awb; zie art. 3.9 Wabo), zij het met extra waarborgen ten aanzien van de inwerkingtreding van een omgevingsvergunning van rechtswege. (Art. 6.1 lid 4 Wabo bepaalt dat de werking van de vergunning van rechtswege wordt opgeschort totdat de bezwaartermijn is verstreken).

Het begrip 'schriftelijk' moet ruim worden uitgelegd: onder schriftelijk moet worden verstaan: weergave door middel van schrifttekens. Of de drager van die tekens van papier is of elektronisch, maakt niet uit. Een fax- of e-mailbericht is dus een schriftelijk stuk.[27] Ingevolge afdeling 2.3 Awb kunnen burger en bestuur elektronisch met elkaar communiceren (inclusief aanvragen indienen, besluiten nemen) wanneer zij dat beiden wensen.

Bestuursorgaan

Alleen schriftelijke beslissingen van bestuursorganen kunnen besluiten zijn. Maar wat zijn bestuursorganen? Dat zijn allereerst organen[28] van de Staat, de provincies, de gemeenten, de waterschappen en een aantal andere publiekrechtelijke lichamen. Maar onder omstandigheden kunnen ook andere, zelfs private, instellingen of personen bestuursorgaan zijn in de zin van de Awb. De definitie van bestuursorgaan staat in art. 1:1 Awb; zij wordt behandeld in 3.3.

Rechtshandeling

Een rechtshandeling is een handeling die gericht is op enig rechtsgevolg. Zo is een vergunning erop gericht iemand een recht te geven iets te doen of te hebben (het verrichten van een handeling, het in stand houden van een situatie etc.), dat zonder die vergunning verboden is. Ook kan door een rechtshandeling van een bestuursorgaan een plicht, bijvoorbeeld een betalingsplicht (boete, belastingaanslag), worden opgelegd. Een rechtshandeling strekt er met andere woorden toe een recht of bevoegdheid te geven of te ontnemen dan wel een plicht op te leggen of ongedaan te maken. De zin, de betekenis van een rechtshandeling is dus het aanbrengen van een verandering in een of meer bestaande bevoegdheden, rechten en/of plichten.

Het gaat om het door een bestuursorgaan scheppen van een rechtsgevolg 'naar buiten toe', dat wil zeggen buiten het orgaan zelf (inclusief de voor dat orgaan werkende ambtenaren). Het schriftelijk toestemming verlenen aan een onder het orgaan ressorterende ambtenaar om een taak anders in te vullen dan voorheen, betreft dus geen

27 In ABRvS 28 december 2012, *JB* 2012/60 m.nt. D.W.M. Wenders werd een sticker als schriftelijk stuk beschouwd. Op de sticker, die was aangebracht op een woonschip, stond dat dit schip een voertuigwrak was en dat de eigenaar veertien dagen de tijd had het wrak te verwijderen.

28 Niet 'de organen', want sommige organen zijn in art. 1:1 Awb uitgezonderd van het Awb-bestuursorgaanbegrip.

rechtsgevolg als hier bedoeld en is geen besluit in de zin van de Awb. Een beslissing van het ene bestuursorgaan gericht *tot een ander bestuursorgaan* is wél een naar buiten gerichte beslissing, zelfs als dat andere orgaan deel uitmaakt van hetzelfde openbaar lichaam; denk aan een verklaring van geen bezwaar van de gemeenteraad voor het nemen van een besluit door het college van B en W.

Ook aan een feitelijke handeling echter kan het objectieve recht een rechtsgevolg verbinden. Dat gebeurt bijvoorbeeld wanneer een bestuurshandeling onrechtmatig wordt verricht. Er ontstaat dan op grond van art. 6:162 BW voor het bestuur een plicht tot schadevergoeding jegens degene die door de feitelijke handeling schade lijdt. Maar op het ontstaan van dit rechtsgevolg is de handeling niet *gericht*. Ook *beslissingen tot* het verrichten van feitelijke handelingen zijn daarom geen rechtshandelingen en dus geen besluiten. Feitelijke handelingen en beslissingen tot het verrichten daarvan zijn ingeval ze onrechtmatig zijn en tot aansprakelijkheid leiden wel rechts*feiten*.[29] Aldus kunnen we spreken van een driedeling:
- feitelijke handelingen zonder rechtsgevolg;
- feitelijke handelingen waaraan het recht een rechtsgevolg verbindt dat niet met de handeling is beoogd;
- rechtshandelingen (handelingen die gericht zijn op het ontstaan van een rechtsgevolg).[30]

Voorbeelden van feitelijke handelingen die door, althans onder verantwoordelijkheid van, het bestuur worden verricht, zijn het aanleggen van een fietspad, de handhaving van de openbare orde en het ontruimen van panden. Bij de rechtshandelingen moet niet alleen worden gedacht aan beslissingen voor individuele gevallen, zoals vergunningen, uitkeringen, subsidies en sancties, maar ook onder meer aan verordeningen, beleidsregels en bestemmingsplannen.

Het onderscheid tussen feitelijke handelingen en rechtshandelingen is vaak moeilijker dan uit deze eenvoudige voorbeelden blijkt. Het kost de rechter nogal eens hoofdbrekens om uit te maken of wel of niet van een besluit (een rechtshandeling dus) sprake is. Nog relatief eenvoudig is het in de volgende gevallen. De brief van een belastinginspecteur waarin hij kennis geeft van een in te stellen onderzoek is geen besluit, omdat het niet gericht is op het scheppen van een verplichting. De plicht tot medewerking aan het onderzoek vloeit rechtstreeks voort uit de wet.[31] De brief van een burgemeester aan de moeder van een baldadig tienjarig jongetje met daarin de mededeling dat de jongen na negen uur 's avonds niet meer zonder begeleiding de straat op mag, is geen besluit. De waarschuwing dat de overtreding hiervan of het opnieuw overlast veroorzaken zal leiden tot thuisbrengen door de politie, houdt geen rechtens afdwingbare verplichting of onthouding van enig recht in.[32]

---

29 De categorie rechtsfeiten bestaat uit rechtshandelingen, feitelijke handelingen met rechtsgevolg en blote feiten met rechtsgevolg (zoals het verstrijken van een fatale termijn).

30 Normaliter *wordt* het rechtsgevolg dan ook tot stand gebracht, maar dat hoeft niet per se. Uit ABRvS 9 april 2008, *AB* 2008/166 m.nt. R. Ortlep volgt dat ook al heeft een bestuursorgaan géén bevoegdheid om een bepaald besluit te nemen, de genomen beslissing toch geacht wordt op publiekrechtelijk rechtsgevolg te zijn gericht wanneer het bestuursorgaan in het kader van de uitoefening van een gepretendeerde publiekrechtelijke bevoegdheid beoogt hiermee een rechtsgevolg tot stand te brengen.

31 ABRvS 15 juli 2009, *JB* 2009/195.

32 ABRvS 18 november 2009, *JB* 2010/9.

Een goed voorbeeld ter illustratie van het feit dat het ook erg ingewikkeld kan worden, biedt de rechtspraak inzake zogenaamde bestuurlijke rechtsoordelen. Dat zijn oordelen van het bevoegde bestuursorgaan over de toepasselijkheid van een wettelijke regeling. Is nu bijvoorbeeld het schriftelijke oordeel van B en W dat de bouw van een bijgebouw op het erf wel of niet in strijd is met het bestemmingsplan een besluit? Het rechtsgevolg zou kunnen zijn dat door het bevoegde gezag bindend wordt vastgesteld wat het bestemmingsplan toelaat. Ook zou men kunnen stellen dat B en W met een positief oordeel omtrent de toelaatbaarheid van de bouw, de bevoegdheid om naderhand, wanneer dit oordeel onjuist blijkt te zijn, alsnog handhavend op te treden, prijs geven. Anderzijds kan men stellen dat de (on) verenigbaarheid van de voorgenomen activiteit met het bestemmingsplan uit dit (door de gemeenteraad vastgestelde) plan zelf volgt en een oordeel van B en W daaraan niets toevoegt. De *hoofdlijn* van de jurisprudentie is dat pas van een voor beroep vatbaar ('appellabel') bestuurlijk oordeel (een besluit dus) sprake is wanneer er geen andere mogelijkheid is een rechterlijk oordeel over de bewuste kwestie te krijgen – zo'n andere mogelijkheid bestaat wél wanneer de vraag of een activiteit is toegestaan, kan worden beantwoord in een omgevingsvergunningprocedure – dan wel het gebruikmaken van die andere mogelijkheid voor betrokkene onredelijk bezwarend is, bijvoorbeeld zeer veel tijd of geld kost of grote risico's meebrengt. Denk in het gegeven voorbeeld aan de situatie waarin voor de voorgenomen activiteit geen vergunning nodig is en alleen een rechterlijk oordeel over de conformiteit met het bestemmingsplan zou kunnen worden verkregen door eerst een overtreding te plegen – het bouwwerk op te richten – en vervolgens te gaan procederen tegen het sanctiebesluit. Dat kán onredelijk bezwarend zijn. Zo ook werd het oordeel van B en W over de toepasselijkheid uit de Verordening winkeltijden op een bepaalde winkel/lunchroom die haar deuren op zondag wilde openen als besluit aangemerkt, omdat het voor de exploitant onredelijk bezwarend was een oordeel te verkrijgen via een eventueel te nemen handhavingsbesluit nadat zij de bepaling had overtreden. Dit zat hem erin dat die overtreding tevens een strafbaar feit opleverde en de exploitant zich aldus aan vervolging zou blootstellen. Bovendien moesten er allerlei kostbare maatregelen ten behoeve van de openstelling worden getroffen (die dan achteraf wellicht nutteloos zouden zijn) en dreigde er reputatieschade.[33] Ook de mededeling van het bevoegd gezag dat iemands uitkering bij verhuizing naar Senegal zou worden beëindigd, werd als een op rechtsgevolg gericht rechtsoordeel aangemerkt, nu het voor betrokkene onevenredig bezwarend is om naar Senegal te verhuizen alvorens zij in rechte beoordeeld kan krijgen of haar uitkering in dat geval terecht wordt beëindigd.[34] Een ander voorbeeld is de concrete beoordeling van de vergunningsplicht voor een evenement, in een situatie waarin snel zal moeten worden gehandhaafd, omdat het kwaad anders al is geschied.[35] Ook het oordeel of ingekochte zorg subsidiabele zorg betreft, valt aan te merken als een besluit, omdat het onevenredig bezwarend zou zijn om hierover pas na afloop van het kalenderjaar definitief duidelijkheid te krijgen.[36] Van de hoofdlijn

33 CBb 27 mei 2015, *AB* 2016/155 m.nt. C.J. Wolswinkel onder nr. 156.

34 CRvB 29 augustus 2014, *AB* 2014/388 m.nt. I. Sewandono.

35 ABRvS 10 juni 2009, *JB* 2009/174, *JM* 2009/91 m.nt. Zijlmans. Van belang was dat het bestuursorgaan het voorafgaande jaar pas na afloop van hetzelfde evenement afwijzend had beslist op het verzoek om conform de Natuurbeschermingswet 1998 te handhaven wegens het ontbreken van een vergunning.

36 CRvB 24 november 2009, *ABkort* 2009/527.

wordt echter soms afgeweken.[37] Het bestuurlijke oordeel over de vraag of een orgaan *bevoegd is* een bepaald besluit te nemen, wordt vrijwel steeds als een besluit aangemerkt.[38] Daarentegen is het oordeel, dat een naturalisatiebesluit geen rechtsgevolg heeft indien de betrokkene een valse naam heeft gebruikt en daardoor niet door het naturalisatiebesluit wordt geïdentificeerd, niet aan te merken als besluit.[39] Ook is de mededeling dat een partij olie is aan te merken als afvalstof geen besluit.[40]

Een lastige vraag is of de bestuurlijke reactie op een melding een besluit is.[41] Sommige wetten schrijven voor dat alvorens bepaalde *in beginsel toegestane* handelingen te verrichten (bijvoorbeeld een 'milieuneutrale' wijziging van bedrijfsactiviteiten) daarvan melding moet worden gemaakt bij het bevoegd gezag. Dit kan dan bezien of de voorgenomen activiteit wellicht toch vergunningplichtig of zelfs geheel verboden is. Doorgaans is die reactie geen besluit.[42] Als de activiteit echter *in beginsel verboden* is tenzij betrokkene de voorgenomen activiteit heeft gemeld en het bevoegd gezag instemt met de melding dan wel gedurende een in de regeling aangegeven periode niet reageert, dan is die reactie op de melding wél een besluit. Dit systeem wordt wel gevolgd bij vergunningstelsels voor uitwegen. Zowel de expliciete instemming als de impliciete toestemming (door niet te reageren) komen dan dicht in de buurt van een vergunning en worden daarom als besluit aangemerkt.[43]

Een ander voorbeeld van het soms moeilijk te maken onderscheid tussen rechtshandelingen en feitelijke handelingen betreft de waarschuwing (aan een overtreder) die voorafgaat aan een sanctie die wordt opgelegd ingeval de overtreding nog eens wordt begaan. Zo'n (schriftelijke) waarschuwing werd lange tijd als beschikking aangemerkt indien die waarschuwing deel uitmaakte van een op schrift gesteld en bekendgemaakt beleid en die volgens dat beleid een voorwaarde was voor het opleggen van een sanctie. Uiteindelijk is de Afdeling, mijns inziens terecht, 'omgegaan' omdat de overtreder door de waarschuwing niet in een andere rechtspositie komt: hij is tot niets anders of meer verplicht dan hij al was. Ook is het geen automatisme dat bij herhaalde overtreding na de waarschuwing een sanctie volgt.[44] Overigens kan betrokkene in een procedure tegen een sanctiebesluit dat zonder een voorafgaande, volgens het gevoerde beleid verplichte, waarschuwing is genomen, dit verzuim wel aanvoeren. Wanneer in een *wettelijke regeling* het geven van een waarschuwing is opgenomen, kán

37 Zoals in ABRvS 20 november 1998, *AB* 1999/82 m.nt. F.C.M.A. Michiels. Conform de hoofdlijn zijn bijvoorbeeld ABRvS 8 mei 2002, *JB* 2002/202 m.nt. F.A.M. Stroink en ABRvS 18 augustus 2004, *AB* 2005/106 m.nt. A.G.A. Nijmeijer. Complex is de situatie waarin een oordeel over de verenigbaarheid van een voorgenomen activiteit met de gebruiksvoorschriften (nu: regels) van het bestemmingsplan is gevraagd (appellabel rechtsoordeel), terwijl óók een bouwvergunning (nu: omgevingsvergunning) nodig is (standpunt of die vergunning nodig is, is geen appellabel rechtsoordeel). Zie ABRvS 23 juli 2003, *AB* 2003/413 m.nt. A.A.J. de Gier.

38 Zie met name ABRvS 29 november 1996, *AB* 1997/66 m.nt. P.J.J. van Buuren; zie recenter ABRvS 29 april 2003, *AB* 2003/254 m.nt. Van Hall en ABRvS 7 februari 2007, *Gst.* 7285/144 m.nt. L.J.M. Timmermans.

39 ABRvS 8 juli 2009, *AB* 2009/392 m.nt. R. Ortlep.

40 ABRvS 17 juni 2009, *AB* 2009/311 m.nt. R. Ortlep.

41 Zie daarover L.J.M. Timmermans, 'De complexe wereld van de melding. Het rechtskarakter van de bestuurlijke reactie op een melding', *JBplus* 2016, p. 37-63.

42 Zie onder veel meer ABRvS 17 juni 2015, *AB* 2016/92 m.nt. R. Ortlep en ABRvS 24 juni 2015, *AB* 2016/91 m.nt. R. Ortlep.

43 Zie de uitspraken van de grote kamer van de ABRvS 14 januari 2015, *AB* 2015/218 m.nt. E. Dans en J. Mohuddy en ABRvS 14 januari 2015, *AB* 2015/219 m.nt. E. Dans en J. Mohuddy.

44 Zie respectievelijk ABRvS 29 oktober 2003, *AB* 2004/361 m.nt. O.J.D.M.L. Jansen en ABRvS 8 september 2004, *AB* 2005/1007 m.nt. F.R. Vermeer (oude opvatting) en ABRvS 18 januari 2006, *AB* 2006/122 m.nt. F.R. Vermeer (nieuwe opvatting).

die waarschuwing een besluit zijn, doch alleen als die waarschuwing rechtsgevolg heeft: 'ook indien de waarschuwing een wettelijke grondslag heeft, dient te worden beoordeeld of het betrokken wettelijke voorschrift aan die waarschuwing enig rechtsgevolg verbindt. Hiervoor is van belang of de betrokkene door het geven van een waarschuwing een rechtens verbindende verplichting wordt opgelegd, enig recht wordt onthouden of anderszins direct geraakt wordt in zijn rechtspositie, zoals het geval is bij het geven van een waarschuwing als disciplinaire maatregel.'[45] Ook als de waarschuwing een strikte voorwaarde vormt voor het vervolgens mogen opleggen van een sanctie, is van een besluit sprake.[46]

Een laatste voorbeeld: normaliter is de beslissing op grond van de Wet openbaarheid van bestuur om een document wel of niet openbaar te maken een besluit (zie ook hierna paragraaf 2.6). Als het gaat om reeds openbare informatie, die bijvoorbeeld op een website is gepubliceerd, maar kennelijk voor de verzoeker niet zo makkelijk te vinden was, is die beslissing echter een feitelijke handeling.[47]

Publiekrechtelijk

De rechtshandeling moet ten slotte publiekrechtelijk zijn om van een besluit te kunnen spreken. Publiekrechtelijk zijn die besluiten en handelingen tot het nemen respectievelijk verrichten waarvan, bij of krachtens een wet in formele zin, exclusief aan een bestuursorgaan de bevoegdheid is verleend. Privaatrechtelijke handelingen daarentegen, zoals het kopen of huren van een pand, het als eigenaar aan iemand verbieden van de toegang tot een pand[48] en de vaststelling van de huurtarieven van volkstuinen[49], kunnen in beginsel door eenieder worden verricht. Het privaatrecht biedt daartoe de mogelijkheid. Dergelijke rechtshandelingen zijn dus geen besluiten, omdat ze niet publiekrechtelijk van aard zijn.

Weer even terugkerend naar de casus Knipscheer: het opleggen van een belastingaanslag, de last (onder bestuursdwang) tot ongedaanmaking van een verbouwing (op kosten van de overtreder) en het opleggen van een boete, zijn allemaal door bestuursorganen genomen, op rechtsgevolg gerichte, beslissingen van publiekrechtelijke aard, besluiten dus. Het *publiek*rechtelijke karakter van de beslissing staat niet ter discussie. In de casus gaat het toevallig steeds om besluiten voor een concreet geval, maar ook een verordening waarin rechten of plichten worden geschapen, is een besluit.

In enkele gevallen wordt een rechtshandeling als publiekrechtelijk beschouwd zonder dat de bevoegdheid tot het verrichten ervan in een wettelijke bepaling is toegekend. Dit geldt voor sommige subsidies, de terugvordering van uitkeringen

45 ABRvS 16 november 2011, *AB* 2012/115 m.nt. F.R. Vermeer.
46 CRvB 5 januari 2009, *AB* 2009/120 m.nt. F.C.M.A. Michiels.
47 ABRvS 11 januari 2012, *AB* 2012/52 m.nt. P.J. Stolk.
48 In CRvB 10 juni 2014, *AB* 2014/329 m.nt. L.J.A. Damen ging het om het weigeren van de toegang tot het gemeentehuis. Dat kan uiteraard alleen de gemeente als eigenaar daarvan, maar de rechter vond kennelijk dat de nadruk moest liggen op het eigenaarschap en niet op de eigenaar. Zie de kritische noot van Damen die meent dat conflicten over de toegang tot overheidsgebouwen niet voor de burgerlijke, maar voor de bestuursrechter zouden moeten kunnen worden uitgevochten.
49 ABRvS 9 januari 2013, *AB* 2013/197 m.nt. H. Peters. In het midden kan blijven of het in dit geval om een privaatrechtelijke *rechts*handeling ging; het was in elk geval een handeling in een privaatrechtelijke rechtsverhouding,

en het buitenwettelijk toekennen van schadevergoeding. Soms ook wordt reeds het feit dat met de beslissing uitvoering wordt gegeven aan een publieke taak, bepalend geacht voor het publiekrechtelijke karakter van de beslissing.[50]

Schriftelijke subsidiebeslissingen van bestuursorganen worden altijd als besluiten aangemerkt, ook wanneer ze niet op grond van een wettelijk voorschrift zijn genomen.[51] Niet op een wet gebaseerde beslissingen omtrent het vergoeden van schade bij *rechtmatig* overheidshandelen worden eveneens als besluiten gezien (zelfstandige schadebesluiten[52]), althans wanneer de schade *door de uitoefening van een publiekrechtelijke bevoegdheid* is veroorzaakt.[53] De schadevergoedingsbeslissing wordt genomen in het kader van een publiekrechtelijke rechtsverhouding omdat en voor zover het rechtsbeginsel van de gelijkheid voor de publieke lasten het orgaan daartoe noopt. Zelfstandige schadebesluiten zijn overigens alleen appellabel voor zover ook de schadeveroorzakende bevoegdheidsuitoefening appellabel is, terwijl het beroep ook nog alleen kan worden ingesteld door degene die ook tegen het schadeveroorzakende besluit kon opkomen.[54] De Wet nadeelcompensatie en schadevergoeding bij onrechtmatige besluiten bevat een regeling inzake nadeelcompensatie. Bij onevenredige schade (uitgaand van het rechtsbeginsel van de gelijkheid voor de publieke lasten) veroorzaakt door de rechtmatige uitoefening van een publiekrechtelijke bevoegdheid kan de benadeelde een aanvraag tot vergoeding indienen bij het desbetreffende bestuursorgaan. Tegen een besluit op een dergelijke aanvraag staat bezwaar en beroep open (titel 4.5 Awb). Deze wet is voor dit deel nog niet in werking getreden. Daarnaast is in deze wet een zelfstandige verzoeksprocedure bij de bestuursrechter in het leven geroepen voor schadevergoeding wegens *onrechtmatige* daad (titel 8.4 Awb). Behalve onrechtmatige besluiten en het niet tijdig nemen van een besluit vallen hieronder ook onrechtmatige handelingen ter voorbereiding van een onrechtmatig besluit (art. 8:88 Awb). Besluiten tot vergoeding van schade wegens onrechtmatig bestuurshandelen zijn van beroep uitgezonderd (art. 8:4 lid 1 sub f Awb). Ook bij de terugvordering van ten onrechte betaalde uitkeringen (dus niet de intrekking van de uitkeringsbeschikking!) is volgens de diverse hoogste bestuursrechters sprake van een rechtshandeling in een publiekrechtelijke setting (de uitkeringsrelatie).[55]

---

50 Aldus kennelijk Rb. Amsterdam 7 juni 2006, *AB* 2006/293 m.nt. H. Peters inzake de teruggaaf van een kunstcollectie (Koenigscollectie) die in de oorlog onder moeilijke omstandigheden deels aan de bezetter was verkocht. In hoger beroep vernietigde de Afdeling deze uitspraak echter omdat er geen publiekrechtelijke bevoegdheid viel aan te wijzen en er dus geen besluit was. Op de redenering van de rechtbank inzake de publieke taak ging de Afdeling niet in. Zie ABRvS 31 januari 2007, *AB* 2007/120 m.nt. H. Peters.

51 Ook na de inwerkingtreding van titel 4.2 Awb in 1998 is er nog steeds sprake van veel subsidiebeslissingen zonder wettelijke grondslag. De Awb laat uitdrukkelijk ruimte voor enkele categorieën niet op de wet gebaseerde subsidies (art. 4:23 lid 3).

52 Er zijn ook onzelfstandige schadebesluiten; dit zijn besluiten waaraan wel een schade-aspect is verbonden, maar die primair een andere strekking hebben. Zo kan het verlenen van een vergunning onder omstandigheden alleen zijn toegestaan wanneer aan een derde schadevergoeding wordt gegeven.

53 Zie onder meer ABRvS 6 mei 1997, *AB* 1997/229, *JB* 1997/118 m.nt. Snijders (Van Vlodrop) en recent ABRvS 1 april 2009, ECLI:NL:RVS:2009:BH9247; zie ook CRvB 28 juli 1994, *AB* 1995/133 m.nt. Van Male.

54 CRvB 26 september 2003, *JB* 2003/349 m.nt. JHK en ABRvS 18 augustus 2004, *AB* 2004/395 m.nt. N. Verheij. NB: naast de hier bedoelde buitenwettelijke schadevergoedingsbesluiten zijn er natuurlijk ook schadevergoedingsbesluiten die een wettelijke grondslag hebben, zoals art. 6.1 Wro ('planschadevergoeding').

55 Zie CRvB 26 juli 1994, *AB* 1995/229 en ABRvS 21 oktober 1996, *AB* 1996/496 m.nt. N. Verheij.

Strategisch besluitbegrip
De bestuursrechter heeft voor de bovengeschetste benadering wetshistorische argumenten (subsidies) en rechtssystematische argumenten (zelfstandige schadebesluiten en terugvorderingen) aangevoerd. Die komen erop neer dat het *met het oog op een zinvolle verdeling van rechtsmacht* tussen de bestuursrechter en de burgerlijke rechter in bepaalde gevallen wenselijk is beslissingen die strikt genomen geen besluiten zijn toch als zodanig aan te merken. Het besluitbegrip wordt dus af en toe ruim uitgelegd als de bestuursrechter vindt dat hij in casu de bevoegde rechter *zou moeten zijn.* Hij *is* alleen bevoegd te oordelen over besluiten; dus moet hij een beslissing als een besluit bestempelen (ook al is die beslissing dat strikt genomen niet) om bevoegd te zijn. Men spreekt daarom wel van een strategisch besluitbegrip. Deze benadering is ook terug te vinden in andere delen van de jurisprudentie over het besluitbegrip, bijvoorbeeld in de jurisprudentie inzake rechtsoordelen. De bestuursrechter heeft op deze wijze zijn rechtsmacht flink uitgebreid.[56]

> Daarnaast komt het voor dat de wetgever het zelf wenselijk vindt dat tegen een handeling die niet voldoet aan de definitie van besluit in art. 1:3 Awb de bestuursrechtelijke rechtsbescherming openstaat. In dat geval kan de wetgever bepalen dat zo'n beslissing etc. geldt als besluit – zie bijvoorbeeld art. 45 Wet bescherming persoonsgegevens[57] – dan wel voor de rechtsbescherming met een besluit gelijk wordt gesteld – zie bijvoorbeeld art. 6:2 Awb.

In onderstaand schema is hetgeen in deze paragraaf is behandeld nog eens schematisch weergegeven. Het element 'beslissing' is daarin niet als zodanig vermeld, omdat het begrip rechtshandeling al een beslissing veronderstelt.

56 Zie uitgebreid hierover N. Verheij, Een eigen recht(er), VAR-preadvies, in: *Verschuiving van de magische lijn*, VAR-geschrift nr. 122, Alphen aan den Rijn: Samsom 1999. Zie ook R. Ortlep, 'Het besluitbegrip: een verdampende theorie', *RMThemis* 2008/6, p. 243-252.
57 Zie voor een rechterlijke uitspraak over die bepaling ABRvS 6 april 2016, ECLI:NL:RVS:2016:911.

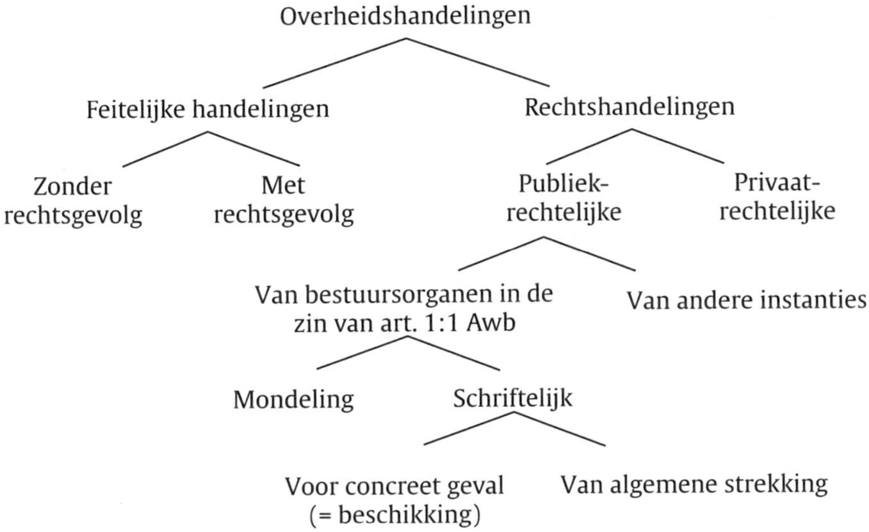

2.6 Openbaarheid van bestuur

Algemeen

In de casus Knipscheer verzocht Antoinette om een afschrift van het verzoek tot optreden, een exemplaar van het bestemmingsplan en een verslag van de vergadering van het gemeentebestuur waarin de voor haar zo ongunstige beslissing is genomen. Moeilijk voor te stellen valt dat B en W zouden antwoorden dat al deze stukken niet toegankelijk zijn voor burgers. We leven niet in een maatschappij zoals die waarin Josef K. leefde, de hoofdpersoon uit 'Der Prozess' van Franz Kafka. Integendeel, democratie kan alleen floreren wanneer de overheid een mentaliteit heeft die op openheid is gericht en zij bij haar handelen openbaarheid betracht. Dat uitgangspunt is inmiddels ook in de Europese Unie als zodanig erkend. Dat wil niet zeggen dat alles op straat moet, dat iedereen altijd recht heeft op alle mogelijke informatie en iedereen elke vergadering kan bijwonen. Er zijn namelijk ook andere belangen dan die van openbaarheid. Het bestuur moet in zekere rust en zo nodig beslotenheid tot besluitvorming kunnen komen, althans tot het ontwikkelen van ideeën voor de te nemen besluiten. Voorts lenen sommige onderwerpen zich niet voor openbaarheid, hetzij vanwege privé-aspecten (als het om personen gaat), hetzij bijvoorbeeld vanwege bedrijfseconomische belangen of veiligheidsbelangen.

Er is veel wetgeving met betrekking tot openbaarheid en geheimhouding. Onderscheid moet daarbij worden gemaakt tussen openbaarheid van
- verdragen, wettelijke regelingen en beleidsregels;
- vergaderingen;
- informatie.[58]

Bij de eerste categorie gaat het erom dat het geldend recht bekend moet zijn. Als ieder wordt geacht de wet te kennen, dan moet die ook gekend kunnen worden. Daarom zijn er allerlei bekendmakingsregelingen, onder meer in de Bekendmakingswet (voor wetten en andere rijksregelingen), in de organieke wetten, voor algemeen verbindende voorschriften van gemeenten, provincies en waterschappen, en in de Awb voor andere besluiten dan algemeen verbindende voorschriften. De openbaarheid van vergaderingen van vertegenwoordigende organen is geregeld in de reglementen van orde van de Eerste en de Tweede Kamer en in bedoelde organieke wetten. Op openbaarheid van informatie hebben ook diverse wetten betrekking; de belangrijkste en meest algemene is de Wet openbaarheid van bestuur (Wob). Andere wetten kunnen regels bevatten die de Wob (deels) opzij zetten of ten aanzien waarvan de Wob slechts een aanvullende functie heeft. Zie onder meer de Archiefwet, de Wet bescherming persoonsgegevens en (hoofdstuk 19 van) de Wet milieubeheer. Ook is er een 'Europese Wob', de Verordening inzake de toegang van het publiek tot documenten van het Europees Parlement, de Raad en de Commissie.[59] Gezien het inleidende karakter van dit boek wordt hierna slechts op de Wob ingegaan, onder erkenning van het feit dat er veel meer openbaarheidswetgeving bestaat.

Wet openbaarheid van bestuur

De Wob draagt bestuursorganen op om burgers informatie te verstrekken, zowel uit eigen beweging (art. 8 en 9) als op verzoek (art. 3-7). Op het niet voldoen aan de plicht tot openbaarmaking uit eigen beweging staat evenwel geen juridische sanctie. Bij het weigeren te voldoen aan een verzoek tot openbaarmaking kan de burger naar de rechter gaan (zie het eind van deze paragraaf). Beslissingen omtrent openbaarmaking op verzoek zijn daarom juridisch het meest interessant.

Het verzoek moet informatie betreffen, neergelegd in documenten. Dat zijn niet alleen schriftelijke stukken, maar ook allerlei andere informatiedragers als video- en geluidsbanden, USB-sticks, CD-ROM's etc. Het verzoek moet voorts

58 Zie J.A. Hofman en J.A. van Schagen, *Openbaarheid van bestuur*, tweede druk, Nijmegen: Ars Aequi Libri 2003 en E.J. Daalder, *Toegang tot overheidsinformatie* (diss.), Den Haag: BJu 2005 en de daarop gebaseerde, geheel geactualiseerde uitgave van E.J. Daalder, *Handboek openbaarheid van bestuur*, tweede druk, Den Haag: BJu 2015.

59 Verordening 1049/2001, *Pb* 2001, L 145. Zie over de verhouding van deze 'Eurowob' tot de Nederlandse Wob GvEA EG 30 november 2004, *JB* 2005/31 m.nt. G. Overkleeft-Verburg. Een nieuwe, aangepaste versie van de Eurowob was in de maak, maar dit project is gestaakt.

een bestuurlijke aangelegenheid betreffen, welke aangelegenheid bij het verzoek moet worden genoemd. Een verzoek om 'alle stukken betreffende het subsidiebeleid' bijvoorbeeld zou te algemeen zijn; het verzoek betreft dan niet een bepaalde aangelegenheid. Bij de wijze van informatieverstrekking (inzage, kopie maken etc.) wordt de voorkeur van de verzoeker gevolgd, tenzij dat in een concreet geval redelijkerwijs niet kan worden gevergd of de informatie al in een andere voor het publiek gemakkelijk toegankelijke vorm beschikbaar is (art. 7 lid 2 Wob). Een beroep op het feit dat de informatie in de gevraagde vorm redelijkerwijs niet kan worden gevergd, mag er niet toe leiden dat relevante informatie aan de verzoeker wordt onthouden zonder dat dit op een wettelijke weigeringsgrond is gebaseerd.[60]

Zoals gezegd zijn er andere dan openbaarheidsbelangen. In art. 10 Wob zijn daarom absolute en relatieve gronden vermeld om de informatie niet te verstrekken, bij een verzoek om informatie als weigeringsgronden aangeduid. De absolute weigeringsgronden zijn genoemd in lid 1, de relatieve in lid 2 van art. 10. Doet zich een absolute weigeringsgrond voor, dan *moet* het verzoek worden geweigerd. Een voorbeeld van een absolute weigeringsgrond is het schaden van de veiligheid van de Staat. Bij een relatieve weigeringsgrond *kan* het verzoek worden geweigerd; het belang van het verstrekken van informatie moet dan worden afgewogen tegen het in de weigeringsgrond vermelde belang. Een voorbeeld van een relatieve weigeringsgrond is de eerbiediging van de persoonlijke levenssfeer.

Zo zal in de casus Knipscheer tegen het openbaar maken van de brief van Haarmode geen bezwaar bestaan. Er is geen sprake van door Haarmode verstrekte gegevens die onder een uitzonderingsgrond vallen. Ook tegen verstrekking van een afschrift van of het geven van inzage in het bestemmingsplan bestaat geen enkel bezwaar; het bestemmingsplan moet reeds openbaar zijn gemaakt om te kunnen werken. Stukken die reeds openbaar zijn, hoeven echter niet nog eens in reactie op een Wob-verzoek openbaar te worden gemaakt. De openbaarmaking van het verslag van de vergadering van B en W stuit wel op bezwaar. Dat blijkt niet uit de Wob, die alleen de openbaarheid van documenten betreft, maar uit art. 54 Gemeentewet. Dit artikel bepaalt dat de vergaderingen van het college met gesloten deuren worden gehouden, voor zover het college niet anders heeft bepaald.

Ook bij een informatieverstrekking uit eigen beweging, op grond van art. 8 Wob, gelden de bovenvermelde gronden.[61] Vóór de informatie eventueel te verstrekken, zal het orgaan zich dus moeten afvragen of zich zo'n grond voordoet. De Wob kent in art. 11 nog enkele andere beperkingen op de openbaarheid, voornamelijk in verband met de bescherming van persoonlijke beleidsopvattingen van ambtenaren.

60 ABRvS 24 september 2008, *Gst.* 7309/3 m.nt. S.A.J. Munneke.
61 ABRvS 31 mei 2006, *JB* 2006/218 m.nt. M. Overkleeft-Verburg, *Gst.* 7263/169 m.nt. R. Kooper.

De verzoeker om informatie hoeft geen specifiek belang bij het verkrijgen van de informatie te hebben. De reden waarom hij informatie vraagt, doet dan ook niet ter zake.[62] In verband daarmee kan worden gesteld dat informatie waarop één verzoeker recht heeft, informatie is waarop allen recht hebben (al wordt dit uitgangspunt van de Wob in de praktijk niet altijd toegepast).

Sinds de invoering van § 4.1.3.2 Awb (dwangsom bij niet tijdig beslissen) komt een verzoeker om openbaarheid ingeval het orgaan niet tijdig op dit verzoek reageert en ook niet reageert na een ingebrekestelling, een dwangsom toe, die (in zes weken tijd) kan oplopen tot maximaal € 1260. Er zijn personen die zo veel Wob-verzoeken doen aan diverse bestuursorganen dat altijd wel in een deel van die gevallen niet tijdig wordt gereageerd en vervolgens dwangsommen kunnen worden geïncasseerd. Het gaat die verzoekers niet om de openbaarheid, maar om het geld. De verzoeken zijn inhoudelijk soms onzinnig, zoals het verzoek om openbaarmaking van het lettertype dat de gemeente in haar stukken gebruikt. Omdat de verzoeker echter geen enkel belang hoeft te stellen, kan een dergelijk verzoek niet gemakkelijk worden afgewezen. Ook voor afwijzing is het overigens nodig een beslissing te nemen en (tijdig) te verzenden. In een aantal gevallen heeft de Afdeling misbruik van recht aangenomen. Daarvan is bijvoorbeeld sprake als verzoeker een groot aantal, (deels) elkaar overlappende verzoeken indient, naar aanleiding van één kwestie, met veel bijkomende correspondentie de stukken kennelijk bewust naar een verkeerd postadres worden gestuurd (maar wel zodanig dat het uiteindelijk wel bij het bevoegd gezag terechtkomt), en in de stukken geen of onjuiste kenmerken worden vermeld. Dit alles is des te kwalijker wanneer de verzoeker een professioneel werkende persoon is die met zijn cliënten afspreekt dat eventuele door het orgaan verbeurde dwangsommen aan hem ten goede komen.[63]

Van de zijde van de VNG is er daarom op aangedrongen de dwangsomregeling niet langer van toepassing te laten zijn op Wob-verzoeken. In april 2016 is een initiatiefwetsvoorstel van Groen Links en D66 door de Tweede Kamer aanvaard, waarin aan deze wens gehoor wordt gegeven (art. 8.2).[64] Bovendien bevat dit voorstel een antimisbruikbepaling (art. 4.6) op grond waarvan het bestuursorgaan een verzoek buiten behandeling kan laten indien dit kennelijk niet is gedaan met het doel publieke informatie te krijgen. Het nadeel van het buiten werking stellen van de dwangsomregeling is dat daarvan ook verzoekers te goeder trouw het slachtoffer zijn. In verband met deze ontwikkeling heeft de regering een eigen wetsvoorstel tot aanpassing van de Wob aangehouden. Het is afwachten of het initiatiefvoorstel, dat er tevens toe strekt een grotere openbaarheid te bewerkstelligen dan onder de Wob, ook door de Eerste Kamer komt en de regering er vervolgens mee instemt.

Een eenvoudige maatregel die al op korte termijn iets zou kunnen helpen, is het niet langer de gelegenheid bieden Wob-verzoeken via de e-mail in te dienen. Art. 2:15 Awb geeft die mogelijkheid.

62 Zie bijvoorbeeld ABRvS 4 februari 2004, *Gst.* 7205/66 m.nt. R. Kooper. Dit neemt overigens niet weg dat het doel van een Wob-verzoek van belang kan zijn voor het oordeel dat er misbruik van recht is; zie onder meer ABRvS 27 januari 2016, ECLI:NL:RVS:2016:157. Zie over misbruik van recht in Wob-zaken hierna.

63 De toon werd eind 2014 gezet met (o.a.) ABRvS 19 november 2014, *AB* 2015/93 m.nt. E.C. Pietermaat. Zie voorts onder meer ABRvS 23 september 2015, *Gst.* 2015/128 m.nt. C.N. van der Sluis.

64 *Kamerstukken* 2011/12, 33 328.

Tegen een schriftelijke beslissing inzake een op de Wob (of een andere wettelijke openbaarheidsregeling[65]) gebaseerd verzoek om het verstrekken van informatie kan bezwaar en beroep worden ingesteld. Een dergelijke beslissing wordt beschouwd als een besluit: bij de beslissing wordt uitgemaakt of iemand een recht op de verzochte informatie heeft. Ook echter wanneer een orgaan een beslissing neemt om uit eigen beweging over te gaan tot het openbaar maken van documenten, bijvoorbeeld in het kader van naming and shaming, is volgens de Afdeling sprake van een besluit, omdat bij zo'n beslissing, evenals bij een beslissing op verzoek, een afweging dient plaats te vinden tussen de belangen die voor en die tegen openbaarheid pleiten.[66] Ook hier is sprake van een strategische benadering van het besluitbegrip: het wordt niet wenselijk geacht dat de rechtsbescherming van de burger bij spontane openbaarheidsbeslissingen anders is dan die bij openbaarheidsbeslissingen op verzoek, waar het in beide situaties om vergelijkbare bestuurlijke afwegingen gaat.

65 Als zodanig geldt echter niet art. 68 Grondwet: het desgevraagd op die grondslag geven van inlichtingen door de minister aan de kamer geschiedt in het kader van de parlementaire controle, is niet te zien als een rechtsvaststellende beslissing (de kamer heeft altijd recht op informatie van de minister) en is dus geen besluit (ABRvS 21 april 2004, *AB* 2004/214 m.nt. A.J.Th. Woltjer).

66 ABRvS 31 mei 2006, *JB* 2006/218 m.nt. M. Overkleeft-Verburg, *Gst.* 7263/169 m.nt. R. Kooper.

HOOFDSTUK 3

De organisatie van het openbaar bestuur

3.1 Inleiding; een casus

Iedereen heeft van tijd tot tijd te maken met dat deel van de overheid dat het openbaar bestuur wordt genoemd. Het begint al vroeg; een mens is nog maar nauwelijks geboren of er moet al aangifte van dit feit worden gedaan bij de afdeling burgerzaken (burgerlijke stand) op het gemeentehuis. 'De gemeente' is een bekend fenomeen, maar wat doet een gemeente eigenlijk? Burgerzaken dus, zoals het registreren van geboorten en huwelijken en het verstrekken van rijbewijzen, maar nog veel meer. Ze onderhoudt de wegen en plantsoenen, legt enkele belastingen op, geeft vergunningen voor bouwwerken, maar ook voor het organiseren van evenementen, etc. Hoe verhouden gemeenten zich juridisch tot provincies en de ministeries? Wie heeft wat te vertellen waarover en hoe komt dat? Behalve met gemeenten, provincies en de rijksoverheid krijgen de meeste mensen nog met tal van andere instanties te maken. De kinderbijslag wordt verstrekt door de Sociale Verzekeringsbank. Is dat ook openbaar bestuur? En de Dienst Uitvoering Onderwijs (DUO), die voor de studiefinanciering zorgt? Deze en vele andere vragen kunnen worden samengevat onder de noemer: wat is het openbaar bestuur en hoe zit het juridisch in elkaar? Anders gezegd: hoe is het openbaar bestuur georganiseerd? Wat zijn openbare lichamen, wat zijn bestuursorganen en hoe komen zij aan hun bevoegdheden? Het bestuursrecht bevat veel antwoorden op de gestelde vragen, maar laat ook vragen onbeantwoord. In dit hoofdstuk wordt iets verteld over de antwoorden. Daarbij zal blijken dat er niet altijd sluitende antwoorden te geven zijn.

Ook in dit hoofdstuk beginnen we met een casus. In deze casus, waarin de lotgevallen van een gemeentesecretaris centraal staan, treffen we diverse organen aan en komt onder meer de verhouding tussen ambtenaar en bestuur aan de orde.

De zelfstandige gemeentesecretaris

In de gemeente Zevenbergen is Van den Heuvel al vele jaren de gemeentesecretaris. Hij is gewend zeer zelfstandig te werken en zich niet al te veel aan te trekken van het politieke gezag. Wethouders en burgemeesters komen en gaan, Van den Heuvel blijft altijd bestaan, zo redeneert hij. Iemand moet toch voor de continuïteit in het gemeentebestuur zorgen? Het ambtelijk apparaat heeft hij stevig in de greep. Opdrachten en verzoeken van de burgemeester, het college en de raad, die bij welke ambtenaar ook terechtkomen, gaan altijd eerst langs de secretaris. Die beslist of er iets mee wordt gedaan, wat en op welke termijn. Aan bedoelde opdrachten en verzoeken geeft hij alleen gehoor wanneer inwilliging daarvan zijns inziens in het gemeentelijk belang is. Ten slotte is ook hij een bestuursorgaan van de gemeente, zo meent hij, en dus is een serieuze ambtelijke toets van alle, vaak door partijpolitiek ingegeven, verzoeken en opdrachten op zijn plaats. Van zijn opvattingen over wat wel en niet in het belang van Zevenbergen is, geeft hij voorts regelmatig blijk in de kolommen van het ter plaatse gelezen regionale dagblad. In individuele gevallen wil hij, aan personen en instellingen die vergunningen of subsidies willen hebben, nog wel eens inlichtingen verstrekken en toezeggingen doen en vrijwel altijd wordt – toeval of niet – conform de opvattingen van Van den Heuvel beslist. Maar hij is ook machtig bij het tegenhouden van dingen. Soms komt dat anderen heel slecht uit. Op advies van Van den Heuvel had het college van B en W enkele jaren geleden de firma 'Fitness for All' een vergunning geweigerd voor de bouw van een sport- en ontspanningscentrum. Toen de rechter uiteindelijk uitmaakte dat de vergunning had moeten worden verleend, diende genoemde firma een schadeclaim in wegens gederfde inkomsten. De pas aangetreden wethouder van ruimtelijke ordening De Baas vraagt zich af hoe het college destijds zo verkeerd heeft kunnen besluiten. Hij stuit al gauw op de schier onaantastbare positie van Van den Heuvel, met wie hij inmiddels al diverse keren in de clinch heeft gelegen. Nader onderzoek wijst uit dat Van den Heuvel destijds niet bepaald onpartijdig was. Hij houdt er, in strijd met art. 101 Gemeentewet juncto art. 15 Gemeentewet, al jaren een eigen adviespraktijk op na. In het desbetreffende geval bleek de bouw van het centrum ongunstig voor een van de cliënten van Van den Heuvel, 'Fitnesscenter In good shape'. Dit doet bij De Baas de deur dicht. Hij dringt aan op het ontslag van Van den Heuvel. Na een rumoerige discussie, waarin Van den Heuvel zich beroept op zijn verdiensten voor de gemeente, wordt hij door het college geschorst en later ontslagen.

Naar aanleiding van deze casus kunnen diverse vragen worden gesteld over het onderwerp van dit hoofdstuk. Is de gemeentesecretaris inderdaad een bestuursorgaan? Hoe is de juridische verhouding van de gemeentesecretaris (en in het algemeen gemeente-ambtenaren) tot de raad, de wethouders, de burgemeester en het college? Hoe is de gemeente intern georganiseerd? Wie moet opdraaien voor de door Fitness for All geleden schade? Kan een ambtenaar worden ontslagen voor een verkeerd advies? In het vervolg van dit hoofdstuk komen we op deze vragen terug.

Openbaar bestuur

'Het openbaar bestuur' is een abstractie. Anders dan het bestuur van een vereniging, dat uit een beperkt aantal aanwijsbare personen bestaat, is er niet zoiets als het bestuur van Nederland, al willen mensen die de vreselijke aanduiding 'de BV Nederland' gebruiken anders doen geloven. Zelfs de regering kan niet als zodanig worden beschouwd. Nederland wordt, als geheel en in delen, op allerlei niveaus bestuurd, deels door internationale organisaties als de EU, deels nationaal, op centraal niveau door de regering (gecontroleerd door het parlement) en decentraal, met name door gemeenten, provincies en waterschappen.

Een boer bijvoorbeeld die een rundveebedrijf wil oprichten of uitbreiden, heeft indirect te maken met 'Brussel'; op EU-niveau worden regels gesteld, onder meer inzake het oormerken van runderen en schapen, maar worden ook subsidies gegeven. De nationale regelgevers – soms de hoogste: regering en parlement (bij wet in formele zin), soms de regering (bij amvb), soms de minister (bij ministeriële regeling) – zetten EU-recht om in nationale wetgeving, zodat de boer ook met tal van rijksregels te maken krijgt. Vervolgens zal hij een omgevingsvergunning nodig hebben, die door B en W wordt verstrekt en gehandhaafd. Voorts moet (de uitbreiding van) zijn veebedrijf ook passen in het bestemmingsplan; dit wordt door de gemeenteraad vastgesteld. Maar provinciale staten, de volksvertegenwoordiging van de provincie, kunnen weer regels stellen omtrent de inhoud van dat bestemmingsplan en indien provinciale belangen dat vorderen zelfs een eigen plan maken, een zogeheten inpassingsplan, dat dan geacht wordt onderdeel uit te maken van het voor dat gebied geldende gemeentelijke bestemmingsplan.

Er is dus een samenstel aan instanties die, tot op zekere hoogte, de samenleving besturen. Gemeenschappelijk hebben zij dat ze allemaal tot de overheid behoren. Is 'openbaar bestuur' nu hetzelfde als overheid? Neen, het openbaar bestuur *maakt deel uit van* de overheid, samen met de andere 'machten' in de Staat, de wetgever en de rechter.[1] In de praktijk wordt het openbaar bestuur echter wel aangeduid als 'de overheid'; sterker: binnen het openbaar bestuur wordt soms onderscheiden tussen enerzijds het centraal bestuur (het Rijk), als 'de' overheid, en anderzijds de gemeenten en andere decentrale instanties. Men zegt dan bijvoorbeeld dat de gemeente X subsidie krijgt van de overheid. Dat is dus eigenlijk onjuist, want de gemeente is zelf ook overheid, maar het hindert niet wanneer men maar weet waar men het over heeft. De volgende illustratie maakt duidelijk hoe het zit.

Overheid		
Wetgever (in formele zin)	**Bestuur**	**Rechter**
	Europees bestuur Centraal bestuur Provinciebesturen Gemeentebesturen Waterschapsbesturen Besturen van PBO-lichamen Overige bestuursinstanties	

1 In verband met de opkomst van allerlei bemiddelende instanties en alternatieve geschillenbeslechting wordt wel de term overheidsrechter gebruikt voor de functionaris die voorheen eenvoudig als 'de rechter' werd aangeduid.

Nederland als gedecentraliseerde eenheidsstaat

Zoals voorgaande illustratie al gedeeltelijk laat zien, kent het openbaar bestuur, hierna kortheidshalve aangeduid als het bestuur, binnen Nederland een bepaalde opbouw. In die opbouw zijn de zogeheten 'openbare lichamen' van groot belang. Openbare lichamen zijn, kort gezegd, publieke gemeenschappen met een zekere democratische legitimatie. Het begrip openbaar lichaam komt in de volgende paragraaf uitgebreider aan bod. Op centraal niveau is er het openbaar lichaam Staat, met ministeries (ambtelijke organisaties onder leiding van een minister); daarnaast zijn er zelfstandige bestuursorganen (die niet onder de leiding van een minister staan; zie 5.8). Decentraal zijn er de volgende openbare lichamen: de provincies, de gemeenten, de waterschappen, de Sociaal-Economische Raad (als overblijfsel van het voormalige stelsel van openbare lichamen van de publiekrechtelijke bedrijfsorganisatie) en de openbare lichamen voor bepaalde beroepen.

Ons staatsbestel is doortrokken van de decentralisatiegedachte. Wat op een lager niveau goed kan worden gedaan, moet niet op een hoger niveau worden gedaan.[2] De wet laat daarom veel bevoegdheden over of kent ze toe aan organen van provincies, gemeenten etc. Tegelijk is de opbouw van de bestuursorganisatie in die zin hiërarchisch, dat de wetgeving op tal van plaatsen aan organen van 'hogere lichamen' bevoegdheden toekent, waarmee zij organen van 'lagere lichamen' tot bepaalde handelingen kunnen dwingen (bindende aanwijzingen) of waarmee ze aan besluiten van die organen werking kunnen onthouden of ontnemen. Deze hiërarchie is nodig in verband met het concept van de eenheidsstaat dat aan onze Grondwet ten grondslag ligt. Vandaar dat onze staat wel kan worden getypeerd als een gedecentraliseerde eenheidsstaat.

Alle genoemde openbare lichamen hebben organen. Zie over de verschillende bestuursorganisaties, op centraal en decentraal niveau, en de (toezichts)relaties tussen die bestuursorganisaties, hoofdstuk 5.

Openbaar bestuur en privaat bestuur

Openbaar bestuur staat tegenover privaat bestuur: de besturen van private instellingen als NV's, BV's, verenigingen en stichtingen. Aan de organen van openbaar bestuur zijn publiekrechtelijke bevoegdheden toebedeeld; zij kunnen handelingen verrichten en besluiten nemen die burgers raken en zelfs, als de wet daarvoor de grondslag biedt, eenzijdig verplichtingen opleggen (zie 2.1). De besturen van private instellingen kunnen dat doorgaans niet (zie echter 3.3). Zij kunnen wel verplichtingen aan hun leden opleggen, maar die leden kunnen uittreden (hun lidmaatschap opzeggen); openbare lichamen echter zijn 'dwanggemeenschappen'; wie in ons land verblijft of zich in een bepaalde gemeente bevindt, heeft zich aan de nationale respectievelijk gemeentelijke regels te houden. Private instellingen hebben, althans als ze rechtspersoon zijn, wel altijd burgerlijke rechten. Ze kunnen overeenkomsten sluiten, eigendomsrechten uitoefenen etc. Overigens

2 Nederland geeft daarmee tevens uitvoering aan het 'Europees Handvest inzake lokale autonomie' van de Raad van Europa.

kunnen ook overheidsinstanties deze rechten bezitten, namelijk als ze rechtspersoon zijn (zie 3.2). NB: ook overheidsinstanties die zelf geen rechtspersoonlijkheid bezitten (zoals de afzonderlijke organen) behoren altijd tot een overheidsorganisatie die wél rechtspersoonlijkheid bezit.

In dit hoofdstuk en de volgende twee hoofdstukken gaat het over de organisatie en de bevoegdheden van het bestuur. Eerst wordt in hoofdstuk 3 geschetst hoe het bestuur is georganiseerd. Daarbij komen onder meer de volgende vragen aan de orde. Welke openbare lichamen zijn er? Wat zijn bestuursorganen? Hoe is de juridische relatie tussen het bestuur en zijn ambtenaren? Daarna wordt in hoofdstuk 4 behandeld wat bestuursorganen mogen (welke bevoegdheden en rechten ze hebben) en hoe ze aan hun bevoegdheden komen. In hoofdstuk 5 wordt nader ingegaan op de taken en bevoegdheden van de (organen in de) diverse bestuurslagen.

3.2 Openbare lichamen

Binnen de bestuurlijke overheid in Nederland kunnen verschillende bestuursniveaus worden onderscheiden. Op elk van deze niveaus treffen we een of meer openbare lichamen aan met een algemene bestuurstaak ten aanzien van een bepaald gebied (territoriale openbare lichamen). De wet stelt openbare lichamen in en regelt hun taken en bevoegdheden. Aan de besturen van openbare lichamen kan verordenende bevoegdheid worden verleend (art. 134 Grondwet). De Staat, de provincies en de gemeenten zijn openbare lichamen, zoals blijkt uit hoofdstuk 7 Grondwet. Sinds de opheffing van het land Nederlandse Antillen op 10 oktober 2010 zijn daar Bonaire, Sint Eustatius en Saba bijgekomen.[3] Daarnaast zijn er openbare lichamen die een specifieke taak hebben, zoals openbare lichamen voor beroepsgroepen, bijvoorbeeld de Nederlandse Orde van Advocaten (functionele openbare lichamen).[4] Een belangrijk onderdeel van openbare lichamen zijn de ambten of bestuursorganen.[5] Bij het Rijk zijn dat de regering en de samenstellende delen daarvan, waarvan de ministers bestuursrechtelijk gezien het belangrijkst zijn; bij gemeenten de gemeenteraad, de burgemeester en het college van B en W; bij de provincies provinciale staten, gedeputeerde staten en de commissaris van de Koning. Bij gemeenten en provincies kunnen bovendien commissies worden ingesteld die als ambten functioneren naast de reeds genoemde (zie verder hoofdstuk 5). De ambten of bestuursorganen van deze lichamen oefenen (publiekrechtelijke) bevoegdheden uit ten opzichte van

3 Zie voor de staatkundige en wetswijzigingen verder: L.J.J. Rogier, 'Het Koninkrijk der Nederlanden na de opheffing van de Nederlandse Antillen op 10 oktober 2010', *AA* 2010/9, p. 563-572.

4 Voorheen waren er ook de product- en bedrijfschappen, onderdelen van de publiekrechtelijke bedrijfsorganisatie (PBO-organen). Die zijn per 1 januari 2015 opgeheven (bij de Wet opheffing bedrijfslichamen); hun taken zijn deels door het Ministerie van Economische Zaken en deels door brancheorganisaties van het bedrijfsleven overgenomen. De Wet op de bedrijfsorganisatie is per dezelfde datum fors afgeslankt en omgedoopt in de Wet op de Sociaal-Economische Raad.

5 Deze ambten zijn bestuursorganen in de zin van art. 1:1 Awb. Zie over dit begrip de volgende paragraaf.

burgers, bedrijven e.d. die verblijven respectievelijk gevestigd zijn in het gebied dat tot het lichaam behoort (bij een gemeente het grondgebied van de gemeente).

De ambten van een bepaald lichaam staan ten opzichte van elkaar in een door het recht bepaalde verhouding. Zo regelt de Gemeentewet welke bevoegdheden de diverse ambten hebben, welke de taakverdeling is, hoe de gemeenteraad controle kan uitoefenen op de andere ambten etc.

In de casus over de gemeentesecretaris van Zevenbergen blijkt hoe belangrijk zowel de juridische als de feitelijke verhouding tussen de secretaris en het college is. Zevenbergen heeft als elke gemeente (art. 100 Gemeentewet) een secretaris (werkzaam voor het college, de burgemeester en eventuele commissies) en een griffier (werkzaam voor de raad). De secretaris is ondergeschikt aan het gemeentebestuur (behalve aan de raad) en staat dit bestuur bij de uitoefening van zijn taak terzijde. Hij werkt onder verantwoordelijkheid van het college van B en W, dat hem ook benoemt, maar doet dat (in de regel) feitelijk met een grote mate van zelfstandigheid (in casu een te grote mate van zelfstandigheid, met alle gevolgen van dien). Hij is het hoofd van een groot deel van de ambtelijke organisatie. Het belang van zijn functie moge verder blijken uit het feit dat de secretaris in beginsel alle uitgaande stukken van het college medeondertekent (art. 59a Gemeentewet). De griffier medeondertekent de stukken die van de raad uitgaan (art. 32a Gemeentewet).

De personen die worden bestuurd, hebben op hun beurt langs twee wegen te maken met de ambten. Ten eerste kunnen de diverse ambten bevoegdheden uitoefenen jegens die personen (door verordeningen, vergunningverlening, sancties, etc.); ten tweede kunnen die personen invloed uitoefenen op het doen en laten van de ambten. Dat kan direct door middel van het gebruik van inspraak en rechtsbeschermingsmogelijkheden, indirect door het deelnemen aan verkiezingen, waarin de samenstelling van het volksvertegenwoordigende ambt (bijvoorbeeld de gemeenteraad) wordt bepaald. Deze laatste vorm van beïnvloeding kan echter alleen geschieden door dat deel van de bestuurde bevolking dat stemrecht heeft. Men duidt deze groep wel aan als het personensubstraat van het openbaar lichaam. Juist vanwege de aanwezigheid van zo'n personensubstraat kan met recht van een gemeenschap worden gesproken.[6] De belangrijkste voorwaarden voor het hebben van stemrecht zijn dat men ingezetene is van de gemeente en de leeftijd van achttien jaar heeft bereikt.

Ingezetenen zijn zij die hun werkelijke woonplaats in de gemeente hebben (art. 2 Gemeentewet). Maar wie heeft nu werkelijk woonplaats? Dat precies te willen weten, zou een wel zeer intensieve speurtocht vergen. Art. 3 Gemeentewet bepaalt daarom dat degenen die in de (gemeentelijke) basisregistratie personen zijn ingeschreven, behoudens tegenbewijs, *worden geacht* werkelijk woonplaats in die gemeente te hebben. Wat werkelijk is, wordt hier dus bepaald aan de hand van een fictie!

6 Ook zelfstandige bestuursorganen met rechtspersoonlijkheid kunnen burgers bindende regels stellen, maar ontberen een personensubstraat, hetgeen hen onderscheidt van de openbare lichamen. Zie over zelfstandige bestuursorganen verder 5.8.

De bestuurde bevolking bestaat zoals gezegd uit meer personen dan degenen die stemrecht hebben, namelijk uit al die personen die worden bestuurd door de ambten/organen van het desbetreffende lichaam; dus bij een gemeente uit de personen ten opzichte van wie de gemeentelijke organen bevoegdheden uitoefenen. Dat hoeven niet alleen ingezetenen van de gemeente in kwestie te zijn. De meeste bevoegdheden kunnen ook ten aanzien van anderen dan de ingezetenen van een gemeente worden aangewend. De verbodsbepalingen van de APV bijvoorbeeld richten zich tot eenieder die in de gemeente aanwezig is, ook als het om een kort bezoek gaat. Zelfs de heffing van gemeentelijke belastingen kan eigenaren betreffen die niet zelf in de gemeente wonen. De bevoegdheden van de ambten zijn daarentegen wel begrensd, namelijk door de grenzen van het territoir van het lichaam. Wanneer een gemeentebestuur bijvoorbeeld een verbodsbepaling vaststelt, geldt die weliswaar voor eenieder die zich in die gemeente bevindt (en is in die zin 'algemeen verbindend'), maar zij kan slechts betrekking hebben op handelingen binnen de eigen gemeente.[7] Zo ook kunnen provinciale verordeningen alleen betrekking hebben op handelingen binnen de eigen provincie.[8] Bij 'het Rijk' doet zich dit 'probleem' niet voor omdat de organen van de centrale overheid bevoegd zijn ten aanzien van het hele land.

Hiervoor ging het om openbare lichamen met een algemene bestuurstaak, binnen het gebied dat zij besturen (Rijk, provincies, gemeenten). Daarnaast zijn er openbare lichamen met een beperkte bestuurstaak. De belangrijkste daarvan zijn de waterschappen. Waterschappen hebben, evenals gemeenten en provincies, een beperkt territoir, maar hebben binnen die gebiedsgrenzen ook een beperkte taak: de zorg voor de waterhuishouding en de kwaliteit van het oppervlaktewater. Zij hebben dus geen bevoegdheden met betrekking tot andere onderwerpen. De Sociaal-Economische Raad (SER) is niet gebonden aan een beperkt gebied; zijn besluiten en handelingen betreffen bedrijven en bedrijfstakken in heel Nederland.

Aan de hier besproken openbare lichamen en andere openbare lichamen waaraan krachtens de Grondwet verordenende bevoegdheid is verleend, kent art. 2:1 BW rechtspersoonlijkheid toe. Omdat de rechtspersoonlijkheid hier niet door de oprichting van de rechtspersoon wordt teweeggebracht, maar door de wet wordt toegekend, spreekt men wel van publiekrechtelijke rechtspersonen. Die benaming is des te meer op haar plaats daar de inrichting van de organisatie van zulke rechtspersonen wordt beheerst door regels van publiekrecht.[9] De aanduiding 'publiekrechtelijke rechtspersoon' slaat hoe dan ook niet op de wijze waarop ze aan het vermogensrechtelijke verkeer kunnen deelnemen. Dáárin verschillen publiekrechtelijke rechtspersonen niet van andere rechtspersonen. Het kunnen deelnemen aan het vermogensrechtelijke rechtsverkeer

7 Art. 229a Gemeentewet bevat een uitzondering voor bepaalde gemeentelijke belastingen.
8 Art. 224 Provinciewet bevat een uitzondering voor bepaalde provinciale belastingen.
9 J.A.F. Peters, *Publiekrechtelijke rechtspersonen*, Deventer: W.E.J. Tjeenk Willink 1997, ziet het bepalende element zelfs in het feit dat de inrichting van de organisatie wordt beheerst door regels van publiekrecht; het lijkt echter in de praktijk weinig verschil te maken of men uitgaat van dit criterium dan wel van het criterium van de wijze van totstandkoming.

is zelfs de reden voor de wetgever om aan openbare lichamen rechtspersoonlijkheid toe te kennen. Daardoor kan de Staat een stuk grond verkopen, kunnen gemeenten arbeidsovereenkomsten sluiten etc. De *organen* van openbare lichamen hebben géén rechtspersoonlijkheid; zij hebben dan ook geen eigen vermogen. Zij kunnen niet civielrechtelijk aansprakelijk worden gesteld voor het uitoefenen van bestuursrechtelijke bevoegdheden. Dit betekent dat wanneer een bestuursorgaan (ambt) een onrechtmatige beschikking geeft, en die beschikking door de bestuursrechter wordt vernietigd, de civielrechtelijke plicht tot vergoeding van veroorzaakte schade op de rechtspersoon berust. Het openbaar lichaam heeft immers rechtspersoonlijkheid, het bestuursorgaan heeft 'slechts' bestuursrechtelijke bevoegdheden. Als de bestuursrechter een bestuursorgaan veroordeelt tot vergoeding van schade, die is ontstaan bijvoorbeeld als gevolg van een onrechtmatig besluit (art. 8:88 Awb), treffen ingevolge art. 1:1 lid 4 Awb deze vermogensrechtelijke gevolgen van dat onrechtmatige besluit de rechtspersoon waartoe het bestuursorgaan behoort. Andersom ontvangt de rechtspersoon de opbrengst van geldelijke sancties (boete, last onder dwangsom) die door de organen zijn opgelegd.

In de casus over de gemeentesecretaris heeft de gemeente Zevenbergen dus rechtspersoonlijkheid. Als de schadeclaim van Fitness for All zou worden toegewezen, draait de rechtspersoon gemeente op voor de kosten, niet het college van B en W of de gemeentesecretaris.

Evenals bij privaatrechtelijk opgerichte rechtspersonen, is het mogelijk en zelfs noodzakelijk dat organen wel namens de rechtspersoon handelen (de rechtspersoon vertegenwoordigen in het privaatrechtelijk verkeer). Een rechtspersoon kan zelf immers niet handelen; dat doen de organen van die rechtspersoon. Zoals de directie van een BV en het bestuur van een stichting overeenkomsten kunnen sluiten waarbij zij namens hun rechtspersoon optreden en die rechtspersoon binden, onderhandelen B en W over overeenkomsten met contractpartners, besluiten zij om de overeenkomst wel of niet aan te gaan (art. 160 Gemeentewet) en zet de burgemeester de handtekening onder het contract (art. 171 Gemeentewet). Het lastige is nu dat de privaatrechtelijk handelende organen van publiekrechtelijke rechtspersonen tevens bestuursorganen (ambten) zijn, in welke hoedanigheid zij bevoegdheden hebben om bijvoorbeeld vergunningen te verlenen en verordeningen vast te stellen. Zij hebben dus twee petten op.

Dat is altijd riskant; het is verleidelijk met de ene pet op binnen te halen wat met de andere pet op niet mogelijk is. Dat is in het verleden nogal eens gebeurd in standplaatskwesties. B en W van Emmen meenden aan een bepaalde aanvrager een door de APV vereiste standplaatsvergunning voor de verkoop van 'brood, koek, banket en snoep' niet te kunnen onthouden, maar vonden dat het innemen van die standplaats te veel nadeel aan andere, in de nabijheid handel drijvende ondernemers zou berokkenen. De APV bood echter geen mogelijkheid daarmee rekening te houden; het standplaatsvergunningvereiste was alleen gesteld in het kader van de openbare orde. B en W vonden er wat op: de vergunning werd weliswaar verleend, maar vervolgens weigerden zij, op grond van het aan de gemeente toekomende eigendomsrecht van het desbetreffende stuk grond, toestemming te verlenen om daadwerkelijk van de standplaats gebruik te maken. De rechter, in casu de Afdeling rechtspraak, ging hiermee overigens niet akkoord. Hij beschouwde de verleende vergunning als in feite te zijn geweigerd (!) en vernietigde die weigering omdat er geen geldige weigeringsgronden waren.[10] Ook de Hoge Raad moet weinig van dergelijke praktijken hebben, al laat die de deur wel op een kier staan: 'Nu de Gemeente aan [verweerder] een publiekrechtelijke vergunning heeft verleend tot het innemen van een staanplaats op de locatie waarvan de Gemeente eigenaar is, heeft zij bij de uitoefening van haar bevoegdheid als eigenaar van de desbetreffende grond tot het al of niet verlenen van privaatrechtelijke toestemming, tot uitgangspunt te nemen dat [verweerder] door de verlening van de vergunning is gerechtigd tot het gebruik van de locatie overeenkomstig de vergunning. Daarom levert een weigering door de Gemeente van de toestemming aan [verweerder] voor het door hem beoogde gebruik van de locatie overeenkomstig de vergunning, misbruik van bevoegdheid op, tenzij sprake is van zo zwaarwegende belangen die zich verzetten tegen dat gebruik, dat niet gezegd kan worden dat de Gemeente wegens onevenredigheid tussen haar belang bij weigering en het belang van [verweerder], niet tot die weigering heeft kunnen komen.'[11] Het weigeren van een privaatrechtelijke toestemming voor een activiteit waarvoor al wel een vergunning is verleend, is dus volgens de Hoge Raad niet geheel uitgesloten, maar dan moeten er aan overheidszijde wel zeer zwaarwegende, niet bij de vergunningverlening meegewogen, belangen zijn.

In Weert hadden B en W bedacht dat uit het verlenen van een standplaatsvergunning voor het verkopen van consumptie-ijs een financieel voordeel voor de gemeente kon worden gehaald. Als voorwaarde voor het daadwerkelijk mogen innemen van een standplaats stelden B en W *namens de rechtspersoon gemeente* de voorwaarde dat de vergunninghouder bereid zou zijn met de gemeente een pachtovereenkomst te sluiten. Het college van B en W verleende de vergunning, *als bestuursorgaan*, vervolgens aan degene die de hoogste pacht wilde betalen. Ook door deze praktijk haalde de rechter overigens een streep,[12] maar het voorbeeld laat goed zien hoe een orgaan in verschillende hoedanigheden kan optreden.

Weinig voorstellingsvermogen is ook nodig om te begrijpen welke gevaren kleven aan het werken met overheids-NV's en -BV's (vennootschappen waarin een overheidslichaam enig of grootaandeelhouder is). Hoe kan het bestuur als algemeen-belangbehartiger voorkomen dat de behartiging van algemene belangen in negatieve zin wordt beïnvloed door vennootschappelijke belangen? Terecht wordt daarom gepleit voor terughoudendheid.[13]

Een laatste voorbeeld is ontleend aan de procespraktijk. In art. 171 Gemeentewet staat dat de burgemeester de gemeente vertegenwoordigt in en buiten rechte. Daarvoor is dus geen nadere besluitvorming of machtiging van de raad of het college nodig.

---

10 Vz ARRvS 3 november 1983, *tB/S V*, nr. 321 m.a. CC. De Afdeling rechtspraak is de voorgangster van de Afdeling bestuursrechtspraak van de Raad van State.

11 HR 5 juni 2009, *AB* 2009/327 m.nt. G.A. van der Veen, *JB* 2009/171 m.nt. H. Peters (Amsterdam/Geschiere).

12 Vz ARRvS 19 februari 1985, *AB* 1985/565 m.nt. P.J.J. van Buuren.

13 Zie C.A. Schreuder, *Publiekrechtelijke taken, private rechtspersonen*, Deventer: Kluwer 1994. De wet bevat overigens diverse bepalingen die er toe strekken te voorkomen dat er door overheden al te gretig van privaatrechtelijke rechtspersonen gebruik wordt gemaakt; zo kennen art. 160 Gemeentewet en art. 158 Provinciewet het vereiste van goedkeuring door een hoger bestuursorgaan (GS respectievelijk de Minister van Binnenlandse Zaken en Koninkrijksrelaties) voor de oprichting van een privaatrechtelijke rechtspersoon.

Wanneer hij echter in een rechtszaak niet het openbaar lichaam gemeente vertegenwoordigt, maar het college van B en W, heeft hij wel degelijk een machtiging nodig. Hij handelt dan namens het college en niet namens de gemeente. Dat wordt in de praktijk wel eens 'vergeten' met een onterecht beroep op art. 171 Gemeentewet.[14]

Aan de ambten/bestuursorganen komen dus publiekrechtelijke bevoegdheden toe, terwijl zij tevens als de organen van de rechtspersoon voor deze rechtspersoon privaatrechtelijke handelingen kunnen verrichten. Het is derhalve zaak goed in de gaten te houden in welke hoedanigheid een orgaan optreedt. Dat dit helaas in de wetgeving en de rechtspraak lang niet altijd gebeurt, is in de literatuur overtuigend aangetoond,[15] maar bewijst ook hoe lastig deze materie is.

3.3 Het begrip bestuursorgaan

Art. 1:1 Awb bevat een definitie van het 'kernbegrip' bestuursorgaan. Die komt erop neer dat bestuursorganen bestuurlijke ambten zijn. Maar de Awb-definitie is wel een beetje vreemd, want in het eerste lid wordt een ruime omschrijving gegeven, waarvan in het tweede lid weer flink wat wordt afgehaald (en waaraan in het derde lid weer iets wordt toegevoegd).[16] Pas na lezing van het hele artikel en het bijbehorende aftrekken en optellen weet men dus wat de Awb (uiteindelijk) onder bestuursorgaan verstaat. Art. 1:1 lid 2 Awb bepaalt dat onder andere de wetgever, de Eerste en Tweede Kamer, de met rechtspraak belaste organen en de Raad van State niet onder het (uiteindelijke) bestuursorgaanbegrip vallen. Deze organen hebben elk een taak die grotendeels niet bestuurlijk van aard is, om welke reden de wetgever ze zowel wat de normering van hun werkzaamheden als wat de rechtsbescherming betreft niet wilde behandelen als alle andere bestuursorganen (in de ruime zin van het eerste lid).

De Awb gaat over het bestuur, maar zoals in het begin van dit hoofdstuk al bleek, valt het begrip (openbaar) bestuur niet gemakkelijk af te bakenen. De wetgever moet niettemin duidelijk aangeven op wie of wat de wet, casu quo de Awb, van toepassing is. Dat is gebeurd in hoofdstuk 1 Awb. Art. 1:1 lid 1 maakt een onderscheid tussen a) organen van krachtens publiekrecht ingestelde rechtspersonen (hiervoor publiekrechtelijke rechtspersonen genoemd), de zogenaamde a-organen, en b) andere personen of colleges, met enig openbaar gezag bekleed, de zogenaamde b-organen.[17] Ten aanzien van a-organen is de Awb in beginsel op al hun handelingen van toepassing, terwijl bij b-organen de Awb slechts van toepassing is voor zover ze openbaar gezag uitoefenen.

14 Andersom kan het college van B en W wel rechtsgeldig de gemeente vertegenwoordigen en bijvoorbeeld een overeenkomst opzeggen, mits dit gebeurt op grond van een besluit waar ook de burgemeester voor getekend heeft; zie Rb. Leeuwarden 18 augustus 2010, *NJF* 2010/493 (ECLI:NL:RBLEE:2010:BN4321).

15 H.Ph.J.A.M. Hennekens, 'De gemeente als rechtspersoon', *Gst.* 1998/7081, p. 433-442.

16 Zie ook Willem Konijnenbelt, 'De kleine leugen in de Awb', *NTB* 2006/4, p. 123.

17 De aanduiding a-organen en b-organen is weinig origineel, maar heel handig; het voorkomt dat steeds een lange, ingewikkelde omschrijving moet worden gebruikt.

De a-organen zijn allereerst de bestuursorganen van de Staat, de gemeenten, de provincies, de waterschappen en andere lichamen waaraan bij of krachtens de wet rechtspersoonlijkheid is toegekend.

Wanneer is iets of iemand nu een a-orgaan? Om a-orgaan te kunnen zijn, moet allereerst sprake zijn van een orgaan. Niet elke ambtenaar bijvoorbeeld is een orgaan. Van een orgaan is sprake wanneer voor het zelfstandig functioneren ervan, d.w.z. het functioneren op eigen naam, een grondslag in een wettelijke regeling valt aan te wijzen: de (publieke) taak van de persoon (eenhoofdig orgaan) of het college (meerhoofdig orgaan) moet dus zijn terug te vinden in een bij of krachtens de wet vastgesteld besluit. Veel organen hebben bovendien eigen bevoegdheden. Zo mogen de burgemeester (a-orgaan van de gemeente) en het college van GS (a-orgaan van de provincie) bepaalde besluiten nemen. Bepalend voor de hoedanigheid van orgaan is het mogen nemen van besluiten echter niet. Een bezwaarschriftadviescommissie is door de Afdeling aangemerkt als orgaan omdat het functioneren van die commissie een grondslag in een wettelijke regeling heeft.[18] Zo'n commissie wordt bij gemeentelijke verordening ingesteld. Bevoegd tot het nemen van besluiten of anderszins bekleed met openbaar gezag is een dergelijke commissie niet, maar dat is, zoals gezegd, voor het zijn van a-orgaan ook niet nodig. Hetzelfde geldt voor een gemeentelijke adviescommissie die krachtens art. 84 Gemeentewet en de gemeentelijke Procedureverordening bestuursschadevergoeding is ingesteld om het college te adviseren over verzoeken tot nadeelcompensatie.[19] Het kabinet van de Koningin werd door de rechter niet als a-orgaan aangemerkt, omdat daaraan geen eigen, zelfstandige taken in een wettelijke regeling zijn opgedragen.[20] Een individuele ambtenaar is doorgaans geen orgaan (wel altijd werkzaam ten behoeve van een orgaan), maar een ambtenaar voor wiens optreden een wettelijke grondslag bestaat, is dat wel. Zo'n grondslag gaat overigens dikwijls gepaard met het toekennen van een of meer bevoegdheden. Een opsporingsambtenaar (in casu een hoofdagent) die op grond van art. 162 lid 2 Wegenverkeerswet iemand een rijverbod wegens rijden onder invloed oplegt, is een bestuursorgaan.[21] De gemeentesecretaris kent een wettelijke grondslag in Hoofdstuk VII Gemeentewet en is dus een a-orgaan. Dat hij ook nog een eigen bevoegdheid (tot het (mede) ondertekenen van stukken) heeft, is voor het zijn van a-orgaan niet noodzakelijk.

A-organen zijn voorts organen van andere instellingen waaraan door de wet rechtspersoonlijkheid is verleend (zoals de openbare universiteiten[22]). Uit de tekst van art. 1:1 lid 1 onder a Awb blijkt wel hoe ook de wetgever worstelt

---

18 ABRvS 19 maart 2003, *AB* 2003/301 m.nt. H. Peters en ABRvS 6 augustus 2003, *AB* 2004/140 m.nt. H. Peters. De memorie van toelichting spreekt over een publiekrechtelijke grondslag, maar zo'n grondslag kan in dit verband alleen een wettelijke regeling zijn.

19 ABRvS 4 augustus 2010, *AB* 2010/273 m.nt. H. Peters.

20 ABRvS 6 juni 2007, *AB* 2008/143 m.nt. H. Peters. In dezelfde uitspraak werd overwogen dat de Koningin zelf eigenlijk wel onder de definitie van art. 1:1 Awb valt en dus bestuursorgaan zou zijn, maar dat zij vanwege haar grondwettelijke positie van onschendbaarheid, niettegenstaande de tekst van art. 1:1 Awb, geen bestuursorgaan is.

21 ABRvS 28 april 2010, *JB* 2010/154.

22 De bijzondere universiteiten zijn in het leven geroepen door private instellingen; de Radboud-universiteit Nijmegen en de Tilburg University door een stichting, de Vrije Universiteit Amsterdam door een vereniging. Zie bijvoorbeeld ABRvS 10 december 2009, *AB* 2010/207 m.nt. H. Peters, waarin de Afdeling uitmaakte dat de Hanzehogeschool Groningen, die uitgaat van een rechtspersoon die krachtens privaatrecht is ingesteld (en dus een bijzondere instelling is) geen bestuursorgaan is en dat een door haar genomen bindend studieadvies dus niet heeft te gelden als een besluit in de zin van art. 1:3 Awb.

met de twee-petten-problematiek: ambten (de a-organen), veelal bekleed met publiekrechtelijke bevoegdheden, worden omschreven als organen van krachtens publiekrecht ingestelde rechtspersonen, terwijl de reden voor het toekennen van rechtspersoonlijkheid nu juist was dat de betrokken overheidsorganisaties konden deelnemen aan het privaatrechtelijke verkeer! Een andere algemene omschrijving is echter moeilijk te vinden. Bovendien is een a-orgaan *altijd* een bestuursorgaan, bij alles wat dat orgaan doet; dus ook wanneer het orgaan privaatrechtelijk (voor de rechtspersoon) optreedt. We zullen hierna nog zien dat en in hoeverre de Awb deels ook op privaatrechtelijke handelingen van toepassing is.

Voor het zijn van a-orgaan wordt dus een formeel criterium gehanteerd: het behoren tot een krachtens publiekrecht ingestelde rechtspersoon. Voor de b-organen wordt een materieel criterium gehanteerd: b-organen zijn andere (dus niet tot een publiekrechtelijke rechtspersoon behorende) personen of colleges *met enig openbaar gezag bekleed.* Dit behoeft uitleg. Bij of krachtens de wet worden, ter uitvoering van overheidstaken, regelmatig bestuursrechtelijke bevoegdheden toegekend aan natuurlijke of rechtspersonen die niet behoren tot de bekende overheidslichamen als de Staat, de gemeenten etc. en die ook anderszins niet *krachtens publiekrecht* rechtspersoonlijkheid bezitten. Ze zijn daarom geen a-organen. Wanneer ze jegens derden (burgers en rechtspersonen) bevoegdheden kunnen uitoefenen waarbij de rechtsposities van die derden eenzijdig kunnen worden bepaald, gedragen zij zich echter *bij die activiteit* als overheid, meer precies als openbaar bestuur; ze zijn 'bekleed met openbaar gezag'. Dit komt er voor het grootste deel van de gevallen op neer dat zij beslissingen nemen die *inhoudelijk* als Awb-besluiten kunnen worden aangemerkt.[23] Doordat bedoelde instanties voor zover ze dergelijke beslissingen nemen als bestuursorgaan worden beschouwd, *zijn* die beslissingen ook besluiten in de zin van de Awb. Deze misschien wat ingewikkeld aandoende zin is nodig omdat hier sprake is van een kip-ei-probleem. Een beslissing is alleen een besluit wanneer zij is genomen door een bestuursorgaan; maar om te bepalen of een instantie (die geen a-orgaan is) een bestuursorgaan is, is het criterium, in verreweg de meeste gevallen, of die instantie besluiten kan nemen!

Bepalend is dus allereerst of aan een private (rechts)persoon een of meer bevoegdheden zijn toegekend bij de uitoefening waarvan rechtsposities van derden eenzijdig kunnen worden bepaald. Omdat de Stichting Reclame Code toezicht houdt en klachten afhandelt op basis van zelfregulering, voldoet zij niet aan bovenstaand criterium en is zij dus geen b-orgaan.[24] Een voorbeeld van toekenning van bevoegdheden aan private instanties in de sfeer van het wegverkeer betreft de publiekrechtelijke bevoegdheid om APK-keuringsbewijzen af te geven (art. 78 Wegenverkeerswet). Zonder APK-keuringsbewijs mogen auto's ouder dan drie jaar (bij nieuwere auto's vier jaar[25]) de weg

23 Soms bestaat het uitoefenen van openbaar gezag uit het verrichten van feitelijke handelingen, zoals het uitoefenen van toezicht door toezichthouders (zie 7.4). Als een toezichthouder dan niet bij een publiekrechtelijke rechtspersoon in dienst is, is hij een b-orgaan.

24 ABRvS 26 maart 2014, *AB* 2014/161 m.nt. H. Peters.

25 Nieuwere auto's: d.w.z. auto's met een benzine/elektromotor die na 1 januari 2005 voor het eerst de weg op zijn gegaan. Na de eerste APK-keuring moeten ze regelmatig (in de meeste gevallen elk jaar) opnieuw worden gekeurd.

niet op. Het rechtsgevolg van het verstrekken van zo'n bewijs is dus dat daardoor het verbod om aan het verkeer deel te nemen met een auto die drie (respectievelijk vier) jaar of ouder is, wordt opgeheven. De bevoegdheid tot het afgeven van het keuringsbewijs wordt toebedeeld aan de Dienst Wegverkeer én (en daar gaat het hier om) aan natuurlijke en rechtspersonen (in de praktijk meestal garagebedrijven) die zijn erkend ingevolge art. 84 Wegenverkeerswet. Andere personen kunnen geen geldig keuringsbewijs afgeven. Voorheen was ook het Centraal Bureau Rijvaardigheidsbewijzen (CBR) een goed voorbeeld van een b-orgaan, toen het nog een stichting was, maar enige jaren geleden heeft het CBR bij wet rechtspersoonlijkheid gekregen (art. 4z Wegenverkeerswet) en is nu dus een a-orgaan, dat handelt in overeenstemming met de opdrachten van de Minister van I&M.

De Stichting Vakbekwaamheid Horeca (SVH) is met openbaar gezag bekleed omdat deze als enige rechtspersoon is aangewezen die bevoegd is tot het afgeven van de wettelijk vereiste SVH-verklaring en het ontbreken van deze verklaring een dwingende weigeringsgrond oplevert voor een horecavergunning. De stichting is daarom aan te merken als een b-orgaan.[26] Voorbeelden van b-organen zijn ook te vinden onder meer in de sfeer van de subsidieverlening (zoals de Stichting Fonds voor Beeldende Kunsten, Vormgeving en Bouwkunst en de Mondriaanstichting[27]). Ook de Nederlandsche bank NV is een b-orgaan.[28] Besturen van bijzondere onderwijsinstellingen zijn slechts b-orgaan voor zover zij beslissen over het uitreiken van getuigschriften (indien daaraan rechtsgevolgen zijn verbonden, zoals aan het einddiploma van de studie Rechtsgeleerdheid of Rechtswetenschappen). Beslissingen over tentamens echter hebben een 'intern' en daarmee privaatrechtelijk karakter en vormen dus geen uitoefening van openbaar gezag. Een examencommissie van zo'n instelling is dus geen b-orgaan.[29] Het opleggen van een boete door een stichting klinkt wellicht als het gebruik van een publiekrechtelijke bevoegdheid, maar wanneer die boete louter is opgelegd in het kader van een tussen de stichting en appellant bestaande *privaatrechtelijke* verhouding, maakt de boeteoplegging de stichting uiteraard niet tot een b-orgaan.[30] Ook een zorgverzekeraar (in casu CZ) is niet aan te merken als een b-orgaan.[31] De Koninklijke Vereniging 'het Friesch Paarden-Stamboek' is evenmin een b-orgaan: weliswaar is zij krachtens publiekrecht aangewezen als instelling die het stamboek voor Friese paarden bijhoudt, maar zij oefent in dat kader geen (publiekrechtelijke) bevoegdheden uit.[32]

In de genoemde gevallen waarin van een b-orgaan sprake is, is er voor het kunnen nemen van besluiten een wettelijke grondslag aan te wijzen. In sommige gevallen neemt de rechter aan dat een privaatrechtelijke, buiten de overheid vallende, instantie *ook zonder wettelijke grondslag* besluiten tot het verstrekken van financiële middelen (o.a. subsidies) kan nemen indien de overheid de financiering daarvan geheel of in overwegende mate voor haar rekening neemt en criteria vaststelt voor de wijze van besteding van de gelden.[33] In oudere rechtspraak werd daaraan als criterium toegevoegd dat de instantie een publieke taak moest uitvoeren. Dit alles was het geval bij de Stichting Silicose Oud-mijnwerkers, welke stichting uitkeringen doet aan oud-mijnwerkers die aan de ziekte silicose lijden; het benodigde geld wordt aan de stichting

26 Rb. Den Haag 20 maart 2013, *AB* 2013/156 m.nt. A. Drahmann.
27 ABRvS 22 mei 2002, *JB* 2002/203 m.nt. H. Peters.
28 Zie ABRvS 26 oktober 2005, *AB* 2006/21 m.nt. H. Peters.
29 Zie ABRvS 21 december 2005, *AB* 2006/58 m.nt. B.P. Vermeulen.
30 ABRvS 3 mei 2006, *AB* 2006/231 m.nt. H. Peters, *JB* 2006/174.
31 ABRvS 2 december 2009, *AB* 2010/179 m.nt. G.A.C.M. van Ballegooij en P. van Duijvenvoorde.
32 CBb 31 maart 2009, *AB* 2009/257.
33 Wegens het ontbreken van een wettelijke bevoegdheidsgrondslag is deze jurisprudentie uit rechtsstatelijk oogpunt voor kritiek vatbaar.

verstrekt door de minister.[34] In dezelfde lijn lag de jurisprudentie inzake de Stichting Hulpfonds Gedupeerden Bijlmerramp[35], de Stichting Nationaal MS fonds, de Stichting Uitvoeringsorganisatie Personenschade Vuurwerkramp te Enschede en Argonaut BV (die persoonlijke budgetten toekent in de sfeer van het gehandicaptenvervoer)[36]. Dat (financiële en andere) bemoeienis van de overheid echter niet zonder meer tot de kwalificatie b-orgaan leidde, bleek uit de jurisprudentie inzake waarborgfondsen. De Stichting Waarborgfonds Eigen Woningen werd wel als b-orgaan aangemerkt[37], De Stichting Waarborgfonds Kinderopvang daarentegen niet[38]. Mede op basis van een aan de A-G Widdershoven gevraagd advies heeft de grote kamer van de Afdeling vervolgens over deze materie een verhelderende uitspraak gewezen. De uitkomst daarvan is als volgt. Private instanties die uitkeringen of subsidies verstrekken, zijn b-organen als de overheid de criteria voor de verstrekking in beslissende mate bepaalt[39] en die instanties in overwegende mate (voor ten minste twee derden) financiert. Aan deze criteria is ook voldaan als de verstrekking door een ander bestuursorgaan plaatsvindt dan het bestuursorgaan dat de criteria vaststelt.[40] Voor de publieke taak als criterium wordt niet langer een zelfstandige plaats ingeruimd: dat een publieke taak wordt uitgeoefend, staat vast als aan de twee genoemde criteria wordt voldaan. Toepassing van deze vernieuwde lijn heeft ertoe geleid dat de Afdeling de Stichting Waarborgfonds Eigen Woningen niet langer als b-orgaan aanmerkt.[41]

Een andere bijzondere categorie b-organen bestaat uit (organen van) instellingen die niet tot het openbaar bestuur behoren, maar op het functioneren waarvan het openbaar bestuur wel een, statutair mogelijk gemaakte, overwegende invloed uitoefent (door het benoemen van bestuursleden, het uitoefenen van toezicht, invloed op financieel en personeelsbeleid, het hebben van aandelen). De werknemers van die instellingen worden door de Centrale Raad van Beroep aangemerkt als ambtenaren.[42] Dat heeft tot gevolg dat de rechtspositionele beslissingen die deze instellingen nemen ten aanzien van hun werknemers, en ook alleen die beslissingen,[43] als het uitoefenen van openbaar gezag kunnen worden beschouwd. We treffen de overwegende overheidsinvloed aan bij stichtingen en NV's (waarvan de overheid enig of groot aandeelhouder is) onder meer op het gebied van de zorg (ziekenhuizen en verpleegtehuizen) en de cultuur (rechtspersonen die zorgen voor de exploitatie van schouwburgen en concertzalen).

---

34 ABRvS 30 november 1995, *AB* 1996/136 m.nt. S.E. Zijlstra, *JB* 1995/337 m.nt. F.A.M. Stroink.

35 Zie ABRvS 13 november 2002, *JB* 2003/14 m.nt. H. Peters.

36 Zie respectievelijk ABRvS 27 augustus 2003, *AB* 2004/10 m.nt. N. Verheij, ABRvS 19 mei 2004, *JB* 2004/256 m.nt. H. Peters en Rb. Rotterdam 18 mei 2005, *AB* 2005/272 m.nt. Zijlstra alsmede CRvB 31 maart 2006, *JB* 2006/132 m.nt. N. Verheij.

37 ABRvS 23 december 2009, *AB* 2010/221 m.nt. H. Peters.

38 ABRvS 15 juli 2009, *AB* 2009/247 m.nt. H. Peters.

39 Daarvan was bijvoorbeeld geen sprake in het geval waarin een Amsterdams stadsdeel (thans bestuurscommissie) wel subsidie gaf, maar het vaststellen van de criteria waaraan voor verkrijging moest worden voldaan overliet aan een regiegroep van bewoners. Zie ABRvS 13 mei 2015, *AB* 2015/308 m.nt. W. den Ouden.

40 ABRvS 17 september 2014, *AB* 2015/129 m.nt. H. Peters en ABRvS 17 september 2014, *AB* 2015/130 m.nt. H. Peters.

41 ABRvS 17 december 2014, *AB* 2015/131 m.nt. H. Peters.

42 Zie bijvoorbeeld CRvB 18 juni 1976, *AB* 1979/35. Uit CRvB 6 september 2007, *JB* 2007/227 m.nt. H. Peters en CRvB 20 januari 2011, ECLI:NL:CRVB:2011:BP1983, blijkt dat het criterium van de overwegende invloed nog steeds wordt toegepast. In beide zaken (het ging om de Diergaarde Blijdorp respectievelijk de Vereniging Federatief Samenwerkingsverband Weer Samen Naar School regio 3801) was van overwegende invloed overigens geen sprake.

43 ABRvS 3 oktober 1996, *AB* 1996/474 m.nt. Brenninkmeijer.

B-organen zijn zoals gezegd alleen maar bestuursorganen *voor zover ze publiekrechtelijke bevoegdheden uitoefenen* – voor andere handelingen vallen ze buiten het bestuursorgaanbegrip van de Awb – terwijl bij a-organen alles wat ze doen onder de normering van de Awb valt. Dit betekent echter niet dat de Awb dezelfde betekenis heeft voor al die handelingen: voor besluiten in het algemeen (en bepaalde besluiten zoals beschikkingen in het bijzonder) gelden de Awb-normen zonder meer, terwijl die normen niet allemaal (onverkort) van toepassing zijn op feitelijke handelingen en privaatrechtelijke rechtshandelingen (zie 6.3.1).

3.4 Ambt, ambtsdrager, ambtenaar

De publiekrechtelijke bevoegdheden komen toe aan het ambt, maar moeten feitelijk worden uitgeoefend door natuurlijke personen die het ambt bekleden of dragen. Zo is er een ambt 'college van B en W', maar de vergaderingen worden gehouden door een aantal mensen van vlees en bloed die ook feitelijk de besluiten nemen. Die besluiten gelden juridisch echter als te zijn genomen door het college. De leden van het college dragen als het ware gezamenlijk het ambt; zij zijn de ambtsdragers. Er zijn ook eenhoofdige ambten, zoals ministers en burgemeesters.[44] Daarbij valt de natuurlijke persoon die het ambt bekleedt feitelijk samen met het ambt, maar juridisch is er een duidelijk onderscheid. Wat de burgemeester of de minister als privépersoon doet, waar hij zijn boodschappen doet, naar welke verjaardagen hij gaat, staat in beginsel los van zijn ambtsuitoefening.

Het onderscheid tussen ambt en ambtsdrager(s) heeft belangrijke implicaties. Het ambt blijft, de ambtsdragers wisselen (als gevolg van verkiezing of benoeming). Omdat de bevoegdheden aan het ambt toekomen, kan een volgende ambtsdrager zich niet onttrekken aan wat zijn voorganger heeft besloten; hij is daaraan in beginsel gebonden.

> Stel dat de Minister van Economische Zaken aan een innovatief bedrijf een 'keiharde', schriftelijke toezegging doet om een eenmalige subsidie te verlenen voor het ontwikkelen van een energiebesparend productieproces. Kort daarna komt er een nieuw kabinet met een EZ-minister van een andere politieke partij. Zou de nieuwe minister de subsidievergunning dan mogen weigeren, of als die al is verleend intrekken, reeds omdat hij haar zelf niet zou hebben verleend? Neen, de burger, casu quo het bedrijf, moet op de overheid kunnen vertrouwen. De toezegging is juridisch gesproken gedaan door het ambt, niet door de natuurlijke persoon die het ambt bekleedt (de ambtsdrager). Een andere vraag is of en zo ja wanneer een toezegging een orgaan wel volledig bindt; zie daarover 6.5.7.

44 Let op: de burgemeester draagt een afzonderlijk ambt, met eigen bevoegdheden, maar maakt tevens deel uit van een ander ambt, het college van B en W. Deze twee hoedanigheden waarin de burgemeester optreedt, moeten goed worden onderscheiden.

Voor de behoorlijke uitoefening van publiekrechtelijke bevoegdheden is vaak veel werk nodig; dat wordt grotendeels verricht niet door de ambtsdrager, maar door de ambtenaren. Ingevolge art. 1 Ambtenarenwet (Aw) zijn dat personen die zijn aangesteld om in de openbare dienst werkzaam te zijn. Dat is echter een *formele* definitie, van belang voor allerlei rechtspositionele kwesties. Volgens die definitie is ook een minister een ambtenaar (al verklaart art. 2 Aw een deel van de wet niet van toepassing op ministers; daaruit blijkt evenwel juist dat een minister ambtenaar in de zin van de Aw is!). In *materiële* zin zijn ambtenaren diegenen, werkzaam in de openbare dienst, die hun werk in ondergeschiktheid aan een of meer ambten verrichten.

Het ambtelijk apparaat kent zelf een tamelijk ingewikkelde organisatie, waarin de 'hogere ambtenaren' met enige regelmaat contact hebben met de ambtsdrager, terwijl de minder hoog geplaatsten in feite alleen met hun ambtelijke chef te maken hebben. Op een ministerie bijvoorbeeld, waar duizenden ambtenaren werken, kan de minister uiteraard niet in eigen persoon daadwerkelijk leiding geven aan al die ambtenaren. Aan het hoofd van de ambtelijke organisatie staat de Secretaris-Generaal (S-G). Onder hem ressorteren diverse Directeuren-Generaal (D-G's), elk verantwoordelijk voor een deel van het werkterrein van het ministerie. Onder de D-G's bevinden zich dan weer Directeuren en daaronder Afdelingshoofden. Een ambtenaar werkzaam bij een afdeling heeft primair te maken met zijn afdelingshoofd, slechts indirect met de directeur, nauwelijks met de D-G en een ontmoeting met de S-G en vooral de minister zal voor velen tot de zeldzaamheden behoren. Bij (vooral kleinere) gemeenten zijn de lijnen weliswaar korter, maar in essentie gaat het op dezelfde manier. Aan het hoofd van (het grootste deel van) de ambtelijke organisatie staat, zoals reeds vermeld, de secretaris. Ook hij is echter ondergeschikt. Hij moet de aanwijzingen van het college van burgemeester en wethouders volgen. De casus Zevenbergen maakt duidelijk dat een al te eigenzinnige koers tot problemen kan leiden en dat het bestuurlijke gezag dan middelen heeft om de ambtenaar te corrigeren of zelfs te ontslaan. De hiërarchische opzet van het ambtelijke apparaat is tot op zekere hoogte nodig, omdat uiteindelijk alles wordt gedaan onder verantwoordelijkheid van het ambt waaraan alles wordt toegerekend (ook als het mis gaat). Die opzet verklaart mede waarom de ambtelijke molens vaak zo langzaam malen.

Ambtenaren kunnen doorgaans met een hoge mate van zelfstandigheid ten opzichte van het bestuurlijke gezag werken; dit is ook nodig, omdat een minister, een gedeputeerde of een wethouder van een grote gemeente moeilijk de vele duizenden beslissingen die jaarlijks moeten worden genomen zelf allemaal kan afhandelen. De figuur van het mandaat – uitoefening van een bevoegdheid in naam en onder verantwoordelijkheid van het bevoegde orgaan – biedt hier uitkomst (zie 4.5.3). Soms krijgt een ambtenaar echter een eigen bevoegdheid toebedeeld; hij is dan zelf ambt (voor zover het gaat om de uitoefening van die specifieke bevoegdheid).

Hiervoor (in 3.3) kwamen we al de opsporingsambtenaar tegen die een rijverbod oplegt. Een ander goed voorbeeld is de toezichthouder als bedoeld in art. 5:11 Awb. Deze heeft de in art. 5:15 e.v. Awb genoemde bevoegdheden, maar oefent die uit op aanwijzing van het orgaan waaraan hij ondergeschikt is. Toezichthouders kunnen onder het gezag staan van een minister, maar ook van het bestuur van een decentraal lichaam of van een zelfstandig bestuursorgaan. Bekende voorbeelden van rijksambtenaren met eigen bevoegdheden zijn voorts de officier van justitie, die zelfstandig beslissingen kan nemen inzake opsporing en vervolging, en de belastinginspecteur, die een aanslag kan opleggen. Deze bevoegdheden komen niet toe aan de ambten onder welke zij ressorteren, de Minister van Veiligheid en Justitie respectievelijk de Minister van Financiën. De officier en de inspecteur zijn en blijven echter, ook voor de uitoefening van hun eigen bevoegdheden, wel ondergeschikt aan hun minister. Dit betekent dat de minister hen algemene en bijzondere (op individuele gevallen gerichte) aanwijzingen kan geven. Zo kán de Minister van Veiligheid en Justitie een officier opdragen in een concreet geval tot vervolging over te gaan (of dat juist niet te doen) en kán de Minister van Financiën zich bemoeien met een individuele belastingaanslag, maar in de praktijk wordt hiermee grote terughoudendheid betracht. Wanneer de officier respectievelijk de inspecteur de aanwijzing niet opvolgt, kan zijn minister tegen hem rechtspositionele maatregelen treffen, maar niet zelf tot vervolging overgaan respectievelijk een belastingaanslag opleggen; die bevoegdheid heeft hij immers niet.

Als alle bevoegdheden toekomen aan de minister en door of namens hem worden uitgeoefend, is er sprake van concentratie. Ingeval bepaalde bevoegdheden rechtstreeks aan rijksambtenaren worden toegekend, zoals de belastinginspecteurs, werkzaam bij de op vele plaatsen in het land gevestigde inspecties, spreekt men van deconcentratie. Bestuurskundig gezien is van belang welk organisatieprincipe het meest effectief is, bestuursrechtelijk gezien gaat het om het verschil in bevoegdheid. In het geval van concentratie is de minister bevoegd, ook al kan die bevoegdheid in mandaat (zie 4.5.3) door een ambtenaar namens hem worden uitgeoefend; aanspreekbaar, zowel juridisch als politiek, is de minister. Bij deconcentratie is de desbetreffende ambtenaar zelf bevoegd; hij is juridisch aanspreekbaar; tegen zijn beslissing kan bezwaar of beroep bij hem worden ingesteld. De minister is in dat geval overigens nog wel politiek/bestuurlijk verantwoordelijk, namelijk voor de aanwijzingen die hij aan de desbetreffende ambtenaar (op grond van de bestaande gezagsverhouding) heeft gegeven of voor het feit dat hij heeft nagelaten de benodigde aanwijzingen te geven.

HOOFDSTUK 4

Bevoegdheden en rechten van bestuursinstanties

4.1 Inleiding; een casus

In het vorige hoofdstuk zagen we aan welke instanties publiekrechtelijke bevoegdheden toekomen. Die zijn meestal toegekend aan bestuursorganen, maar soms ook aan private instellingen of personen; voor zover die instellingen of personen publiekrechtelijke bevoegdheden uitoefenen, zijn ze bestuursorgaan in de zin van de Awb. In dit hoofdstuk wordt een overzicht gegeven van de soorten bevoegdheden die bestuursorganen hebben. Het gaat daarbij met name om bevoegdheden tot het nemen van besluiten en bevoegdheden tot het verrichten van feitelijke handelingen. Vervolgens wordt bezien op welke wijze bestuursorganen aan die bevoegdheden komen.

Bestuursorganen kunnen tevens optreden als vertegenwoordiger van de rechtspersoon waartoe ze behoren. Aan de openbare lichamen Staat, provincies, gemeenten, waterschappen en andere lichamen waaraan krachtens de Grondwet verordenende bevoegdheid is verleend, is in art. 2:1 BW rechtspersoonlijkheid toegekend. Aan sommige andere overheidsinstanties is in bijzondere wetten rechtspersoonlijkheid toegekend, zoals in art. 26 Politiewet 2012 aan de politie (het landelijke politiekorps). Door de toekenning van rechtspersoonlijkheid is het mogelijk dat overheden aan het privaatrechtelijke rechtsverkeer deelnemen. De *uitoefening* van de privaatrechtelijke rechten van de (publiekrechtelijke) rechtspersonen geschiedt door de *organen* van de rechtspersonen. Ook aan de privaatrechtelijke rechten van de overheid wordt in dit hoofdstuk enige aandacht besteed.

De privaatrechtelijke rechten worden door anderen ook wel bevoegdheden genoemd. De term bevoegdheden wordt in dit boek echter gereserveerd voor publiekrechtelijke (rechts)handelingen. De privaatrechtelijke rechten komen op grond van het BW toe aan personen, ook aan publiekrechtelijke rechtspersonen, zonder dat er een specifieke toekenning van die rechten plaatsvindt aan *afzonderlijke* (rechts)personen. Publiekrechtelijke bevoegdheden worden toegekend aan bestuursorganen. Omdat in dit hoofdstuk zowel publiekrechtelijke bevoegdheden van *bestuursorganen* als privaatrechtelijke rechten van *rechtspersonen* aan de orde komen, wordt in de titel van dit hoofdstuk in algemene zin gesproken van bestuursinstanties.

Neerlands Bloed

De onlangs opgerichte 'politieke beweging' Neerlands Bloed bevindt zich aan de uiterste rechterzijde van het politieke spectrum. Beweerd wordt zelfs dat de beweging fascistische sympathieën heeft, maar daarvan is althans in de openbaarheid nog niet gebleken. Neerlands Bloed wil snel een politieke en maatschappelijke factor van belang worden. Zij heeft daartoe bij diverse instanties subsidies aangevraagd. Neerlands Bloed wil zich op 1 mei 2017 op de markt in Hanzestad aan het Nederlandse volk en de pers presenteren met een grootscheepse manifestatie, een zogenaamde megafestatie, waarop uitvoerig kennis kan worden gemaakt met het gedachtegoed van Neerlands Bloed en naar popmuziek kan worden geluisterd. Het bestuur van de beweging informeert ten gemeentehuize naar de juridische en praktische kanten van het houden van de megafestatie. Voor dergelijke samenkomsten is op grond van de Algemene Plaatselijke Verordening van Hanzestad juncto art. 4 Wet openbare manifestaties (Wom) een kennisgeving vooraf vereist. Neerlands Bloed geeft tijdig kennis van de geplande bijeenkomst. De burgemeester stelt vervolgens voor het houden van de 'megafestatie' enkele voorschriften vast, die te maken hebben met de verkeersveiligheid. De bevoegdheid om deze voorschriften vast te stellen, ontleent hij aan art. 5 Wom. Zo dienen kramen en andere objecten ten minste twee meter van de rijweg te staan. De inhoud van dit voorschrift is gebaseerd op de Beleidsregeling openbare manifestaties Hanzestad. Tevens laat de burgemeester weten dat de gemeente bereid is marktkramen aan Neerlands Bloed te verhuren, die bij politieke bijeenkomsten in de open lucht doorgaans goed van pas komen. De (privaatrechtelijke) huurovereenkomst komt tot stand.

Het is 1 mei, de dag van de arbeid. Een optocht van enkele linkse organisaties passeert de markt. Wanneer blijkt dat enkele aanhangers van Neerlands Bloed luidkeels een halvering van de sociale uitkeringen en een terugzending van alle in Nederland verblijvende vluchtelingen als wensen naar voren brengen, zijn de rapen gaar. Er ontstaat een treffen tussen linkse betogers en aanhangers van Neerlands Bloed. Eerst wordt er alleen nog maar gescholden, maar weldra vliegen dranghekken en straatstenen in het rond en wordt er met honkbalknuppels op los geslagen, waarbij de aanhangers van Neerlands Bloed zich het meest gewelddadig betonen. Na een kwartier arriveert de politie die een bevel geeft op te houden met de wanordelijkheden en, nadat blijkt dat dit niet helpt, vervolgens met geweld een einde maakt aan de schermutselingen. De burgemeester geeft de organisatoren de opdracht de manifestatie terstond te beëindigen. De officier van justitie gaat over tot vervolging van de grootste raddraaiers. Neerlands Bloed gaat ondergronds.

In deze casus komen verschillende bevoegdheden en rechten aan bod. Ze zullen hierna uitgebreider worden besproken. Daarbij zal herhaaldelijk op de casus worden teruggegrepen.

4.2 Besluiten

Besluiten zijn, blijkens art. 1:3 Awb, schriftelijke beslissingen van bestuursorganen, inhoudende publiekrechtelijke rechtshandelingen. De onderdelen van deze wettelijke definitie van het begrip besluit zijn besproken in 2.5. In deze paragraaf wordt een overzicht gegeven van de verschillende soorten besluiten die de bevoegde bestuursorganen kunnen nemen. Een belangrijk onderscheid betreft besluiten voor individuele gevallen (beschikkingen) en besluiten van algemene strekking. Tot de laatste categorie behoren algemeen verbindende voorschriften en beleidsregels, maar ook andere soorten besluiten, met name concretiserende en constituerende besluiten van algemene strekking en plannen met rechtsgevolg. Een en ander kan schematisch als volgt worden weergegeven.

Besluiten	**Besluiten van algemene strekking**	- Algemeen verbindende voorschriften - Beleidsregels - Andere besluiten van algemene strekking
	Beschikkingen	

De plannen in het bestuursrecht nemen een bijzondere positie in. Naast de plannen met het karakter van een besluit van algemene strekking, zijn sommige plannen namelijk slechts deels als besluit aan te merken, terwijl er ook plannen zijn die helemaal niet onder het besluitbegrip vallen. Ze worden daarom afzonderlijk in 4.3 besproken.

4.2.1 Beschikkingen

Algemeen; het begrip beschikking

De meest klassieke bestuurshandeling is het geven van een beschikking.[1] Een beschikking is een besluit voor een individueel of concreet geval of, in de woorden van art. 1:3 lid 2 Awb, een besluit dat niet van algemene strekking is. Het is zo'n klassieke bestuurshandeling, omdat in de beschikking een wezenskenmerk van het bestuursrecht naar voren komt. De beschikking vormt het sluitstuk van de gelede normstelling (zie 2.3) en zorgt voor bestuur op maat. De normstelling is in de beschikking helemaal toegesneden op het individuele geval, waarbij, uiteraard binnen de grenzen van de wet, rekening wordt gehouden met alle belangen die in dat concrete geval een rol spelen.

---

1 Het feit dat een besluit wordt genomen en een beschikking wordt gegeven, heeft geen bijzondere betekenis.

Een beschikking bevat doorgaans de volgende elementen:
- de aanduiding van het orgaan dat de beschikking geeft;
- de naam van degene(n) tot wie de beschikking is gericht;
- de aanleiding voor de beschikking;
- de toepasselijke wettelijke voorschriften;
- de relevante feiten;
- de overwegingen die het orgaan tot de beslissing hebben geleid (de motivering);
- de beslissing zelf (het noemen van de rechten die worden verleend en/of de plichten die worden opgelegd);
- informatie (in elk geval over de mogelijkheid van bezwaar en/of beroep);
- een ondertekening.[2]

Een beschikking is dus een bepaald type besluit. Onderscheidend van andere besluiten is het element van individualiteit of concreetheid. Meestal is een beschikking gericht tot één persoon of enkele bepaalde personen (individualiteit). Een omgevingsvergunning bijvoorbeeld wordt verleend aan een bepaalde (rechts)persoon; de vergunning geeft die persoon het recht een handeling te verrichten, bijvoorbeeld bouwen conform het bij de aanvraag ingediende bouwplan, die hij zonder vergunning niet zou mogen verrichten. Behalve de vergunning zijn bijvoorbeeld ook de ontheffing, de toekenning van een uitkering, de beslissing op een bezwaarschrift, de benoeming van een ambtsdrager, het opleggen van een sanctie en het verlenen van een subsidie een beschikking.

In de casus Neerlands Bloed worden door de burgemeester voorschriften gesteld waaraan de kennisgever, het bestuur van Neerlands Bloed als organisator van de bijeenkomst, moet voldoen. Dit besluit is een beschikking, want de voorschriften betreffen een bepaalde persoon of groep (het bestuur van Neerlands Bloed). In de casus is ook nog sprake van een bevel van de politie en een bevel van de burgemeester. Deze bevelen worden naar hun aard niet schriftelijk gegeven. Het zijn daarom weliswaar beschikkingen in de traditionele zin van het woord, maar vanwege het ontbreken van de schriftelijkheid geen beschikkingen in de zin van de Awb.

In de casus over de vestiging van discotheek 'Het', in hoofdstuk 2, kwamen we diverse (mogelijk noodzakelijke) beschikkingen tegen, waaronder de omgevingsvergunning en de Drank- en horecawetvergunning. De casus over de kapsalon van Antoinette, eveneens in hoofdstuk 2, bevatte drie beschikkingen: de last om de verbouwing ongedaan te maken en het bedrijf te staken, de belastingaanslag en de fiscale boete. De casus over de gemeentesecretaris van Zevenbergen, in hoofdstuk 3, bevatte twee beschikkingen: de omgevingsvergunning en het ontslag van een ambtenaar.

Sommige beschikkingen zijn gericht tot meer dan één persoon. Het absolute aantal personen is niet van belang als maar duidelijk is tot welke aanwijsbare personen de beschikking is gericht. Die aanwijsbare personen moeten een 'gesloten kring' vormen: alleen op personen die daartoe op het moment dat de beschikking wordt gegeven behoren, kan de beschikking betrekking hebben. De toenmalige Afdeling

2 Deze opsomming is ontleend aan J.B.J.M. ten Berge, *Besturen door de overheid*, derde druk, Deventer: W.E.J. Tjeenk Willink 1998, p. 162-163.

rechtspraak van de Raad van State heeft wel eens een subsidiebesluit dat was gericht tot niet minder dan 69 individueel aanwijsbare personen als beschikking aangemerkt.[3]

Soms geldt een op publiekrechtelijk rechtsgevolg gerichte beslissing weliswaar voor eenieder, althans voor een onbepaalde hoeveelheid personen, maar ziet zij op een concreet object. Meestal is dan sprake van een besluit van algemene strekking (zie 4.2.3). In bepaalde gevallen echter wordt door de rechter aan de concreetheid van het object zodanig gewicht toegekend, dat hij ondanks het niet-individuele karakter van de beslissing, toch een beschikking aanneemt. Men noemt dit wel een zaaksgerichte beschikking.

Wettelijk geregelde gebiedsaanwijzingen waardoor voor een bepaald, exact aangeduid, gebied voor eenieder bepaalde regels of verboden gaan gelden (en dus besluiten zijn), worden soms als beschikking aangemerkt, met name wanneer de specifieke eigenschappen of hoedanigheden van het gebied blijkens de wettelijke regeling doorslaggevend zijn voor de aanwijzing. Daarom werden de aanwijzing van de Waddenzee tot natuurmonument en de aanwijzing van een terrein als luchtvaartterrein wel, doch de aanwijzing van een straat als tippelzone niet als beschikking gezien.[4] Deze laatste aanwijzing geschiedt niet op grond van wettelijke criteria. De aanwijzing van een fourageergebied voor vogels werd als een beschikking aangemerkt vanwege het feit dat het om een concreet en exact afgebakend gebied van 3011 ha binnen de provincie Overijssel ging.[5] Ten slotte is een veelvoorkomende zaaksgerichte beschikking het aanwijzen van een gebouw als monument.[6] Als het besluit dat aan een gebied of object een bepaalde juridische status verleent geen beschikking is, is het een besluit van algemene strekking, hetzij een algemeen verbindend voorschrift, hetzij een ander besluit van algemene strekking.

NB: Van een zaaks*gerichte* beschikking dient de zaaks*gebonden* vergunning te worden onderscheiden. De laatste is wel gericht tot een persoon of een groep personen. De omgevingsvergunning uit de Wabo is een zaaksgebonden vergunning (art. 2.25 Wabo). Dit houdt in dat de vergunning is gebonden aan (betrekking heeft op) een zaak (het project) maar, anders dan een zaaksgerichte beschikking, alleen geldt voor de vergunninghouder. Dat is overigens niet alleen degene aan wie de vergunning ooit is verleend, maar (in Wabo-termen) de 'uitvoerder van het project'. Dat is óók de rechtsopvolger van degene aan wie de vergunning in eerste instantie is verleend.[7] Een zaaksgebonden vergunning is dus niet hetzelfde als een zaaksgerichte beschikking.

Het onderscheid tussen de begrippen beschikking en besluit van algemene strekking is vooral van belang voor de toepasselijkheid van enkele Awb-bepalingen (titel 4.1) die alleen op beschikkingen betrekking hebben.

3 ARRvS 14 januari 1991, *AB* 1991/533.
4 Zie respectievelijk ARRvS 20 mei 1985, *M en R* 1986, p. 88; ARRvS 26 maart 1991, *ABkort* 1991/485; ARRvS 6 maart 1987, *AB* 1987/320 m.nt. J.H. van der Veen.
5 ABRvS 28 december 2005, *AB* 2006/129 m.nt. F.C.M.A. Michiels.
6 Bijvoorbeeld: ABvRS 26 mei 2010, ECLI:NL:RVS:2010:BM5582 (aanwijzing door het college van B en W) en ABvRS 7 april 2004, ECLI:NL:RVS:2004:AO7117 (aanwijzing door de Staatssecretaris van OC&W).
7 *Kamerstukken II* 2006/07, 30 844, nr. 3, p. 113.

Soorten beschikkingen
Beschikkingen kunnen qua inhoud sterk verschillen. De belangrijkste onderscheidingen worden hierna behandeld.

a. begunstigende en belastende beschikkingen
Sommige beschikkingen verlenen rechten, terwijl andere juist plichten opleggen. De eerste soort noemen we begunstigend, de tweede belastend. Maar begunstigend is ook de beschikking waarbij een last wordt ingetrokken, belastend de beschikking waarbij een begunstigende beschikking wordt geweigerd. Het onderscheid tussen begunstigend en belastend is overigens in zoverre betrekkelijk, dat er ook mengvormen zijn. Aan veel vergunningen bijvoorbeeld worden belastende voorschriften verbonden; subsidies worden veelal verleend onder belastende verplichtingen.

Het belang van het onderscheid blijkt op diverse punten:

- het legaliteitsvereiste staat aan een niet op de wet gebaseerde begunstigende beschikking als een subsidie niet zonder meer in de weg,[8] een belastende beschikking behoeft altijd een wettelijke basis;
- intrekking van een belastende beschikking is in het algemeen eerder toegestaan dan intrekking van een begunstigende beschikking;
- het toekennen van terugwerkende kracht aan een belastende beschikking is bezwaarlijk voor de ontvanger ervan, het toekennen van terugwerkende kracht aan een begunstigende beschikking niet;
- belastende beschikkingen moeten altijd worden gemotiveerd, terwijl dat voor begunstigende beschikkingen niet altijd nodig is.

Voor beschikkingen met een gemengd karakter zal ten aanzien van de voorgaande punten steeds moeten worden gekozen voor de handelwijze die de betrokkene(n) de meeste waarborgen biedt.

Binnen de categorie van begunstigende beschikkingen kan nog worden onderscheiden tussen vergunningen en ontheffingen. Een vergunningstelsel wordt in het leven geroepen wanneer de wetgever wil dat een activiteit op zichzelf wel kan plaatsvinden, maar een bestuursorgaan in het concrete geval moet kunnen bezien of de vergunning moet worden verleend en of daaraan voorschriften moeten worden verbonden. De wetgever wenst dan niet zozeer een verbod, maar regulering op maat. De ontheffingsfiguur wordt gebruikt wanneer de wetgever iets in beginsel wil verbieden, maar er in concrete gevallen uitzonderingen moeten kunnen worden gemaakt.

Gelet op hetgeen door het Weertse gemeentebestuur in de casus van de wurgslangen (in hoofdstuk 1) naar voren is gebracht, kan de vraag worden gesteld in hoeverre het niet méér voor de hand had gelegen in de APV de figuur van de vergunning te gebruiken: tegen het houden van wurgslangen bestond op zichzelf geen (overwegend) bezwaar, mits de houders een aantal stringente, aan de ontheffing verbonden, voorschriften in acht zouden nemen.

---

8 Ook de Awb staat, ondanks het bepaalde in art. 4:23 lid 1, voor bepaalde soorten subsidies nog altijd toe dat deze zonder wettelijke grondslag worden verstrekt.

Er is ook nog de figuur van de vrijstelling. Dit is een ontheffing die geldt hetzij voor een onbepaald aantal personen hetzij voor een onbepaald aantal gevallen. De vrijstelling voor een onbepaald aantal personen is geen beschikking, maar een besluit van algemene strekking; de vrijstelling voor een bepaalde persoon, te gebruiken in een onbepaald aantal gevallen, is wel een beschikking.

Lange tijd is de vergunning, als prototype van de begunstigende beschikking, misschien wel het belangrijkste 'instrument' van het bestuursrecht geweest. Al enige tijd staat de vergunning onder druk vanwege de tijd die het kost om vergunningen aan te vragen, te maken en te handhaven. Er is met name in het omgevingsrecht sprake van een vervanging van de vergunning als reguleringsfiguur door de algemene regel.[9] Zo is het aanvankelijke uitgangspunt van de Wet milieubeheer – voor het oprichten e.d. van een inrichting is een vergunning nodig tenzij de inrichting onder een vergunningplicht-vervangende amvb valt – verlaten. Ofschoon art. 2.1 lid 1 sub e Wabo de indruk wekt dat voor het oprichten e.d. van een 'inrichting' een vergunning nodig is tenzij bij amvb is bepaald dat het verbod behoudens vergunning niet geldt, blijkt uit art. 2.1 lid 3 Wabo juncto art. 2.1 lid 2 Bor (juncto Bijlage I, onderdelen B en C Bor) dat alleen een vergunning nodig is voor bij amvb aangewezen inrichtingen. Die aangewezen inrichtingen vormen minder dan 10% van alle inrichtingen.[10] Het aantal bouwvergunningplichtige bouwwerken was al drastisch teruggebracht en onder de Wabo is het aantal vergunningplichtige bouwwerken nog verder afgenomen.[11] Ook is nog maar voor bepaalde, bij amvb aangewezen, categorieën een omgevingsvergunning voor het (brandveilige) gebruik van een bouwwerk vereist (art. 2.1 lid 1 sub d Wabo juncto art. 2.2 Bor). De regels inzake bedoeld gebruik staan in het Besluit brandveilig gebruik bouwwerken en die regels gelden voor in principe elk bouwwerk, tenzij bij het desbetreffende voorschrift anders is aangegeven, maar een vergunning is nog maar in ongeveer 20% van de gevallen waarvoor vroeger een vergunning vereist was nodig. Zoals besproken in 2.3 is tegelijk een groot aantal toestemmingen op het gebied van het omgevingsrecht door de Wabo geïntegreerd in de omgevingsvergunning. Het is dus vreemd te zien dat terwijl het aantal vergunningplichtige activiteiten op het gebied van het omgevingsrecht zo enorm is afgenomen, de wetgever tot een integratie van vergunningen (en andere toestemmingen) is overgegaan. In die zin is de Wabo eigenlijk een jaar of tien te laat gekomen.

b. vrije en gebonden beschikkingen

Bij veel beschikkingen heeft het bevoegde gezag een zekere beslissingsvrijheid. Dat wil zeggen dat de wet niet precies aangeeft of en zo ja hoe het orgaan van een bepaalde bevoegdheid gebruik moet maken. Of een subsidie moet worden verleend en of een vergunning tot afwijking van een bestemmingsplan moet worden gegeven, zijn vragen bij de beantwoording waarvan het bestuursorgaan een beslissende stem heeft. Men spreekt daarom wel van vrije beschikkingen. Die term is in zoverre misleidend, dat die vrijheid (soms sterk) is ingeperkt door

---

9 Zie uitgebreid voor het milieurecht P. Houweling, *Van vergunning naar algemene regel* (diss.), Den Haag: BJu 2006.

10 Deze systematiek is op een wat ongelukkige wijze uit de Wet milieubeheer overgenomen, die zelf het uitgangspunt 'vergunning tenzij' al had vervangen door het uitgangspunt 'géén vergunning tenzij'. Wat inrichtingen in de zin van de milieuwetgeving eigenlijk zijn, blijkt uit art. 1.1 lid 3 Wm juncto art. 2.1 lid 1 Bor.

11 Zie art. 2.1 lid 3 Wabo juncto art. 2.3 Bor juncto bijlage II bij het Bor.

allerlei geschreven en ongeschreven normen: het orgaan zal belangen moeten afwegen, het gelijkheidsbeginsel in acht moeten nemen etc. (zie daarover hoofdstuk 6). Vrijheid betekent hier niet meer dan dat *de wet* enige beslissingsruimte overlaat. Tegenover vrije beschikkingen staan gebonden beschikkingen. Daarbij bepaalt de wet wel volledig wat het orgaan moet doen. Wanneer iemand zijn rijexamen heeft gehaald en de vereiste bescheiden ten gemeentehuize inlevert, dan *moet* de burgemeester hem een rijbewijs verstrekken. Geheel gebonden beschikkingen zijn er niet veel. Bij gebonden *ogende* beschikkingen blijkt het orgaan vaak toch nog op onderdelen oordelen te moeten vellen, afwegingen te moeten maken e.d.

Zo lijkt de omgevingsvergunning voor een bouwwerk gezien de tekst van art. 2.10 Wabo sterk gebonden. Wanneer er bijvoorbeeld strijd met het bestemmingsplan is of wanneer strijd met het Bouwbesluit of de bouwverordening aannemelijk is, *moet* de vergunning worden geweigerd. Maar de mogelijkheid om in afwijking van het bestemmingsplan toch een omgevingsvergunning te verlenen op grond van art. 2.10 lid 2 Wabo juncto art. 2.12 lid 1 sub a Wabo in gevallen waarin die verlening puur op grond van art. 2.10 Wabo niet mogelijk zou zijn, zorgt voor een geheel ander beeld. Tot het verlenen van een omgevingsvergunning in afwijking van het bestemmingsplan bezit het gemeentebestuur namelijk, binnen de wettelijke grenzen van een goede ruimtelijke ordening, weer een vrije bevoegdheid!

De voorschriften in een (milieu)omgevingsvergunning voor een inrichting of mijnbouwwerk *moeten* ingevolge art. 2.31 lid 1 sub b Wabo juncto art. 2.30 Wabo worden gewijzigd wanneer blijkt dat de nadelige gevolgen die de inrichting voor het milieu veroorzaakt, gezien technische ontwikkelingen of gezien de ontwikkeling van de kwaliteit van het milieu, verder moeten worden beperkt. Maar het bestuursorgaan zal toch eerst moeten bepalen of zich ontwikkelingen voordoen die inderdaad nopen tot de conclusie dat de milieugevolgen niet meer aanvaardbaar zijn. De wet lijkt op dit punt dus heel strikt, maar laat veel aan het inzicht van het bestuursorgaan over.

Het onderscheid tussen vrije en gebonden beschikkingen speelt een rol in de relatie tussen wetgever en bestuursorgaan; de wetgever laat het bestuursorgaan wel of niet een zekere vrijheid van handelen. Het sub a behandelde onderscheid tussen begunstigende en belastende beschikkingen is van belang in de relatie tussen bestuursorgaan en burger, in het bijzonder bij beschikkingen op aanvraag.

Het belang van het onderscheid tussen vrije en gebonden beschikkingen heeft betrekking op de mogelijkheid die het bestuursorgaan heeft om zelf de inhoud van de beschikking te bepalen. Nemen we als voorbeeld de vergunning, dan betreft bedoelde mogelijkheid zowel de vraag óf bijvoorbeeld een vergunning zal worden verleend als de precieze inhoud daarvan (met name van de aan de vergunning verbonden voorschriften en beperkingen). De mate waarin die mogelijkheid aanwezig is, heeft ook gevolgen voor de toetsing door de rechter: bij een vrije bevoegdheid dient de rechter terughoudend (marginaal) te toetsen, bij een gebonden bevoegdheid kan hij vol toetsen (zie ook 6.5.2 en 6.5.3). Ten slotte is het onderscheid van belang voor de mogelijkheid van intrekking en de daarop toepasselijke rechtsnormen (zie hierna).

c. aflopende en duurzame beschikkingen

Een minder belangrijk onderscheid is dat tussen aflopende en duurzame beschikkingen. Aflopende beschikkingen werken slechts gedurende een beperkte periode, veelal omdat ze betrekking hebben op kort durende activiteiten.

In de casus Neerlands Bloed gaf de burgemeester voorschriften inzake de manifestatie. Die beschikking geldt totdat de manifestatie voorbij is. Subsidies gelden vaak ook voor een bepaalde duur of voor een aflopende activiteit. Voorts hebben veel omgevingsvergunningen een aflopend karakter, bijvoorbeeld vergunningen die zien op de sloop of bouw van een bouwwerk. Wanneer de omgevingsvergunning echter ziet op de exploitatie van een inrichting zal deze juist vaak voor onbepaalde tijd zijn afgegeven en slechts in sommige categorieën gevallen voor bepaalde tijd. Ook de huisvestingsvergunning heeft een duurzaam karakter.

Voorschriften, voorwaarden en beperkingen

Aan een begunstigende beschikking kunnen doorgaans *voorschriften* worden verbonden.

Aan een omgevingsvergunning voor het bouwen worden bouwkundige voorschriften verbonden. Een omgevingsvergunning voor een (grote milieugevolgen hebbende) inrichting bevat soms zelfs honderden bladzijden met voorschriften. Die kunnen het karakter hebben van emissiegrenzen (welke hoeveelheden van bepaalde stoffen mogen worden uitgestoten of geloosd?), ze kunnen meet-, registratie- of rapportageverplichtingen inhouden, onderzoeksverplichtingen bevatten e.d. (zie art. 5.3 Bor e.v.). Uiteraard mag het opnemen van voorschriften in een beschikking niet in strijd met de wet komen. Zo zal aan een horecavergunning voor een café dat niet gelegen is aan een autoweg of autosnelweg geen voorschrift mogen worden verbonden dat uitsluitend de verkeersveiligheid dient. Het moeten voldoen aan een dergelijk voorschrift zou een verplichting zijn tot het opleggen waarvan de wet in kwestie (de Drank- en Horecawet) geen grondslag biedt (behalve in het specifieke geval waarin ingevolge art. 22 Drank- en Horecawet een verbod tot het verstrekken van alcohol kan worden opgelegd indien de horecagelegenheid zich naast een auto- of snelweg bevindt). Bij belastende beschikkingen is aan voorschriften meestal geen behoefte naast de in zo'n beschikking opgenomen last of (betalings)plicht. De in de casus Neerlands Bloed door de burgemeester gegeven beschikking op grond van art. 5 Wom is daarop een uitzondering; zij bestaat in feite uit voorschriften. Dat komt omdat althans op grond van de Wom geen vergunning voor het houden van een openbare manifestatie nodig is, doch deze slechts behoeft te worden gemeld. Wanneer de bijeenkomst niet zozeer het karakter zou hebben van het uiten van een bepaalde (in dit geval) politieke opvatting, maar een soort popfestival zou zijn, zou geen Wom-melding hoeven te worden gedaan, maar zou waarschijnlijk een gemeentelijke evenementenvergunning nodig zijn (op grond van de APV of een evenementenverordening). Aan zo'n vergunning zou de burgemeester voorschriften hebben kunnen verbinden.

De voorschriften binden degene tot wie de beschikking is gericht (bijvoorbeeld de vergunninghouder). Ze kunnen op dezelfde wijze worden gehandhaafd als wettelijke voorschriften, door middel van de in hoofdstuk 7 te bespreken sancties bestuursdwang en last onder dwangsom.

Naast voorschriften kunnen *voorwaarden* worden onderscheiden. De term 'voorwaarden' wordt (tegenwoordig ook in het bestuursrecht[12]) gereserveerd voor opschortende en ontbindende voorwaarden waaronder een beschikking wordt gegeven.

Zo kent art. 4:34 Awb ingeval een subsidie wordt verleend ten laste van een begroting die nog niet is vastgesteld of goedgekeurd, de bevoegdheid toe die subsidie te verlenen onder de voorwaarde dat er voldoende geld ter beschikking wordt gesteld. Het betreft hier een ontbindende voorwaarde: wordt er onvoldoende geld ter beschikking gesteld, dan wordt de subsidie alsnog niet verleend en hoeft er niet te worden betaald.

Van belang is de mogelijkheid om (opschortende) financiële voorwaarden aan het verlenen van een beschikking te verbinden. Soms geeft de wet daarvoor de (algemene) grondslag; zie bijvoorbeeld art. 24 Huisvestingswet 2014. Dit artikel draagt de gemeenteraad op in de huisvestingsverordening criteria voor weigering van de vergunning op te nemen en te regelen welke voorwaarden het college van B en W aan de vergunning kan verbinden. Onder die mogelijke voorwaarden vallen ook financiële voorwaarden.

Het gaat daarbij om een financiële bijdrage die wordt gevraagd van degene die een woning wil onttrekken aan de woningvoorraad, bijvoorbeeld door die woning als bedrijfsruimte te gebruiken. De bijdrage dient ter bekostiging van maatregelen die de woningvoorraad op peil houden. Het stellen van een financiële voorwaarde in een dergelijk geval werd reeds, zonder wettelijke grondslag, aanvaard in het Kruseman-arrest.[13]

In het algemeen geldt blijkens de jurisprudentie dat, als de wet niet uitdrukkelijk anders bepaalt, financiële voorwaarden slechts mogen worden gesteld indien:
- daarmee uitsluitend het belang wordt gediend dat door de regeling, waarop de beschikking is gebaseerd, wordt beschermd;
- de omvang van de gevraagde bijdrage direct gerelateerd is aan de aantasting van het beschermde belang;
- er niet een andere, uit een oogpunt van rechtsbescherming meer aanvaardbare mogelijkheid aanwezig is om een tegemoetkoming of compensatie te verlangen.[14]

12 Al hanteert niet iedereen bedoelde termen op de juiste wijze. Zo werd in de casus van de Weertse wurgslangen (1.1) door B en W én door de rechter van voorwaarden gesproken, terwijl in feite sprake was van voorschriften en beperkingen. In art. 7 lid 3 Woningwet ziet de term voorwaarden mede op voorschriften.

13 HR 13 april 1962, *AB* 1962, p. 487 m.nt. Stellinga.

14 Zie ABRvS 1 februari 1995, *Gst.* 7013/8 m.nt. H. Goorden, *M en R* 1995/111 m.nt. E.H. Bakker. Deze uitspraak had betrekking op een vergoeding voor het kappen van bomen, te storten in het Bomenfonds.

De financiële voorwaarde bij de vergunning tot woningonttrekking voldoet aan deze criteria. Een ander voorbeeld biedt de bijdrage voor het realiseren van parkeervoorzieningen. Een ontheffing om in een bouwplan in voldoende parkeergelegenheid te voorzien, kan onder een financiële voorwaarde worden verleend, mits voldoende aannemelijk is dat de financiële bijdrage zal worden aangewend om te voorzien in de parkeerbehoefte die ontstaat *ten gevolge van het bouwplan*. In een aan de Afdeling voorgelegde zaak kwam de bijdrage ten goede aan de gemeentelijke reserve voor parkeervoorzieningen *en niet aan de specifieke parkeerbehoefte ten gevolge van het bouwplan*, waardoor niet uitsluitend het belang van de regeling werd gediend. De voorwaarde was dus niet rechtmatig.[15] De Afdeling blijkt echter minder stringent als de financiële voorwaarden berusten op een uitdrukkelijke wettelijke grondslag, zoals de Bouwverordening. Het is dan aan de bezwaarmaker om aannemelijk te maken dat de bijdrage niet is aangewend voor het aanleggen en in stand houden van parkeerplaatsen. In casu volstond het creëren van een parkeerfonds waarin de vergoedingen werden gestort.[16]

Voor begrenzingen naar tijd of plaats wordt de term '*beperkingen*' gebruikt.

Zo kan een standplaatsvergunning voor een viswagen worden verleend voor woensdagochtend van 09.00 uur tot 13.00 uur op een bepaalde plaats in de gemeente. In de casus Neerlands Bloed bevatte de door de burgemeester gegeven beschikking inhoudende de voorschriften waaraan Neerlands Bloed moest voldoen, vanzelfsprekend beperkingen naar tijd en plaats. In de casus van de Weertse wurgslangen werd de ontheffing verleend voor twee jaar, hetgeen een beperking is van de geldingsduur van de ontheffing.

De waarde van een (begunstigende) beschikking

Wanneer de overheid met een beschikking een bepaald recht verleent, ligt daarmee de relatie tussen het bevoegde gezag en de begunstigde vast. Daarmee is echter, zoals we reeds in hoofdstuk 2 zagen in de casus over de kapsalon van Antoinette, nog niets bepaald omtrent de *privaatrechtelijke relatie* tussen bijvoorbeeld de vergunninghouder en derden. Een huurder die het door hem bewoonde huis wil verbouwen en daarvoor een omgevingsvergunning heeft gekregen, zal om te mogen bouwen waarschijnlijk ook toestemming van de eigenaar moeten hebben. De eigenaar heeft als derde niets te maken met het feit dat er een vergunning aan de huurder is afgegeven.

Ook het handelen conform de voorschriften van een vergunning vrijwaart de vergunninghouder niet zonder meer ten opzichte van derden.[17] Wel zal de mate waarin het bestuursorgaan bij zijn beslissing op grond van de wet rekening heeft moeten houden met de belangen van derden, van invloed zijn op de privaatrechtelijke rechtsbetrekking tussen vergunninghouder en derde.

15 ABvRS 27 september 2006, *Gst.* 2007/50.

16 ABvRS 25 oktober 2006, *Gst.* 2007/51; zie overigens het kritische commentaar van R.A.C.M. Lamers, 'De parkeercompensatie als financiële voorwaarde in het bestuursrecht', *Gst.* 2007/49.

17 Zie reeds HR 10 maart 1972, *AB* 1972/193 m.nt. J.R. Stellinga (Vermeulen/Lekkerkerker) en HR 21 oktober 2005, *NJ* 2006/418 m.nt. C.J.H. van Brunner.

Wanneer een orgaan bijvoorbeeld een vergunning op grond van de Wabo verleent voor een activiteit waarvan derden een zekere stank- of geluidshinder zullen ondervinden, en de vergunninghouder zich geheel aan de vergunningvoorschriften houdt, zal de burgerlijke rechter dit in zijn oordeel omtrent de mogelijke onrechtmatigheid van het handelen van de vergunninghouder jegens derden, zeker meewegen. Maar de bestuurlijke belangenafweging is in de relatie tussen vergunninghouder en derde niet doorslaggevend. Bij de (gebonden) verlening van een omgevingsvergunning voor een bouwwerk conform het geldende bestemmingsplan lijkt de wetgever te hebben gewild dat het bestuur een definitief oordeel velt over de toelaatbaarheid van de bouwactiviteit. In het bestemmingsplan vindt namelijk een afweging van alle belangen plaats. Toch kan ook het bouwen conform de vergunning, die is verleend in overeenstemming met het bestemmingsplan en de bouwvoorschriften, niet voorziene schade veroorzaken, bijvoorbeeld aan een naburig pand. Het veroorzaken van die schade is dan onrechtmatig, ook al is er niet in strijd met de vergunningvoorschriften gehandeld. Een en ander zal zich eerder voordoen naarmate het bestemmingsplan globaler van aard is. De Hoge Raad zegt het als volgt: 'De wet verplicht (...) niet tot een zodanige opzet van het bestemmingsplan dat in elk individueel geval de ene burger de andere geen onrechtmatige hinder kan toebrengen door van de erdoor geboden bouwmogelijkheden gebruik te maken, nog daargelaten dat hinder ook het gevolg kan zijn van oorzaken die buiten het bereik van de planwetgever liggen.'[18]

Een ander gevaar dat de vergunninghouder bedreigt, is dat een gegeven en zelfs in werking getreden vergunning in beroep door de rechter kan worden vernietigd.[19] Vernietiging heeft terugwerkende kracht. De begunstigde moet zich dus niet te vroeg 'rijk rekenen'. Wanneer een of meer derden opkomen tegen de aan hem gegeven beschikking is het oppassen geblazen.

De vergunninghouder kan in beginsel zodra de vergunning is verleend van zijn vergunning gebruikmaken. De verkrijger van een omgevingsvergunning om te bouwen bijvoorbeeld kan, zonder door derden ingestelde procedures af te wachten, het vergunde bouwwerk oprichten. Hij loopt dan wel het risico dat hij dit weer moet afbreken. Overigens zal zowel in de afweging die een bestuursorgaan moet maken of het eventueel een sanctie toepast tegen het na een vernietiging van de omgevingsvergunning alsnog illegale bouwwerk, als in het vonnis van de burgerlijke rechter in een geding dat een derde eventueel tegen de bouwer aanspant, een rol spelen in hoeverre die derde het tot stand komen van het bouwwerk in een vroeg stadium heeft proberen tegen te houden door schorsing van de omgevingsvergunning te vragen. Heeft hij dit niet geprobeerd, dan is sprake van eigen schuld van die derde en ziet het er voor de bouwer gunstiger uit. Maar hij blijft een risico lopen.

Pas na het ongebruikt verstrijken van de bezwaar- of beroepstermijn dan wel na afwijzing van het beroep door de hoogste rechter, wordt een beschikking in rechte onaantastbaar. Er staat dan geen *rechtsmiddel* meer open; de beschikking heeft anders gezegd 'formele rechtskracht' (zie ook 8.7). Betrokkene heeft dan van derden niets meer te duchten. Maar onder omstandigheden is nog wel

18 HR 21 oktober 2005, *JB* 2005/318 m.nt. GEvM.
19 Vernietiging van een vergunning kan ook 'spontaan' geschieden bij Koninklijk Besluit, op grond van onder meer art. 268 Gemeentewet. Zie 5.9.

intrekking van de vergunning mogelijk. In rechte onaantastbaar is dus nog niet helemáál onaantastbaar.[20] In zeer bijzondere gevallen, met name bij het plegen van bedrog, zou de omgevingsvergunning van rechtswege nietig kunnen zijn.[21]

Intrekking en wijziging van beschikkingen

Bij het intrekken van een beschikking wordt een eerder gegeven recht of bevoegdheid dan wel een eerder opgelegde plicht (al dan niet met terugwerkende kracht) beëindigd.[22] Daarom is intrekking van een beschikking ook een beschikking. Iets soortgelijks geldt voor de wijziging van een beschikking. Onderscheid moet worden gemaakt tussen het met terugwerkende kracht intrekken en het intrekken voor de toekomst. In het eerste geval wordt gesproken van terugnemen, in het tweede geval van opzeggen.[23] Het zal duidelijk zijn dat bij begunstigende beschikkingen de eerste vorm van intrekking minder snel zal zijn toegestaan dan de tweede vorm.

Voor de mogelijkheid van het intrekken en wijzigen van beschikkingen bestaan geen algemeen geldende wettelijke regels; het is wel de bedoeling dat de Awb dergelijke regels ooit gaat bevatten.[24] Thans bevat de Awb slechts regels voor de intrekking en wijziging van subsidiebeschikkingen (afdeling 4.2.6). Er zijn op grond van de jurisprudentie wel enige lijnen te trekken.

In algemene zin kan worden opgemerkt dat voor intrekking van een gebonden beschikking een wettelijke grondslag nodig is (behalve in gevallen als hierna bedoeld onder a en b). Het zonder wettelijke grondslag, dus vrij, kunnen intrekken van een gebonden beschikking zou immers van de gebondenheid van die beschikking een wassen neus maken. Voorts kunnen belastende beschikkingen makkelijker worden ingetrokken dan begunstigende. Er zij echter aan herinnerd dat sommige beschikkingen voor de één begunstigend en voor de ander belastend zijn.

---

20 De term onherroepelijk, die vaak wordt gebruikt als het om een in rechte onaantastbaar besluit gaat, is in dit verband minder wenselijk omdat het orgaan wel uit eigen beweging het besluit kan intrekken (herroepen).

21 Zie de overweging daaromtrent ten aanzien van een bouwvergunning in ABRvS 18 november 1999, *JB* 2000/9 en ABRvS 20 juli 2005, *AB* 2005/419 m.nt. R. Ortlep. Het gaat hier slechts om zeer uitzonderlijke gevallen. Zo kan het feit dat een omgevingsvergunning voor bouwen is verstrekt in strijd met het bestemmingsplan en is verleend door een ambtenaar buiten het hem toegekende mandaat namens het college, niet leiden tot nietigheid van de vergunning. Zie ABvRS 13 januari 2010, *AB* 2010/162 m.nt. R. Ortlep.

22 Zie uitvoerig over dit onderwerp B. de Kam, *De intrekking van beschikkingen, mede in Europees en rechtsvergelijkend perspectief* (diss.), Deventer: Wolters Kluwer 2016.

23 Deze verhelderende terminologie is te danken aan Konijnenbelt; zie Van/Wijk/Konijnenbelt/Van Male, *Hoofdstukken van bestuursrecht*, zestiende druk, Deventer: Kluwer 2014, p. 378.

24 Zie voor enkele beschouwingen en voorstellen M.A.M. Dieperink, Omtrekken van een algemene regeling voor intrekken, in: *De vijfde tranche*, preadviezen Jonge VAR 2002, Den Haag: BJu 2003, p. 49-84. Zo ook: W. den Ouden, De intrekking van begunstigende beschikkingen door bestuursorganen, in: T. Barkhuysen, W. den Ouden en J.E.M. Polak (red.), *Bestuursrecht Harmoniseren: 15 jaar Awb*, Den Haag: Boom Juridische Uitgevers 2010, p. 689-715.

Voor een nadere precisering moet worden onderscheiden naar de *reden* voor intrekking, de *vorm* van de intrekking en (in een aantal gevallen) de *aard van de in te trekken beschikking.*[25]

a. Ingeval er verwijtbaar onjuiste opgaven zijn gedaan door degene die een begunstigende beschikking heeft gekregen, kan de beschikking, ook zonder uitdrukkelijke wettelijke grondslag, worden ingetrokken wanneer de valse opgaven hebben geleid tot een beschikking met een andere inhoud dan zonder die valse opgaven zou zijn gebeurd.[26] Dit geldt *zowel voor vrije als voor gebonden* beschikkingen. De *reden* voor intrekking is dan het onrechtmatige gedrag van betrokkene voorafgaand aan de beschikkingverlening; de *vorm* van intrekking is terugnemen.
b. Wanneer een orgaan op grond van juiste gegevens een verkeerde beschikking geeft, *van welke aard ook*, mag het orgaan, ook zonder wettelijke grondslag, de beschikking intrekken wanneer betrokkene had dienen te begrijpen dat van een kennelijk foutieve beschikking sprake is (bijvoorbeeld bij een kennelijke verschrijving). De *reden* is dat betrokkene niet mag profiteren van een fout die hij zonder meer als zodanig had moeten herkennen.[27] De *vorm* van intrekking is terugnemen; wanneer het orgaan echter lang wacht met de intrekking, kan aan het terugnemen wel een beperking in de tijd worden gesteld.
c. Wanneer betrokkene *niet* van de fout op de hoogte had hoeven zijn, ligt het anders. Dan kan slechts sprake zijn van opzeggen. Als het om een gebonden beschikking gaat, zal bovendien een wettelijke grondslag nodig zijn. Ook ligt het betalen van schadevergoeding voor de hand.
d. Als verandering van beleid of van inzichten bij het bestuursorgaan de *reden* is, is intrekking onder omstandigheden mogelijk, doch slechts in de *vorm* van opzeggen. Wel moet doorgaans een overgangstermijn worden gegeven en soms zelfs schadevergoeding. Waarschijnlijk is voor deze intrekking geen wettelijke grondslag nodig als het gaat om *vrije beschikkingen.*[28] Bij *gebonden beschikkingen* is intrekking om deze reden zoals gezegd alleen mogelijk indien de wet hierin uitdrukkelijk voorziet.
e. De *reden* voor intrekking van een *begunstigende beschikking* kan ook zijn dat de begunstigde niet meer voldoet aan bepaalde wettelijke vereisten. Een wettelijke grondslag voor intrekking lijkt dan niet nodig, maar bestaat veelal wel. Zo wordt de aan een vreemdeling voor bepaalde tijd gegeven (reguliere)

25 Gemakshalve wordt verder alleen van intrekking gesproken; steeds is echter tevens wijziging bedoeld. NB: in het volgende is de intrekking op verzoek van de begunstigde, zoals in art. 2.33 lid 2 sub b Wabo, buiten beschouwing gelaten, omdat een dergelijke intrekking uit juridisch oogpunt weinig vragen doet rijzen. De vorm van zo'n intrekking zal opzegging zijn en een wettelijke grondslag lijkt niet nodig.

26 Zie o.a. CBb 6 april 1994, *AB* 1994/529 m.nt. J.H. van der Veen.

27 Dus niet reeds omdat de vergunning, na bezwaar van derden, wordt ingetrokken wegens strijd met de wet. De aanvrager mag er immers van uitgaan dat B en W juist hebben gehandeld en dat de hem verleende vergunning dus niet in strijd is met de wet (HR 10 april 2009, *AB* 2009/320 m.nt. G.A. van der Veen, *NJ* 2009/515 m.nt. R. Mok, *JB* 2009/123 m.nt. J.M.H.F. Teunissen). Zie ook ABvRS 30 december 2009, *AB* 2010/55 m.nt. W. den Ouden over art. 4:49 lid 1 sub b Awb.

28 Heel stellig in negatieve zin (geen wettelijke grondslag nodig) is ABRvS 20 juli 1994, *AB* 1994/637 m.nt. F.C.M.A. Michiels.

verblijfsvergunning ingetrokken wanneer deze zijn hoofdverblijf buiten Nederland vestigt (art. 19 Vreemdelingenwet 2000 juncto art. 18 lid 1 sub a Vreemdelingenwet 2000). Iets vergelijkbaars geldt voor de intrekking van een *belastende beschikking.* Wanneer de overtreder zijn overtreding niet meer herhaalt, kan dat aanleiding zijn de last onder dwangsom in te trekken (art. 5:34 lid 2 Awb). De *vorm* van intrekken is in dat geval opzegging.

f. De *reden* voor intrekking kan ook zijn gelegen in het onrechtmatige gedrag van betrokkene na verlening van de beschikking, bijvoorbeeld in het overtreden van vergunningvoorschriften of het schenden van de inlichtingenplicht door een uitkeringstrekker.[29] De intrekking wordt dan gebruikt als sanctie (zie daarover uitvoeriger 7.5.4). Anders dan bij de intrekking onder c is er hier natuurlijk geen sprake van een recht op schadevergoeding.[30] De *vorm* kan dan zowel opzeggen als terugnemen zijn, afhankelijk van de aard van de verleende beschikking en de inhoud van de desbetreffende wettelijke regeling. Bij *duurzame beschikkingen*, bijvoorbeeld een sociale uitkering die maandelijks gedurende vele jaren is verstrekt, moet worden gekeken naar het moment van de overtreding; het ligt voor de hand de intrekking pas te laten ingaan op het moment dat de (eerste) overtreding is begaan. Voor *gebonden beschikkingen* zal de wet moeten bepalen dat de beschikking op deze grond, als sanctie dus, kan worden ingetrokken. Voor *vrije beschikkingen* is waarschijnlijk geen wettelijke grondslag nodig, met name niet als de beschikking zelf de mogelijkheid van intrekking vermeldt. Het voorgaande kan (met weglating van enkele nuances) als volgt schematisch worden weergegeven.

29 CRvB 20 december 2011, *AB* 2012/94 m.nt. R. Ortlep.

30 Zie bijvoorbeeld ABRvS 24 februari 2010, ECLI:NL:RVS:2010:BL5333.

Reden	*Vorm*	*Aard*	*Wettelijke grondslag vereist?*
Valse aanvraag	Terugnemen	Vrij/gebonden	Neen
Kennelijke vergissing	Terugnemen	Vrij/gebonden	Neen
Niet-kennelijke vergissing van het orgaan	Opzeggen	Vrij Gebonden	Neen Ja
Beleidswijziging	Opzeggen	Vrij Gebonden	Neen Ja
Niet langer voldoen aan wettelijk vereiste	Opzeggen	Vrij/gebonden	Neen
Onrechtmatig handelen begunstigde	Opzeggen en terugnemen	Vrij Gebonden	Neen Ja

4.2.2 Algemeen verbindende voorschriften

In het klassieke beeld van de trias politica zijn de wetgevende macht en de uitvoerende macht twee afzonderlijke machten. Bestuursorganen, te zien als onderdelen van de uitvoerende macht, hebben behalve bestuursbevoegdheden in enge zin echter veelal ook wetgevende bevoegdheid. Het gaat dan om wetgeving in materiële zin. In 2.3 zijn de belangrijkste categorieën van deze 'bestuurswetgeving' genoemd: amvb's, ministeriële regelingen en verordeningen op diverse bestuursniveaus. In die wetgeving komen verschillende soorten bepalingen voor.

Zo kan bestuurswetgeving naast de hierna te bespreken algemeen verbindende voorschriften onder meer ook bepalingen van organisatorische aard bevatten (bijvoorbeeld de instelling van een commissie), regels met een intern karakter (bijvoorbeeld reglementen van orde), bepalingen inzake de openbaarheid van vergaderingen en instructies aan ambtenaren.

Een zeer belangrijk type bepalingen vormen de algemeen verbindende voorschriften. Dit zijn algemene, extern werkende, betrokkenen bindende regels, vastgesteld door een bestuursorgaan, dat de bevoegdheid daartoe ontleent aan de Grondwet of een wet in formele zin.[31] De omschrijving van het begrip 'algemeen

31 Een vergelijkbare omschrijving wordt gegeven in CBb 1 september 2011, *AB* 2012/102 m.nt. I. Sewandono. Zie uitgebreider onder meer F.J. van Ommeren, *De verplichting verankerd*, Deventer: W.E.J. Tjeenk Willink 1996.

verbindende voorschriften' bevat enkele elementen. Het gaat om *algemene regels*, dat wil zeggen dat ze niet tot een of enkele aanwijsbare personen zijn gericht en dat ze voor herhaalde toepassing (in meer gevallen) vatbaar zijn. Het verbod een (huur)woning, die behoort tot een daartoe aangewezen categorie goedkope woonruimte, te bewonen of voor bewoning in gebruik te geven zonder huisvestingsvergunning (art. 8 Huisvestingswet 2014) is gericht tot eenieder en betreft een abstracte categorie woningen (de woningen die door de gemeenteraad ingevolge art. 7 zijn aangewezen). Algemeen wil niet zeggen dat de regel altijd letterlijk eenieder moet betreffen. Regels kunnen ook algemeen zijn doordat ze op een algemene categorie personen betrekking hebben, bijvoorbeeld personen boven een bepaalde leeftijd (kiesrecht, pensioenwetgeving). De regels moeten *externe werking* hebben, dat wil zeggen niet puur de eigen interne, bestuurlijke of ambtelijke organisatie of werkwijze betreffen. De regels betreffende de *rechtspositie* van ambtenaren hebben echter wel externe werking; wat hun rechtspositie betreft, staan ambtenaren namelijk tegenover de overheid die hun werkgever is.

Doorgaans werken externe regels geheel buiten de overheid, zoals het zojuist genoemde verbod van art. 8 Huisvestingswet 2014, maar ze kunnen ook extern zijn door op andere overheidsinstanties betrekking te hebben. Zo bevat het Stortbesluit bodembescherming, een amvb, vastgesteld op grond van art. 2.22 Wabo, voor bestuursorganen die omgevingsvergunningen verlenen voor afvalstortplaatsen, verplichtingen tot het verbinden van bepaalde voorschriften aan de vergunning. Extern betekent dus buiten het orgaan (en zijn ambtelijke organisatie) dat de regel uitvaardigt. Zie hierover ook reeds 2.5.

Het moet gaan om regels die *binden*, dus niet bijvoorbeeld om regels van organisatorische aard.[32] Ten slotte moeten de regels een *wettelijke grondslag* hebben. Grondwet of wet in formele zin moeten de grondslag bieden voor de bevoegdheid tot het vaststellen van de regels.

De Awb bevat geen definitie van het begrip algemeen verbindend voorschrift, maar kent het begrip wel. Zie art. 3:1 (toepasselijkheid deel van hoofdstuk 3) en art. 8:3 (geen beroep mogelijk). Mede door het ontbreken van een verhelderende definitie is niet altijd duidelijk waar de grens ligt tussen algemeen verbindende voorschriften en andere besluiten van algemene strekking.[33]

32 Dit element wordt niet door alle auteurs als vereiste gesteld. Die auteurs beschouwen de begrippen 'algemeen verbindend voorschrift' en 'wet in materiële zin' als synoniemen. Wetten in materiële zin bevatten echter zoals gezegd ook andere dan bindende bepalingen.

33 Zie S.E. Zijlstra, 'Recente jurisprudentie over het begrip algemeen verbindend voorschrift', *JBplus* 2002, p. 170-180 en S.A.J. Munneke, 'De moeilijke grens tussen algemeen verbindende voorschriften en concretiserende besluiten van algemene strekking; een pleidooi voor minder samenhang', *NTB* 2008/2, p. 11-19. NB: de aanleiding voor het wijzigen van een algemeen verbindend voorschrift kan heel concreet zijn, maar dat maakt niet dat het voorschrift zelf niet algemeen zou zijn. Zie CBb 3 juni 2009, *Gst* 2009/132 m.nt. R. Kooper in verband met de wijziging van de (Haagse) Verordening op de kansspelen, die erop gericht was de verplaatsing van een speelautomatenhal van Scheveningen naar het centrum mogelijk te maken.

4.2.3 Concretiserende en constituerende besluiten van algemene strekking

Naast algemeen verbindende voorschriften zijn er andere besluiten die een algemene strekking hebben. In deze paragraaf besteden we met name aandacht aan besluiten die algemeen zijn wat de geadresseerden betreft, maar, anders dan algemeen verbindende voorschriften, een concreet object betreffen of een bepaalde periode. De aanwijzing van een gebied, waarin door die aanwijzing bepaalde regels gaan gelden, is normaliter geen algemeen verbindend voorschrift, maar wel een besluit van algemene strekking (soms echter een beschikking; zie 4.2.1). Ook besluiten die de werkingssfeer van een algemene regeling in de tijd beperken, zijn besluiten van algemene strekking. Het gaat bij al deze besluiten om een concretisering naar object, tijd of plaats van hetgeen in algemene zin in een algemeen verbindend voorschrift is bepaald. Ze worden daarom concretiserende besluiten van algemene strekking genoemd.

Art. 24 Reglement Verkeersregels en Verkeerstekens bepaalt in algemene zin dat op een parkeergelegenheid niet mag worden geparkeerd op dagen of uren waarop dit blijkens het onderbord verboden is. Dit is een algemeen verbindend voorschrift. De beslissing om het desbetreffende parkeerbord met onderbord te plaatsen en daarmee het parkeerverbod te concretiseren voor een bepaalde, als zodanig aangewezen parkeergelegenheid voor bepaalde uren of dagen, is geen algemeen verbindend voorschrift, maar wel een (concretiserend) besluit van algemene strekking.

Ook de aanwijzing van een hondenlosloopgebied is als een concretiserend besluit van algemene strekking aangemerkt,[34] evenals de aanwijzing van een ligplaats voor woonboten.[35]

Soms wordt een gebiedsaanwijzing wel als (onderdeel van een) algemeen verbindend voorschrift aangemerkt.[36] Dat gebeurde bijvoorbeeld bij het aanwijzen van een schadegebied (waar sprake was geweest van overvloedige regenval) als bedoeld in de Wet tegemoetkoming schade bij rampen en zware ongevallen (WTS). Toen iemand die juist buiten het schadegebied woonde in beroep ging tegen de aanwijzing, werd hij door de rechter niet ontvankelijk verklaard wegens het bepaalde in art. 8:2 Awb (thans art. 8:3); de aanwijzing werd als zodanig verknoopt met de WTS gezien, dat deze aanwijzing en de WTS als een samenstel van algemeen verbindende voorschriften werd aangemerkt.[37] In een latere uitspraak stelt de Afdeling echter dat het 'verknooptheidscriterium' alleen van toepassing is bij inwerkingtredings-, goedkeurings- en intrekkingsbesluiten.[38]

Een interessante casus betrof de vraag of het in de gemeentelijke huisvestingsverordening opnemen van een lijst met personen waarvoor de, op grond van de Huisvestingswet (oud) geldende, vergunningplicht voor hun tweede woning niet gold, een algemeen verbindend voorschrift, een constituerend besluit van algemene strekking of een bundel beschikkingen was. De Afdeling stelde dat het hier ging om een naar

34 ABvRS 13 oktober 2010, *AB* 2010/290 m.nt. L.J.A. Damen.
35 ABRvS 16 januari 2013, ECLI:NL:RVS:2013:BY8571.
36 Zie hierover onder meer S.A.J. Munneke, 'De moeilijke grens tussen algemeen verbindende voorschriften en concretiserende besluiten van algemene strekking; een pleidooi voor minder samenhang', *NTB* 2008/2, p. 11-19 en F.J. van Ommeren, 'Concretiserende besluiten van algemene strekking', *JBplus* 2008, p. 3-19.
37 ABRvS 17 juli 2002, *JB* 2002/248 m.nt. E.C.H.J. van der Linden.
38 ABRvS 28 juli 2004, *Gst.* 7223/23 m.nt. A.P. Klap.

object, tijd en plaats toepassing geven aan een algemeen verbindend voorschrift, de lijst dus geen zelfstandige normstelling bevatte en derhalve zelf geen algemeen verbindend voorschrift was. Het lijkt erop dat zij het besluit een concretiserend besluit van algemene strekking achtte, maar minstens zo goed zou kunnen worden verdedigd dat het om een bundel beschikkingen ging.[39]

Naast concretiserende zijn er ook constituerende besluiten van algemene strekking. Dat zijn de evengenoemde inwerkingtredings-, goedkeurings- en intrekkingsbesluiten, die op de werking van een ander besluit betrekking hebben. Het gemeenschappelijke kenmerk van concretiserende en constituerende besluiten van algemene strekking is dat zij geen zelfstandige normstelling bevatten. Het belang van het onderscheid tussen algemeen verbindende voorschriften en de besluiten van algemene strekking zoals bedoeld in deze paragraaf is vooral, dat tegen de eerste categorie besluiten geen beroep open staat, tegen de tweede wel (behoudens enkele in art. 8:3 Awb genoemde besluiten van algemene strekking).

Tot de categorie besluiten van algemene strekking behoren naast de algemeen verbindende voorschriften en de hier besproken besluiten ook de beleidsregels en de plannen die een besluitkarakter hebben. Die twee soorten besluiten komen nu achtereenvolgens in 4.2.4 en 4.3 aan bod.

4.2.4 Beleidsregels

In veel gevallen laat de wet het bestuursorgaan enige beslissingsvrijheid. Die kan de vorm hebben van beleidsvrijheid, inhoudend dat het orgaan zelf mag uitmaken óf het een besluit (met een bepaalde inhoud) neemt, maar ook van beoordelingsvrijheid: dat is (een zekere) vrijheid bij het beoordelen van feiten (met name bij de beantwoording van de vraag of bepaalde wettelijke normen of begrippen wel of niet op die feiten van toepassing zijn).

In de casus Neerlands Bloed heeft de burgemeester zowel beleidsvrijheid als beoordelingsvrijheid. Hij *kan* voorschriften en beperkingen stellen of een verbod geven (art. 5 lid 1 Wom). Hij hoeft dat niet, hij kan het, dat wil zeggen: hij mag het. De wet stelt daaraan wel grenzen, want een verbod kan slechts onder de in lid 2 genoemde voorwaarden worden gegeven. Een van die voorwaarden is dat een van de in art. 2 genoemde belangen een verbod vordert. Art. 2 noemt als belangen gezondheid, verkeersveiligheid en het voorkomen van wanordelijkheden. Of zich zulk een belang in die mate voordoet dat een verbod op zijn plaats is, kan echter in hoge mate alleen de burgemeester, daarin geadviseerd door de politie, beoordelen; hij heeft op dit punt beoordelingsvrijheid. Eventueel zal de rechter, indien er beroep wordt ingesteld, met de nodige terughoudendheid, kunnen toetsen of de burgemeester in redelijkheid tot zijn oordeel kon komen. Zie uitgebreider 6.2.4.

Bij een vrije bevoegdheid loopt een orgaan dat die bevoegdheid regelmatig gebruikt, al gauw het risico van die bevoegdheid een gebruik te maken dat niet evenwichtig, niet consistent is of zelfs in strijd is met het gelijkheidsbeginsel. Om dat te voorkomen, worden door bestuursorganen beleidsregels vastgesteld

39 ABRvS 16 januari 2008, *Gst.* 7299/78 m.nt. L.J.M. Timmermans.

die aangeven hoe (in beginsel) van die vrije bevoegdheid gebruik zal worden gemaakt. Beleidsregels kunnen ook worden gemaakt om de vaststelling van feiten en de uitleg van wettelijke regels te structureren. Zie art. 1:3 lid 4 Awb.

De Beleidsregeling openbare manifestaties Hanzestad uit de casus is zo'n regeling, al bestaat die dan, evenals Hanzestad, niet echt. Een voorbeeld van een echte beleidsregeling vormt de Beleidsregel van de Staatssecretaris van Onderwijs en Wetenschappen van 19 juli 1993, inzake de erkenning ('aanwijzing') van een instelling voor hoger onderwijs, ter uitvoering van art. 6.9 Wet op het hoger onderwijs en het wetenschappelijk onderzoek. In die beleidsregel wordt gedetailleerd aangegeven welke procedure moet worden gevolgd, welke stukken moeten worden aangeleverd en aan welke inhoudelijke voorwaarden moet worden voldaan wil een instelling in aanmerking komen voor erkenning. (NB: het gaat om instellingen die niet reeds in een bijlage van de wet zijn erkend.) Een ander voorbeeld bieden de beleidsregels voor de vaststelling van boeten, die op grond van art. 66 Wet bescherming persoonsgegevens (Wbp) kunnen worden opgelegd, welke regels (vrijwillig) zijn opgesteld door het tot boete-oplegging bevoegde orgaan, voorheen het College bescherming persoonsgegevens, thans aangeduid als de Autoriteit Persoonsgegevens.[40] In deze regels wordt het bepaalde in art. 66 Wbp uitgewerkt, met name wat betreft de gevallen waarin een boete wordt opgelegd en de hoogte van de boete. In art. 19d lid 6 Wet arbeid vreemdelingen (Wav) wordt de minister (die de boetebevoegdheid heeft) zelfs *opgedragen* beleidsregels vast te stellen omtrent de hoogte van de op te leggen boeten.

Beleidsregels lijken sterk op wetgeving in materiële zin (die niet tevens wetgeving in formele zin is): het zijn ook algemene regels, vastgesteld door een bestuursorgaan. Ook tegen beleidsregels staat geen beroep open (art. 8:3 Awb). Maar er zijn enkele belangrijke juridische verschillen, die ook praktische gevolgen hebben.

a. Voor beleidsregels is geen wettelijke grondslag nodig. Art. 4:81 Awb bepaalt weliswaar dat een orgaan beleidsregels kan vaststellen (dat lijkt dus een algemene wettelijke grondslag te zijn), maar bestuursorganen konden dat ook al vóór dit artikel in werking trad.[41] De bevoegdheid tot het vaststellen van beleidsregels voor een goede, consistente hantering van 'vrije' bestuursbevoegdheden ligt namelijk opgesloten in die vrijheid. Wie vrij is, mag zichzelf binden met eigen regels (beleidsregels).

   Het orgaan mag door beleidsregels ook zijn ambtenaren binden. Dat gebeurt ook en is in de praktijk noodzakelijk, omdat juist de ambtenaren het leeuwendeel van het eigenlijke bestuurswerk verrichten. Het orgaan mag *zonder* wettelijke grondslag *een ander orgaan* slechts door beleidsregels binden ingeval aan het andere orgaan een bevoegdheid is overgedragen (gedelegeerd; zie voor het begrip delegatie 4.5.2). Wanneer een orgaan beleidsregels wil stellen voor de uitoefening door een ander orgaan van een niet gedelegeerde bevoegdheid, kan dat alleen als de wet daarin uitdrukkelijk voorziet (art. 4:81 lid 2 Awb). Voor *die* beleidsregels is dus wél een wettelijke grondslag nodig.

40 *Stcrt.* 2003, 123, p. 27.
41 Zie J.H. van Kreveld, *Beleidsregels in het recht*, Deventer: Kluwer 1983.

b. Voor de vaststelling en wijziging van beleidsregels gelden geen wettelijke voorschriften. Beleidsregels kunnen dus snel en gemakkelijk worden aangepast, hetgeen een groot praktisch voordeel is in vergelijking met algemeen verbindende voorschriften.
c. Van beleidsregels kan worden afgeweken. Beleidsregels dienen weliswaar in beginsel te worden gevolgd, maar de uitkomst van de belangenafweging kan wegens bijzondere omstandigheden afwijking van de beleidsregel rechtvaardigen en daartoe zelfs nopen (art. 4:84 Awb).

B en W van Apeldoorn wezen het bezwaar tegen de wijziging van een 'kampeerterreinvergunning' (op grond van de inmiddels vervallen Wet op de openluchtrecreatie) van de hand met het argument dat de wijziging geheel conform de door hen opgestelde beleidsregels was geschied. Deze beleidsregels hielden in dat voortaan geen caravans op het terrein mochten worden geplaatst met een vloeroppervlak groter dan $55m^2$ (was voorheen $75m^2$). Appellant had kort tevoren echter nog grote investeringen gedaan (hetgeen bij de gemeente bekend was) in de redelijke veronderstelling dat het beleid op dit punt niet zou veranderen. Volgens de Afdeling hadden B en W niet onverkort hun beleidsregels mogen toepassen. Zij hadden in elk geval onvoldoende onderzocht en gemotiveerd waarom de door appellant naar voren gebrachte bijzondere omstandigheden niet tot een onredelijke uitkomst zouden leiden in dit concrete geval.[42] NB: een afwijking wegens bijzondere omstandigheden is in beginsel slechts op haar plaats bij omstandigheden die niet in de beleidsregels zijn voorzien en waarmee dus door de beleidsregelgever geen rekening is gehouden.

Van algemeen verbindende voorschriften kan niet in een beleidsregel (of ander besluit) worden afgeweken.[43] Wel kan in een algemeen verbindend voorschrift een zogenaamde hardheidsclausule worden op genomen, maar dan bevat het voorschrift zelf de mogelijkheid van *afwijking van de hoofdregel*; er is dan geen afwijking van het algemeen verbindend voorschrift.

d. Beleidsregels kunnen alleen het bestuur zelf binden, niet de burger.[44] Juist echter omdat bestuursorganen *in beginsel* volgens de beleidsregel moeten handelen, kunnen beleidsregels voor burgers wel in hoge mate feitelijk hetzelfde effect hebben als algemeen verbindende voorschriften.
e. Algemeen verbindende voorschriften zijn 'recht in de zin van art. 79 Wet RO' (voorheen art. 99); de Hoge Raad kan hieraan dus toetsen in cassatie. Beleidsregels zijn alleen recht in deze zin wanneer de regels 'zich naar hun inhoud en strekking ertoe lenen om jegens de betrokkenen als rechtsregels te worden toegepast.'[45] Dat is onder meer het geval wanneer ze in beginsel rechten toekennen, bijvoorbeeld op het mogen hanteren van bepaalde fiscale aftrekposten.

42 Zie ABRvS 18 augustus 2004, *AB* 2005/13 m.nt. A. Tollenaar. Zie ook CBb 15 oktober 2010, *AB* 2011/24 m.nt. R. Ortlep (intrekking en wijziging ten nadele van appellante ingevolge een beleidswijziging bij de gemeente was in strijd met het rechtszekerheidsbeginsel).
43 Zie bijvoorbeeld CBb 16 juli 2010, *RSV* 2010/231, over de uitleg van de indieningstermijn uit art. 6:7 Awb. Art. 6:7 Awb is dwingend recht, zodat zelfs afwijking in een lager algemeen verbindend voorschrift niet mogelijk is, laat staan in een beleidsregel.
44 Aldus ook nog eens expliciet HR 23 mei 2003, *AB* 2004/157 m.nt. Van Ommeren.
45 Zie onder meer HR 28 maart 1990, *AB* 1990/306 m.nt. Van der Burg, *NJ* 1991/118 m.nt. Scheltema (Leidraad-arrest).

Buitenwettelijke richtlijnen
Van beleidsregels moeten worden onderscheiden die algemene, door een bestuursorgaan vastgestelde regels, die zijn *gericht tot andere organen* en die *geen wettelijke grondslag* hebben. Dergelijke regels, voorkomend onder uiteenlopende benamingen als richtlijnen, circulaires e.d., vormen een soort advies over de toepassing van bevoegdheden.[46] Door het 'gewicht' van de afzender of de kwaliteit van de inhoud ervan kunnen ze onder omstandigheden toch van groot belang zijn. Circulaires van de Minister van Onderwijs aan gemeentebesturen en onderwijsinstellingen bijvoorbeeld kunnen formeel worden genegeerd, maar de minister draait wel aan de geldkraan! In het milieurecht kunnen bestuursorganen voor allerlei ingewikkelde, milieutechnische kwesties vaak niet goed uit de voeten zonder bedoelde richtlijnen. Ze binden juridisch niet direct, maar zorgvuldig bestuur *kan* meebrengen dat een orgaan zich iets (of zelfs veel) aan die richtlijnen gelegen moet laten liggen (indirecte binding). Dat is vooral het geval wanneer de richtlijn in kwestie een technische inhoud heeft (deskundigheidsmotief), minder wanneer de richtlijn van beleidsmatige aard is (motief van de eenheid van beleid). Over technische zaken is immers veel minder verschil van mening mogelijk dan over beleidskwesties.

4.3 Plannen

In het dagelijks leven is het maken en uitvoeren van plannen geen onbekend verschijnsel. Voor velen vormen de vakantieplannen een wezenlijk deel van hun bestaan. Plannen dienen ertoe een zekere ordening en voorspelbaarheid in het handelen te bewerkstelligen. Ook het openbaar bestuur bedient zich van plannen. Dat verbaast niet. Wat wel bijzonder is, is dat dit veelal gebeurt op wettelijke grondslag: vele wetten kennen een juridische planfiguur.

Het bestemmingsplan is al enige malen genoemd. Dit plan is, evenals de structuurvisies van gemeente, provincie en rijk en het exploitatieplan, geregeld in de Wro. De Wet milieubeheer kent een stelsel van milieubeleidsplannen, de Waterwet kent nationale en regionale waterplannen en de beheerplannen. In de Omgevingswet is de figuur van het omgevingsplan opgenomen.

Op basis van een plan worden besluiten genomen en handelingen verricht. Het plan onderscheidt zich van algemene regels doordat de diverse onderdelen van een plan niet gelijk zijn (zie het voorbeeld hierna). Wel vertonen die onderdelen een zekere samenhang. Het plan in het bestuursrecht kan daarom als volgt worden omschreven: 'een plan is een samenhangend geheel van op elkaar afgestemde keuzes omtrent door bestuursorganen te nemen besluiten of te verrichten handelingen, welke ongelijk van inhoud kunnen zijn, teneinde een of meer doelstellingen te bereiken.'[47]

46 Zie uitgebreid H.E. Bröring, *Richtlijnen*, Deventer: Kluwer 1993.
47 Commissie Wetgevingsvraagstukken, *Orde in de regelgeving*, Den Haag: SDU, 1985, p. 29. Zie ook art. 110 Gemeentewet.

In een bestemmingsplan is aangegeven welke bestemming de gronden in het plangebied hebben. Uiteraard hebben niet alle gronden dezelfde bestemming (ongelijkheid van de onderdelen), maar de (naast elkaar gelegen) bestemmingen moeten wel op elkaar zijn afgestemd (geen woonbestemming pal naast zware industrie bijvoorbeeld). De vuurwerkramp in Enschede heeft geleerd hoe onverstandig het is gevaarlijke activiteiten dichtbij woonbebouwing toe te staan.

Vanwege het grote belang van bestemmingsplannen, gaan we op die plannen hier nog kort nader in. Omgevingsvergunningen voor het bouwen mogen alleen worden verleend voor bouwwerken die passen in de, in het plan aangegeven, bestemming van de grond waarop het bouwwerk komt te staan.[48] Voorts bevatten bestemmingsplannen algemeen verbindende voorschriften die het gebruik van de gronden en de zich daarop bevindende opstallen (gebouwen en andere bouwwerken) regelen (regels als bedoeld in art. 3.1 Wro). Opstallen mogen in beginsel alleen worden gebruikt conform de bestemming. Vergelijk het niet toegestane gebruik van de woning die door Antoinette Knipscheer werd gehuurd als kapsalon (hoofdstuk 2). Plannen bevatten meestal niet zelf ook nog voorschriften; het bestemmingsplan maakt hierop dus een uitzondering. In de regel echter vormt een plan slechts de basis voor besluiten en handelingen.

Plannen kunnen verschillen in juridische hardheid en daarmee in rechtskarakter (wel of geen besluit). Sommige plannen vormen niet meer dan een scenario of een prognose (vergelijk de plannen van het Centraal Planbureau); het uitbrengen van een dergelijk plan is een feitelijke handeling.

Andere plannen vormen een weergave van het te voeren beleid (zoals het milieubeleidsplan); zij kunnen het orgaan in kwestie in beperkte mate binden. Die binding is er dan hetzij omdat de wet zegt dat met het plan rekening moet worden gehouden, hetzij op grond van de deels in de Awb verwoorde, deels ongeschreven beginselen van behoorlijk bestuur (zie hoofdstuk 6). Het orgaan zal niet zonder goede motivering van het voorgenomen, in het plan neergelegde beleid mogen afwijken. Dergelijke plannen zijn enigszins te vergelijken met beleidsregels (maar zijn het niet). Aan weer andere plannen zijn directe rechtsgevolgen verbonden (zoals aan het bestemmingsplan); dergelijke plannen zijn besluiten. De wet waarin het plan regeling heeft gevonden, moet uitsluitsel geven omtrent het rechtskarakter van het plan. De planfiguur heeft nog geen regeling gevonden in de Awb. Dat heeft ongetwijfeld te maken met de enorme diversiteit aan plannen in het bestuursrecht.

Er zijn ook buitenwettelijke plannen, zoals veel subsidieplannen. Ingeval een dergelijk plan beleidsvoornemens bevat, is zo'n plan, evenals een wettelijk geregeld beleidsplan, wat de indirecte binding betreft (via de algemene beginselen van behoorlijk bestuur) te vergelijken met beleidsregels.

Sommige plannen hebben dus (deels) het karakter van besluit. Dat is in algemene zin onder meer van belang voor de mogelijkheid van bestuursrechtelijke rechtsbescherming tegen die plannen. Beroep kan immers, uitzonderingen daargelaten, slechts worden ingesteld tegen besluiten. Vaak echter bevat de bijzondere wet

48 Tenzij een omgevingsvergunning toch kan worden verleend op grond van art. 2.10 lid 2 Wabo juncto art. 2.12 lid 1 sub a Wabo.

expliciete bepalingen inzake het al dan niet openstaan van rechtsbescherming tegen (onderdelen van) plannen. Zo is beroep tegen milieubeleidsplannen uitdrukkelijk uitgesloten.[49]

4.4 Feitelijke handelingen

Feitelijke handelingen maken een wezenlijk onderdeel van de bestuurlijke activiteit uit. Het aanleggen en onderhouden van wegen, dijken, havens, vliegvelden e.d. gebeurt vaak 'vanwege' het openbaar bestuur, dat wil zeggen hetzij door een overheidsdienst als Rijkswaterstaat, hetzij door aannemers in opdracht van een overheidsinstantie. Het optreden van de politie ter handhaving van de openbare orde (bijvoorbeeld bij voetbalwedstrijden) bestaat voor een groot deel uit feitelijke handelingen, waarbij de politie onder het gezag staat van de burgemeester (zie art. 3 en art. 11 Politiewet 2012). Ook het uitoefenen van het toezicht op de naleving van bestuursrechtelijke voorschriften (titel 5.2 Awb; zie daarover 7.4) bestaat grotendeels uit feitelijk handelen.

In de casus Neerlands Bloed is op twee momenten van feitelijk overheidshandelen sprake. Eerst wordt door een gemeenteambtenaar aan het bestuur van Neerlands Bloed informatie verstrekt over de relevante regelgeving. Vervolgens wordt door de politie een einde gemaakt aan de schermutselingen. Mocht het in de Weertse slangenzaak zijn gekomen tot verwijdering van overtollige slangen door middel van bestuursdwang, dan is ook dat een voorbeeld van feitelijk handelen.

Bij feitelijk handelen moet een onderscheid worden gemaakt tussen handelingen die de overheid kan verrichten zonder specifieke bevoegdheid en handelingen waarvoor wel zo'n bevoegdheid nodig is. Het verschaffen van informatie, het behulpzaam zijn bij het invullen van formulieren e.d. zijn handelingen die in het algemeen geen publiekrechtelijke grondslag behoeven. Het feitelijk optreden waarbij rechten of vrijheden van anderen worden beperkt, behoeft een dergelijke grondslag uiteraard wel. Zo is voor het binnentreden in woningen, het verwijderen van personen in het kader van de openbare-ordehandhaving en het aanhouden van voertuigen, om maar enkele voorbeelden te noemen, een wettelijke grondslag nodig. Het uitoefenen van fysieke dwangmiddelen is daarbij aan de politie voorbehouden (art. 7 Politiewet 2012; geweldsmonopolie). In al deze gevallen is er dus sprake van een *bevoegdheid* tot feitelijk handelen (die alleen toekomt aan degene aan wie die bevoegdheid uitdrukkelijk is toegekend).

Feitelijke handelingen zijn niet gericht op rechtsgevolg, maar kunnen wel een rechtsgevolg teweegbrengen; het zijn dan geen rechtshandelingen, maar wel rechtsfeiten. Wanneer onrechtmatig feitelijk wordt gehandeld, is de rechtspersoon waartoe het orgaan of de ambtenaar behoort, civielrechtelijk aansprakelijk voor de schade. Zie ook 3.2.

49 Zie art. 8:5 Awb juncto art. 1 Bijlage 2 bij de Awb en art. 20.2 Wet milieubeheer.

4.5 Verkrijging van bevoegdheden

Nu in het voorgaande een overzicht is gegeven van de bestuurlijke bevoegdheden, moet de vraag worden beantwoord hoe bestuursorganen aan hun bevoegdheden (kunnen) komen. Daarbij is van belang dat elke bestuursbevoegdheid tot het opleggen van plichten of het anderszins eenzijdig binden van betrokkenen, moet kunnen worden herleid tot de Grondwet of een wet in formele zin. Dat brengt het legaliteitsvereiste mee.

Een nationaal bestuursorgaan kan zijn bevoegdheid ook rechtstreeks ontlenen aan EU-recht,[50] maar in EU-richtlijnen en -verordeningen wordt normaliter niet met zoveel woorden aangeduid welk orgaan van een lidstaat bevoegd is. Een nationale regeling zal dan het bevoegde bestuursorgaan moeten aanwijzen.[51] Heel soms kan een bevoegdheid impliciet aanwezig worden geacht, bijvoorbeeld op grond van de soevereiniteit van de Nederlandse Staat.[52]

Anderzijds moet er ook doelmatig kunnen worden gewerkt. Daarom is het wenselijk dat bevoegdheden soms kunnen worden overgedragen en door anderen kunnen worden uitgeoefend dan degene die de bevoegdheid oorspronkelijk heeft gekregen. Er zijn drie manieren van bevoegdheidsverkrijging: attributie, delegatie en mandaat.

4.5.1 Attributie

De meest fundamentele en directe bevoegdheidsverkrijging is die waarbij een nog niet bestaande algemene of specifieke bevoegdheid in het leven wordt geroepen en aan een bestuursorgaan wordt toegekend. Men spreekt daarom wel van oorspronkelijke of originaire bevoegdheidstoekenning. Deze vorm van bevoegdheidstoekenning heet attributie. Attributie van regelgevende bevoegdheid dient plaats te vinden in de Grondwet of een organieke wet; voor toekenning van andere bevoegdheden kan attributie ook op een lager niveau plaatsvinden. Wel moet de bevoegdheid tot het scheppen en toekennen van een bevoegdheid altijd direct of indirect op de Grondwet of een wet in formele zin zijn gebaseerd.

De Grondwet kent enkele algemene attributiebepalingen, zoals art. 81 (vaststellen van wetten) en art. 89 (vaststellen van amvb's). Ook organieke wetten bevatten attributiebepalingen. Zie bijvoorbeeld art. 149 Gemeentewet inzake de verordeningsbevoegdheid van de gemeenteraad, welke bevoegdheid is toegekend conform art. 127 Grondwet. Wanneer andere wetten in formele zin (dan de organieke wetten) regelgevende bevoegdheden toekennen, bijvoorbeeld aan de regering (amvb) of een gemeenteraad (verordening) wordt gesproken van delegatie (zie hierna), omdat de formele wetgever zelf al de regelgevende bevoegdheid bezit (namelijk van de Grondwet

---

50 CBb 7 januari 2011, *AB* 2011/244 m.nt. R. Ortlep.

51 CBb 22 december 2009, *AB* 2010/74 m.nt. R. Ortlep.

52 Zie ABRvS 3 september 2008, *Gst.* 2009/53. In dit geval ging het om het opleggen van een vliegverbod aan een Turkse luchtvaartmaatschappij.

heeft gekregen) en haar ook zelf zou kunnen uitoefenen in plaats van haar te delegeren. De bevoegdheid tot het vaststellen van verordeningen ter bescherming van bepaalde belangen wordt vaak in een formele wet aan een lagere regelgever toegekend. Zie behalve het reeds gegeven voorbeeld van de Wom ook art. 1.2 Wm (provinciale milieuverordening) en art. 3.1 Wro (bestemmingsplan, wat betreft de daarin opgenomen regels).

Daarnaast is er de attributie van bestuursbevoegdheden *anders* dan regelgeving, zoals die tot het geven van beschikkingen. Ook daarbij gaat het om het scheppen van nog niet bestaande bevoegdheden. *Die* attributie kan op veel lager niveau dan Grondwet of organieke wet plaatsvinden, bijvoorbeeld in verordeningen door een vergunningstelsel in het leven te roepen waarin aan B en W de bevoegdheid wordt toegekend om een vergunning te verlenen. We hebben dan te maken met attributie van een beschikkingsbevoegdheid door een lagere wetgever. In de APV's van de gemeenten gebeurt dit inderdaad regelmatig, bijvoorbeeld ten aanzien van terrasvergunningen.

In de casus Neerlands Bloed is sprake van attributie van regelgevende bevoegdheid en van een bestuursbevoegdheid. De Wet openbare manifestaties zelf vindt zijn grondslag in art. 6 lid 2 en art. 9 lid 2 Grondwet (attributie van regelgeving van Grondwet aan Wom). In de Wom (art. 5 en art. 7) wordt vervolgens aan de burgemeester de (nog niet uit anderen hoofde bestaande) bevoegdheid tot het geven van een verbod toegekend (attributie van bestuursbevoegdheid).

Attributie van bestuursbevoegdheid, waarop we ons nu verder concentreren, geschiedt doorgaans aan (bestaande) bestuursorganen, maar soms ook aan ambtenaren en aan particulieren.

Voor zover een ambtenaar een aan hem geattribueerde bevoegdheid uitoefent, is hij zelf een bestuursorgaan. Een voorbeeld van deze figuur is de attributie van de bevoegdheid een belastingaanslag op te leggen aan de belastinginspecteur (art. 11 Algemene wet inzake rijksbelastingen); zie voor enkele andere voorbeelden 3.4. Bij attributie aan ambtenaren rijst overigens wel een probleem. Ambtenaren blijven namelijk, ook bij de uitoefening van de aan hen zelf toekomende bevoegdheid, ondergeschikt aan 'hun' bestuursorgaan (in bovengenoemd voorbeeld de Minister van Financiën). Dat bestuursorgaan kan dus algemene aanwijzingen en bijzondere aanwijzingen (voor concrete gevallen) geven ook ten aanzien van de uitoefening van een bevoegdheid die niet aan dat orgaan, doch slechts aan een onder de verantwoordelijkheid van dat orgaan werkende ambtenaar toekomt. Attributie van beschikkingsbevoegdheid aan ambtenaren kan echter uit een oogpunt van doelmatigheid moeilijk worden gemist, met name als het gaat om het geven van beschikkingen waarvoor specialistische kennis is vereist en bij grote aantallen beschikkingen.

Zoals gezegd kunnen ook bevoegdheden worden geattribueerd aan particulieren, hetgeen in de praktijk niet onbelangrijk is. Denk aan de voorbeelden die we reeds tegenkwamen bij de bespreking van het fenomeen b-orgaan, zoals de besturen van de bijzondere onderwijsinstellingen, de garagehouders met 'APK-bevoegdheid' en allerlei stichtingen e.d. in de sfeer van de subsidieverlening.

De Awb bevat een tweetal bepalingen (art. 10:22 en art. 10:23) inzake de verhouding tussen de persoon of het college met een geattribueerde bevoegdheid en het orgaan onder de verantwoordelijkheid waarvan deze persoon of dit college werkzaam is. Deze artikelen bevatten een instructiebevoegdheid van het orgaan en een inlichtingenplicht van de persoon of het college waaraan de bevoegdheid is geattribueerd.

4.5.2 Delegatie

Eveneens uit een oogpunt van doelmatigheid kan het voor een bestuursorgaan wenselijk zijn een bestaande bestuursbevoegdheid geheel of gedeeltelijk en al dan niet tijdelijk over te dragen aan een ander orgaan. Dit heet delegatie. Het verschil met attributie is dat de bevoegdheid al bestaat; zij wordt daarom ook *niet toegekend* aan een ander orgaan, maar *overgedragen*. De figuur van de delegatie is geregeld in afdeling 10.1.2 Awb.

Voor delegatie is steeds een wettelijke grondslag vereist (art. 10:15). Anders zou een bestuursorgaan de bedoeling van de wetgever kunnen doorkruisen en zou niet aan het legaliteitsvereiste worden voldaan.[53]

Voorbeelden van bepalingen die een (ruime) algemene delegatiemogelijkheid bieden, zijn art. 156 Gemeentewet en art. 152 Provinciewet, op grond waarvan de raad respectievelijk provinciale staten bevoegdheden aan de dagelijkse besturen van gemeenten respectievelijk provincies kunnen overdragen, tenzij de aard van de bevoegdheid zich daartegen verzet. Dat laatste maakt toch enigszins onzeker welke bevoegdheden bijvoorbeeld de raad (binnen de in art. 156 Gemeentewet genoemde grenzen) nu precies mag overdragen. Daarom is een specifieke delegatiegrondslag niet overbodig; voor de bevoegdheid in kwestie staat dan vast dat die door de raad kan worden gedelegeerd.[54] Voorts dient ook het delegatiebesluit zelf de overgedragen bevoegdheid nauwkeurig te omschrijven. Het delegeren van een bevoegdheid tot vergunningverlening brengt niet reeds impliciet delegatie van de bevoegdheid tot handhaving mee; wanneer ook die delegatie gewenst is, dient dit met zoveel woorden te worden bepaald in het delegatiebesluit.[55] Hetzelfde geldt overigens voor mandaat van de handhavingsbevoegdheid.[56]

Interessant uit een oogpunt van bestuurlijke organisatie is de bevoegdheid van het provinciebestuur om bevoegdheden te delegeren aan de besturen van gemeenten en waterschappen, doch alleen voor zover die bevoegdheden zich daartoe naar hun aard en schaal lenen en die besturen daarmee instemmen. Dat voornoemde beperking inzake aard en schaal geen dode letter is, bleek bijvoorbeeld in enkele uitspraken waarin de rechter niet toestond dat de bevoegdheid om een milieuvergunning te

53 Zo ontbrak in CBb 16 maart 2010, *JWWB* 2010/98 de wettelijke basis voor de delegatie omdat het *dagelijks* bestuur van het openbaar lichaam bevoegdheden had gedelegeerd op grond van art. 25 lid 3 Wgr. Dit artikel verleent echter het *algemeen* bestuur deze delegatiebevoegdheid.

54 Een voorbeeld ter verduidelijking: de aard van de bevoegdheid van de gemeenteraad om ontheffing te verlenen van de verboden uit de Winkeltijdenwet verzet zich tegen overdracht ervan aan B en W (CBb 21 januari 2009, *AB* 2009/58), maar het delegeren door de gemeenteraad van een regelgevende bevoegdheid voor de uitvoering van de Wet maatschappelijke ondersteuning aan het college is wel toelaatbaar. De aard van de bevoegdheid verzet zich niet tegen delegatie (CRvB 22 december 2010, *AB* 2011/49 m.nt. A. Tollenaar).

55 ABRvS 28 april 2004, *AB* 2004/222 m.nt. A.B. Blomberg.

56 ABRvS 23 april 2008, *JB* 2008/128.

verlenen door GS werd gedelegeerd aan het gemeentebestuur. Van belang daarbij was dat het inrichtingen betrof die veel lawaai maakten en GS cruciale bevoegdheden hebben op grond van andere wetten ten aanzien van dit soort inrichtingen (Wet geluidhinder, de toenmalige WRO). Door de delegatie werd de samenhang in de wettelijke bevoegdheidsverdeling doorbroken.[57]

Delegatie moet wel *tijdig* gebeuren. Delegatie met terugwerkende kracht is niet mogelijk om een bevoegdheidsgebrek te herstellen.[58]

Zou de burgemeester de hem in de Wom toegekende bevoegdheid tot het verbieden van een manifestatie kunnen overdragen aan het college van B en W of aan de commissaris van de Koning? De Wom bevat daartoe geen grondslag, dus mag het niet. De wetgever heeft kennelijk gewild dat in dit soort gevallen het lokale gezag beslist (dus geen overdracht aan de CdK), maar ook dat een eenhoofdig gezag beslist (dus geen overdracht aan B en W). Het lokale gezag is het best in staat de lokale situatie in ogenschouw te nemen. In gevallen waarin snel moet worden gehandeld, is collegiaal bestuur tijdrovend en dus niet wenselijk. Vandaar dat de openbare-ordehandhaving en alles wat daarmee direct te maken heeft aan de burgemeester is opgedragen zonder de mogelijkheid van delegatie.

Delegatie aan ondergeschikten is verboden (art. 10:14 Awb). B en W mogen dus bijvoorbeeld hun bevoegdheid tot het verlenen van omgevingsvergunningen voor het bouwen niet aan het ambtelijke hoofd van de dienst Bouw- en woningtoezicht delegeren. Met dit verbod wordt voorkomen dat zich op veel ruimere schaal het probleem voordoet dat al bij attributie werd gesignaleerd. Ambtenaren die een eigen bevoegdheid hebben, maar aan wie wegens hun ondergeschiktheid aanwijzingen kunnen worden gegeven, zelfs in concrete gevallen, verkeren in een onduidelijke positie. De exclusieve eigen bevoegdheid verdraagt zich slecht met het moeten opvolgen van aanwijzingen van iemand anders. Attributie aan ambtenaren kan om redenen van doelmatigheid niet worden gemist; iets dergelijks geldt volgens de wetgever blijkbaar niet voor delegatie.

Wanneer een orgaan een bevoegdheid delegeert, is het die bevoegdheid kwijt en kan het die dus niet meer zelf uitoefenen. Bovendien kan het *geen bijzondere aanwijzingen* geven aan degene aan wie is gedelegeerd. Een dergelijke aanwijzingsbevoegdheid zou zich slecht verdragen met het karakter van delegatie: enerzijds zou de bevoegdheid worden 'weggegeven', anderzijds zou degene die delegeert nog kunnen bepalen hoe de bevoegdheid moet worden uitgeoefend.[59] Wel kan het orgaan *algemene aanwijzingen* in de vorm van beleidsregels geven voor de wijze waarop de overgedragen bevoegdheid moet worden uitgeoefend (art. 10:16 Awb juncto art. 1:3 lid 4 Awb). Het delegerende orgaan is de bevoegdheid overigens *niet definitief* kwijt: wanneer het orgaan achteraf van oordeel is dat de delegatie niet langer wenselijk is (bijvoorbeeld omdat de beleidsregels onvoldoende worden uitgevoerd), kan het de delegatie intrekken (art. 10:18). Daarna kan het de bevoegdheid zelf weer uitoefenen.

57 ABRvS 22 juni 2000, *AB* 2000/313 m.nt. F.C.M.A. Michiels en ABRvS 27 juni 2000, *AB* 2000/314.
58 CRvB 7 april 2009, ECLI:NL:CRVB:2009:BI0846.
59 De aanwijzingsbevoegdheid jegens ambtenaren speelt hier geen rol omdat delegatie aan ondergeschikten verboden is.

4.5.3 Mandaat

De overheid bestaat uit vele, soms zeer grote ambtelijke organisaties, met een of enkele bestuursorganen aan het hoofd daarvan, waarin dagelijks honderden besluiten worden genomen. Het is praktisch onmogelijk dat bijvoorbeeld een minister alle besluiten feitelijk zelf zou moeten nemen en ondertekenen. Maar ook in veel gemeenten zou dit voor de burgemeester al gauw geen haalbare kaart meer zijn. Om redenen van doelmatigheid wordt de feitelijke uitoefening van bevoegdheden tot het nemen van besluiten daarom veelal overgelaten aan ambtenaren (en soms aan anderen dan ambtenaren). Dit heet mandaat; deze rechtsfiguur is geregeld in afdeling 10.1.1 Awb.[60]

Mandaat is de bevoegdheid om *in naam van* een bestuursorgaan besluiten te nemen (art. 10:1 Awb).[61]

In besluiten van ministers ziet men wel dat het besluit formeel afkomstig is van de minister, maar in zijn naam is genomen door bijvoorbeeld een directeur-generaal, namens deze door een directeur, voor deze door het hoofd van een afdeling etc. Er is dan sprake van mandaat en ondermandaat (art. 10:9 Awb).

Indien het bestuursorgaan dat heeft bepaald, kunnen besluiten namens hem worden *ondertekend* (art. 10:11 Awb). Het besluit wordt dan genomen door het orgaan zelf, maar het stuk waaruit dit blijkt, wordt ondertekend door de gemandateerde. Eigenlijk is ondertekeningsmandaat daarom geen echt mandaat, althans geen mandaat in de zin van art. 10:1 Awb: mandaat is immers de bevoegdheid om besluiten (namens een ander) te *nemen.*

Doordat het besluit wordt genomen in naam van de mandaatgever, blijft ook de *verantwoordelijkheid voor* de genomen besluiten bij de mandaatgever. De bevoegdheid wordt dus feitelijk uitgeoefend door de gemandateerde, maar het besluit geldt als besluit van de mandaatgever (art. 10:2 Awb). Wel moet de gemandateerde zich daarbij houden aan de grenzen van de gemandateerde bevoegdheid.[62] Daarom is een wettelijke grondslag ook niet vereist voor mandaat. Wel stelt de wet grenzen aan het verlenen van mandaat; zo mag mandaat in beginsel niet worden verleend voor het vaststellen van algemeen verbindende voorschriften. Zie verder de beperkingen genoemd in art. 10:3 Awb.

Een belangrijke beperking is ook dat de aard van de bevoegdheidsverlening zich niet tegen mandaat mag verzetten. Het vaststellen van bestemmingsplannen bijvoorbeeld verzet zich tegen mandatering aan een wethouder.[63] Zo ook verzet de 'grondrechtengevoelige' bevoegdheid van de burgemeester een bevel te geven tot het staken

---

60 Over mandaat en delegatie is veel te vinden in S.E. Zijlstra, *Bestuurlijk organisatierecht*, Deventer: Kluwer 2009.

61 Daarom wordt mandaat hier behandeld als een vorm van bevoegdheidsverkrijging en niet als slechts een vorm van bevoegdheidsuitoefening.

62 Zo werd in ABvRS 23 november 2010, *AB* 2011/12 m.nt. A.A.J. de Gier een ontheffing van het bestemmingsplan op grond van art. 3.23 Wro, de opvolger van art 19 lid 3 WRO, vernietigd omdat de gemandateerde bevoegdheid slechts zag op de vrijstellingsbevoegdheid uit art. 19 lid 3 WRO en niet ook op art. 3.23 Wro.

63 ABRvS 15 oktober 2008, *AB* 2009/15 m.nt. T. Lam.

van een manifestatie zich er ongetwijfeld tegen dat zij wordt gemandateerd aan een ambtenaar. Het mandateren van een rijksbevoegdheid aan bijvoorbeeld provinciebesturen is evenmin toegestaan. Ten eerste kunnen die besturen een verschillend gebruik van de bevoegdheid maken, waardoor er strijd met het gelijkheidsbeginsel dreigt. Ten tweede wordt op deze wijze het stelsel van politieke verantwoordelijkheden doorbroken.[64] De aard van de bevoegdheid om op bezwaar te beslissen ten slotte, verzet zich ertegen dat deze op een lager niveau wordt uitgeoefend dan de bevoegdheid om het primaire besluit te nemen.[65]

Een ander belangrijk verschil met delegatie is dat bij mandaat de bevoegdheid niet wordt overgedragen. Het mandaatverlenende orgaan raakt de bevoegdheid dus niet kwijt en kan deze ook zelf blijven uitoefenen (art. 10:7 Awb).[66]

Is delegatie aan ondergeschikten verboden, mandaat vindt juist bij voorkeur aan ondergeschikten plaats. Weliswaar kan de mandaatgever aan *elke* gemandateerde aanwijzingen geven (art. 10:6 Awb), maar een orgaan kan alleen afdwingen dat die aanwijzingen worden opgevolgd wanneer de gemandateerde in een hiërarchische relatie tot hem staat. Toch heeft de wetgever het mandaat aan niet-ondergeschikten niet willen verbieden. Wel is een voorwaarde voor een geldig mandaat aan een niet-ondergeschikte dat deze met het mandaat instemt, hetgeen enige waarborg biedt voor het willen naleven van aanwijzingen. Voorts kan de mandaatgever het mandaat altijd intrekken (art. 10:4 en art. 10:8 Awb).

4.6 Privaatrechtelijke rechten

Overheidsinstanties hebben, evenals andere organisaties, voor hun functioneren middelen nodig: gebouwen, computers, vervoermiddelen etc. Alleen al daarom is het noodzakelijk dat ook overheden aan het privaatrechtelijke verkeer kunnen deelnemen. In 3.2 is op het verschijnsel 'publiekrechtelijke rechtspersoon' ingegaan. Deze rechtspersonen kunnen in beginsel dezelfde rechten uitoefenen als andere rechtspersonen. Dat wil zeggen dat ze eigendomsrechten kunnen hebben, dat ze overeenkomsten kunnen sluiten, civielrechtelijke procedures kunnen voeren, bijvoorbeeld acties uit onrechtmatige daad etc. In deze paragraaf gaat het er vooral om te laten zien dat en hoe het openbaar bestuur gebruik kan maken van het privaatrecht. In 6.8 zullen we ingaan op de vraag in hoeverre het recht grenzen stelt aan het gebruik van het privaatrecht door de overheid.

In de casus Neerlands Bloed verhuurt de gemeente Hanzestad marktkramen aan de organisatie van de 'megafestatie'. Die kramen zal de gemeente eerder zelf hebben aangeschaft via een koopovereenkomst. Het marktplein waarop de manifestatie plaatsvindt, is eigendom van de gemeente. Wanneer aan het plein, een zich daarop

64 ABRvS 14 mei 1998, *AB* 1998/287 m.nt. F.C.M.A. Michiels.

65 CRvB 21 maart 2002, *TAR* 2002/108.

66 Vandaar dat de rechter ook minder moeite (dan bij delegatie) heeft met het achteraf door het verantwoordelijke orgaan herstellen van een gebrek in de mandatering. Zie CRvB 7 januari 2010, *ABkort* 45, in welke zaak het bevoegde orgaan ter zitting verklaarde het besluit voor zijn rekening te nemen.

bevindend standbeeld of andere gemeente-eigendommen schade wordt toegebracht, kan de gemeente die via een onrechtmatigedaadsactie verhalen op degene die de schade heeft veroorzaakt.

Bij het gebruik van privaatrecht door de overheid, vooral bij het sluiten van overeenkomsten, wordt wel onderscheiden tussen gewoon gebruik en beleidsmatig gebruik.

Van *gewoon gebruik* is sprake wanneer bijvoorbeeld de Staat voor een ministerie een gebouw aankoopt om kantoorruimte voor werknemers, in casu ambtenaren, te realiseren. Dit gebruik is gewoon omdat andere kopers uit vergelijkbare motieven handelen en aan de overheid dus geen bijzondere positie toekomt. Al wat minder gewoon zijn overeenkomsten waarbij het feit dat de overheid partij is een zekere rol speelt, zonder dat die overeenkomsten een beleidsmatig karakter hebben. Zo sluit de overheid voor de toepassing van bestuursdwang (zie 7.5.2) wel contracten met particuliere aannemers. Dit zijn in zekere zin gewone overeenkomsten, maar ze betreffen de feitelijke uitvoering van een publiekrechtelijke bevoegdheid. Voorheen werden tussen gemeenten en burgers vaak leveringsovereenkomsten, vooral met betrekking tot de levering van water, gas en elektra, gesloten; ten aanzien van de nutsgoederen was de overheid vaak monopolist. De inhoud van dergelijke overeenkomsten werd bepaald door standaardvoorwaarden, die merkwaardigerwijs vaak waren opgenomen in verordeningen. Sinds de privatisering van de energiemarkt speelt de overheid een meer indirecte rol bij de levering van nutsgoederen, door betrokkenheid via het bezit van aandelen in de energiebedrijven.

Van *beleidsmatig gebruik* is sprake wanneer de overheid het 'instrument' overeenkomst gebruikt om overheidsbeleid te realiseren, waarmee zij tracht het algemeen belang te dienen. Daarbij wordt wel onderscheiden tussen beleidsovereenkomsten (in enge zin)[67] en bevoegdhedenovereenkomsten.

Beleidsovereenkomsten

Bij dit type overeenkomst gebruikt het bestuur de rechtsvorm 'overeenkomst' om een bepaald beleid te verwezenlijken, maar zonder dat daarbij wordt gecontracteerd over bevoegdheden.

Een gemeente bijvoorbeeld sluit een beleidsovereenkomst wanneer zij grond uitgeeft in erfpacht en in het erfpachtcontract een bepaling opneemt, inhoudende dat de erfpachter zich op straffe van een contractuele boete aan de regels (voorheen: gebruiksvoorschriften) van het bestemmingsplan moet houden.[68] Dat is een voorwaarde die typerend is voor de overheid; een gewone marktpartij zal een dergelijke voorwaarde niet stellen. Van praktisch belang is dat gemeenten om hun plannen voor woningbouw te realiseren, vaak gronden, die ze soms eerst zelf hebben moeten aankopen, aan projectontwikkelaars uitgeven (verkopen, verpachten) waarbij ze om greep op de ontwikkelingen in het gebied te behouden allerlei voorwaarden stellen. Daaraan gaat

67 Ook bevoegdhedenovereenkomsten dragen een beleidsmatig karakter.
68 Bij het niet nakomen van de contractsbepaling kan de gemeente de erfpachter voor de burgerlijke rechter dagen en de boete opeisen.

intensief overleg met de projectontwikkelaar vooraf. In andere gevallen, voor andere projecten, behoudt de overheid de grond zelf en geeft zij aannemers opdrachten om projecten te realiseren.

Een ander voorbeeld van een beleidsovereenkomst is een subsidie-uitvoeringsovereenkomst. Deze overeenkomst, die wordt gesloten in combinatie met een subsidiebeschikking, is van belang voor de mogelijkheid om de gesubsidieerde door middel van een actie tot nakoming te kunnen dwingen tot het verrichten van de gesubsidieerde activiteit.[69] Art. 4:36 Awb biedt een uitdrukkelijke grondslag voor het sluiten van een subsidie-uitvoeringsovereenkomst. Zo'n grondslag lijkt niet nodig: het gaat om een privaatrechtelijke overeenkomst. Wel staat op deze wijze hoe dan ook buiten kijf dat de overheid van de, haar in het algemeen toekomende, bevoegdheid om privaatrechtelijke overeenkomsten te sluiten in dit specifieke geval ook daadwerkelijk gebruik mag maken.

Bevoegdhedenovereenkomsten

Door een bevoegdhedenovereenkomst contracteert een overheidsrechtspersoon formeel gesproken *privaatrechtelijk* over het gebruik van een *publiekrechtelijke* bevoegdheid van een van zijn (bestuurs)organen, bijvoorbeeld omtrent de vaststelling van een bestemmingsplan of de verlening van een vergunning. Dit is eigenlijk nogal merkwaardig,[70] maar blijkens de jurisprudentie op zichzelf toegestaan. Het orgaan moet daarbij, als onderdeel van de rechtspersoon, in beginsel gebonden worden geacht aan hetgeen is overeengekomen. Tegelijk dient het orgaan bij het nemen van een besluit alle wettelijke (inhoudelijke en procedurele) voorschriften en publiekrechtelijk geregelde waarborgen in acht te nemen, met name die waarborgen die de positie van derden beschermen. Het orgaan moet, voor zover er beleidsruimte is alle belangen afwegend, een naar de normen van het publiekrecht juiste beslissing nemen. Die verplichting kan botsen met hetgeen privaatrechtelijk is overeengekomen. Het kan bijvoorbeeld niet een omgevingsvergunning verlenen in strijd met het bestemmingsplan omdat verlening contractueel zou zijn afgesproken. Alsdan gaat het publiekrecht voor, maar kan de contractspartij wel schadevergoeding en/of ontbinding van de overeenkomst vorderen.

Een klassiek voorbeeld bieden de Landsmeer-arresten.[71] Het gemeentebestuur van Landsmeer had honderden woningen gebouwd, hetgeen mogelijk was geworden door financiële steun van twee dokmaatschappijen; dat zijn scheeps(reparatie)werven. In ruil voor deze steun zouden uitsluitend werknemers van die maatschappijen in de desbetreffende woningen worden gehuisvest. Het gemeentebestuur zou daaraan meewerken met behulp van de bevoegdheid om woningen te ontruimen dan wel te vorderen ten behoeve van bepaalde woning zoekenden. De rechtspersoon gemeente Landsmeer contracteerde dus over het gebruik van publiekrechtelijke bevoegdheden.

69 Zie uitgebreid M.J. Jacobs, *Subsidieovereenkomsten*, Den Haag: Elsevier 1999.

70 Er wordt daarom ook wel voor gepleit de bevoegdhedenovereenkomst een publiekrechtelijk karakter te geven door haar in de Awb te regelen. Zie P.J. Huisman, 'De huidige en wenselijke plaats van de bevoegdhedenovereenkomst: naar een regeling in de Awb', *NTB* 2012, p. 253-260 en P.J. Huisman, *De bevoegdhedenovereenkomst. De overeenkomst over de uitoefening van een publiekrechtelijke bevoegdheid* (diss. VU), Den Haag: BJu 2012.

71 HR 4 januari 1963, *NJ* 1964/202-204.

Toen B en W een van de woningen vorderden ten behoeve van een andere persoon dan een werknemer van de dokmaatschappijen, vroegen de maatschappijen nakoming van de overeenkomst. De Hoge Raad was van oordeel dat bij niet voorziene omstandigheden een juist overheidsbeleid kan nopen tot gebruik van de bevoegdheid in afwijking van de overeenkomst.

In een recenter geval ging het om de verkoop van grond door een gemeente aan een houthandel. In de transportakte was opgenomen dat, wanneer de gemeente zou aangeven de grond weer nodig te hebben, de houthandel eraan zou meewerken dat de gemeente binnen twee jaar weer eigenaar zou worden. De gemeente zou op haar beurt een gelijkwaardig terrein leveren en de verplaatsingskosten betalen. Vervolgens besluit het gemeentebestuur tot onteigening over te gaan. Volgens de Hoge Raad is dit geen schending van de contractsverplichtingen van de gemeente, aangezien de bepaling in de transportakte niet beoogt de bevoegdheid tot onteigening te beperken.[72] Kennelijk was de strekking van de overeenkomst (slechts) het mogelijk te maken de grond weer terug te krijgen langs privaatrechtelijke weg (terugkopen), zonder dat daarmee de verdergaande publiekrechtelijke mogelijkheid van onteigening werd uitgesloten. Anders gezegd: van een bevoegdhedenovereenkomst was in casu geen sprake, omdat de onteigeningsbevoegdheid door de overeenkomst niet werd beperkt.

Ook bevoegdhedenovereenkomsten mogen niet in strijd zijn met het verbod van détournement de pouvoir. Een gemeente en een private partij sloten een overeenkomst met betrekking tot de uitoefening van de bevoegdheid tot het verlenen van vrijstelling van het bestemmingsplan en verlening van een bouwvergunning, tegen een financiële tegenprestatie. Met deze overeenkomst werd beoogd financiële middelen te verwerven voor het provinciaal sloopbeleid, dat als milieubeleid valt te kwalificeren. De belangrijkste reden om de betrokken vrijstelling en vergunning te verlenen is aldus niet gelegen in de sfeer van de ruimtelijke ordening. Er is sprake van schending van het verbod van détournement de pouvoir, waardoor het beding nietig is op grond van art. 3:40 BW.[73]

Door het hybride karakter van de bevoegdhedenovereenkomst is niet in alle gevallen aanstonds duidelijk bij welke rechter de wederpartij van de publiekrechtelijke rechtspersoon zich moet vervoegen. De overeenkomst zelf is immers privaatrechtelijk, terwijl het onderwerp van de overeenkomst het gebruik van een publiekrechtelijke bevoegdheid betreft. Kan die wederpartij bijvoorbeeld nakoming van de overeenkomst vorderen ingeval ter uitvoering van de overeenkomst een besluit is genomen dat zijns inziens niet in overeenstemming is met de gemaakte afspraken en hij dit besluit niet (tijdig) bij de bestuursrechter heeft aangevochten? Volgens de Hoge Raad, die de bevoegdhedenovereenkomst een gemengd karakter toedicht, kan dit inderdaad en mag in zo'n geval die partij niet de formele rechtskracht van bedoeld besluit worden tegengeworpen.[74]

Eigendomsrechten

De gemeenten en het Rijk zijn eigenaar van grote stukken grond. Vooral als het gaat om de toestemming voor het verrichten van activiteiten, zou het denkbaar zijn dat het gebruik van de eigendomsbevoegdheid beleidsmatig wordt ingezet. De Hoge Raad heeft al geruime tijd geleden uitgemaakt dat de overheid als eigenaar haar eigendom in beginsel mag gebruiken zoals andere eigenaren dat

---

72 HR 22 januari 2010, *JB* 2010/59.

73 Rb. Roermond 5 augustus 2009, *Gst.* 2010/19.

74 HR 8 juli 2011, *AB* 2011/298 m.nt. F.J. van Ommeren en G.A. van der Veen (Etam/Zoetermeer). Zie ook G.T.J.M. Jurgens, 'Bevoegdhedenovereenkomsten en de juiste rechter', *NTB* 2011, p. 295-297.

mogen doen. Dat wil zeggen dat overheden als eigenaar zelf kunnen uitmaken wie ze tot hun grond zullen toelaten. Een belangrijke beperking voor alle eigenaren is echter dat de publieke bestemming van grond die een dergelijke bestemming heeft, niet mag worden aangetast.[75] Een gemeente mag dus bijvoorbeeld iemand niet verbieden met een voertuig van een openbare weg gebruik te maken louter omdat die weg in eigendom aan die gemeente toebehoort. Het Rijk mag op grond van zijn eigendomsrecht wel iedereen die schadelijke handelingen aan de natuur toebrengt, weren uit een als natuurmonument aangewezen gebied. Dergelijke handelingen zijn niet in overeenstemming met de publieke bestemming.

Acties uit onrechtmatige daad

Overheden kunnen ook het privaatrecht gebruiken om een verbod of gebod af te dwingen dan wel schadevergoeding te krijgen. Deze mogelijkheid heeft vooral aandacht gekregen in het kader van de rechtshandhaving. Toen het bestuursrechtelijke handhavingsinstrumentarium nog niet was verrijkt met de last onder dwangsom (zie 7.5.1), kon de overtreder van bestuursrechtelijke voorschriften in veel gevallen niet langs publiekrechtelijke weg worden aangepakt. De Hoge Raad stond toe dat dan het privaatrecht als handhavingsmiddel werd ingezet.[76] Tegenwoordig kan de overheid bijna altijd langs publiekrechtelijke weg bewerkstelligen dat de overtreding wordt gestaakt en/of de gevolgen ervan ongedaan worden gemaakt. Daardoor is aan de privaatrechtelijke weg weinig behoefte meer en is zij in de meeste gevallen ook niet meer toegestaan (zie 6.8). Die weg is, behalve in gevallen (die zich met name op rijksniveau nog wel voordoen) waarin het bevoegd gezag geen herstelsanctiebevoegdheid heeft, nog van belang voor het krijgen van schadevergoeding wegens onrechtmatig handelen van burgers jegens de overheid. Dat kan namelijk niet langs bestuursrechtelijke weg worden bewerkstelligd.

75 HR 19 januari 1968, *NJ* 1968/166 (Eindhoven/Staals). De meeste grond met publieke bestemming is eigendom van de overheid.

76 HR 14 april 1989, *AB* 1989/486 m.nt. Kleijs-Wijnnobel, *Gst.* 6884/4 m.nt. L.J.A. Damen (Benckiser).

HOOFDSTUK 5

Centraal en decentraal bestuur

5.1 Inleiding; een casus

Algemeen

In 3.1 is Nederland aangeduid als een gedecentraliseerde eenheidsstaat. Deels wordt Nederland centraal bestuurd: nationaal gezien vanuit het centrum van de nationale staatsrechtelijke macht, de regering, alsmede door een groot aantal 'zelfstandige bestuursorganen' (zie daarover 5.8), internationaal vanuit het centrum van de Europese Unie ('Brussel'), de Commissie en de Raad van Ministers. Een belangrijk deel van het bestuur vindt echter decentraal plaats.[1] Het decentrale bestuur kan beperkt zijn naar territoir – men spreekt dan van *territoriale decentralisatie*, zoals bij gemeenten – maar ook naar functie, terwijl dan wel het hele land bestuursgebied kan zijn, zoals bij de SER (zie 5.7). Men spreekt dan van *functionele decentralisatie*. Bij waterschappen (zie 5.5) is sprake van een combinatie van beide vormen van decentralisatie: functionele decentralisatie voor een bepaald gebied.

Voor decentralisatie bestaat meer dan één reden. Politiek gezien wordt decentralisatie wenselijk gevonden. Daardoor kan het bestuur, zo is de gedachte, dichter bij de burgers komen te staan. Een zekere mate van decentralisatie is zelfs noodzakelijk uit bestuurskundig oogpunt. Het is ondoelmatig om alles vanuit het centrum te regelen en te besturen. Ook zijn er redenen van juridische aard. Er bestaat een internationaalrechtelijke verplichting tot (territoriale) decentralisatie, neergelegd in het Europees Handvest voor de lokale autonomie, zij het dat Nederland enkele belangrijke voorbehouden bij dit verdrag heeft gemaakt. Verder bevatten de Gemeentewet en de Provinciewet een 'decentralisatiebepaling' (art. 117 Gemeentewet en art. 115 Provinciewet).

Om te vermijden dat decentrale uitoefening van de bestuursmacht afbreuk doet aan de belangen van het land als geheel, en daarmee aan het concept van de eenheidsstaat, zijn er toezichtsbevoegdheden voor hogere bestuurlijke instanties

1 Dat geldt ook voor de uitvoering van EU-beleid en de toepassing en handhaving van secundair unierecht.

ten opzichte van lagere.[2] Zie daarover 5.9. In dit hoofdstuk wordt dus ingegaan op de verdeling van de taken en bevoegdheden *tussen* de verschillende bestuursniveaus (rijk versus lagere overheden) en *op* die niveaus (tussen de organen).

Een boer in de natuur

Van der Weide is een boer in hart en nieren, maar hij houdt ook van de natuur. Wat is er, denkt hij, mooier dan je bedrijf midden in de natuur te hebben? Dat is ook prettig voor het rundvee dat hij houdt; koeien moeten naar buiten kunnen, liefst in een zo natuurlijk mogelijke omgeving. Van der Weide heeft zijn oog laten vallen op een perceel dat hij goed zou kunnen gebruiken voor het (stevig) uitbreiden van zijn agrarische bedrijfsactiviteiten, die hij uitoefent in de overwegend agrarische gemeente Hof van Brabant. Hij vraagt een omgevingsvergunning aan bij het gemeentebestuur. Er blijken echter problemen te zijn zowel op het vlak van het bestemmingsplan als op dat van de milieuwetgeving. De bewuste plek kent een bestemming 'natuur', die niet verenigbaar is met het bouwplan van Van der Weide, en de milieuregels (in Wabo en Wm) lijken op gespannen voet te staan met uitbreiding van het rundveebedrijf in het toch al door ammoniak en stank overbelaste gebied. Het college van B en W wil Van der Weide echter graag ter wille zijn, omdat de bedrijfsuitbreiding Van der Weide de kans geeft economisch te overleven in deze voor agrariërs moeilijke tijden. Zij geven Van der Weide een omgevingsvergunning, in afwijking van het bestemmingsplan, hetgeen ingevolge art. 2.10 lid 2 Wabo juncto art. 2.12 lid 1 sub a onder 3° Wabo mogelijk is mits de bedrijfsuitbreiding niet in strijd is met een goede ruimtelijke ordening en de motivering van het besluit een goede ruimtelijke onderbouwing bevat. De omgevingsvergunning betreft ook de toestemmingen voor het veranderen van de inrichting en het kappen van een aantal bomen. Gedeputeerde staten (GS; het dagelijks bestuur van de provincie) zijn echter van mening dat 'het laatste restje natuur' in de gemeente niet mag worden opgeofferd aan de expansiedrift van een boer en geven op grond van art. 3.13 lid 2 Wabo juncto art. 4.2 lid 1 Wro een zogenaamde reactieve aanwijzing, waardoor het desbetreffende deel van de omgevingsvergunning (bouwen in afwijking van het bestemmingsplan) niet in werking treedt. Van der Weide is echter al aan het kappen en bouwen geslagen. Hij krijgt bezoek van een toezichthouder, die werkzaam is bij de regionale omgevingsdienst. Deze dienst is een samenwerkingsverband van enkele gemeenten, waaronder Hof van Brabant, en een waterschap. De toezichthouder constateert dat de omgevingsvergunning op een belangrijk punt nog niet in werking is getreden (om welke reden het bedrijf niet mag worden uitgebreid); bovendien worden er vanuit het reeds bestaande deel van het bedrijf zonder de vereiste watervergunning stoffen geloosd op de naastbijgelegen rivier. Hij meldt dit aan het bestuur van de regionale omgevingsdienst. Na het uitoefenen van grote druk door de

2 Zie over de grondslagen van de decentralisatie H.Ph.J.A.M. Hennekens, H.J.A.M. van Geest en R. Fernhout, *Decentralisatie*, vierde druk, Nijmegen: Ars Aequi Libri 1998 en over gemeenterecht E. Brederveld, *Gemeenterecht*, zevende druk, Deventer: Kluwer 2005.

omgevingsdienst komt het gemeentebestuur tot inkeer. Het schrijft Van der Weide aan zijn bouwactiviteiten te staken. Ook het waterschap treedt handhavend op.

In deze casus passeren diverse overheidslagen de revue. Duidelijk blijkt dat ze eigen verantwoordelijkheden en bevoegdheden hebben, maar ook dat ze met elkaar te maken hebben. In dit hoofdstuk bezien we eerst welke de belangrijkste taken en bevoegdheden van de bestuurlijke onderdelen van Nederland zijn. Daarbij gaat het primair om (de organen van) de verschillende bestuurlijke verbanden, maar ook het fenomeen 'zelfstandige bestuursorganen' komt ter sprake. Vervolgens wordt uiteengezet hoe in grote lijnen toezicht wordt gehouden op de uitoefening van bevoegdheden door de diverse organen. Waar dat nuttig is, wordt op de casus teruggegrepen.

Omdat de staatsrechtelijke organisatie van Nederland en haar bestuurlijke onderdelen meer tot het constitutioneel recht dan tot het bestuursrecht kan worden gerekend, wordt in dit hoofdstuk slechts globaal op de organisatie van de verschillende verbanden ingegaan. Verwezen zij bovendien naar hoofdstuk 3, waarin al enkele fundamenten zijn gelegd waarop in dit hoofdstuk wordt voortgebouwd.

Autonomie en medebewind

Alvorens de verschillende bestuurslagen en instanties nader te bezien, verdienen de begrippen autonomie en medebewind de aandacht. Een orgaan van een gedecentraliseerd lichaam kan in autonomie handelen en in medebewind. Bij autonomie handelt het orgaan op eigen initiatief. De Grondwet biedt de grondslag voor dergelijk autonoom handelen van *gemeenten en provincies* (art. 124 lid 1). Regeling en bestuur van het desbetreffende gebied wordt aan de besturen van gemeenten en provincies overgelaten. Voor *alle* vormen van decentralisatie, dus ook waterschappen, is bestuur in medebewind mogelijk. In dat geval vordert de formele wetgever of een andere hogere regelgever medewerking aan de uitvoering van die wet of regeling, veelal door een opdracht te geven tot het stellen van (nadere) regels. Het zal duidelijk zijn dat autonomie een sterkere vorm van decentralisatie inhoudt dan medebewind, vooral wanneer de hogere regelgever min of meer gedetailleerd aangeeft wat de lagere regelgever in medebewind moet regelen.

Een voorbeeld van (gemeentelijke) autonomie is het vergunningvereiste voor terrassen, geregeld in de APV. Een gemeentebestuur hoeft omtrent terrassen niets te regelen, maar doet dat vaak wel om een aantal algemene belangen als veiligheid en orde te dienen. De gemeenteraad bepaalt echter zelf of hij een vergunningvereiste voor terrassen stelt.

Een voorbeeld van (provinciaal) medebewind is de provinciale milieuverordening die PS moeten vaststellen en waarin ze ten minste een aantal in de Wet milieubeheer genoemde onderwerpen moeten regelen (art. 1.2 Wm).

Het onderscheid tussen autonomie en medebewind is tegenwoordig niet meer zo belangrijk.

Vroeger werd aangenomen dat schade als gevolg van medebewind voor rekening van het Rijk kwam en dat voor daden van medebewind van het dagelijks bestuur geen verantwoording aan de volksvertegenwoordiging (gemeenteraad respectievelijk provinciale staten) hoefde te worden afgelegd. In 1950 werd het eerste standpunt door de Hoge Raad verlaten, terwijl de verantwoordingsplicht in de jaren zestig in de organieke wetten werd opgenomen.

Het enige rechtsgevolg is dat bij verwaarlozing van medebewindstaken art. 123 en art. 124 Gemeentewet respectievelijk art. 120 en art. 121 Provinciewet een voorziening geven, die er kort gezegd op neerkomt dat een ander, in de wet genoemd, orgaan de taak overneemt van het orgaan dat in gebreke blijft. Deze bevoegdheid werd lang gezien als een ultimum remedium, maar daarin is (althans op papier) verandering gekomen met de Wet revitalisering generiek toezicht (Wrgt), waardoor § 3 van hoofdstuk VIII Gemeentewet en Provinciewet (waarin ook vorengenoemde bepalingen van deze wetten staan) is gewijzigd.[3] Met deze wijziging is een opleving (revitalisering) van dit algemene toezichtsinstrument beoogd, onder afschaffing van de specifieke toezichtsinstrumenten in bijzondere wetten. Zie verder 5.9. Bij *grove* verwaarlozing van autonome of medebewindstaken wordt bij afzonderlijke wet voorzien in het bestuur van de desbetreffende gemeente of provincie (art. 132 lid 5 Grondwet). Die laatste situatie komt zelden voor.

De Wet naleving Europese regelgeving publieke entiteiten (Wet NErpe) heeft de mogelijkheid om naleving door autonome bestuurslagen af te dwingen uitgebreid, in gevallen van onjuiste naleving van Europese regelgeving. De minister heeft de bevoegdheid juridisch afdwingbare aanwijzingen te geven wanneer door (decentrale) overheden Europese regels niet worden nageleefd (art. 2 en art. 3). Wanneer de aanwijzing niet tijdig wordt opgevolgd, is de minister die de aanwijzing heeft gegeven ingevolge art. 5 bevoegd om er zelf in te voorzien dat alsnog aan de Europese regelgeving wordt voldaan. Ook zal een boete, die Nederland door een EU-instelling krijgt opgelegd naar aanleiding van een schending van het EU-recht, door de Staat kunnen worden verhaald op de verantwoordelijke publiekrechtelijke entiteit, zoals bestuursorganen van decentrale overheden, overheidsbedrijven en concessiehouders (art. 7). De Wet NErpe is overigens kritisch ontvangen.[4] De effectiviteit van deze wet lijdt onder het feit dat het verhaalsrecht van de Staat ingevolge art. 7 slechts bestaat 'voor zover de aansprakelijkheid van Nederland het gevolg is van een verzuim van de betreffende publieke entiteit' en niet is omschreven wanneer precies van verzuim sprake is.[5]

---

3 Deze wet is op 1 oktober 2012 in werking getreden.

4 B. Hessel, 'De voorgeschiedenis van het voorontwerp NErpe als bijdrage aan de discussie', *Regelmaat* 2010/5, p. 233-249; J.H. Reestman en H. Bosdriesz, 'Toezicht op naleving van Europese regelgeving in Frankrijk en Duitsland, *Regelmaat* 2010/5, p. 261-271; R.J.M. van dan Tweel, 'De Wet NErpe: een onmisbare papieren tijger?', *Regelmaat* 2010/5, p. 250-260.

5 C. de Kruif, *Onderlinge overheidsaansprakelijkheid voor schendingen van Europees recht* (diss.), Apeldoorn: Maklu-uitgevers 2012, p. 403-405, doet aanbevelingen om het verhaalsrecht van de Staat te verbeteren.

5.2 Het Rijk

Voor de organen van het centrale bestuur, zoals de regering als geheel en de afzonderlijke ministers, bestaat geen organieke of andere algemene wet waarin is geregeld welke hun bevoegdheden zijn. Wel bevat de Grondwet enkele algemene bepalingen inzake de bevoegdheden van regering en ministers.

Zie art. 45 lid 3 (nemen van besluiten over het algemeen regeringsbeleid), art. 81 (vaststellen van wetten) en art. 90 (bevorderen van de internationale rechtsorde). Indirect spelen de ministers een belangrijke rol bij het indienen van wetsvoorstellen (art. 82) en het vaststellen van amvb's (art. 89).

Hoofdstuk 7 Grondwet (het 'decentralisatiehoofdstuk') bevat weinig inhoudelijke normen.[6]

Ook is er de (belangrijke) Comptabiliteitswet, die bepalingen bevat inzake de begroting van ministeries, het beheer over 's Rijks schatkist en het doen van uitgaven door ministers ten laste van het Rijk. Voorts zijn er algemene wetten als de Algemene wet bestuursrecht, de Wet openbaarheid van bestuur en de Wet Nationale ombudsman, die voor de uitoefening van bevoegdheden door rijksorganen van groot belang zijn. Maar om te kunnen weten welke bevoegdheden die organen precies hebben, zullen we toch vooral bijzondere wetten moeten raadplegen.

Het is niet doenlijk daarvan een overzicht te geven, maar enkele voorbeelden geven wel een idee van de variëteit van bevoegdheden. Ook op rijksniveau worden vele beschikkingen gegeven, zoals het verlenen van een verblijfsvergunning door de Minister van Justitie (art. 13 e.v. Vreemdelingenwet 2000) en de verlening van subsidies aan bedrijven door de Minister van Economische Zaken (EZ); eerder kwamen we al de erkenning van een instelling voor hoger onderwijs door de Minister van Onderwijs tegen (art. 6.9 Wet op het hoger onderwijs en het wetenschappelijk onderzoek). De algemeen verbindende voorschriften die kunnen worden gegeven, zijn talrijk; ze zijn te vinden in een onuitputtelijke hoeveelheid amvb's en ministeriële regelingen. Ook zijn er talloze beleidsregels op rijksniveau. Een enkel voorbeeld is de Circulaire inzake schadevergoedingen ingevolge de Wet milieubeheer, waarin de Minister van I&M aangeeft welke door lagere overheden uit te keren schadebedragen hij zal vergoeden. Bij plannen kan worden gedacht aan de bestemmingsplannen op rijksniveau ('inpassingsplannen'; zie art. 3.28 Wro) die worden vastgesteld door de Minister van I&M, en het nationaal milieubeleidsplan, dat wordt vastgesteld door de Ministers van I&M en EZ (art. 4.3 Wm). Ook zijn er vele bevoegdheden tot het verrichten van feitelijke handelingen, zoals het toepassen van bestuursdwang (bijvoorbeeld art. 42 Waterstaatswet en art. 5.15 Wabo) en het verrichten van onderzoek (bijvoorbeeld op grond van art. 49 Politiewet 2012 door de rijksrecherche, in opdracht van het College van procureurs-generaal, naar feiten of gedragingen die mogelijk een strafbaar feit opleveren).

---

6 Zie ook het rapport 'Constitutionele normen en decentralisatie. Een evaluatie van Hoofdstuk 7 van de Grondwet' van medewerkers van de Radboud Universiteit Nijmegen en de Rijksuniversiteit Groningen (*Kamerstukken II* 2009/10, 31 570, nr. 16).

Behalve aan ministers zijn ook aan anderen op rijksniveau bevoegdheden toegekend.

In hoofdstuk 3 werden reeds bevoegdheden van belastinginspecteurs en officieren van justitie vermeld. Deze functionarissen werken weliswaar verspreid over het land, maar behoren juridisch-organisatorisch tot de centrale overheid (ze 'vallen' onder een minister). Zie voorts het voorbeeld hierboven van het college van p-g's. Ook kan worden gewezen op de bevoegdheid van de raad van bestuur van de Autoriteit Consument en Markt[7] tot het opleggen van boeten en dwangsommen (art. 56 Mededingingswet) en de bevoegdheid van rijksinspecteurs om toezicht te houden op de uitvoering en handhaving (en soms ook de naleving) van wetten.

Op 10 oktober 2010 vond een staatkundige wijziging van de Nederlandse Antillen plaats waarbij de Nederlandse Antillen zijn opgeheven, Curaçao en Sint Maarten de status van land binnen het Koninkrijk hebben gekregen en de eilanden Bonaire, Sint Eustatius en Saba bijzondere gemeenten van Nederland zijn geworden (de zogenaamde BES-gemeenten, zie de volgende paragraaf). Dit had uiteraard gevolgen voor de bevoegdheden van de organen van deze instanties. De staatkundige wijzigingen op Koninkrijksniveau zijn neergelegd in De Rijkswet wijziging Statuut in verband met de opheffing van de Nederlandse Antillen[8] en verschillende zogenoemde consensusrijkswetten.[9]

5.3 De gemeente

Organisatie

De juridische organisatie van gemeenten[10] is geregeld in de Gemeentewet.[11] De bestuursorganen die we in elke gemeente aantreffen, zijn de gemeenteraad, het college van burgemeester en wethouders en de burgemeester.

In 1998 is de Staatscommissie dualisme en lokale democratie ingesteld, onder voorzitterschap van de Groningse hoogleraar Elzinga, die de organisatie en de verdeling van bevoegdheden van het lokale bestuur aan een grondige analyse moest onderwerpen. Uit het rapport van de commissie[12] en de reacties daarop bleek dat er overeenstemming bestond over het feit dat er een meer dualistisch stelsel zou moeten komen,

7 Deze per 1 april 2013 werkzame autoriteit is een samensmelting van de voormalige Nederlandse Mededingingsautoriteit (NMa), de Onafhankelijke Post en Telecommunicatie Autoriteit (OPTA) en de Consumentenautoriteit.

8 *Stb.* 2010, 333.

9 Zoals de Rijkswet Gemeenschappelijk Hof van Justitie, *Stb.* 2010, 335, de Rijkswet financieel toezicht Curaçao en Sint Maarten, *Stb.* 2010, 334 en de Rijkswet Openbare Ministeries van Curaçao, van Sint Maarten en van Bonaire, Sint Eustatius en Saba, *Stb.* 2010, 336. Zie verder over deze staatkundige wijzigingen: L.J.J. Rogier, Het Koninkrijk der Nederlanden na de opheffing van de Nederlandse Antillen op 10 oktober 2010, *AAe* 2010/9, p. 536-572.

10 Hoewel het uit hiërarchisch oogpunt voor de hand ligt eerst de provincie te behandelen, komt toch eerst de gemeente aan bod, omdat die het meest tot de verbeelding spreekt. Veel bepalingen in de Provinciewet zijn trouwens afgeleid van die in de Gemeentewet.

11 Zie uitvoerig E. Brederveld, *Gemeenterecht*, zevende druk, Deventer: Kluwer 2005.

12 Staatscommissie Dualisme en lokale democratie, *Dualisme en lokale democratie*, Alphen aan den Rijn: Samsom 2000.

waarin de raad en het college van B en W zelfstandiger en losser van elkaar zouden opereren. Door de Wet dualisering gemeentebestuur is de Gemeentewet in 2002 op een aantal punten in bedoelde richting gewijzigd.[13]

Aan het hoofd van de gemeente staat de gemeenteraad. Afhankelijk van het inwonertal van de gemeente varieert het aantal leden van de raad en het aantal wethouders.

Het aantal raadsleden varieert van 9 tot 45. Het aantal wethouders varieert van 2 tot 9;[14] samen met de burgemeester telt het college dus ten minste 3, ten hoogste 10 leden. Zie art. 8 en art. 36 Gemeentewet. Het kabinet-Rutte II wilde het aantal bestuurders in Nederland verkleinen. Een eerste concrete stap in die richting was de afschaffing van de bevoegdheid van gemeentebesturen om deelgemeenten/stadsdelen in te stellen. Daartoe is hoofdstuk V Gemeentewet afgeslankt en aangepast. Wel is het nog mogelijk bestuurscommissies in te stellen, die qua taken en bevoegdheden echter een stuk bescheidener zijn dan de voormalige deelgemeenten/stadsdelen.

De raad wordt een keer in de vier jaar gekozen door de bevolking, de wethouders worden door de raad benoemd.

De wethouders zijn, zowel individueel als gezamenlijk, aan de raad verantwoording verschuldigd (art. 169) en kunnen door de raad worden ontslagen (art. 49). Samen met de burgemeester vormen de wethouders het college van B en W. De afzonderlijke wethouders zijn geen organen; van een (a-)orgaan is immers pas sprake wanneer voor het zelfstandig, d.w.z. op eigen naam, functioneren ervan een grondslag in een wettelijke regeling valt aan te wijzen; zie 3.3). Wel hebben ze op grond van daarover gemaakte afspraken afzonderlijke takenpakketten (portefeuilles). De burgemeester is behalve lid van het college tevens een afzonderlijk orgaan. Hij heeft ook in een ander opzicht een dubbele positie. Enerzijds is hij, wellicht meer dan de andere organen, het gezicht van de gemeente. Ook uit de hierna te bespreken bevoegdheden blijkt, dat hij een echt gemeentelijke functionaris is. Weliswaar wordt hij bij koninklijk besluit benoemd, maar de gemeenteraad oefent wel invloed uit op de benoeming: de raad stelt een vertrouwenscommissie in die kandidaten beoordeelt. Vervolgens doet de raad een aanbeveling, bestaande uit de namen van in beginsel twee benoembare personen, welke aanbeveling in beginsel door de minister wordt gevolgd in zijn voordracht voor het benoemingsbesluit (art. 61 Gemeentewet). Hij kan ook alleen bij koninklijk besluit worden ontslagen, maar ook hier past een kanttekening. Een burgemeester die niet langer het vertrouwen van de meerderheid (of soms zelfs een grote minderheid) van de raad geniet, kan praktisch gesproken niet goed meer functioneren.[15] Hij is hoe dan

13 Het proces van dualisering heeft op 8 maart 2006 een vervolg gekregen met de inwerkingtreding van de Wet dualisering gemeentelijke medebewindsbevoegdheden (*Stb.* 2005, 530), waarbij tal van andere wetten zijn aangepast.

14 Bij deeltijdwethouders kan het aantal maximaal elf zijn.

15 Tussen 2000 en 2010 waren al 50 burgemeesters opgestapt omdat ze onvoldoende vertrouwen van de raad genoten. Zie A.F.A. Korsten, 'Gedwongen vertrek van burgemeesters', *Justitiële verkenningen* 2010, nr. 3, jrg. 36, p. 10-30. Deze trend lijkt zich daarna te hebben voortgezet.

ook verantwoording verschuldigd aan de raad (art. 180) en de raad kan een aanbeveling voor ontslag doen (art. 61b). Niettemin wordt hij dus (formeel) door de regering benoemd en ontslagen. Voorts kan de burgemeester besluiten van andere gemeentelijke organen ter vernietiging voordragen. In die zin heeft hij toch enige trekken van een rijksorgaan.

De figuur van de gekozen burgemeester is dichterbij gekomen nu beide Kamers van het parlement in 2013 respectievelijk 2015 hebben ingestemd met een initiatiefwetsvoorstel van D66 tot het uit de Grondwet halen ('deconstitutionaliseren') van de burgemeestersbenoeming waarna de wetgever kan regelen wie de burgemeester benoemt. Ook in 2005 al leek dit te gaan gebeuren, maar toen verwierp de Eerste Kamer de benodigde grondwetswijziging.[16]

Naast de genoemde organen kunnen gemeenten ook commissies hebben. De raad, het college en de burgemeester zijn tot instelling van commissies bevoegd (art. 82-84). Commissies zijn bestuursorganen. Ze kunnen worden getypeerd als a-orgaan, omdat ze deel uitmaken van de gemeentelijke bestuursorganisatie en een eigen wettelijke grondslag hebben. Aan commissies kunnen bevoegdheden worden gedelegeerd. Een commissie kan een *algemene bestuurstaak* met bijbehorende bevoegdheden krijgen; we spreken dan van een territoriale commissie. Aan een commissie kan ook een *specifieke taak* worden opgedragen (bijvoorbeeld beheer van de schouwburg); we spreken dan van een functionele commissie.

De raad heeft voorts de bevoegdheid een gemeentelijke rekenkamer in te stellen. Als de raad geen rekenkamer instelt, moet hij regels vaststellen voor de uitoefening van de rekenkamerfunctie (art. 81oa). Ook kan de raad een gemeentelijke ombudsman of ombudscommissie instellen (art. 81p Gemeentewet).

Taken en bevoegdheden

Hoewel, zoals in 5.2 bleek, op rijksniveau allerlei bestuursbevoegdheden zijn toegekend, worden veel op rijksniveau genomen beslissingen op decentraal niveau ten uitvoer gelegd (medebewind). De gemeenten nemen daarbij een vooraanstaande plaats in. Gemeentebesturen spelen een belangrijke rol bij de uitvoering van de Participatiewet, de Jeugdwet en de Wet maatschappelijke ondersteuning 2015, ze maken de belangrijkste plannen op ruimtelijk gebied (bestemmingsplannen), verlenen (bouw)omgevingsvergunningen, hebben belangrijke taken en bevoegdheden op het gebied van de volkshuisvesting en het primair onderwijs, zorgen voor opvang van asielzoekers (althans sommige gemeenten), verstrekken paspoorten en rijbewijzen en ook voor het sluiten van een burgerlijk huwelijk kan men bij de gemeente terecht. Daarnaast dient het gemeentebestuur voor een ordelijk verloop van het openbare leven te zorgen (denk bijvoorbeeld aan de horecasector en aan grootschalige evenementen).

16 Dit leidde tot het vertrek van D66-minister De Graaf.

De verdeling van de belangrijkste bevoegdheden is als volgt. De *raad* is de voornaamste gemeentelijke wetgever; hij maakt de verordeningen in medebewind (voor zover niet bij wijze van uitzondering een ander orgaan daartoe bevoegd is gemaakt; art. 147) en in autonomie (art. 149). Aan de verordenende bevoegdheid van de raad zijn grenzen. Allereerst is er de *territoirgrens*: gemeentelijke verordeningen kunnen alleen betrekking hebben op het eigen gemeentelijke grondgebied. Een gemeenteraad kan geen regels stellen ten aanzien van andere gemeenten. De *bovengrens* wordt gevormd door hogere regelingen, met de tekst of strekking waarvan een raadsverordening niet in strijd mag zijn. Van belang in dit verband is niet alleen art. 121, dat dit uitdrukkelijk bepaalt voor het geval de hogere regeling er eerder is (de verordening is dan dus posterieur), maar ook art. 122 Gemeentewet. Ingevolge dat artikel vervalt een (eerdere, anterieure) raadsverordening door het enkele feit dat een later vastgestelde hogere regeling voorziet in het onderwerp van de verordening, ook al zou er geen strijd met de hogere regeling zijn. Aldus wordt de raad gedwongen zich af te vragen of de verordening nog aanvullend nodig is.

Het 'onderwerp' is overigens pas gelijk wanneer de regelingen niet alleen over hetzelfde gaan, maar als aan beide regelingen ook hetzelfde doel (motief) ten grondslag ligt. Zo mag in een marktverordening een parkeerverbod voor de markt op markttijden worden ingesteld, ook al kent de Wegenverkeerswet, die een limitatieve opsomming geeft van gevallen waarin een parkeerverbod kan worden ingesteld, een parkeerverbod voor dergelijke situaties niet. De bedoeling van de marktverordening (inrichting van de markt) is een andere dan die van de Wegenverkeerswet (verkeersveiligheid).[17]

De *zijgrens* wordt gevormd door waterschapsverordeningen, die immers dezelfde hiërarchische positie innemen. Bij strijd is afstemming in overleg wenselijk of moet desnoods de regering uitkomst brengen door (een bepaling van) een van beide verordeningen (bij koninklijk besluit) te vernietigen.

Voordat dit eventueel gebeurt, kan een zaak over de mogelijke onverbindendheid van een van beide regelingen bij de rechter komen, die dan toch een oordeel zal moeten geven. Daarbij kan hij dan niet de ene regeling onverbindend achten wegens strijd met de andere. Wel zal hij moeten nagaan of de gewraakte regeling wel binnen het takenpakket (de huishouding) van de gemeente respectievelijk het waterschap valt.

---

17 ARRvS 21 december 1992, *AB* 1993/287. Zie ook het arrest over de Emmense baliekluivers (HR 4 maart 1952, *NJ* 1952/365 m.nt. Röling) en, veel recenter, HR 10 juli 2009, *BNB* 2009/236 m.nt. W.J.N.M. Snoijink, in welk arrest is uitgemaakt dat een precariobelasting (ten behoeve van het hebben van voorwerpen onder, op of boven gemeentegrond) niet in strijd is met art. 83 Elektriciteitswet en art. 62 Gaswet, omdat die belasting niet beoogt het transporteren en leveren van elektriciteit en gas in het belang van de energievoorziening aan regels te binden. Dat de belasting kosten voor belanghebbenden met zich brengt en aldus gevolgen kan hebben voor de energielasten van haar afnemers, maakt dit niet anders, aldus de Hoge Raad. Bij strijd met de *Grondwet* zou ondanks het verschil in motief bij strijdigheid met de hogere regeling wél van onverbindendheid sprake kunnen zijn. Zie W.A.E. Brüheim, 'Hogere regelingen als bedoeld in art. 121 Gemeentewet', *Gst.* 2009/115.

Een aardig voorbeeld betreft de maximum diepgang van woonschepen. Iemand vroeg aan B en W van Gouda een ligplaatsvergunning voor zijn woonschip, dat een diepgang had van 1,5 meter. In de Vaartuigenverordening van de gemeente Gouda was bepaald dat die diepgang maximaal 0,9 meter mocht zijn. Nu had de keur (dat is een verordening) van het waterschap Rijnland ook een diepgangeis, die echter minder streng was. De vergunning werd geweigerd. De aanvrager stelde dat de gemeentelijke verordening onverbindend was, omdat het hier ging om een belang dat door het waterschap en niet door de gemeente diende te worden geregeld (hetgeen hem natuurlijk goed zou uitkomen). De Afdeling maakte (in hoger beroep) uit dat met de diepgangeis wordt beoogd schade aan walbeschoeiingen te voorkomen en dat dit wel degelijk (ook) een belang is dat de gemeentelijke huishouding betreft.[18]

De *benedengrens* houdt in dat een raadsverordening altijd een openbaar belang moet dienen; beneden die grens komt de raad in het domein van de privacy van de burgers, van de 'bijzondere belangen van de ingezetenen'.

Het verbod te vissen op zondag, neergelegd in de APV van Wilnis, betrof ook niet-openbare viswateren. Dit verbod zag dus mede op situaties waarmee het gemeentebestuur zich niet heeft te bemoeien; de zondagsrust of een ander openbaar belang kon niet worden verstoord door het vissen in niet-openbare wateren.[19] Ook een verbod op gemengd zwemmen en een verbod op de verkoop van anticonceptiva sneuvelden wegens overschrijding van de benedengrens.[20] In de casus van de wurgslangen in hoofdstuk 1 verbood de APV het houden van gevaarlijke dieren (behoudens ontheffing). Ook al houdt men die dieren niet in het openbaar, door het ontsnappingsrisico en het gevaar dat zij daarna kunnen veroorzaken, dient het verbod behoudens ontheffing niettemin het openbaar belang. Met art. 82 APV Weert vond dus geen overschrijding van de benedengrens plaats.[21]

Een eveneens belangrijke bevoegdheid van de raad is het vaststellen van bestemmingsplannen (art. 3.1 Wro). De raad stelt voorts de begroting vast, op voorstel van B en W (art. 190-191 Gemeentewet). Een kerntaak van de raad is ten slotte het uitoefenen van controle op het college van B en W en de burgemeester, die zich ten opzichte van de raad moeten verantwoorden (art. 169 en art. 180).

De raad is op dit punt vergelijkbaar met het nationale parlement; maar anders dan het parlement is de raad wetgever (in materiële zin), terwijl het parlement slechts medewetgever is. Een ander verschil is dat de raad slechts de wethouders en niet de burgemeester naar huis kan sturen, terwijl het parlement het hele kabinet kan wegsturen.

18 ABRvS 2 april 2008, *JB* 2008/112 m.nt. J.L.W. Broeksteeg.
19 HR 13 februari 1922, *NJ* 1922, p. 473.
20 HR 27 juni 1938, *NJ* 1938, p. 1021 m.nt. W.P.J. Pompe en HR 12 juni 1962, *NJ* 1962/484 m.nt. W.P.J. Pompe.
21 Zie in die zin ook ARRvS 28 juni 1993, *AB* 1994/422 waarbij het gemeentebestuur van Wassenaar in beginsel bevoegd was de eigenaren te verplichten hun hinderlijke kater Napoleon op een afgesloten erf te houden.

B en W vormen het dagelijks bestuur van de gemeente (art. 160 e.v. Gemeentewet) en zijn daarmee in de praktijk de machtigste instantie. Zij bereiden de besluiten van de raad voor; de raad kan die voorstellen afwijzen of wijzigen, maar doorgaans worden de voorstellen van B en W (in een bestuurlijk normaal functionerende gemeente) aanvaard. B en W voeren de raadsbesluiten ook uit. Het college is voorts het belangrijkste orgaan als het gaat om het geven van beschikkingen. In veel medebewindsregelingen wordt aan het college van B en W een beschikkingsbevoegdheid toegekend (door middel van attributie of delegatie). Uit de casus blijkt al van een dergelijke bevoegdheid: de verlening van een omgevingsvergunning. Daarnaast kunnen onder meer worden genoemd de verlening van een drank- en horecavergunning (Drank- en Horecawet) en een bijstandsuitkering (Participatiewet). Bij min of meer vrije bevoegdheden zullen B en W vaak beleidsregels maken. Ten slotte is van groot belang dat 'het gemeentebestuur' bevoegd is tot toepassing van bestuursdwang en het opleggen van een last onder dwangsom; in de meeste gevallen is dat het college.

De *burgemeester* is voorzitter van de raad (hoewel hij daarvan geen lid is!) en van het college. Als voorzitter heeft hij een belangrijke functie bij het voorbereiden van de vergaderingen en de besluitvorming daarin. Hij vertegenwoordigt de gemeente 'in en buiten rechte' (art. 171 Gemeentewet), dat wil zeggen dat hij de rechtspersoon gemeente vertegenwoordigt bij gerechtelijke en buitengerechtelijke rechtshandelingen. De burgemeester treedt dus namens de gemeente op, bijvoorbeeld wanneer de gemeente wordt gedagvaard, maar ook bij het ondertekenen van een contract. De burgemeester is voorts belast met de handhaving van de openbare orde (art. 172 e.v. Gemeentewet).

Hij heeft daartoe enkele ingrijpende bevoegdheden.[22] Hij kan verstoringen van de openbare orde feitelijk doen beëindigen en beletten, door middel van de politie, en bevelen geven (art. 172). Bij deze bevelen mag hij niet van wettelijke voorschriften afwijken (zogenaamde lichte bevelsbevoegdheid). De politie staat bij de openbare-ordehandhaving onder het gezag van de burgemeester (art. 11 lid 1 Politiewet 2012 juncto art. 172 lid 2 Gemeentewet).[23] De burgemeester kan voorts woningen en niet voor het publiek toegankelijke lokalen sluiten op grond van art. 174a Gemeentewet (in het kader van de openbare-ordehandhaving[24]) en hij kan woningen, lokalen en daarbij behorende erven sluiten op grond van art. 13b Opiumwet (als sanctie, ter handhaving van de Opiumwet). In (dreigende) noodsituaties kan hij noodbevelen geven en noodverordeningen uitvaardigen (art. 175 en art. 176 Gemeentewet); daarbij kan hij

22 Zie uitgebreid M.A.D.W. de Jong, *Orde in beweging*, Deventer: W.E.J. Tjeenk Willink 2000.

23 Bij de uitoefening van haar strafrechtelijke taken staat de politie onder het gezag van de officier van justitie (art. 12 Politiewet 2012).

24 Art. 174a Gemeentewet wordt in de praktijk vooral ingezet tegen zogenaamde drugspanden. Aan deze sluitingsbevoegdheid is gezien art. 13b Opiumwet nu minder behoefte, maar zij heeft nog wel bestaansrecht omdat het anders dan de bevoegdheid van art. 13b Opiumwet geen handhavingsbevoegdheid is (waarvoor een overtreding van een wettelijk voorschrift moet zijn aangetoond), maar een openbare-ordebevoegdheid. Zie voor een sluiting wegens ordeverstoring met een andere achtergrond Rb. Groningen 4 maart 2003, *Gst.* 7185/85 m.nt. L.J.J. Rogier.

wel van wettelijke voorschriften (anders dan de Grondwet) afwijken. Vooral bij voetbalwedstrijden van de topclubs, bij bezoek van buitenlandse hoge gasten bij grootschalige evenementen en bij (dreigende) rampen worden nogal eens noodmaatregelen genomen.[25] De laatste jaren is de roep om een 'burgemeester als veiligheidsbaas' toegenomen en zijn de bevoegdheden van de burgemeester op het gebied van openbare orde en veiligheid uitgebreid.[26] Zo kan de burgemeester veiligheidsrisicogebieden aanwijzen (art. 151b) waarin (tijdelijk) preventief fouilleren mogelijk is en kan hij krachtens de Wet tijdelijk huisverbod[27] plegers van huiselijk geweld tijdelijk uit huis plaatsen. Art. 172a en art. 172b Gemeentewet[28] geven de burgemeester de bevoegdheid om, bij ernstige vrees voor verstoring van de openbare orde, maatregelen op te leggen aan een persoon die herhaaldelijk individueel of in groepsverband de openbare orde heeft verstoord. Deze maatregelen kunnen een gebiedsverbod, een groepsverbod en een meldingsplicht inhouden. Ook kan de burgemeester maatregelen opleggen aan degene die het gezag uitoefent over een kind, beneden de twaalf jaar, als deze herhaaldelijk in groepsverband de openbare orde verstoort. Dat de burgemeester zoveel bevoegdheden heeft om verstoringen van het openbare leven tegen te gaan, maakt hem tegelijk kwetsbaar als hij van die bevoegdheden te weinig of een verkeerd gebruik maakt, zoals diverse (inmiddels opgestapte) burgemeesters hebben ervaren.

Met de taak de openbare orde te handhaven, hangt nog een aantal andere taken en bevoegdheden samen. De burgemeester heeft het opperbevel bij brand (art. 173) en is belast met het toezicht op openbare samenkomsten en vermakelijkheden (art. 174). Vooral het toezicht van de burgemeester op horeca-inrichtingen en evenementen is in de praktijk erg belangrijk. Ten aanzien van de bevelen en regelingen die de burgemeester uitvoert, is hij (en niet het college) bevoegd tot het treffen van bestuurlijke sancties.

Aan de burgemeester kunnen door het college collegetaken worden toebedeeld; hij is immers lid van het college. Voor zover het die taken betreft, oefent hij *namens het college* bevoegdheden uit op dezelfde wijze als een wethouder dat doet. In verreweg de meeste gemeenten beschikt de burgemeester aldus feitelijk over veel meer bevoegdheden (al zijn dat niet allemaal eigen bevoegdheden) dan de door de wet aan hem toegekende bevoegdheden.

Ontwikkelingen

De klassieke gemeente wordt in haar bestaan bedreigd. Enerzijds is er sprake, zowel binnen Nederland (zie 5.6) als in Europees verband, van regiovorming die de betekenis van de afzonderlijke gemeente doet afnemen. Een voorbeeld

---

25 Zie uitgebreid M.A.D.W. de Jong e.a., *Het gebruik van de gemeentelijke noodbevoegdheden*, Zwolle: W.E.J. Tjeenk Willink 1994.

26 Ministerie van Binnenlandse Zaken en Koninkrijkrelaties, *notitie Burgemeester en Veiligheid*, 8 april 2009.

27 *Stb.* 2008, 484. Over de veranderende rol van de burgemeester op het gebied van openbare orde en veiligheid, zie onder meer A.B. Engberts en H.G.M. Cornelissen, 'Swiebertje en Superman; de burgemeester en zijn taak in de openbare orde en veiligheid', *Justitiële verkenningen* 2010, nr. 3, jrg. 36, p. 73-85 en H.J.B. Sackers, 'De burgemeester als veiligheidsbaas', *Justitiële verkenningen* 2010, nr. 3, jrg. 36, p. 86-98, alsmede H.J.B. Sackers, *Herder, hoeder en handhaver, de burgemeester in het bestuurlijke sanctierecht* (oratie), Radboud Universiteit Nijmegen 2010.

28 Ingevoerd bij de Wet Maatregelen bestrijding voetbalvandalisme en ernstige overlast, *Stb.* 2010, 325.

hiervan zijn de veiligheidsregio's, die niet gebaseerd zijn op vrijwillige samenwerking tussen gemeenten en volgens sommigen daarom doen denken aan een nieuwe, zelfstandige bestuurslaag.[29] Ook de oprichting van de regionale uitvoeringsdiensten of omgevingsdiensten is met de stok achter de deur van wetgeving gepaard gegaan. Daar staat tegenover de afschaffing van de WGR-plusregio's, regionale openbare lichamen met publieke taken (zie hieronder paragraaf 5.6) per 1 januari 2015.[30] Hoe dan ook zal, om bestuurskundige en democratische redenen, de gemeente als juridisch-bestuurlijke eenheid moeilijk kunnen worden gemist. Om gemeenten zo doelmatig mogelijk te kunnen laten functioneren, is een proces van gemeentelijke herindeling op gang gebracht waarbij zeer kleine gemeenten met slechts enkele duizenden inwoners verdwijnen. Was het aantal gemeenten in 1950 nog ongeveer 1000, inmiddels is dit aantal tot ruimschoots minder dan de helft daarvan gereduceerd (per 1 januari 2016: 390).

Intermezzo: BES-lichamen
Sinds 10 oktober 2010 hebben de eilanden Bonaire, Sint Eustatius en Saba, samen de BES-eilanden, de status van openbaar lichaam in de zin van art. 134 Gw. Deze gebieden zijn onderdeel van het land Nederland. De nieuwe status en inrichting van de BES-eilanden wordt geregeld in De Wet openbare lichamen Bonaire, Sint Eustatius en Saba (de WolBES),[31] de Invoeringswet openbare lichamen BES (de IBES)[32] en de Wet financiën openbare lichamen BES (de FinBES).[33] De BES-eilanden zijn geen gemeenten of provincie en wijken wat dit betreft af van de Grondwet.[34] De inrichting van de BES-lichamen is niet gelijk aan die van Nederlandse gemeenten, hoewel de WolBES wel grotendeels op de Gemeentewet is gebaseerd. De eilanden hebben de oorspronkelijke bestuursorganen behouden: een eilandsraad, een bestuurscollege en een gezaghebber. Wel is de verhouding tussen deze organen gewijzigd van een monistisch naar een dualistisch bestuursmodel.[35] Vanwege het ontbreken van een provinciale tussenlaag, is er een nieuwe bestuurlijke schakel, die belast is met het toezicht op de BES-eilanden, tussen het Rijk en de BES-eilanden ingesteld: de Rijksvertegenwoordiger.

---

29 R.J.M.H. de Greef, 'De veiligheidsregio's: verlengd lokaal bestuur of toch functioneel bestuur?', *Gst.* 2009/97; *Kamerstukken II* 2006/07, 31 117, nr. 4, p. 1.
30 *Stb.* 2014, 557 en 558.
31 *Stb.* 2010, 345. Zie voor enkele wijzigingen *Stb.* 2015, 426 en de inwerkingtreding daarvan *Stb.* 2016, 39.
32 *Stb.* 2010, 346.
33 *Stb.* 2010, 365.
34 L. Rogier, 'De inlijving van Bonaire, Sint Eustatius en Saba bij Nederland', *NJB* 2008, p. 2587-2588 en E.B. Pronk, 'Constitutionele aspecten bij de staatkundige hervorming van het Koninkrijk', *TvCR* 2010/1, p. 61-68.
35 E.B. Pronk, 'Constitutionele aspecten bij de staatkundige hervorming van het Koninkrijk', *TvCR* 2010/1, p. 66.

Ondanks dat de BES-lichamen nu deel zijn van Nederland, blijven ingevolge art. 2 IBES veel Antilliaanse wetten voorlopig van toepassing.[36] Nederlandse wetgeving daarentegen is slechts van toepassing voor zover dit uitdrukkelijk bij wettelijk voorschrift is bepaald. Zo verklaart art. 3 IBES grote delen van de Awb, met name het bestuursprocesrecht uit de hoofdstukken 6, 7 en 8, buiten toepassing voor de BES-lichamen.[37] Evenals gemeenten en provincies bepalen de BES-lichamen hun eigen huishouding (autonomie), maar kan van hen ook medewerking bij de uitvoering van hogere wetten worden gevorderd (medebewind). Hiermee hebben de eilanden hun autonomie op grond van de voormalige Eilandenregeling Nederlandse Antillen verloren (art. 1).[38]

5.4 De provincie

Organisatie

De organisatie van het provinciale bestuur, geregeld in de Provinciewet, is vergelijkbaar met die in gemeenten. De vaste organen[39] zijn provinciale staten (PS), gedeputeerde staten (GS) en de commissaris van de Koning (CdK). De Wet dualisering provinciebestuur heeft voor soortgelijke veranderingen in de rolverdeling tussen de organen gezorgd als bij de gemeente.

Het ledental van PS varieert naar inwonertal van de provincie van 39 tot 55. Het aantal gedeputeerden bedraagt ten minste 3 en ten hoogste 7 (bij vervulling in deeltijd 9). Zie art. 8 en art. 35a Provinciewet.

PS worden eens in de vier jaar door de bevolking gekozen en benoemen de gedeputeerden. Gedeputeerden leggen, individueel en gezamenlijk, aan PS verantwoording af (art. 167 Provinciewet) en kunnen door PS worden ontslagen (art. 49). Ook de CdK moet verantwoording afleggen (art. 179), maar kan niet door PS worden ontslagen. Evenals de burgemeester maakt de CdK enerzijds deel uit van een college (GS), anderzijds is hij een zelfstandig orgaan. Ook hij heeft een dubbele positie: als onderdeel van GS is hij duidelijk een provinciefunctionaris, als afzonderlijk orgaan is hij tevens rijksorgaan. Hij wordt door de regering bij koninklijk besluit benoemd en ontslagen (art. 61 en art. 61b Provinciewet), kan besluiten van andere provinciale organen bij de desbetreffende minister ter vernietiging voordragen (art. 266 Provinciewet) en speelt ten behoeve van de regering een toezichthoudende rol jegens besluiten van de

36 Namelijk de wetten die zijn opgenomen in de bijlage bij de IBES.

37 Volgens sommigen zorgt dit voor ongelijkheid binnen het Nederlandse Koninkrijk:L. Ling Ket On en N. Verheij, 'Bestuursrecht op de BES', *RegelMaat* 2009/1, p. 37-38.

38 *Stb.* 1951, 64.

39 Behalve de genoemde organen kunnen commissies worden ingesteld, door PS en GS (art. 81-82 Provinciewet). Voorts heeft elke provincie ook een secretaris en een griffier, die wat positie en taken betreft te vergelijken zijn met de gelijknamige functionarissen op gemeentelijk niveau. Ten slotte heeft ook de provincie een rekenkamer dan wel wordt de rekenkamerfunctie op andere wijze uitgeoefend.

burgemeesters in zijn provincie (zie art. 181 Provinciewet). De CdK adviseert de regering over de benoeming van burgemeesters (art. 61 en art. 61a Gemeentewet). Voor de CdK is voorts bij amvb een ambtsinstructie vastgesteld, waaruit nogmaals blijkt, onder meer door de taak de regering op allerlei terreinen te adviseren, dat de CdK tevens rijksorgaan is.

Taken en bevoegdheden

De provincie is wellicht de minst tot de verbeelding sprekende bestuurslaag, maar verricht een aantal belangrijke taken. Die liggen onder meer op de gebieden van het milieu, de ruimtelijke ordening, het vervoer en de economie.

Op hoofdlijnen is de verdeling van bevoegdheden in provincies dezelfde als in gemeenten. *Provinciale staten* zijn de provinciale wetgever (art. 143 en art. 145 Provinciewet). Ze stellen verordeningen vast in autonomie en medebewind. Hetgeen over de grenzen van de verordenende bevoegdheid van de gemeenteraad is gezegd, geldt hier ook (behalve ten aanzien van de zijgrens). Een bijzondere bevoegdheid van PS betreft de instelling en reglementering van waterschappen (art. 2 Waterschapswet). PS stellen de begroting vast, op voorstel van GS (art. 194-195 Provinciewet) alsmede een aantal belangrijke plannen, zoals het provinciaal milieubeleidsplan (art. 4.9 Wm). Zij oefenen voorts politieke controle uit op GS en de CdK.

Het *college van gedeputeerde staten* is het dagelijks bestuur. GS zorgen voor voorbereiding en uitvoering van de besluiten van PS. Onder de oude WRO hadden GS belangrijke bevoegdheden in de sfeer van de ruimtelijke ordening. In de huidige Wro berusten de provinciale bevoegdheden primair bij PS (vaststellen structuurvisies en inpassingsplannen (een soort provinciale bestemmingsplannen), vaststellen van provinciale ruimtelijke verordening ex art. 4.1. Wro, maar zijn GS nog wel bevoegd tot het geven van aanwijzingen in concrete gevallen (voor bestemmingsplannen ingevolge art. 4.2 Wro en voor het wijzigen/intrekken van omgevingsvergunningen ingevolge art. 2.29 lid 1 Wabo). In bij amvb aangewezen gevallen betreffende projecten van provinciaal belang zijn GS bevoegd gezag voor omgevingsvergunningen (art. 2.4 lid 2 Wabo). In de gevallen waarin zij bevoegd gezag zijn voor een van de samenstellende delen daarvan, bijvoorbeeld het milieudeel van de omgevingsvergunning (art. 2.4 lid 2 Wabo juncto art. 3.3 en art. 3.4 Bor), zijn ze bevoegd voor de gehele omgevingsvergunning (ook ten aanzien van het bouwen en het kappen van bomen bijvoorbeeld). Bovendien geldt onder de Wabo 'eens bevoegd gezag, altijd bevoegd gezag' (art. 2.4. lid 5 Wabo). Dus wanneer voor een bedrijf dat vanwege de milieugevolgen onder het gezag van GS valt later een (bouw)omgevingsvergunning wordt gevraagd, moeten GS op de aanvraag beslissen. Zij zullen dan vermoedelijk wel de gemeentelijke expertise nodig hebben en om advies vragen (art. 2.26 Wabo). Voor een aantal activiteiten waarvoor het gemeentebestuur bevoegd gezag is, heeft het college van GS ten aanzien van het milieudeel van de vergunning belangrijke zeggenschap in de vorm van een verklaring van geen bedenkingen (vvgb) (art. 6.7 Bor). Zonder zo'n verklaring mag de omgevingsvergunning niet worden verleend. Een vergelijkbare situatie doet zich voor in gevallen waarin de Natuurbeschermingswetvergunning onderdeel uitmaakt van ('aanhaakt bij') de omgevingsvergunning; ook dan is een vvgb van GS nodig.

In de meeste gevallen berust ook de bevoegdheid tot toepassing van de bestuursdwang- en de dwangsombevoegdheid bij GS.

De *commissaris van de Koning* is voorzitter van PS (maar geen lid: art. 67 Provinciewet). Hij vertegenwoordigt de provincie in en buiten rechte (art. 176). Anders dan de burgemeester heeft hij geen algemene openbare-ordebevoegdheden, maar wel in het kader van bijzondere omstandigheden als evacuaties bij (dreigende) rampen, bij ernstige luchtverontreiniging e.d.; zie o.a. de Wet veiligheidsregio's en de Wet inzake de luchtverontreiniging. Ook heeft hij de bevoegdheid gemeentelijke noodverordeningen te schorsen; zie art. 176 lid 6 Gemeentewet.

5.5 Het waterschap

Waterschappen zijn de oudste bestuurlijke eenheden in Nederland.[40] De strijd tegen het water maakte een zekere bestuurlijke organisatie op dit terrein al vele eeuwen geleden noodzakelijk. Maar ook midden jaren negentig nog hebben enkele hoogwaterperioden het belang van een goede waterkering aangetoond. De klimaatverandering maakt grotere waterproblemen in de toekomst waarschijnlijk. Niet alleen overvloedige regenval trouwens, maar ook langdurige droogte kan, zo bleek in 2003, voor problemen zorgen: de droogte maakt de dijken zwak; op enkele plaatsen kwam het tot een doorbraak. De waterkering en de waterhuishouding vormen de elementen van wat de *waterkwantiteitszorg* wordt genoemd. Het gaat er daarbij, eenvoudig gezegd, om er door middel van sluizen, gemalen, dammen en dijken voor te zorgen dat er op de juiste plekken niet te veel en niet te weinig water is. Daarnaast is er de *waterkwaliteitszorg* die erop gericht is het water in openbare wateren te zuiveren om een ecologisch en met het oog op de gezondheid goede waterkwaliteit te bereiken. Deze taak is geregeld in de Waterwet. Deze wet strekt er mede toe uitvoering te geven aan de Europese Kaderrichtlijn water, die de lidstaten heeft gedwongen tot de nodige reorganisaties van hun waterbeheer. De Waterwet is evenals de Wabo een integratiewet, waardoor voor de meeste activiteiten op het gebied van water nog maar één vergunning vereist is: de watervergunning (art. 6.2 Waterwet). Daarnaast bevat de Waterwet een heffingsstelsel (art. 7.1. e.v.) dat uitsluitend van toepassing is op lozingen direct op het oppervlaktewater (en dus niet op indirecte lozingen via het rioolstelsel).

40 Zie over verleden, heden en toekomst van het waterschap de veelomvattende studie van Herman Havekes, *Functioneel decentraal waterbestuur: borging, bescherming en beweging*, diss. Utrecht 2009.

In de casus over boer Van der Weide komt het waterschap even aan de orde. Daar is met name van belang dat het waterschapsbestuur ook bevoegdheden tot handhaving heeft inzake overtreding van bij of krachtens de Waterwet gestelde voorschriften. De op grond van die wet te verlenen vergunning moet worden onderscheiden van de omgevingsvergunning die (sommige) bedrijven moeten hebben, op grond van de Wabo, voor indirecte lozingen op het oppervlaktewater. De Waterwet zal te zijner tijd, met de Wabo, opgaan in de Omgevingswet.

Evenals bij gemeenten is er bij waterschappen sprake van een bestuurlijke schaalvergroting. Er zijn nog 23 waterschappen, waarvan er zes de naam hoogheemraadschap hebben. In 1955 waren er nog bijna 2500 waterschappen!

De bestuurlijke organisatie van de waterschappen is geregeld in de Waterschapswet. Er is in elk waterschap een algemeen bestuur, een dagelijks bestuur en een voorzitter (soms dijkgraaf genoemd). De leden van het algemeen bestuur worden (sinds 2015) eens in de vier jaar gekozen door de ingezetenen van het waterschap, op dezelfde dag als de provinciale staten worden gekozen. De leden van het dagelijks bestuur worden door het algemeen bestuur benoemd en ontslagen (art. 41); alleen de voorzitter wordt bij KB benoemd en ontslagen (art. 46). Het bevoegdhedenstramien dat we bij gemeenten en provincies tegenkwamen, is ook hier aanwezig. Het algemeen bestuur maakt de verordeningen, het dagelijks bestuur verzorgt de voorbereiding en de uitvoering van besluiten van het algemeen bestuur, de voorzitter zit beide besturen voor en vertegenwoordigt het waterschap in en buiten rechte. Voorzitter en dagelijks bestuur zijn verantwoording verschuldigd aan het algemeen bestuur.

5.6 Samenwerkingsvormen

De *Wet gemeenschappelijke regelingen* (Wgr) biedt de (specifieke) grondslag voor juridisch bindende samenwerkingsafspraken tussen verschillende openbare lichamen. Deze afspraken of gemeenschappelijke regelingen kunnen daarom worden gekwalificeerd als publiekrechtelijke overeenkomsten. Dergelijke overeenkomsten kunnen worden gesloten bijvoorbeeld tussen gemeenten onderling of provincies onderling, maar ook tussen een of meer provincies, een of meer gemeenten en een of meer waterschappen tezamen.

Een bekend voorbeeld van hechte samenwerking op milieugebied tussen de provincie Zuid-Holland en vijftien gemeenten is DCMR Milieudienst Rijnmond, die onder meer handhavingstoezicht uitoefent en omgevingsvergunningen en handhavingsbesluiten voorbereidt. Zie ook de regionale omgevingsdienst in de casus, waarin gemeenten met een waterschap samenwerken. Denkbaar is dat aan het bestuur van zo'n dienst door de deelnemende overheden bevoegdheden worden gedelegeerd, maar veelal blijft het bij de uitvoering van feitelijke handelingen (toezicht) en de voorbereiding van besluiten. Na een zorgvuldige voorbereiding door zo'n dienst, heeft het bevoegde gezag bestuurlijk en juridisch gezien echter wel iets uit te leggen wanneer het anders wil beslissen dan de dienst voorstelt. Er is inmiddels sprake van een landsdekkend stelsel van omgevingsdiensten die op het terrein van het omgevingsrecht (maar voorlopig nog vooral het milieurecht) naar het voorbeeld van de boven bedoelde diensten opereren. Ook werken vele gemeenten door middel van gemeenschappelijke regelingen samen bij uiteenlopende activiteiten als vuilnisophaal, brandweer en vervoer van scholieren. Niet louter op vrijwilligheid berustende samenwerkingsverbanden zijn de veiligheidsregio's. Een voorbeeld van een gemeenschappelijke regeling waaraan op rijksniveau wordt deelgenomen, samen met de provincie Noord-Holland, een waterschap (het hoogheemraadschap Rijnland) en een aantal gemeenten, is de Gemeenschappelijke regeling Schadeschap Luchthaven Schiphol.

Van belang is vooral de Wgr-samenwerking tussen gemeenten. Zogeheten 'Wgr-regio's' kunnen bestuurlijk een factor van belang vormen, vooral wanneer door de deelnemende gemeentebesturen bevoegdheden worden gedelegeerd aan een gemeenschappelijk orgaan of aan een door de deelnemers opgericht openbaar lichaam (art. 8 en art. 10 Wgr). Dergelijke samenwerkingsverbanden kennen slechts een indirecte en daardoor zwakke democratische legitimatie. Tot het treffen van een gemeenschappelijke regeling kunnen gemeenten, op verzoek van een of meer van die gemeenten, door GS worden verplicht indien een zwaarwegend openbaar belang dat vereist (art. 99 e.v. Wgr). Zelfs kan zo nodig een kant en klare gemeenschappelijke regeling worden opgelegd, in beginsel door GS of de regering. De Wgr bevat ook een hoofdstuk (XIA) dat handelt over gemeenschappelijke regelingen tussen de BES-eilanden.

5.7 Openbare lichamen voor beroep en bedrijf

Van de voormalige (in 2015 grotendeels opgeheven) publiekrechtelijke bedrijfsorganisatie (PBO) resteert alleen de Sociaal-Economische Raad (SER), waarvan taken en bevoegdheden thans zijn geregeld in de Wet op de Sociaal-Economische Raad, welke wet haar grondslag vindt in art. 134 Grondwet. De Raad heeft tot taak de regering te adviseren over sociaaleconomische vraagstukken, maar ook om 'een het algemeen belang dienende werkzaamheid van het bedrijfsleven te bevorderen' (art. 2).

De SER is een openbaar lichaam, met rechtspersoonlijkheid, maar – en dat is bijzonder – tevens een bestuursorgaan; de SER is bevoegd verordeningen te maken.[41] Het bekendst is de SER evenwel vanwege zijn taak de regering te adviseren.

Voorts zijn er de openbare lichamen voor beroep. Dat zijn er zes, waaronder de Koninklijke Beroepsorganisatie van Gerechtsdeurwaarders, de Koninklijke Notariële Beroepsorganisatie en de Nederlandse Orde van Advocaten. Deze

41 De rechtspersoonlijkheid volgt daarom al uit art. 2:1 BW, maar de wetgever heeft in art. 1 lid 3 Wet op de Sociaal-Economische Raad (voor de zekerheid) nog eens met zo veel woorden bepaald dat de SER rechtspersoon is.

organisaties hebben alle rechtspersoonlijkheid; aan hun organen komen diverse bevoegdheden, waaronder de verordenende bevoegdheid, toe die ze uitoefenen jegens de onder die organisaties vallende beroepsbeoefenaren.[42]

5.8 Zelfstandige bestuursorganen

In het voorgaande ging het over bestuursorganen die tot een openbaar lichaam behoren en waarop binnen dat openbaar lichaam door een of meer andere organen controle wordt uitgeoefend. Er zijn echter ook meer dan honderd zogenaamde zelfstandige bestuursorganen (zbo's).[43] In art. 1 Kaderwet zelfstandige bestuursorganen wordt onder zelfstandig bestuursorgaan verstaan: een bestuursorgaan van de centrale overheid dat bij de wet, krachtens de wet bij algemene maatregel van bestuur of krachtens de wet bij ministeriële regeling met openbaar gezag is bekleed, en dat niet hiërarchisch ondergeschikt is aan een minister. Het zijn dus organen die een bestuurstaak verrichten, op het niveau van de centrale overheid, maar die niet in een hiërarchische relatie staan tot een minister en daardoor geen directe bestuurlijke en democratische controle kennen. Ze worden gekenmerkt door een zelfstandige taakuitoefening. Veelal hebben ze daartoe ook publiekrechtelijke bevoegdheden, maar dat hoeft niet. Ook het bezit van eigen rechtspersoonlijkheid is geen vereiste om van een zbo te kunnen spreken. De Kaderwet beoogt het functioneren van de vele zbo's te normeren en te stroomlijnen, maar biedt ook een handvat voor beslissingen om dergelijke organen wel of niet in het leven te roepen.

Van de zbo's met rechtspersoonlijkheid hebben sommige die langs publiekrechtelijke weg verkregen, zoals de Pensioen- en Uitkeringsraad, die een aantal bijzondere pensioen- en uitkeringswetten uitvoert, en het Bureau Beheer landbouwgronden, dat een rol speelt bij grondtransacties van het rijk. Andere zbo's hebben hun rechtspersoonlijkheid van privaatrechtelijke oorsprong, zoals de stichting Autoriteit Financiële Markten (AFM), de N.V. De Nederlandsche Bank, de Stichting Nederlands Letterenfonds en de Stichting Waarborgfonds Motorverkeer. Andere zbo's hebben geen (eigen) rechtspersoonlijkheid (zoals het College bescherming persoonsgegevens, dat toeziet op de naleving van de Wet bescherming persoonsgegevens; dit college wordt ingevolge art. 51 lid 4 Wbp sinds 1 januari aangeduid als Autoriteit persoonsgegevens); de rechtspersoon Staat is aansprakelijk wanneer ze onrechtmatig schade veroorzaken.

Er zijn nog talrijke andere voorbeelden van zbo's te geven. Hier volgt een kleine selectie: het Commissariaat voor de Media (dat toeziet op de juiste uitvoering van de mediawetgeving en boeten kan opleggen voor overtreding van de reclameregels), de Nederlandse Zorgautoriteit en het College voor Zorgverzekeringen (die taken

42 De rechtspersoonlijkheid ontlenen ze (reeds) aan art. 2:1 BW. Aan de Nederlandse Orde van Advocaten kent art. 17 Advocatenwet nog eens rechtspersoonlijkheid toe. Ook hier is dat (evenals bij de SER) dus overbodig. Merkwaardig is dat art. 60 Wet op het notarisambt dan weer niet zo'n bepaling kent.

43 Per 1 januari 2016 waren er 108 zbo's, waarvan twintig zogeheten cluster-zbo's. De Kamers van Koophandel bijvoorbeeld vormen zo'n cluster en gelden in deze telling dus als één zbo; idem de gerechtsdeurwaarders en diverse keuringsinstanties.

hebben respectievelijk ten aanzien van het financiële beheer en van het toezicht in het kader van het zorgstelsel), de Sociale Verzekeringsbank (die kinderbijslag en AOW-uitkeringen verstrekt), de Dienst voor het kadaster en de openbare registers (dat onder meer bijhoudt waar perceelsgrenzen lopen en wie de eigenaren van de onroerende zaken zijn), de Huurcommissie die bindend (!) adviseert bij huurgeschillen, de Raad voor rechtsbijstand en het Centraal Orgaan opvang asielzoekers.

Ook op decentraal niveau zou men van zbo's kunnen spreken, maar veel auteurs reserveren, evenals de Kaderwet zelfstandige bestuursorganen, de term zbo voor het rijksniveau. In feite zijn er op lokaal en provinciaal niveau ook organen die min of meer zelfstandig functioneren en hooguit indirect democratisch kunnen worden gecontroleerd. Het gaat om de zogenaamde functionele commissies als bedoeld in art. 82 e.v. Gemeentewet en art. 80 e.v. Provinciewet. Wel is het zo dat de gemeenteraad en provinciale staten een zekere controle en invloed kunnen uitoefenen op het werk van deze commissies, maar ook bij landelijke zbo's is een zekere mate van controle mogelijk (via benoeming van bestuursleden, goedkeuring van statuten e.d.). Het gaat ook daar niet, zeker niet per se, om 100% zelfstandigheid.[44]

In hoofdstuk 3 is ten aanzien van bestuursorganen in de zin van de Awb een onderscheid gemaakt tussen a-organen en b-organen. Zijn zbo's nu altijd bestuursorganen in de zin van de Awb en zo ja, zijn het dan a-organen of b-organen? Zbo's zijn, gezien de definitie die art. 1 Kaderwet geeft, altijd bestuursorganen in de zin van de Awb. Sommige zbo's zijn a-organen, namelijk als ze hetzij bij wet rechtspersoonlijkheid hebben verkregen, hetzij een orgaan van de rechtspersoon Staat zijn. Sommige zbo's zijn b-organen, namelijk wanneer ze privaatrechtelijk zijn opgericht en publiekrechtelijke bevoegdheden hebben.

Belangrijker misschien is dat de invalshoek bij de vraag of een orgaan een a- of b-orgaan is heel verschillend is van die bij de vraag of we wel of niet met een zbo te doen hebben. Of een instantie een a-orgaan of b-orgaan is, is van belang voor de vraag in hoeverre de Awb van toepassing is. Bij de zbo's gaat het om het gezichtspunt van de bestuurlijke en politieke controle. De reden om, in het algemeen en ook in dit boek, aandacht te besteden aan zbo's is, dat ze juist met het oog op die controle enigszins problematisch zijn. Wanneer een orgaan op rijksniveau niet hiërarchisch onder de minister valt, kan noch het parlement, noch enige andere bestuurlijke of vertegenwoordigende instantie, dat orgaan volledig ter verantwoording roepen.[45] Hooguit kan de Tweede Kamer, als zij erg ontevreden is over de werkzaamheden van zo'n orgaan, de minister vragen een

44 Zie uitgebreid S.E. Zijlstra, *Zelfstandige bestuursorganen in een democratische rechtsstaat*, Den Haag: VUGA 1997.

45 Er kunnen wettelijk wel toezichtsconstructies worden gemaakt, maar die kunnen de zelfstandigheid niet wezenlijk aantasten; dan zou immers niet meer van een zelfstandig bestuursorgaan sprake zijn.

wetswijziging voor te bereiden (of zelf een initiatiefwet maken) die een grotere controle mogelijk maakt (al blijft ook dan de zelfstandigheid intact) of het orgaan zelfs doet verdwijnen, maar dat is wel een uiterst middel.

De vraag rijst waarom er eigenlijk zbo's zijn als de bestuurlijke en vooral de democratische controle daarop zo beperkt zijn. Dat heeft te maken met bestuurskundige inzichten. Veel taken, vooral taken die een nogal technisch karakter hebben en dus betrekkelijk weinig politiek gevoelig zijn, lenen zich voor een zekere mate van verzelfstandiging. Enerzijds kan het zelfstandige orgaan op het behaalde resultaat worden 'afgerekend' en kan het zich niet verschuilen achter procedures. Anderzijds kan het zijn taak verrichten zonder zich om andere taken te hoeven bekommeren. Wanneer alles in één organisatie gebeurt (een ministerie bijvoorbeeld), moet het belang van een taak steeds worden afgewogen tegen dat van andere taken. Door het werken met steeds meer zbo's (maar ook door privatisering en decentralisatie) zouden de ministeries aanzienlijk kleiner kunnen worden; het zouden 'kerndepartementen' zijn waar alleen nog het beleid wordt gemaakt, over de hoofdlijnen waarvan politieke discussies zouden kunnen worden gevoerd tussen minister en parlement. Dat was ooit een bestuurskundig vergezicht, maar in werkelijkheid is het niet zo gegaan. Het aantal zbo's is inmiddels zelfs aan het afnemen. Omdat ook zbo's wel eens dingen (moeten) doen die politieke implicaties hebben, blijft hun uit democratisch oogpunt zwakke positie een punt van zorg.

5.9 Bestuurlijk toezicht

Zoals in de inleiding van dit hoofdstuk werd gesteld, is er een zekere mate van toezicht nodig om te voorkomen dat de decentrale delen van het staatsbestel een te zelfstandige koers volgen, waardoor het beleid van de rijksoverheid zou kunnen worden gefrustreerd en de ongelijke behandeling van burgers in Nederland ontoelaatbare vormen zou kunnen aannemen. Ook is toezicht soms nodig om provinciaal beleid te waarborgen. In deze paragraaf worden de belangrijkste vormen van toezicht van hogere bestuursorganen op besluiten van lagere bestuursorganen besproken.[46] Omdat het gaat om toezicht van de ene op de andere overheid, wordt ook wel gesproken van interbestuurlijk toezicht.

Tot het toezicht in de hier bedoelde zin behoort niet het instellen van beroep door bijvoorbeeld een inspecteur van de provincie of het Rijk tegen een besluit van een gemeentelijk bestuursorgaan. Wel kan soms ook op die manier, via de rechter, worden bereikt dat lagere overheden (uiteindelijk) handelen conform de inzichten op rijksniveau.

Dit bestuurlijk toezicht is algemeen geregeld in titel 10.2 Awb. Onderscheiden moet worden tussen negatief en positief toezicht. Bij negatief toezicht wordt de werking aan een reeds genomen besluit onthouden dan wel ontnomen. Negatief toezicht komt dus in twee vormen voor: preventief en repressief, ofwel vooraf en achteraf. In beide gevallen wordt iets tegengehouden (de werking van een

46 Niet ingegaan wordt dus op het toezicht op het handelen van personen, zoals de maatregelen die mogelijk zijn jegens corrupte gezagsdragers.

besluit). Bij positief toezicht wordt een bevel gegeven tot het nemen van een besluit (met een bepaalde inhoud) of neemt het toezichthoudende orgaan plaatsvervangend het besluit dat door het onder toezicht staande orgaan had moeten worden genomen.

Preventief toezicht

De bekendste vorm van preventief toezicht is *goedkeuring*. Het vereiste van goedkeuring wordt in diverse wetten gesteld. Het houdt in dat een genomen besluit pas in werking treedt nadat het door een ander, in de wet aangewezen, orgaan is goedgekeurd. Een bekend voorbeeld is de goedkeuring van de gemeentelijke begroting door GS (art. 203 Gemeentewet). Er is wel een streven om het preventieve toezicht zo veel mogelijk terug te dringen, zowel in het kader van decentralisatie als van het terugdringen van bestuurlijke lasten.

Raadsbesluiten worden door B en W voorbereid. In de praktijk wordt, als de raad akkoord gaat met het voorstel, wel gezegd dat hij dit goedkeurt. Dit is echter geen goedkeuring in de bovenbedoelde, juridische betekenis. Het is immers de raad zelf die het besluit neemt.

Goedkeuring heeft een sterk alles-of-niets-karakter. Aan een goedkeuringsbesluit kunnen geen voorwaarden worden verbonden, goedkeuring kan niet voor bepaalde tijd worden verleend en een goedkeuringsbesluit kan niet worden ingetrokken.[47] Wel kan goedkeuring gedeeltelijk worden verleend, doch alleen indien aard en inhoud van het besluit zich daartegen niet verzetten (art. 10:29 Awb).[48]

Een andere vorm van preventief toezicht is de *verklaring van geen bedenkingen*. Deze verschilt in zoverre van goedkeuring dat toestemming wordt gegeven voor een nog te nemen besluit, waarvan de inhoud nog niet 100% hoeft vast te staan. Een voorbeeld (voor diverse categorieën gevallen) treffen we aan in art. 2.27 Wabo juncto § 6.2 Bor. Op de verklaring van geen bedenkingen is, vanwege de grote gelijkenis met goedkeuring, afdeling 10.2.1 Awb van overeenkomstige toepassing verklaard (art. 10:32 Awb).

Repressief toezicht

Repressief toezicht komt in twee bevoegdheden tot uitdrukking: vernietiging en schorsing van een besluit door een bestuursorgaan. Deze vormen zijn geregeld in de afdelingen 10.2.2 en 10.2.3 Awb. Door vernietiging wordt de werking aan

47 Zo was het niet mogelijk om goedkeuring te onthouden aan een zinsnede in een bestemmingsplanvoorschrift, die bij een herziening ongewijzigd is gebleven en oorspronkelijk wel was goedgekeurd. Dit zou neerkomen op een intrekking van die goedkeuring. Zie ABRvS 4 augustus 2010, ECLI:NL:RVS:2010:BN3146. Inmiddels zijn bestemmingsplannen niet meer aan goedkeuring onderhevig.

48 Zo was het gedeeltelijk goedkeuren van een plandeel niet toegestaan als de bijbehorende plankaart wel wordt goedgekeurd, omdat hierdoor het niet goedgekeurde deel toch in werking treedt (ABRvS 3 november 2010, ECLI:NL:RVS:2010:BO2739).

een besluit ontnomen. De vernietigingsbevoegdheid kan alleen bij wet worden verleend (delegatie is dus niet toegestaan). In de hiervoor besproken organieke wetten komen diverse bepalingen voor die een vernietigingsbevoegdheid toekennen. Zie bijvoorbeeld art. 268 Gemeentewet en art. 156 Waterschapswet. Een besluit kan door de regering worden vernietigd wegens strijd met het recht of het algemeen belang (art. 10:35 Awb). Uit de laatste vernietigingsgrond blijkt goed het bestuurlijke karakter van de vernietiging in het kader van het toezicht. Vernietiging door de rechter daarentegen (in beroep) kan alleen wegens strijd met het recht plaatsvinden.

Dit neemt niet weg dat een bestuurlijke vernietiging op grond van strijd met het algemeen belang wel goed moet zijn gemotiveerd en dat zo'n besluit niet zonder meer bestand is tegen rechterlijke toetsing. (Tegen het vernietigings-KB staat beroep open.)[49] Zo sneuvelden twee nogal politiek gevoelige vernietigingsbesluiten: de vernietiging van een bepaling van de Limburgse provinciale milieuverordening (door welke bepaling het kappen van bossen in Schinveld ten behoeve van een NAVO-basis werd bemoeilijkt) en de vernietiging van het besluit van de provincie Noord-Holland, enkele gemeenten en enkele andere openbare lichamen tot het vorderen van beslaglegging op gelden van de IJslandse bank Landsbanki (in verband met het faillissement van die bank). In beide gevallen vond de Afdeling bestuursrechtspraak van de Raad van State dat onvoldoende was aangetoond dat de vernietigde besluiten in strijd met het algemeen belang waren genomen.[50] Andere voorbeelden van bestuurlijke vernietiging bieden de KB's inzake de in diverse APV's van Veluwse gemeenten opgenomen vloekverboden[51] wegens overschrijding van de benedengrens en het KB inzake de vernietiging van de Amsterdamse referendumverordening[52] vanwege het feit dat de raad daarin zijn beslissingsbevoegdheid feitelijk uit handen gaf. Het KB inzake de vernietiging van de Amsterdamse referendumverordening werd echter in beroep door de Afdeling vernietigd. De Afdeling vond dat de raad zijn primaat niet uit handen had gegeven doordat het slechts om een raadgevend referendum ging.[53]

In de casus aan het begin van dit hoofdstuk is sprake van een ten onrechte verleende (bouw)omgevingsvergunning. Wanneer de beroepstermijn al zou zijn verstreken, waardoor een beroep van een belanghebbende bij de rechter niet-ontvankelijk zou zijn, kan via de bestuurlijke vernietiging alsnog aan de omgevingsvergunning een halt worden toegeroepen. Dat is (onder het oude recht) gebeurd met twee bouwvergunningen voor villa's in de gemeente Valkenswaard.[54] Van een geruchtmakende spontane *schorsing* was sprake in december 2005 ten aanzien van enkele besluiten van het gemeentebestuur van Haarlemmermeer, naar aanleiding van de brand in het cellencomplex op Schiphol-Oost. Tegen een schorsings-KB staat, anders dan tegen een vernietigings-KB, geen beroep open bij de bestuursrechter.[55]

---

49 Zie art. 281a Gemeentewet, waarin een uitzondering wordt gemaakt op art. 8:4 Awb.

50 Zie ABRvS 23 januari 2008, *Gst.* 7290/21 m.nt. J.M.H.F. Teunissen en ABRvS 22 april 2009, ECLI:NL:RVS:2009:BI1842.

51 Onder meer KB 5 juni 1986, *AB* 1986/569.

52 KB 17 oktober 1996, *Gst.* 7047/4.

53 ABRvS 5 maart 1998, *Gst.* 7077/3 m.nt. B.

54 Zie daarover F.C.M.A. Michiels, 'Spontane vernietiging van bouwvergunningen', *AAe* 2003, jrg. 52, afl. 3, p. 196-202.

55 Zie uitgebreid over de hele zaak L.J.A. Damen, 'Minister van Justitie Donner rechter in eigen zaak?', *AAe* 2006, p. 300-308.

Vernietiging heeft terugwerkende kracht: het besluit wordt geacht nooit te hebben bestaan. In zijn val sleept het vernietigde besluit ook de rechtsgevolgen die het heeft gehad mee. Omdat dit soms ongewenst is in het kader van de rechtszekerheid voor derden, kan in het vernietigingsbesluit worden bepaald dat de rechtsgevolgen geheel of gedeeltelijk in stand blijven.

In sommige gevallen is niet meteen duidelijk of een besluit moet worden vernietigd. Om te voorkomen dat een later te vernietigen besluit ongewenste gevolgen heeft, kan het tijdelijk (voor ten hoogste een jaar) worden geschorst (art. 10:43 en art. 10:44 Awb). Omdat vernietiging en schorsing als hier bedoeld niet, zoals in de rechtspraak, plaatsvinden in het kader van een procedure, wordt gesproken van 'spontane' vernietiging en schorsing.

De bevoegdheid tot vernietiging was lange tijd een ultimum remedium. Met de inwerkingtreding van de Wet revitalisering generiek toezicht (Wrgt) in 2012 (waarbij de Gemeentewet en de Provinciewet zijn gewijzigd) zijn veel specifieke toezichtsbevoegdheden geschrapt, waarbij de gedachte was dat waar 'van hogerhand' bestuurlijk moest worden ingegrepen, dit primair met de klassieke toezichtsvormen schorsing en vernietiging zou moeten gebeuren. Deze repressieve toezichtsvormen zijn echter alleen bruikbaar als er een besluit is genomen, niet wanneer een orgaan *verzuimt* een besluit te nemen. Daarom is er ook een algemene regeling voor positief toezicht gekomen (zie hierna). In het kader van de gewenste revitalisering van het algemene repressieve toezicht heeft de regering een nieuw (bekritiseerd[56]) Beleidskader schorsing en vernietiging vastgesteld.[57]

Positief toezicht

Bij positief toezicht geeft een orgaan een ander orgaan de opdracht of aanwijzing hetzij een besluit te nemen hetzij een besluit een bepaalde inhoud te geven. Een andere verschijningsvorm is dat het toezichthoudende orgaan een indeplaatsstellingsbesluit neemt. Soms wordt het geven van een aanwijzing wettelijk aangeduid als het doen van een uitnodiging, maar in de regel bestaat er geen beleidsvrijheid om aan die uitnodiging geen gehoor te geven, zodat in feite van een bevel sprake is. Art. 3.13 en art. 3.20 Wabo kennen de Minister van I&M en GS enkele bevoegdheden toe in de sfeer van het positieve toezicht op het vlak van het omgevingsrecht. Met de inwerkingtreding van de Wrgt zijn, zoals gezegd, veel specifieke toezichtsbevoegdheden afgeschaft. Omdat in sommige gevallen een directere vorm van bestuurlijk toezicht niet kon worden gemist, is aan de hiervoor behandelde repressieve toezichtsvormen (en nog hier en daar bestaande aanwijzingsbevoegdheden) de bevoegdheid tot indeplaatsstelling toegevoegd. Daarbij neemt het hogere orgaan in een concreet

56 Zie bijvoorbeeld S.A.J. Munneke, 'Kroniek bestuurlijk organisatierecht', *Gst.* 2011/8, die meent dat het beleidskader beleid noch kader biedt.
57 *Kamerstukken II* 2009/10, 32 389, nr. 5.

geval de besluitbevoegdheid over van het lagere orgaan, inclusief de bijbehorende uitvoeringsbevoegdheden, al krijgt het lagere orgaan wel eerst een termijn waarbinnen het alsnog het ingrijpen door het toezichthoudende orgaan kan voorkomen. Zie art. 124a tot en met art. 124h Gemeentewet en art. 121a tot en met art. 121f Provinciewet. Deze regeling is van toepassing op gevallen waarin het lagere orgaan verzuimt een door medebewindswetgeving gevorderd besluit te nemen, maar ook op gevallen waarin het orgaan verzuimt handhavend op te treden. Van een meer op afstand stellen van het toezichthoudende orgaan lijkt aldus geen sprake.[58]

De Wet NErpe biedt de mogelijkheid om naleving van Europees recht door decentrale bestuurslagen af te dwingen. Zie daarover reeds het slot van 5.1.

58 Zie uitgebreid Ine van Haaren-Dresens e.a. (red.), *Interbestuurlijk toezicht*, Publicaties van de Staatsrechtkring nr. 16, Nijmegen: WLP 2011 alsmede Lex Michiels, De rol van het provinciebestuur bij de handhaving van het ruimtelijk bestuursrecht, in: Peter van Buuren e.a. (red.), *Toonbeelden*, Deventer: Kluwer 2013, p. 77-89.

HOOFDSTUK 6

Normen voor bestuurlijk handelen

6.1 Inleiding; een casus

Nu in de voorgaande hoofdstukken is behandeld hoe Nederland bestuurlijk-juridisch is georganiseerd en welke instanties welke bevoegdheden en rechten hebben, is vervolgens van belang welke normen gelden voor de uitoefening van die bevoegdheden en rechten. Daarbij wordt een onderscheid gemaakt tussen geschreven en ongeschreven recht en wordt ingegaan op de verhouding tussen die twee soorten recht (6.2). De Algemene wet bestuursrecht speelt ook bij dit onderwerp een belangrijke rol. Diverse voorheen ongeschreven normen zijn in de Awb opgenomen. De toepasselijkheid van die normen verschilt naargelang er sprake is van een besluit of een andere handeling; bij besluiten is bovendien van belang om welk type besluit het gaat. Ook het al dan niet zijn ingediend van een aanvraag en het al dan niet aanwezig zijn van een of meer belanghebbenden is van belang voor de toepasselijkheid van bepaalde normen (6.3). De nadruk ligt in dit hoofdstuk, zoals dat ook in het bestuursrecht zelf het geval is, op normen voor besluiten. Die zijn achtereenvolgens onderverdeeld in normen voor de voorbereiding, de inhoud, de inrichting en de kennisgeving van besluiten (6.4 t/m 6.7).[1] Besloten wordt met een paragraaf over de normen voor het gebruik dat de overheid maakt van haar privaatrechtelijke rechten. Deze normen hebben overigens vooral het karakter van grenzen die aan het gebruik van bedoelde rechten zijn gesteld.

De zaak van de gereserveerde parkeerplaats
Nelis de Wit, woonachtig te Centrumstad, is 73 jaar. Hij is al geruime tijd slecht ter been en brengt het grootste deel van de dag in huis door. Soms gaat hij uit wandelen, maar veel verder dan de hoek van de straat komt hij niet. Hij kan gelukkig nog wel autorijden en pal voor zijn woning kan hij parkeren dankzij de sinds januari 2000 voor hem van gemeentewege gereserveerde parkeerplaats, waarvoor jaarlijks een vergunning wordt afgegeven. Op een verzoek om reservering wordt beslist op grond van de parkeerverordening van Centrumstad. In

1 In dit hoofdstuk wordt niet afzonderlijk ingegaan op de bevoegdheid tot het nemen van besluiten (de 'bevoegdheidsnorm'), niet omdat dit een onbelangrijk onderwerp zou zijn, maar omdat dit onderwerp reeds in 2.2 en 4.5 aan de orde is gekomen.

de verordening staat dat aanvragen uiterlijk op 15 november van het jaar voorafgaande aan het jaar waarvoor de reservering geldt, moeten worden ingediend. Een termijn waarbinnen B en W moeten beslissen, is niet vermeld. Als criteria voor toewijzing zijn vermeld het niet in staat zijn meer dan 100 meter te lopen en het in de regel niet beschikbaar zijn van parkeergelegenheid binnen 100 meter van de woning van de aanvrager.

Nadat Nelis de Wit op 5 oktober 2015 de gebruikelijke aanvraag om verlenging, voorzien van een medische verklaring en gegevens over de plaatselijke parkeersituatie, heeft ingediend, blijft het van de kant van de gemeente onheilspellend stil. De jaarwisseling nadert intussen. Nelis, enigszins ongerust, belt half december naar het gemeentehuis om te vragen waar de vergunning voor 2016 blijft. De Bruin, ambtenaar van de Afdeling Verkeer, zegt dat De Wit niet zo moet zeuren en gewoon zijn beurt moet afwachten; De Bruin heeft wel belangrijker zaken aan zijn hoofd. Op 14 januari 2016 krijgt De Wit een brief van B en W waarin hem wordt medegedeeld dat de aanvraag is afgewezen. De reden daarvoor is dat De Wit niet aan de twee strenge criteria voldoet die al sinds 1994 in Centrumstad gelden: hij kan nog lopen (zij het zeer moeizaam) en hij woont in een straat waar voldoende parkeergelegenheid is. Tegen de beslissing kan De Wit een bezwaarschrift indienen, zo wordt onderaan de brief nog hoopgevend opgemerkt.

Nelis is geschokt. Zestien jaar lang heeft hij, terecht naar zijn mening, kunnen profiteren van een eigen parkeerplaats die hij nu plotseling kwijtraakt, hetgeen voor hem veel overlast meebrengt. Blaauw, die verderop in de straat woont, heeft wel een parkeerplaats voor zijn deur toegewezen gekregen, terwijl die nota bene over een invalidenwagentje beschikt. De Wit voelt zich daarom ook nog eens ongelijk behandeld. En dan de manier waarop hij door zo'n De Bruin werd afgebekt!

Deze casus[2] roept een aantal vragen op. Had het gemeentebestuur niet eerder een beslissing moeten nemen? Hebben B en W hun besluit wel zorgvuldig voorbereid? Had De Wit bijvoorbeeld niet moeten worden gehoord? Deugen de criteria voor toewijzing wel? Waarom kreeg De Wit in het verleden wel elk jaar een parkeerplaats en nu ineens niet meer? Is niet inmiddels sprake van een verworven recht? Is gehandeld in strijd met de te betrachten gelijkheid? Wat te denken van het gedrag van De Bruin? Deze vragen, waarop het antwoord uit het vervolg van dit hoofdstuk zal blijken, betreffen alle de normen die gelden voor het handelen van het openbaar bestuur, in dit geval het gemeentebestuur. Juist omdat bestuursorganen vaak zo veel en ingrijpende bevoegdheden hebben,

2 De casus vormt een mengeling en bewerking van twee gevallen die in de praktijk hebben gespeeld. Zie Vz ABRvS 27 september 1994, *AB* 1995/5 en ABRvS 13 augustus 1996, *AB* 1996/427 m.nt. P.J. Stolk. Een vergelijkbaar geval biedt ABRvS 12 december 2001, *AB* 2002/126 m.nt. A.T. Marseille.

simpel gezegd: dingen mogen doen die burgers niet mogen, is het noodzakelijk dat er specifieke normen voor hun handelen gelden. Die worden in dit hoofdstuk besproken.[3]

6.2 Geschreven en ongeschreven recht

6.2.1 Normen in het geschreven recht

In 2.3 is een overzicht gegeven van het (hiërarchische) stelsel van het geschreven recht. Daarin zijn tal van normen te vinden die het bestuur bij zijn handelen in acht moet nemen. Van groot belang voor de normering van het bestuurlijke handelen is de Awb.

Hoofdstuk 2 Awb bevat normen die gelden voor het verkeer tussen burgers en bestuursorganen. Dat wil zeggen dat deze normen gelden voor alle mogelijke handelingen van het bestuur jegens burgers. Het gaat, kort gezegd, om de plicht onjuist geadresseerde stukken door te zenden naar het bevoegde orgaan dan wel deze stukken terug te zenden naar de afzender (art. 2:3), het verbod van vooringenomenheid (art. 2:4), inhoudend dat er geen (schijn van) belangenverstrengeling mag zijn tussen openbare, door het bestuur te behartigen belangen en andere belangen van bestuurders of ambtenaren, de plicht tot geheimhouding van vertrouwelijke gegevens (art. 2:5) en het in bepaalde gevallen toestaan van het gebruik van de Friese taal in het rechtsverkeer en het verkeer langs elektronische weg (afdelingen 2.2 en 2.3).

Hoofdstuk 3 Awb bevat normen voor besluiten, zij het dat op sommige besluiten niet heel hoofdstuk 3 van toepassing is (zie 6.3.1). In hoofdstuk 4 Awb zijn vervolgens specifieke normen te vinden voor bepaalde typen besluiten (beschikkingen, subsidies, beleidsregels alsmede voor besluiten (en andere handelingen) in het kader van geldschulden aan en van de overheid). Hoofdstuk 5 bevat normen inzake handhavingstoezicht en handhavingsbesluiten. De hoofdstukken 6 en 7 kennen vele normen voor het bestuurlijk handelen in de bezwaarprocedure en het administratief beroep, hoofdstuk 8 bevat enkele verplichtingen voor bestuursorganen in de fase van het beroep bij de rechter, terwijl hoofdstuk 9 normen geeft voor een behoorlijke behandeling van klachten. De normen in hoofdstuk 10 Awb, voor de wijze waarop bevoegdheden kunnen worden overgedragen en voor de uitoefening van het bestuurlijk toezicht, kwamen hiervoor, in de hoofdstukken 4 en 5, al aan bod. Aan de voor het bestuur geldende normen, opgenomen in de hoofdstukken 5 tot en met 9 Awb, wordt in de hoofdstukken 7 en 8 van dit boek aandacht besteed. Op de normen van de hoofdstukken 3 en 4 Awb wordt in het vervolg van dit hoofdstuk uitgebreid ingegaan.

Ook andere wetten en amvb's bevatten uiteraard normen voor het bestuur. Soms zijn die inhoudelijk van aard. Zie bijvoorbeeld de vele gedragsnormen in de Wet bescherming persoonsgegevens. Veelal echter hebben normen in bestuursrechtelijke wetten een sterk procedureel/organisatorisch karakter.

---

3 Incidenteel komen ook normen voor burgers aan de orde, namelijk wanneer dergelijke normen onverbrekelijk zijn verbonden met normen voor de overheid, zoals bij afdeling 4.1.1 Awb.

Zo verplicht art. 3.1 Wro de gemeenteraad ertoe voor het grondgebied van de (gehele) gemeente bestemmingsplannen vast te stellen; verderop in de wet worden vele voorschriften gegeven waaraan B en W en gemeenteraad zich bij de voorbereiding en de vaststelling van bestemmingsplannen moeten houden. De Wob staat vol van verplichtingen voor bestuursorganen over de manier waarop openbaarheid moet worden betracht. Art. 2.10 Wabo verplicht tot het weigeren van een omgevingsvergunning voor het bouwen wanneer er een in de wet vermelde weigeringsgrond is. Maar welke bestemmingen er in een bestemmingsplan moeten worden opgenomen, welke concrete informatie openbaar moet worden gemaakt en voor welk bouwplan geen vergunning mag worden verleend, zeggen de verschillende wetten niet. Zij kunnen dat, vanwege hun algemene karakter, ook niet zeggen.

Ook decentrale bestuursrechtelijke regelgeving kan normen voor het bestuur bevatten, maar bevat vooral normen voor de burger, zoals verboden behoudens vergunning voor het exploiteren van horeca-inrichtingen en het organiseren van evenementen.

6.2.2 Het belang van het ongeschreven recht

Niet al het bestuursrecht is in wetten en andere besluiten neergelegd. Er is ook ongeschreven bestuursrecht. Aanvankelijk was het bestuursrecht vooral ongeschreven recht. Toen er nog maar weinig bestuursrechtelijke wetten en nog nauwelijks bestuursrechtelijke instanties waren, is al wel de overtuiging ontstaan dat de bestuurlijke overheid zich behoorlijk zou moeten gedragen ten opzichte van haar burgers. De 'algemene beginselen van behoorlijk bestuur' zijn primair gevonden en ontwikkeld door de gewone rechter, in het bijzonder de Hoge Raad, bij gebreke van een behoorlijk stelsel van bestuursrechtspraak. Deze beginselen waren aanvankelijk zelfs geheel rechtersrecht; ze kwamen in de wet niet voor. Later werden ze als groep, dus zonder dat afzonderlijke beginselen werden genoemd, in enkele wetten als toetsingsgrond voor rechtsbescherming verlenende instanties opgenomen: bestuursorganen mochten niet handelen in strijd met algemene beginselen van behoorlijk bestuur.

Dat waren achtereenvolgens de Wet administratieve rechtspraak bedrijfsorganisatie (1954), de Wet Beroep administratieve beschikkingen (1963), de Wet administratieve rechtspraak overheidsbeschikkingen (1976) en de Tijdelijke wet Kroongeschillen (1988). Deze wetten zijn allemaal vervallen. Thans bepaalt art. 8:77 lid 2 Awb dat in de uitspraak van de bestuursrechter, bij gegrondverklaring van het beroep, wordt vermeld welke geschreven of ongeschreven rechtsregel of welk algemeen rechtsbeginsel geschonden wordt geacht.

Dat beginselen van behoorlijk bestuur slechts als toetsingsgrond werden vermeld, neemt niet weg dat ze van meet af aan primair een richtsnoer voor het bestuurlijke handelen vormden. Inmiddels zijn enkele beginselen in wettelijke regels uitgewerkt, in het bijzonder in de Awb. Zo is het motiveringsbeginsel uitgewerkt in afdeling 3.7 Awb. Ongeschreven recht is aldus geschreven recht geworden. Is een besluit niet deugdelijk gemotiveerd, dan kan men weliswaar nog steeds zeggen dat het motiverings*beginsel* geschonden is – want dat beginsel is niet verdwenen – maar het besluit is in de eerste plaats in strijd met de wet, casu quo met het motiverings*vereiste* van art. 3:46 Awb.

Niet alle beginselen zijn in geschreven recht omgezet. Voor de hand ligt de vraag waarom dat niet is gebeurd. Wordt het niet eens tijd al dat ongeschreven recht op te schrijven? Het antwoord op deze vraag is niet zo gemakkelijk te geven als de vraagstelling suggereert. Sommige beginselen zijn moeilijk te vertalen of uit te werken in heldere, concrete regels. Het kan dan verstandiger zijn de ontwikkeling van die beginselen voorlopig nog maar aan de rechtspraak over te laten en ze eventueel pas te codificeren wanneer ze daar rijp voor zijn.

Niet in de Awb opgenomen zijn het gelijkheidsbeginsel en het vertrouwensbeginsel. In de casus over de parkeerplaats spelen beide beginselen een rol. De Wit meent dat hij ten onrechte anders wordt behandeld dan iemand verderop in zijn straat (ongelijk behandelen van gelijke gevallen) en dat hem na zoveel jaar niet opeens een reservering kan worden geweigerd (hij mocht erop vertrouwen dat de situatie zou blijven zoals die al lange tijd was). Of De Wit het juridische gelijk hierbij aan zijn zijde heeft, zullen we nog moeten bezien. Zie respectievelijk 6.5.4 en 6.5.6.

De moeilijkheid van het omzetten van ongeschreven beginselen in duidelijke, wettelijke voorschriften doet zich in nog grotere mate voor in het EU-recht. Volstaan wordt hier met erop te wijzen dat de meeste in het Nederlandse bestuursrecht bekende beginselen ook in het EU-recht zijn erkend, waarbij de *kern* van die beginselen in het EU-recht een vergelijkbare inhoud heeft. In de uitwerking zijn er per beginsel grotere of kleinere verschillen. Een tamelijk grote overeenkomst tussen een Nederlands beginsel en het Europese equivalent bestaat er bijvoorbeeld ten aanzien van de inhoud van het evenredigheidsbeginsel.[4] Het vertrouwensbeginsel daarentegen kent in het EU-recht een beperktere reikwijdte dan in het Nederlandse recht. Zo accepteert het Hof van Justitie EU onder geen beding een contra-legem-werking (zie hierna) van het vertrouwensbeginsel.[5] Andere EU-rechtelijke beginselen van behoorlijk bestuur zijn het gelijkheidsbeginsel, het rechtszekerheidsbeginsel, het verdedigingsbeginsel (waartoe o.a. de hoorplicht behoort) en het motiveringsbeginsel. Voor veel van deze beginselen geldt, dat de specifieke toepassingen ervan in de rechtspraak van het Hof van Justitie EU tot nu toe niet altijd even sterk doorwerken in de Nederlandse rechtspraktijk.[6]

Er zijn twee soorten ongeschreven normen voor het bestuurlijk handelen. Tot de rechtmatigheidsnormen behoren de 'beginselen van behoorlijk bestuur'. Hoewel in deze term het woord 'behoorlijk' zit, zijn deze beginselen echte rechtmatigheidsnormen. Daarnaast zijn er normen waaraan een fatsoenlijke,

4 Zie Adrienne de Moor-van Vugt, *Maten en gewichten*, Deventer: W.E.J. Tjeenk Willink 1995. Zie bijvoorbeeld CBb 25 februari 2009, *AB* 2009/153 m.nt. R. Ortlep.

5 Zie N.A. De Vos, *Europeanisering van het vertrouwensbeginsel* (diss.), Den Haag: BJu 2011 en R.J.G.M. Widdershoven, 'De uitvoering van het gemeenschapsrecht in de lidstaten en de toepassing van het vertrouwensbeginsel', *NTB* 1994, p. 1-13. Zie ook ABRvS 24 december 2008, *AB* 2009/96 m.nt. W. den Ouden, waaruit blijkt dat ook de nationale rechter geen contra-legem werking (zie hierover 6.2.3) mag aannemen als hij EU-recht toepast. Zie meer in het algemeen over de beginselen van behoorlijk bestuur in het EU-recht J.H. Jans e.a., *Inleiding tot het Europees bestuursrecht*, derde druk, Nijmegen: Ars Aequi Libri 2011.

6 Zie Jans e.a.

behoorlijke (!) overheid zich houdt, zonder dat schending van die normen een vernietiging door de bestuursrechter kan opleveren of tot civielrechtelijke aansprakelijkheid leidt. Het tonen van onvoldoende dienstvaardigheid jegens burgers of het onbeleefd behandelen van burgers is onbehoorlijk, maar niet onrechtmatig. Die fatsoensnormen (waarover meer in 6.2.5) behoren in zekere zin wel tot het rechtssysteem, in die zin dat de Nationale of andere (bijvoorbeeld gemeentelijke) ombudsman een rapport kan opstellen over dat onbehoorlijke gedrag en aanbevelingen kan doen voor verbetering. Een en ander is geregeld in hoofdstuk 9 Awb (zie uitgebreider 8.9.2).

6.2.3 De verhouding tussen geschreven en ongeschreven recht

Onderscheid
Het onderscheid tussen geschreven en ongeschreven recht is niet zo scherp als het lijkt. Hiervóór zagen we al dat ongeschreven recht soms overgaat in geschreven recht. Andersom moet geschreven recht vaak worden uitgelegd door de rechter. Uit het geheel van rechterlijke uitspraken kunnen dan soms weer aanvullende regels worden afgeleid, die ongeschreven zijn. Anders gezegd: tussen wettelijke regels en niet in de wet neergelegde interpretaties en beginselen bevindt zich de rechtspraak als kenbron van recht, die een verbinding vormt tussen het geschreven en het ongeschreven recht.

Aanvullende werking van het ongeschreven recht
Geschreven en ongeschreven recht gaan vaak hand in hand. Veel bevoegdheden hebben een min of meer vrij karakter. Dat wil zeggen dat de wet niet precies zegt in welke gevallen welke beslissing moet worden genomen. De ruimte die door de wetgever wordt overgelaten, wordt dan voor een deel opgevuld door ongeschreven recht. Zo kan een toezegging ertoe leiden dat een orgaan een subsidie, tot het geven waarvan het op grond van de subsidieregeling niet verplicht was, moet verlenen wegens het door de toezegging gewekte vertrouwen.

> In de zaak van Nelis de Wit is sprake van criteria in de verordening, aan de hand waarvan B en W een beslissing nemen. Wanneer de verordening bepaalt, dat B en W een parkeervergunning *kunnen* weigeren wanneer niet aan die criteria is voldaan, zouden ze, op grond van het ongeschreven vertrouwensbeginsel, zonder bezwaar de parkeervergunning kunnen en wellicht moeten toewijzen. Maar hoe ligt het wanneer de verordening bepaalt dat de toewijzing *slechts* plaatsvindt indien aan de criteria is voldaan en Nelis niet aan de criteria voldoet? Wat gaat dan voor: het geschreven recht (de verordening) of het ongeschreven recht (het vertrouwensbeginsel)?

Uitgangspunt: voorrang voor het geschreven recht
Rechtszekerheid is een groot goed. Burgers moeten weten waar ze aan toe zijn, waartoe overheden hen kunnen verplichten etc. Daaruit volgt dat het geschreven recht in beginsel voorrang heeft, dat wil zeggen dat een verbindende wettelijke regel in een individueel geval in beginsel moet worden toegepast ook al

zou het ongeschreven recht zich daartegen verzetten. Rechtszekerheid is echter geen absolute waarde. De toepassing van het recht moet, als het even kan, ook tot billijke resultaten leiden. Rechtszekerheid en billijkheid kunnen evenwel botsen. Een botsing kan zich voordoen bij gebonden bevoegdheden, dus wanneer rechtstreeks uit de wet valt af te leiden welke beslissing in een concreet geval moet worden genomen en zo'n beslissing in een concreet geval onbillijk is. Dat dit wel eens gebeurt, is niet verwonderlijk, want de wetgever kan niet alle bijzondere omstandigheden in concrete gevallen voorzien. In beginsel gaat de wet niettemin voor. Schending van een beginsel van behoorlijk bestuur moet dan voor lief worden genomen. Dit is uit een oogpunt van rechtszekerheid minder erg dan schending van de wet. Men moet op de wet kunnen afgaan. Toch is deze benadering niet altijd bevredigend. Vooral bij 'harde' toezeggingen zou het toch wel heel vervelend zijn als de overheid daaraan niet kan worden gehouden. Bovendien is bestuurlijk handelen in strijd met de wet niet altijd even bezwaarlijk, met name niet wanneer er geen belangen van derden in het spel zijn. Daarom meent de rechter dat, in gevallen waarin het gaat om financiële verstrekkingen en soms ook in procedurele kwesties, bij wijze van uitzondering, in overeenstemming met een rechtsbeginsel, maar in strijd met de wet ('contra legem') moet worden gehandeld.

De belastingkamer van de Hoge Raad is van mening 'dat onder omstandigheden strikte toepassing van de wet, waaruit de belastingschuld rechtstreeks voortvloeit, in die mate in strijd kan komen met een of meer beginselen van behoorlijk bestuur, dat die toepassing achterwege dient te blijven.'[7] Ook andere rechters menen dat in beperkte mate toepassing van bevoegdheden contra legem mogelijk is.[8]

In de zaak van Nelis de Wit is noch sprake van een financiële aangelegenheid, noch van een procedurele kwestie. Wanneer de bevoegdheid tot toewijzing van de parkeerplaats gebonden is geformuleerd, zal Nelis dus naar alle waarschijnlijkheid geen plaats kunnen krijgen wanneer hij niet aan alle criteria voldoet, niettegenstaande het verleden. Contra legem handelen zou hier bovendien belangen van derden (kunnen) schaden.

Toetsing van wetten aan ongeschreven recht

Tegen wetten (in materiële zin) staat geen beroep open. Toch kan de bestuursrechter, in het kader van een beroep tegen een besluit dat op een wettelijke regeling is gebaseerd, wel voor de vraag komen te staan of die regeling onrechtmatig en daardoor onverbindend is. Ook de burgerlijke rechter kan, in het kader van een onrechtmatigedaadsactie tegen vaststelling van een regeling, worden geroepen een oordeel over de rechtmatigheid van een regeling te geven. Mag de rechter (een bepaling in) die regeling dan onverbindend achten wegens strijd met

7 HR 12 april 1978, *NJ* 1979/533 m.nt. M.W. Scheltema. Zie recenter HR 25 september 2009, *AB* 2010/12 m.nt. R. Ortlep, *Gst.* 2010/29 m.nt. R.J.B. Schutgens, over het, contra-legem, niet mogen doorberekenen van heffingsrente door een belastinginspecteur die veroorzaakt is door traagheid van de Belastingdienst zelf. Dit zou strijd opleveren met het zorgvuldigheidsbeginsel.

8 Zie reeds CRvB 18 februari 1975, *AB* 1975/243 m.nt. J.R. Stellinga (betaling sociale premies) en ARRvS 10 januari 1991, *AB* 1992/69 m.nt. I.C. van der Vlies (overschrijding dwingende aanvraagtermijn in gemeentelijke subsidieverordening).

het ongeschreven recht? Voor lagere regelgeving, dat wil zeggen alle wetten in materiële zin, niet zijnde wetten in formele zin, is een dergelijke toetsing toegestaan.[9] Wetten in formele zin mogen niet aan het ongeschreven recht worden getoetst. Een reden daarvoor is dat die wetten ook niet aan de Grondwet mogen worden getoetst. Zou toetsing aan het ongeschreven recht wel mogelijk zijn, dan zou het ongeschreven recht in feite boven de Grondwet worden gesteld.[10]

6.2.4 *Beleidsvrijheid en beoordelingsvrijheid*

Zoals reeds in 4.2.1, 4.2.4 en 6.2.3 aan de orde kwam, zijn er vrije en gebonden bevoegdheden.

> Dit is een schematische indeling. In de praktijk zijn de meeste bevoegdheden min of meer vrij. Ze zijn zelden geheel gebonden, maar in die zin ook nooit helemaal vrij, dat ze altijd binnen de grenzen van het geschreven en ongeschreven recht moeten worden uitgeoefend. Die vrijheid is dus betrekkelijk; zie 4.2.1.

De wetgever geeft een orgaan vrijheid wanneer dat voor het nemen van een goede beslissing in een concreet geval nodig is. Die vrijheid komt in twee vormen voor: beleidsvrijheid en beoordelingsvrijheid.[11] Van *beleidsvrijheid* is sprake wanneer de wet niet aangeeft wanneer een bevoegdheid tot een positieve of negatieve toepassing moet leiden. Zo *kan* het college van B en W ex art. 5.2 lid 3 sub b van de model-APV[12] ontheffing verlenen van het verbod voor autohandelaren om de weg als werkplaats voor voertuigen te gebruiken. De wet, in dit geval de (model-)APV, zegt niet dat het in bepaalde gevallen moet en ook niet dat het in andere gevallen niet mag. Men spreekt daarom wel van 'kan-bepalingen'. Er is voor het orgaan een zekere ruimte waarbinnen kan worden gekozen. De gemaakte keuze moet wel goed zijn gemotiveerd. Dat kan worden bereikt door duidelijke criteria te hanteren aan de hand waarvan de keuze in het concrete geval wordt gemaakt. De rechter toetst het gebruik van 'vrije' bevoegdheden met een zekere terughoudendheid in die zin dat hij niet heeft uit te maken of

---

9 HR 16 mei 1986, *AB* 1986/574 m.nt. P.J.J. van Buuren (Landbouwvliegers). Ook andere rechters achten bedoelde toetsing toelaatbaar. Zie bijvoorbeeld ABRvS 27 juli 2005, *Gst.* 7241/183 (toetsing van een gemeentelijke verordening aan 'het verbod van willekeur' ofwel art. 3:4 Awb). Opgemerkt zij nog wel dat de toelaatbaarheid van de toetsing enigszins verschilt per beginsel van behoorlijk bestuur.

10 Zie bijvoorbeeld HR 20 maart 2009, *JB* 2009/108 m.nt. J.M.H.F. Teunissen, *NJ* 2009/233 m.nt. M.R. Mok, r.o. 3.5.2. Hier werd uitgemaakt dat het toetsingverbod van art. 120 Gw er ook aan in de weg staat dat er op grond van algemene rechtsbeginselen schadevergoeding wordt toegekend wegens rechtmatige of onrechtmatige wetgeving.

11 Zie uitgebreider F.C.M.A. Michiels, 'Beleidsvrijheid of beoordelingsvrijheid?', *AAe* 1998, p. 893-900.

12 De model-APV is geen echte APV, maar bevat een tekst voor een APV die grotendeels door de gemeenten in hun eigen APV is overgenomen, met hier en daar invullingen en kleine afwijkingen.

hij het ook zo zou hebben gedaan, doch slechts of het orgaan, alle in aanmerking komende belangen afwegend, heeft voldaan aan de maatstaf van art. 3:4 Awb en derhalve van zijn bevoegdheid op deze wijze in redelijkheid gebruik heeft kunnen maken. Dit is wel een toetsing aan het recht, maar waar het recht keuzevrijheid laat, moet de rechter die respecteren.

Let wel: dit heeft alleen betrekking op het gebruik van de beleidsvrijheid binnen de grenzen van art. 3:4 Awb. Voor het *terughoudend* toetsen of het besluit in overeenstemming met (andere) wettelijke bepalingen of ongeschreven recht is, bestaat geen enkele aanleiding. Ook het vaststellen van (in de procedure betwiste) feiten dient in beginsel zonder terughoudendheid te gebeuren. Dit neemt niet weg dat de rechter soms afhankelijk is van wat partijen aandragen en vooral van rapporten van deskundigen. Dan is hij tot op zekere hoogte gedwongen om enige afstand te bewaren. In de literatuur wordt de bestuursrechter wel opgeroepen om indringender, minder terughoudend te toetsen dan hij nu zou doen. Op dit vraagstuk wordt aan het eind van 8.5.1 nader ingegaan.

Van *beoordelingsvrijheid* is sprake wanneer de wet een vage term of norm bevat die in de praktijk moet worden gepreciseerd, waartoe het orgaan een zekere vrijheid krijgt. In de wettelijke bepaling zijn dan soms de woorden 'naar het oordeel van' toegevoegd, maar noodzakelijk is dat niet. De wetgever laat het aan de bestuurlijke wijsheid over te beoordelen of bepaalde feiten of situaties onder de term of norm dienen te vallen.[13]

Zo kan de bewegingsvrijheid van een patiënt in een psychiatrisch ziekenhuis worden beperkt (o.a.) indien *naar het oordeel van de voor de behandeling verantwoordelijke persoon* van de uitoefening van het recht op bewegingsvrijheid ernstige nadelige gevolgen voor de gezondheidstoestand van de patiënt moeten worden gevreesd (art. 40 lid 3 Wet BOPZ).

Er is nog een subtiel onderscheid tussen beoordelings*ruimte* en beoordelings*vrijheid*. Dat een wettelijke term vaag is bijvoorbeeld, kan als oorzaak hebben dat de wetgever het orgaan een zekere vrijheid van handelen wil geven, maar ook dat de wetgever niet in staat is een meer exacte aanduiding te geven. In beide gevallen is er een zekere beoordelingsruimte, maar in het tweede geval is niet bedoeld het orgaan vrijheid te geven. Het verschil is van belang voor de rechterlijke toetsing. Wanneer de wetgever het orgaan een zekere beoordelings*vrijheid* geeft, moet de rechter het gebruik van de bevoegdheid met een zekere terughoudendheid toetsen; het gaat er niet om of hij precies hetzelfde zou hebben geoordeeld als het bestuursorgaan, maar of het oordeel van het orgaan niet onredelijk kan worden genoemd. Is door de wetgever niet beoogd het orgaan

13 De termen beoordelingsvrijheid en beleidsvrijheid komt men in deze betekenis ook in de jurisprudentie tegen. Zie reeds ABRvS 28 april 2004, *JB* 2004/236 m.nt. F.A.M. Stroink Dat gebeurt echter niet altijd correct. Zie bijvoorbeeld ABRvS 11 april 2007, *AB* 2007/153 m.nt. L.J.A. Damen. Zie ook de annotaties over dit onderscheid van Damen bij een 25-tal uitspraken in *AB* 2012, afl. 31, 32 en 35 t/m 38.

vrijheid te geven (maar wel ruimte), dan kan de rechter volledig toetsen, d.w.z. dat hij zijn oordeel in de plaats stelt van dat van het bestuursorgaan. Uit de bewoordingen of de strekking van de wetsbepaling moet worden opgemaakt wat de wetgever heeft beoogd.

In veel gevallen echter zal de invulling die het bestuursorgaan aan de wettelijke term geeft, zijn vastgelegd in beleidsregels. Wanneer de wetgever heeft beoogd beoordelingsruimte te geven en de beleidsregels ter invulling daarvan niet onredelijk zijn, zal deze uitleg door de bestuursrechter als uitgangspunt worden genomen. Zo overweegt de Afdeling in een uitspraak over het doelmatig gebruik van een haven als volgt: '[...] komt het college bij het beantwoorden van de vraag of het doelmatig gebruik van de haven zich tegen vergunningverlening verzet [...] beoordelingsruimte toe. De bestuursrechter dient die norm, indien toegepast, uit te leggen en daarbij de invulling die het college daaraan geeft tot uitgangspunt te nemen. Voor de bestuursrechter moet daarom inzichtelijk zijn wat het college onder een doelmatig gebruik van de haven verstaat en in welke gevallen het vergunningverlening daarmee in strijd acht. [...] Met de voorzieningenrechter is de Afdeling van oordeel dat het college in redelijkheid is kunnen komen tot de hiervoor weergegeven invulling die het heeft gegeven aan de norm "een doelmatig gebruik van de haven".'[14] In deze uitspraak heeft de Afdeling kennelijk het oog op beoordelingsvrijheid en niet op 'gebonden beoordelingsruimte'.

Beleidsvrijheid en (al dan niet vrije) beoordelingsruimte vormen samen de bestuurlijke beslissingsruimte. Ze kunnen ook gecombineerd in één bepaling voorkomen.

Dit bleek al uit art. 40 Wet BOPZ. Indien bepaalde gevolgen naar het oordeel van de behandelende persoon worden gevreesd (beoordelingsvrijheid), *kan* de bewegingsvrijheid van de patiënt worden beperkt (het hoeft niet; beleidsvrijheid). Wellicht kunnen de gevreesde gevolgen ook op andere manieren worden voorkomen of beperkt.

Ingevolge art. 174a Gemeentewet kan de burgemeester (o.a.) een woning sluiten indien door gedragingen in de woning de openbare orde rond de woning wordt verstoord. Wanneer feitelijk sprake is van verstoring van de openbare orde, staat primair ter beoordeling van de bij uitstek daartoe geschikte functionaris, de burgemeester (beoordelingsvrijheid). Ingeval de burgemeester meent dat zo'n verstoring zich voordoet, is hij echter niet verplicht de woning te sluiten (ook andere manieren om de verstoring tegen te gaan zijn denkbaar), hij kán het. In dat opzicht heeft hij beleidsvrijheid.

Een mooi voorbeeld ook biedt een uitspraak van de Afdeling bestuursrechtspraak over een uitwegvergunning. Ingevolge art. 2.1.5.3 lid 1 aanhef en onder a Algemene plaatselijke verordening Boxtel 2004 was het verboden zonder vergunning van het college een uitweg te maken naar de weg. Ingevolge het lid 3 aanhef en onder c en d van dit artikel kon de vergunning worden geweigerd in het belang van de bescherming van het uiterlijk aanzien van de omgeving en in het belang van de bescherming van groenvoorzieningen in de gemeente. De Afdeling overwoog als volgt: 'Het verlenen van een vergunning betreft een discretionaire bevoegdheid die terughoudend moet worden getoetst. Bij de beoordeling van de vraag of de belangen van de bescherming van het uiterlijk aanzien van de omgeving en de bescherming van groenvoorzieningen in de gemeente door de uitweg in geding zijn, komt het college beoordelingsvrijheid

14 ABRvS 10 februari 2010, *AB* 2010/220 m.nt. L.J.A. Damen.

toe. Die beoordeling dient plaats te vinden naar de feitelijk bestaande situatie ten tijde van de besluitvorming. Indien het college de belangen in geding acht, dient het vervolgens, onder afweging van alle betrokken belangen, te beoordelen of dat voldoende reden is de vergunning te weigeren.'[15]

6.2.5 Fatsoensnormen

Er zijn naast rechtmatigheidsnormen ook, zoals we in 6.2.2 constateerden, fatsoensnormen. Schending daarvan is incorrect, maar niet onrechtmatig. Ze vormen een belangrijk, het recht aanvullend normenkader. Het is ook dit kader dat bij de behandeling van klachten door bestuursorganen (zie 8.9.1) en bij de toetsing door de Nationale ombudsman en de gemeentelijke (of andere) ombudsmannen (zie 8.9.2) van gedragingen van bestuursorganen een belangrijke rol speelt (maar geen exclusieve rol: de ombudsmannen toetsen óók aan rechtmatigheid). In algemene zin gaat het er om dat het bestuur de burger fatsoenlijk en correct bejegent. Te denken valt aan het aannemen van een houding gericht op samenwerking, het uit eigen beweging herstellen van ontdekte fouten, het verlenen van hulp bij het indienen van aanvragen en vooral het niet langer doen over het behandelen van aanvragen dan nodig is, het achterwege laten van grievende opmerkingen, het goed telefonisch bereikbaar zijn etc.[16]

Iemand kreeg ten gevolge van een administratieve fout een te hoge uitkering. Dat hij het te veel betaalde moest terugbetalen, was geen punt van discussie, maar het orgaan wilde het bedrag in één keer terugbetaald zien op een voor betrokkene uiterst ongelegen moment. De rechter vond het niet correct, zij het niet onrechtmatig, om met de belangen van appellant geen rekening te houden ten aanzien van het moment van terugvordering. De situatie was immers ontstaan ten gevolge van een fout aan bestuurszijde.[17] Tot een vernietiging van het besluit hoefde dit echter niet te leiden. Voor het oordeel onbehoorlijk zou in een dergelijk geval, zou een ombudsman benaderd zijn, waarschijnlijk wél plaats zijn geweest.

In de casus van de parkeerplaats is duidelijk sprake van incorrecte bejegening. Behandelend ambtenaar De Bruin zegt 'dat De Wit niet zo moet zeuren en gewoon zijn beurt moet afwachten; De Bruin heeft wel belangrijker zaken aan zijn hoofd.' Het woord zeuren is zonder meer grievend en met zijn laatste opmerking suggereert De Bruin dat de aanvraag van De Wit van weinig belang is. Voor De Wit is (toewijzing van) de aanvraag uiteraard van groot belang. Hem wordt dus het gevoel gegeven niet serieus te worden genomen. Toch zal het gedrag van De Bruin geen reden vormen voor een eventuele vernietiging van de afwijzing van de aanvraag.

---

15 ABRvS 21 november 2007, ECLI:NL:RVS:2007:BB8375.

16 Er is een discussie g evoerd over de juridisering van de fatsoensnormen, zoals het maken van openbaar excuus. Zie: A.F.M. Brenninkmeijer, 'Excuses in het openbaar bestuur', *NTB* 2010/1, p. 12-17. en de kritische reactie van N. Verheij, 'Excuus is geen recht', *NTB* 2010/3, p. 67.

17 CRvB 24 december 1986, *AB* 1987/213.

6.3 Toepasselijkheid van bestuursrechtelijke normen

Alvorens de vele geschreven en ongeschreven normen nader te bezien, moet de vraag worden beantwoord wanneer die normen van toepassing zijn. Niet op al het handelen van de overheid zijn alle normen (onverkort) van toepassing. Dat blijkt heel duidelijk uit de Awb.

6.3.1 Belang van het onderscheid tussen besluiten, beschikkingen en andere handelingen voor de toepasselijke normen

Het bestuur moet altijd rechtmatig en behoorlijk handelen. De in hoofdstuk 2 Awb opgenomen, algemene gedragsnormen zien dan ook op al het bestuurlijke handelen, dus bijvoorbeeld ook op feitelijk handelen. Dat neemt niet weg dat per type handeling gespecificeerde normen kunnen gelden.

Hoofdstuk 3 Awb heeft primair betrekking op *besluiten*, zoals de titel van dat hoofdstuk ook aangeeft. Hoofdstuk 3 gaat echter deels over minder, deels over meer dan besluiten. Op een bepaald type besluiten, algemeen verbindende voorschriften, zijn de afdelingen 3.6 en 3.7 *niet van toepassing.*[18] Voor de bekendmaking van algemeen verbindende voorschriften worden elders regels gegeven (zie daarover 6.7) en de regels voor de motivering, in afdeling 3.7, zijn niet goed toepasbaar op algemeen verbindende voorschriften. Afdeling 3.2 is op besluiten, inhoudende algemeen verbindende voorschriften, slechts van toepassing *voor zover* de aard van die besluiten zich daartegen niet verzet (art. 3:1 lid 1). Dit moet aldus worden begrepen dat weliswaar alle beginselen ook normerend zijn voor algemeen verbindende voorschriften, maar dat de rechter een terughoudender toetsing dan bij andere besluiten zal moeten verrichten, gelet op de abstracte afweging van belangen die bij het maken van dergelijke voorschriften wordt verricht.

Met art. 3:1 lid 1 Awb is door de wetgever aangesloten bij de ontwikkelingen in de rechtspraak. Enerzijds konden algemeen verbindende voorschriften worden getoetst aan rechtsbeginselen, en dus moesten ze ook kunnen worden getoetst aan de sinds 1994 in de Awb opgenomen beginselen. Anderzijds werden algemeen verbindende voorschriften niet steeds volledig aan alle beginselen getoetst. De woorden 'voor zover de aard van die besluiten zich daartegen niet verzet' laat ruimte voor verdere jurisprudentiële ontwikkelingen.

Hoofdstuk 3 gaat anderzijds over meer dan alleen besluiten. Dit blijkt uit art. 3:1 lid 2 Awb: op *andere handelingen dan besluiten* (feitelijke handelingen en privaatrechtelijke rechtshandelingen) is het grootste deel van hoofdstuk 3 van overeenkomstige toepassing, voor zover de aard van die handelingen zich daartegen niet verzet. Ook hier zijn de afdelingen 3.6 en 3.7, om voor de hand liggende redenen, uitgezonderd.

---

18 Nota bene: op wetten in formele zin is hoofdstuk 3 helemaal niet van toepassing, omdat die geen besluiten in de zin van de Awb zijn: ze zijn niet afkomstig van een bestuursorgaan (art. 1:1 lid 2 Awb).

Voor bepaalde typen besluiten kunnen, naast geheel hoofdstuk 3, andere in de Awb (of specifieke wetgeving) opgenomen normen gelden. Hoofdstuk 4 bevat bepalingen over twee typen besluiten: *beschikkingen* en *beleidsregels*.[19] De vraag of een besluit ook een beschikking is, en geen besluit van algemene strekking, is dus relevant voor de toepasselijkheid van bepaalde delen van de Awb. Zie voor het onderscheid tussen beschikkingen en besluiten van algemene strekking 4.2.1.

Onder beschikking wordt ingevolge art. 1:3 lid 2 Awb ook de afwijzing van een aanvraag van een beschikking begrepen. Een aanvraag is een verzoek van een belanghebbende een besluit te nemen. Het is dus voor de toepasselijkheid van bestuursrechtelijke normen nodig te weten wat precies onder een belanghebbende en wat onder een aanvraag moet worden verstaan.

6.3.2 De begrippen belanghebbende en aanvraag

Belanghebbende

Het begrip belanghebbende[20] is in twee opzichten van belang: voor de rechtsbescherming (doorgaans kunnen alleen belanghebbenden bezwaar en beroep instellen; zie 8.2.3) en voor de bij de totstandkoming van besluiten toepasselijke normen.

Wanneer een belanghebbende een verzoek indient een besluit te nemen, is dat een aanvraag. Op een aanvraag van een beschikking *moet* een orgaan een beslissing nemen (zie 6.4.1).[21] Ten aanzien van de procedure bepalen art. 4:7 en art. 4:8 Awb dat de aanvrager respectievelijk belanghebbenden (in een aantal situaties) moet(en) worden gehoord. Art. 3:15 bepaalt dat (in elk geval) belanghebbenden bij toepassing van afdeling 3.4 hun zienswijze over het ontwerpbesluit naar voren moeten kunnen brengen. Ingevolge art. 3:41 moeten tot hen gerichte besluiten aan hen worden toegezonden of uitgereikt. Van inhoudelijk belang zijn vooral art. 3:4 en art. 4:84 Awb, waaruit blijkt dat de belangen van een belanghebbende een belangrijke factor in de afweging van alle relevante belangen dienen te zijn.

Het is dus van groot belang te weten wat nu precies onder een belanghebbende moet worden verstaan. Dat is degene wiens belang rechtstreeks bij een besluit is betrokken (art. 1:2 Awb). Deze definitie roept, afgezien van de eerder behandelde vraag wat een besluit is, twee vragen op: om welke belangen dient het te gaan en wat betekent 'rechtstreeks' in dit verband?

19 Binnen de categorie beschikkingen geeft titel 4.2 dan nog weer verder gespecificeerde regels voor subsidiebeschikkingen en titel 4.4 voor beschikkingen in het kader van de geldschulden van en aan de overheid, zoals betalingsbeschikkingen. Dit is een mooi voorbeeld van de gelaagde structuur van de Awb.

20 Zie uitgebreid het proefschrift van J.C.A. de Poorter, *De belanghebbende*, Den Haag: BJu 2003.

21 Op een verzoek van een niet-belanghebbende hoeft geen beslissing te worden genomen. Daartoe bestaat althans geen rechtsplicht, al is het wel fatsoenlijk om een reactie te geven.

a. Het moet allereerst gaan om een *eigen belang*. De achtergrond van dit vereiste is simpel gezegd: bemoei je niet met dingen die je niet aangaan.

Wanneer Nelis de Wit het zelf niet nodig vindt, is het om redenen van respect voor de keuzes van anderen en doelmatigheid van het overheidsbestuur, niet gewenst dat de buurman voor De Wit in het juridische strijdperk treedt. Dit ligt uiteraard anders wanneer De Wit zijn buurman daartoe een machtiging verleent (art. 2:1 Awb).

b. Ten tweede moet het gaan om een *persoonlijk belang*. De belanghebbende moet zich onderscheiden van andere door het besluit getroffenen. Men spreekt daarom ook wel van het individualiseringsvereiste.

Bij verkeersbesluiten tot het afsluiten van wegen etc. zijn alleen degenen die een bijzondere binding met de weg of straat hebben belanghebbende. Denk aan degenen die daar wonen of werken, een onroerend goed bezitten, een bedrijf hebben of dit exploiteren.[22] Ook bij de aanwijzing van een veiligheidsrisicogebied (waarin op bepaalde tijdstippen preventief mag worden gefouilleerd) wordt deze lijn gevolgd.[23] Bedoelde personen onderscheiden zich van andere personen die zich wel eens in die straat of dat gebied bevinden. Iemand die eigenaar is van een pand in een straat waarin een seksinrichting wordt gevestigd, is ten aanzien van de vergunning voor die inrichting belanghebbende, ook al woont hij het grootste deel van het jaar niet zelf in zijn pand; zijn eigenaarsbelangen (denk aan de waardedaling van zijn pand) maken hem belanghebbende.[24] Radio 538 had een voldoende van andere radiostations onderscheidend belang bij handhaving van de Mediawet jegens Radio 3 FM, nu beide stations zich, anders dan andere stations, op hetzelfde publiek richten en uit dezelfde reclame-inkomstenmarkt putten.[25] Ten aanzien van bedrijven geldt meer in het algemeen dat voor het zijn van belanghebbende bij een besluit jegens een concurrent het (binnenkort gaan) werken in hetzelfde marktsegment en verzorgingsgebied bepalend is.[26] Bij vergunningen voor het kappen van bomen gelden als belanghebbenden degenen die ofwel dicht bij die bomen wonen ofwel vanuit hun woning zicht hebben op die bomen.[27] Bij andere activiteiten kan zicht eveneens een rol spelen, maar ook moet worden gekeken naar de ruimtelijke uitstraling (bijvoorbeeld toename van verkeershinder).[28]

22 Dat dit ook voor de eigenaar van een bedrijf geldt, blijkt uit ABRvS 14 september 2005, *JB* 2005/319 m.nt. R.J.N. Schlössels. Andere personen of bedrijven die van de afsluiting hinder ondervinden, onderscheiden zich in dat opzicht niet van alle anderen. Zie o.a. ABRvS 6 augustus 2003, *AB* 2004/169 m.nt. F.R. Vermeer (inzake een spoorwegafsluiting).

23 ABRvS 9 maart 2005, *AB* 2005/251 m.nt. J.G. Brouwer en A.E. Schilder. Een extra categorie vormen daar de personen die 'om een andere reden genoopt [zijn] duurzaam op gezette tijden in het gebied te verblijven'.

24 ABRvS 25 januari 2006, ECLI:NL:RVS:2006:AV0261.

25 ABRvS 18 februari 2004, *AB* 2004/113 m.nt. G.J.M. Cartigny.

26 Zie bijvoorbeeld CBb 21 maart 2006, *AB* 2006/314 m.nt. G.J.M. Cartigny en ABRvS 7 maart 2007, *JB* 2007/84. In de laatstgenoemde uitspraak werd het element van hetzelfde marktsegment zodanig bepalend geacht, dat bedrijven die in respectievelijk Lelystad en Roosendaal waren gevestigd, toch als (belanghebbende) directe concurrenten werden beschouwd. Zie voor een voorbeeld waarin geen belang als concurrent werd aangenomen ABRvS 17 juni 2015, ECLI:NL:RVS:2015:1870.

27 ABRvS 12 september 2001, *AB* 2002/172 m.nt. L.J.A. Damen, ABRvS 21 september 2007, *NJB* 2007/33, p. 2093 en (heel subtiel) ABRvS 11 januari 2012, *AB* 2012/131 m.nt. B.W.N. de Waard.

28 Zie bijvoorbeeld ABRvS 27 april 2011, *JB* 2011/142.

Bij 'milieubesluiten' moet worden bezien of de inrichting of activiteit voor betrokkene nadelige gevolgen van enige betekenis heeft.[29] Bij omgevingsvergunningen voor bouwwerken zijn daarom doorgaans de buren en andere direct omwonenden belanghebbenden. Naarmate men verder weg woont van de bouwactiviteit, zal men minder snel als belanghebbende worden aangemerkt, maar in een open gebied kan het zichtcriterium iemand die op een afstand van honderden meters woont toch nog belanghebbende maken. Waar het gaat om de aanwijzing van een bouwwerk als monument zijn omwonenden geen belanghebbenden: die aanwijzing heeft op zichzelf geen effect op de directe omgeving en ook de omwonenden onderscheiden zich derhalve niet van anderen.[30] Toen een vergunning op grond van de Kernenergiewet werd verleend aan de kerncentrale te Borssele oordeelde de Afdeling dat iemand die 130 km verderop woonde geen belanghebbende was. Degenen die binnen de in het rampenbestrijdingsplan aangegeven schuilzone van 20 km woonden, waren dat wel.[31]

c. Het belang moet voorts *objectief en actueel* zijn. Dat het belang *objectief* moet zijn, brengt mee dat het niet om een zuiver persoonlijke beleving mag gaan, bijvoorbeeld de persoonlijke smaak over het uiterlijk van een bouwwerk. Dat het belang *actueel* (of: *bepaalbaar)* moet zijn, betekent dat de gevolgen van het besluit (min of meer) zeker moeten zijn; gevolgen die zich in de toekomst heel misschien zouden kunnen voordoen, zonder dat die gevolgen op basis van betrouwbare informatie in redelijkheid kunnen worden verwacht, zijn niet actueel (bepaalbaar).

Op grond van het toenmalige art. 19 lid 1 WRO was vrijstelling van het bestemmingsplan verleend – de voorgangster van de omgevingsvergunning tot afwijking van het bestemmingsplan ex art. 2.10 lid 2 Wabo juncto art. 2.12 lid 1 sub a onder 3° Wabo – aan een Aldi-supermarkt. Tegen de vrijstelling kwam Lidl-Nederland op met het argument dat Lidl in diezelfde buurt ook een supermarkt wilde vestigen. Nu dit slechts een voornemen betrof, zonder dat reeds aanvragen voor de benodigde vergunningen waren ingediend, was niet sprake van een voldoende concreet belang bij het vrijstellingbesluit.[32] Een huurder van een woning waarvoor een vergunning ter splitsing van de eigendom in appartementsrechten is verleend, is hierbij geen belanghebbende omdat hij de woning in de toekomst wil kopen. Dit is een onvoldoende concreet en actueel belang om hem als belanghebbende aan te merken. Ook de mogelijke opzegging van de huurovereenkomst door de verhuurder is een onvoldoende zekere gebeurtenis.[33] Een goed voorbeeld is ook het geval waarin aan bedrijf A een vervoersconcessie was verleend. Bedrijf B had naar de concessie niet meegedongen. Toen de concessie aan

29 Bij milieuvergunningen oordeelde de Afdeling aanvankelijk anders en was het voor het aannemen van belang voldoende als betrokkene nadelige gevolgen (hoe gering ook) kón ondervinden. Voor evenementenvergunningen en bestemmingsplannen had zij evenwel in 2014 in een tweetal uitspraken het criterium 'gevolg van enige betekenis' toegepast. In het kader van de eenvormige toepassing van het begrip belanghebbende is de rechtspraak op dit punt gelijkgetrokken en wordt nu overal het criterium van het 'gevolg van enige betekenis' toegepast. Zie ABRvS 16 maart 2016, ECLI:NL:RVS:2016:737; in deze uitspraak wordt verwezen naar de vorenbedoelde in 2014 gedane uitspraken.

30 ABRvS 3 september 2003, *AB* 2004/205 m.nt. J.C.A. de Poorter.

31 ABRvS 13 februari 2013, ECLI:NL:RVS:2013:BZ1263.

32 ABRvS 26 januari 2005, *Gst.* 7241/187 m.nt. J.M.H.F. Teunissen.

33 ABRvS 29 december 2010, *Gst.* 2011/20 m.nt. L.J.M. Timmermans.

A met twee jaar werd verlengd, werd B bij dat besluit niet als belanghebbende aangemerkt. Het mogelijk in de toekomst meedingen naar een nieuwe vervoersconcessie maakt bedrijf B geen belanghebbende vanwege het ontbreken van een actueel belang.[34]

Opmerkelijk is dat naar het oordeel van de Afdeling de omstandigheid dat een aanvrager van een bouwvergunning (nu omgevingsvergunning) geen eigenaar is van de grond waarop hij wil bouwen, niet betekent dat hij niet als belanghebbende bij het besluit op zijn aanvraag kan worden aangemerkt. In casu ging het om een bedrijf dat bedrijfsruimte huurde op de grond van de gemeente. De gemeente had geen rol gespeeld bij het indienen van de aanvraag en was niet voornemens om aan de gewenste bouw medewerking te verlenen. Volgens de Afdeling vereist de Woningwet voor de verlening van een bouwvergunning niet dat de aanvrager aanspraak kan maken op verwezenlijking van het bouwplan, noch vormt dat een grond voor weigering van een bouwvergunning. De aanvrager van een bouwvergunning is daarom belanghebbende bij een beslissing op die aanvraag, tenzij aannemelijk is dat het bouwplan nimmer kan worden verwezenlijkt.[35] Dit lijkt een ruime uitleg van het actualiteitsvereiste, aangezien niet vereist is dat het kunnen uitvoeren van het bouwplan min of meer zeker is.

d. Om belanghebbende te zijn, moeten iemands belangen *rechtstreeks* bij het besluit betrokken zijn. Een afgeleid belang is in beginsel onvoldoende, maar van een afgeleid belang van een derde is geen sprake wanneer dit belang tegengesteld is aan dat van de partij waaraan het besluit is gericht.

Werknemers van gesubsidieerde instellingen bijvoorbeeld hebben weliswaar indirect belang bij het verlenen van subsidie, maar alleen de belangen van die instellingen zelf zijn *rechtstreeks* bij het subsidiebesluit betrokken. Een eventueel ontslag van werknemers wordt juridisch gesproken niet direct door weigering of vermindering van subsidie veroorzaakt. Maar ook de facto hoeft er geen causaal verband te zijn: er kunnen andere geldstromen voor de subsidie in de plaats komen. Leerlingen van een basisschool en hun ouders hebben geen *direct* belang bij het besluit van de Minister van Onderwijs tot opheffing van die basisschool; dat heeft slechts het schoolbestuur.[36] De inwonende zoon van een bijstand ontvangende moeder is niet rechtstreeks getroffen door het besluit tot vermindering van de bijstand aan zijn moeder.[37] De laatste jaren is de Afdeling op het punt van het directe belang echter minder streng geworden. Twee voorbeelden maken dit duidelijk. Mede gelet op jurisprudentie van het EHRM wordt de vreemdeling ten behoeve van wie een tewerkstellingsvergunning door een werkgever is aangevraagd, ook zelf als belanghebbende aangemerkt. Die vreemdeling ondervindt van een weigering van de aanvraag namelijk mede de gevolgen.[38] Aan een woningcorporatie was een vergunning verleend om een woning aan de woonbestemming te onttrekken. De bewoner van die woning had daarbij volgens de Afdeling een direct belang.[39] Men zou echter ook hebben kunnen redeneren dat de bewoner die in een contractuele relatie staat met de woningbouwvereniging een afgeleid belang

34 CBb 28 december 2015, *AB* 2016/131 m.nt. J. Wieland.
35 ABRvS 28 oktober 2009, *JB* 2010/3 m.nt. T. Lam.
36 ABRvS 2 juni 2004, *JB* 2004/277 m.nt. R.J.N. Schlössels.
37 CRvB 31 januari 2012, *JB* 2012/74.
38 ABRvS 5 september 2007, *AB* 2008/4 m.nt. B.W.N. de Waard.
39 ABRvS 12 januari 2005, *AB* 2005/265 m.nt. F.R. Vermeer.

heeft en pas wordt getroffen door beëindiging van die relatie (door het opzeggen van de huur). Verder is voor een versoepeling ten aanzien van de eis van het directe belang gezorgd doordat de Afdeling thans geen afgeleid belang meer aanneemt wanneer het belang waarvoor betrokkene opkomt tegengesteld is aan dat van de partij waaraan het besluit is gericht. Zo werd een stichting van samenwerkende huisartsen als belanghebbende beschouwd bij een ontheffing aan ziekenfondsen van de verplichting om overeenkomsten te sluiten over huisartsenzorg, welke overeenkomsten in het algemeen tot voor de huisartsen gunstiger voorwaarden leiden. De huisartsenstichting heeft een belang bij het besluit omtrent vrijstelling dat tegengesteld is aan het belang van de ziekenfondsen.[40] Verder lijkt er sprake van een rechtstreeks belang wanneer een betrokkene een eigendomsrecht heeft op het object waarop het besluit is gericht. Zo kan, naast de overtreder, ook de eigenaar van een pand belanghebbende zijn bij een besluit tot oplegging van een last onder dwangsom tot het terugbrengen van dat pand in zijn oorspronkelijke staat, indien dit kan leiden tot aantasting van het eigendomsrecht.[41] Bij de weigering van een (bouw)omgevingsvergunning voor de verbouwing van een winkelpand heeft de *gebruiker* van dat pand die niet zelf de aanvrager is van de vergunning, geen rechtstreeks belang. De *eigenaar* van het pand is echter, naast de aanvrager, wel belanghebbende. De weigering brengt mee dat er een reële mogelijkheid bestaat dat de eigenaar in zijn belangen zal worden geschaad.[42]

Wie kunnen nu zoal belanghebbende zijn? Dat kunnen uiteraard natuurlijke personen, maar ook rechtspersonen zijn. Rechtspersonen kunnen even goed in bijvoorbeeld eigendomsrechten of vermogensbelangen worden getroffen. Daarnaast kunnen rechtspersonen belanghebbende zijn ten aanzien van door hen in het bijzonder behartigde collectieve of algemene belangen (zie hierna). Omdat de wet niet spreekt over 'de natuurlijke of rechtspersoon', maar over 'degene' wiens belang rechtstreeks bij een besluit is betrokken, kunnen zelfs groeperingen die geen rechtspersoonlijkheid bezitten belanghebbende zijn, als ze maar als groepering herkenbaar zijn in het rechtsverkeer (briefpapier, gironummer e.d.). Ten slotte kunnen ook bestuursorganen belanghebbende zijn. Als hun belangen gelden de hun door de wet toevertrouwde belangen.

Een voorbeeld van een entiteit die geen natuurlijke of rechtspersoon is, maar wel door de Afdeling als belanghebbende werd aangemerkt, is Occupy Rotterdam. De omstandigheden die de Afdeling van belang acht, zijn dat Occupy Rotterdam een samenwerkingsverband is van personen die hetzelfde doel nastreven, dat zich naar buiten presenteert als een eenheid, onder meer via een website en geschriften, dat de beslissingen worden genomen op basis van consensus in een vaste vergadering en dat zij verschillende activiteiten organiseert, waaronder demonstraties. Dat het bestuursorgaan de besluiten heeft geadresseerd aan Occupy Rotterdam, acht de Afdeling eveneens relevant nu ook het bestuur daarmee blijkbaar Occupy Rotterdam heeft herkend als entiteit.[43]

---

40 ABRvS 29 maart 2006, *JB* 2006/145. Zie ook ABRvS 24 mei 2006, *AB* 2006/228 m.nt. A.G.A. Nijmeijer en ABRvS 12 maart 2008, *JB* 2008/100 m.nt. M. Overkleeft-Verburg.

41 ABRvS 25 november 2009, *JB* 2010/12.

42 ABRvS 25 november 2009, ECLI:NL:RVS:2009:BK4305.

43 ABRvS 23 april 2014, *AB* 2014/232 m.nt. H.D. Tolsma.

Rechtspersonen hebben, evenals natuurlijke personen, eigen belangen. Rechtspersonen kunnen echter ook *algemene en collectieve belangen* behartigen. Voor rechtspersonen bepaalt art. 1:2 Awb dat zij ook ten aanzien van dergelijke belangen belanghebbende zijn, wanneer zij die belangen althans *krachtens hun doelstellingen en blijkens hun feitelijke werkzaamheden in het bijzonder* behartigen. Aldus kunnen individuen die elk voor zich niet aan het vereiste van een persoonlijk belang zouden voldoen, door zich te verenigen (bijvoorbeeld in een vereniging of stichting) toch, maar dan gezamenlijk, als belanghebbende optreden. Daarbij is van groot belang dat een belangenorganisatie die voor het belang van haar individuele leden (en eventueel ook andere personen) opkomt, daarmee opkomt voor een *collectief* belang, tenzij het tegendeel blijkt.[44] De bundeling van rechtstreeks bij het bestreden besluit betrokken individuele belangen dient de effectieve rechtsbescherming, in vergelijking met het afzonderlijke optreden van alle natuurlijke personen die belanghebbende zijn bij het desbetreffende besluit. Voor *algemene* belangen komen bijvoorbeeld milieugroeperingen als de Stichting Natuur en Milieu en de Waddenvereniging op.[45] In 2008 heeft de Afdeling de toegang tot de rechter voor ideële 'algemeen-belangbehartigers' wel bemoeilijkt.[46] De eis van feitelijke werkzaamheden ter behartiging van het belang waarvoor de rechtspersoon opkomt, is aangescherpt. Louter procederen (en daarmee direct samenhangende activiteiten) wordt niet meer voldoende geacht. Zuivere 'procedeerclubs' komen er bij de bestuursrechter dus niet meer in. Een rechtspersoon die op enig moment voldoet aan het criterium van de feitelijke werkzaamheden, moet dergelijke werkzaamheden wel *blijven* verrichten om niet in de toekomst alsnog tegen niet-ontvankelijkheid aan te lopen.[47] Ook wordt de statutaire doelomschrijving strenger getoetst; die mag niet te ruim zijn. Het gaat hier overigens om communicerende vaten: naarmate de doelomschrijving enger is, wordt aan het vereiste van feitelijke werkzaamheden minder strenge eisen gesteld en andersom. Waarschijnlijk heeft de Afdeling de hier kort beschreven koers ingezet om te voorkomen dat de afschaffing van het 'beroep voor een ieder', dat het milieurecht voorheen kende, anders langs een omweg weer zou worden binnengehaald. Héél erg streng is de Afdeling overigens niet. Het feit dat het statutaire doel tamelijk algemeen is verwoord ('het doel de leefbaarheid in een bepaald gebied te bewaken en te bevorderen'), vormt geen beletsel om de belangenorganisatie als belanghebbende aan te merken.[48] Belangengemeenschap De Steeg en Havikerwaard behartigde blijkens haar statuten in het werkgebied De Steeg en Havikerwaard algemene belangen en hiermee samenhangende belangen van bewoners. De Afdeling acht deze statutaire doelstelling niet te algemeen geformuleerd. Weliswaar is zij functioneel veelomvattend, maar geografisch is zij beperkt tot het werkgebied De Steeg en Havikerwaard.[49]

44 ABRvS 23 augustus 2006, *JB* 2006/291 m.nt. R.J.N. Schlössels, *AB* 2006/365 m.nt. A. van Hall, *Gst.* 7276/79 m.nt. A.M.M.M. Bots. Met de bundeling van individuele belangen is tevens voldaan aan het vereiste van feitelijke werkzaamheden, aldus ABRvS 24 juni 2009, *AB* 2009/336 m.nt. A.T. Marseille. Wat kritischer inmiddels op dit punt lijkt ABRvS 26 januari 2011, *AB* 2011/98 m.nt. K.J. de Graaf en A.T. Marseille.

45 Een plaatselijke afdeling van bijvoorbeeld een milieuvereniging, welke afdeling niet een eigen rechtspersoonlijkheid bezit, kan niet voor dergelijke belangen opkomen. Zie o.a. ABRvS 25 juni 2003, *AB* 2004/5 m.nt. F.C.M.A. Michiels.

46 Zie met name ABRvS 1 oktober 2008, *AB* 2008/348 m.nt. F.C.M.A. Michiels en ABRvS 28 oktober 2008, *AB* 2008/351 m.nt. F.C.M.A. Michiels.

47 ABRvS 19 december 2014, *AB* 2015/73 m.nt. H.D. Tolsma.

48 ABRvS 24 juni 2009, *AB* 2009/336 m.nt. A.T. Marseille, *JB* 2009/178 en ABRvS 23 juni 2010, *AB* 2010/247 m.nt. A.T. Marseille, *JB* 2010/178.

49 ABRvS 3 augustus 2010, ECLI:NL:RVS:2010:BN3689.

Het moet voorts gaan om behartiging van een of meer *bijzondere belangen*. De SGP-kieskring te Doorn, die tot (zeer) algemene doelstelling heeft het tot meerdere erkenning brengen van Gods Woord, werd daarom niet als belanghebbende aangemerkt inzake het besluit tot verlening van een vergunning voor de vestiging van een crematorium.[50]

Het vereiste van rechtspersoonlijkheid voor het als belanghebbende kunnen optreden ten aanzien van ideële belangen, kan in de praktijk problemen opleveren bij verenigingen met beperkte rechtsbevoegdheid (die niet notarieel zijn opgericht). De rechter neemt het bestaan van zo'n vereniging pas aan indien zij aantoonbaar leden heeft, over een zekere mate van organisatie beschikt en als eenheid aan het rechtsverkeer deelneemt.[51]

Relativiteitsvereiste

Art. 1.9 Crisis- en herstelwet introduceerde in 2010 het relativiteitsvereiste in bepaalde bestuursrechtelijke procedures. Inmiddels geldt dit vereiste voor alle procedures bij de bestuursrechter (art. 8:69a Awb). Ofschoon een belanghebbende over alle aspecten van het besluit gronden kan aanvoeren, wordt dit in geval het relativiteitsvereiste geldt in zoverre feitelijk beperkt dat als hij aanvoert dat is gehandeld in strijd met een regeling die kennelijk niet strekt tot behartiging van zijn belang, de bestuursrechter het besluit niet om die reden mag vernietigen (ook al zou dus inderdaad in strijd met die regeling zijn gehandeld). Hoewel de relativiteitseis strikt genomen los staat van het belangvereiste, is er wel een onmiskenbare samenhang wat betreft de mogelijkheid om bij de bestuursrechter zijn recht te krijgen. Zie verder 8.2.3 en 8.5.3.

Aanvraag

Een aanvraag in de zin van de Awb is niet zo maar een verzoek, maar een verzoek van een *belanghebbende* een *besluit* te nemen. Een verzoek tot het verrichten van een feitelijke handeling, zoals het verzoek een gat in het wegdek te dichten, is dus geen aanvraag, ook niet wanneer daarom wordt verzocht door iemand die voor het doen van zo'n verzoek op zichzelf een goede reden heeft (bijvoorbeeld omdat het gat zich pal voor zijn deur bevindt). Het belang bij het verrichten van een feitelijke handeling kan iemand echter niet tot belanghebbende in de zin van de Awb maken. Art. 1:2 bepaalt immers dat onder belanghebbende wordt verstaan degene wiens belang rechtstreeks *bij een besluit* is betrokken.

Of een verzoek een aanvraag is, is om diverse redenen van belang. Ten eerste is, zoals reeds vermeld, de afwijzing van een aanvraag van een beschikking ook een beschikking. Daarnaast leidt ingevolge § 4.1.3.3 in een aantal gevallen het niet tijdig beslissen op aanvragen tot een fictieve positieve beslissing (bijvoorbeeld een vergunning). Ten slotte bevat afdeling 4.1.1 Awb een aantal bepalingen met betrekking tot aanvragen. Zie daarover 6.4.5.

50 ABRvS 26 mei 1997, *AB* 1997/336 m.nt. F.C.M.A. Michiels. In dezelfde lijn ABRvS 11 april 2012, *JB* 2012/147 m.nt. R.J.N. Schlössels.

51 Zie o.a. ARRvS 17 februari 1986, *AB* 1986/348.

6.4 Normen voor de voorbereiding van besluiten

Besluiten moeten tijdig en zorgvuldig worden genomen. Dit geldt niet alleen voor de zogenaamde primaire besluiten, zoals een beslissing op een aanvraag, maar ook voor besluiten op bezwaar. Voor de voorbereiding van die laatste categorie besluiten gelden bijzondere regels. Ze worden in 8.3 besproken. In deze paragraaf gaat het over primaire besluiten. 6.5 tot en met 6.7 betreffen zowel primaire besluiten als besluiten op bezwaar.

6.4.1 *De beslistermijn*

Een bekend beeld is dat de ambtelijke molens langzaam malen. Het is voor de bestuurden echter van groot belang dat bestuursorganen met een zekere voortvarendheid beslissingen nemen. De wetgever heeft daarom een voorziening getroffen voor de termijn waarbinnen bestuursorganen beschikkingen moeten nemen waarom door belanghebbenden is gevraagd, beschikkingen op aanvraag dus. Art. 4:13 Awb bepaalt, als hoofdregel, dat een beschikking dient te worden gegeven binnen de bij wettelijk voorschrift bepaalde termijn.

Op een aanvraag om een reguliere omgevingsvergunning bijvoorbeeld moet ingevolge art. 3.9 lid 1 Wabo binnen acht weken na ontvangst van de aanvraag worden beslist (eenmaal te verlengen met zes weken, art. 3.9 lid 2 Wabo). Ook de Awb zelf bevat bijzondere beslistermijnen: bij het volgen van de uniforme openbare voorbereidingsprocedure (afdeling 3.4 Awb) bedraagt de beslistermijn uiterlijk zes maanden respectievelijk twaalf weken bij intrekking van een besluit of wijziging op aanvraag van een derde (art. 3:18 lid 1 en lid 3). Een beslistermijn kan ook in een lagere regeling zijn opgenomen. Zo zou in de parkeerverordening van Centrumstad hebben kunnen staan, dat B en W voor 1 januari van het jaar waarvoor de gevraagde reservering geldt, een beslissing moeten nemen op tijdig (in casu uiterlijk 15 november) ingediende aanvragen. Ook dat zou dan een bij wettelijk voorschrift bepaalde termijn zijn.

Soms zijn er verschillende beslistermijnen op een aanvraag van toepassing. Ten aanzien van een aanvraag tot herziening van een bestemmingsplan is bij een positieve beslissing ex art. 3:18 lid 1 Awb de beslistermijn zes maanden, maar bij een afwijzing ex art. 3.9 Wro acht weken.

Mocht het niet lukken om binnen de wettelijke termijn te beslissen, bijvoorbeeld door overbelasting van het ambtelijk apparaat of de ingewikkeldheid van de zaak, dan moet dit de aanvrager worden meegedeeld; tevens moet worden aangegeven op welke *zo kort mogelijke* termijn de beslissing dan wel zal worden genomen (art. 4:14).

Wanneer er geen bij wettelijk voorschrift bepaalde beslistermijn is, moet binnen een redelijke termijn worden beslist. Een redelijke termijn kan in beginsel dagen, weken of maanden duren; wat redelijk is hangt af van de omstandigheden van het geval. Art. 4:13 Awb fixeert de redelijkheid in dit verband evenwel op (in beginsel) *ten hoogste* acht weken. Onder omstandigheden kan de redelijke termijn dus ook korter zijn.

In de casus is er geen bij wettelijk voorschrift bepaalde termijn, dus geldt de redelijke termijn van art. 4:13 Awb. Het ligt voor de hand die termijn hier in elk geval niet langer te achten dan de periode tot 1 januari. Vanaf 1 januari zou immers de reservering moeten gelden. Wie juist op tijd, dus op 15 november, een aanvraag indient, zou dan binnen een kleine zeven weken een beslissing moeten krijgen, ook al kent de verordening geen beslistermijn.

In bepaalde gevallen kan de redelijke termijn echter ook langer zijn dan acht weken. Wanneer het orgaan ziet aankomen dat het er niet in slaagt binnen acht weken te beslissen, kan het, voordat die termijn is verstreken, betrokkene hiervan in kennis stellen (art. 4:14). Het orgaan moet in dat geval een *redelijke* termijn (ná het verstrijken van die acht weken) noemen waarbinnen de beslissing wél zal worden genomen. *Die* redelijke termijn is niet vastgesteld op acht weken! Het orgaan heeft dus de nodige marge, maar moet daarvan wel een redelijk gebruikmaken.

Bij overschrijding van de beslistermijn is sprake van het niet tijdig nemen van een besluit.[52] Hiertegen kan de belanghebbende beroep instellen (art. 6:2 sub b Awb juncto art. 7:1 lid 1 sub f Awb).

Deze stok achter de deur leidt er echter in onvoldoende mate toe dat bestuursorganen tijdig beslissen. In § 4.1.3.2 en afdeling 8.2.4a Awb zijn bepalingen opgenomen die ertoe moeten leiden dat er door bestuursorganen sneller op aanvragen wordt beslist. § 4.1.3.2 regelt dat als organen te laat beslissen ze aan de aanvrager, nadat die het orgaan eerst een aanmaning heeft gestuurd, per dag een dwangsom moeten betalen (oplopend van € 20 in de eerste twee weken, via € 30 in de derde en vierde week tot € 40 in de vijfde en zesde week), met een maximum van € 1260. De vraag is of aanvragers dit als een reële compensatie zullen ervaren. Maar het kán, in aanvulling op de rechtsbeschermingsmogelijkheden, wel helpen. In 2.6 zagen we dat van deze regeling soms misbruik wordt gemaakt, door heel veel aanvragen te doen niet zozeer om die gehonoreerd te krijgen, maar in de hoop dat er niet tijdig op zal worden gereageerd. Afdeling 8.2.4a regelt voorts het rechtstreeks beroep bij de bestuursrechter indien niet tijdig is beslist. De rechter doet dan binnen acht weken na ontvangst van het beroepschrift uitspraak en stelt desgevraagd zelf de hoogte van de verbeurde dwangsom vast. Eveneens tot een snellere besluitvorming strekt § 4.1.3.3. In een flink aantal gevallen leidt het niet tijdig beslissen op aanvragen tot een fictieve positieve beslissing (bijvoorbeeld een vergunning). Men spreekt in dit verband van de lex silencio positivo. In die gevallen is de algemene regeling inzake de bestuurlijke dwangsom niet van toepassing; § 4.1.3.3 kent wel een eigen dwangsombepaling (art. 4:20d).

52 De beslistermijn kan ook in tweede instantie worden overschreden: door aanvankelijk tijdig te beslissen, daarna zijn afwijzende beslissing in te trekken en vervolgens geen nieuw besluit op de aanvraag te nemen, heeft het orgaan alsnog niet tijdig beslist. Zie ABRvS 27 maart 2006, *JB* 2006/142 m.nt. A.M.L. Jansen.

Van het voorgaande moet worden onderscheiden het in de jurisprudentie ontwikkelde leerstuk van immateriële schadevergoeding voor een overschrijding van de redelijke termijn. Hierbij gaat het om de termijn van een complete procedure van besluitvorming én rechtsbescherming, waarvan de tijd die het bestuursorgaan heeft genomen dus slechts een onderdeel is. Wanneer een beroep op immateriële schadevergoeding wordt gedaan wegens overschrijding van de redelijke termijn, in verband met ondervonden stress, ongemak en onzekerheid dient de rechter hierop te beslissen en mag hij dit niet overlaten aan het bestuursorgaan dat uitvoering moet geven aan de uitspraak.[53] Dit kan er bijvoorbeeld ook toe leiden dat een bestuurlijke boete die is opgelegd, verminderd wordt.[54] Zie over deze redelijke termijn ook 2.4.1 en 8.5.2.

6.4.2 *Zorgvuldig feitenonderzoek*

Het orgaan moet een besluit zorgvuldig voorbereiden. Het zal daartoe alle relevante feiten en af te wegen belangen moeten kennen (art. 3:2 Awb). Men noemt dit wel de *kennisvergaringsplicht*. Om die feiten en belangen te kunnen kennen, zal (zo nodig diepgaand) onderzoek moeten worden verricht.

In de casus vormde 'het in de regel niet beschikbaar zijn van parkeergelegenheid binnen 100 meter' een van de criteria voor afwijzing van een gereserveerde parkeerplaats. Alvorens een beslissing te nemen, zal het orgaan moeten nagaan hoe in de regel de feitelijke parkeersituatie in de desbetreffende straat is.

Een ander voorbeeld: wanneer over geluidsoverlast van een café wordt geklaagd door buren, mag het orgaan daarop niet zonder meer met een sanctie reageren. Het zal met geluidsmeters moeten nagaan of het toegestane geluidsniveau wordt overschreden.

Wanneer er een verzoek wordt gedaan om handhavend op te treden tegen het gebruik van een mestplaat van een paardenhouderij, kan het orgaan dat verzoek niet afwijzen zonder onderzoek te doen naar alternatieven voor de mestopslag.[55]

Alvorens een boete op te leggen wegens overtreding van het rookverbod, dient objectief te worden vastgesteld of sprake is van hinder of overlast in de zin van art. 11a Tabakswet. Uit de enkele omstandigheid dat een rookruimte meer dan één toegangsdeur heeft, kan niet worden afgeleid dat die rookruimte overlast veroorzaakt, die het wettelijk aanvaardbaar geachte minimum overschrijdt.[56]

Volgens het CRvB[57] volgt uit het vereiste van zorgvuldigheid van art. 3:2 Awb dat wanneer een bestuursorgaan ingevolge art. 4:5 Awb een termijn stelt waarbinnen een verzuim in een aanvraag hersteld moet worden, het daarbij dient aan te geven dat bij overschrijding van die termijn de kans bestaat dat een buitenbehandelingstelling van de aanvraag zal volgen.

53 Zie reeds ABRvS 3 juni 2009, *AB* 2009/249, *JV* 2009/298, maar vooral de uitspraak van de grote kamer ABRvS 29 januari 2014, *AB* 2014/115 m.nt. T. Barkhuysen en M.L. van Emmerik, alsmede HR 19 februari 2016, ECLI:NL:HR:2016:252.

54 Zie bijvoorbeeld CBb 7 juli 2010, *AB* 2010/235 m.nt. R. Stijnen, *NJB* 2010/1426 waarin het CBb de opgelegde boete verminderde met 10% met een maximum van € 10.000.

55 ABRvS 19 augustus 2009, *AB* 2009/343.

56 CBb 11 februari 2010, *AB* 2010/135 m.nt. O.J.D.M.L. Jansen.

57 CRvB 23 juni 2009, *AB* 2009/255 m.nt. redactie, *JB* 2009/204 m.nt. A. Bots.

Sommige feiten kunnen alleen door deskundigen worden vastgesteld. De wet verplicht er dan vaak toe een deskundigenadvies te vragen. Maar ook als die wettelijke verplichting er niet is, kan het uit een oogpunt van zorgvuldigheid nodig zijn een dergelijk advies te vragen.

Een voorbeeld van een wettelijke verplichting tot het vragen van een advies biedt art. 2.26 lid 3 Wabo. B en W moeten een 'bouwaanvraag' voorleggen aan de welstandscommissie (ook wel schoonheidscommissie genoemd) die de aanvraag bekijkt op aspecten van welstand, eenvoudiger gezegd: of het bouwwerk niet te lelijk is, mede gelet op de omgeving.[58]

In de casus wordt als een van de criteria voor toewijzing van een reservering genoemd 'het niet in staat zijn meer dan 100 meter te lopen'. Om te kunnen bepalen of iemand daartoe niet in staat is, zal het gemeentebestuur over een medische verklaring moeten beschikken. Het ligt voor de hand in de verordening het overleggen van een medische verklaring van de aanvrager te eisen, maar ook als dit niet in de verordening is vereist, zullen B en W doorgaans niet zelf op verantwoorde wijze kunnen vaststellen welke aanvragers wel en welke niet 100 meter kunnen lopen.

De Awb bevat diverse bepalingen over *advisering*. Afdeling 3.3 handelt over wettelijk verplichte advisering. Van belang zijn vooral art. 3:6 lid 2 (uitblijven advies schort de beslistermijn niet op) en art. 3:9 (nagaan of de adviseur zijn onderzoek zorgvuldig heeft verricht; de zogenaamde vergewisplicht).[59] Ook in afdeling 3.7 Awb staan enkele artikelen over advisering; zij zullen hierna in 6.5.8 nog worden aangestipt.

6.4.3 De hoorplicht

Art. 3:2 Awb bevat een kennisvergaringsplicht. Ter uitwerking daarvan zijn in afdeling 4.1.2 bepalingen opgenomen over de voorbereiding van *beschikkingen*, in het bijzonder ten aanzien van het 'horen'. In bepaalde gevallen moet een orgaan alvorens een beschikking te nemen, de aanvrager en/of andere belanghebbenden in de gelegenheid stellen zijn/hun *zienswijze* naar voren te brengen (art. 4:7 en art. 4:8). Vanouds wordt dit horen genoemd, maar helemaal correct is die term niet, want de zienswijze mag zowel mondeling als schriftelijk worden geuit (art. 4:9). Mondeling horen kan in een gesprek, eventueel een telefoongesprek, maar ook in een hoorzitting plaatsvinden. De gedachte achter de hoorplicht is dat het orgaan zonder te horen geen verantwoorde beslissing kan nemen. Dit is echter lang niet altijd het geval. Wanneer een afwijzende beschikking geheel is gebaseerd op gegevens die door de aanvrager zijn verstrekt, dan wel de afwijking van de aanvraag voor de aanvrager van slechts geringe betekenis is, is het niet nuttig de aanvrager tevoren nog te horen. Art. 4:7 kent voor dergelijke gevallen dan ook geen hoorplicht.

---

58 Zie uitgebreid hierover A.G.A. Nijmeijer, *Welstandstoezicht juridisch getoetst*, Deventer: Kluwer 2001.

59 Zie bijvoorbeeld ABRvS 6 januari 2010, *AB* 2010/32 m.nt. O.J.D.M.L. Jansen waarin de Afdeling, anders dan de rechtbank, niet aannam dat de vergewisplicht geschonden was, omdat voldoende duidelijk was geworden hoe de medisch adviseur in het schouwrapport tot zijn conclusie was gekomen.

Zou De Wit hebben moeten worden gehoord? Hij had een medische verklaring meegezonden waaruit bleek dat hij geen 100 meter kon lopen. B en W konden zich blijkbaar niet verenigen met het standpunt van de arts die de medische verklaring had afgegeven en gingen er van uit dat De Wit wel kon lopen. Kortom: de afwijzing was gebaseerd op gegevens die de aanvrager betreffen, maar die niet door hem zijn verstrekt (de door hem verstrekte gegevens gingen van het tegendeel uit). De Wit had dus moeten worden gehoord.

Art. 4:8 Awb bepaalt iets soortgelijks voor de derde-belanghebbende die tegen de beslissing naar verwachting *bedenkingen* zal hebben, ingeval de beslissing berust op door hem aangeleverde gegevens. Horen zou dan niets toevoegen.

De uitdrukking 'naar voren brengen van een zienswijze' is neutraal: een zienswijze kan zowel positief als negatief zijn met betrekking tot het voorgenomen besluit. Het 'hebben van bedenkingen' heeft een negatieve lading. Met deze woorden wordt aangegeven dat er sprake is van bezwaren. De term bezwaren wordt in de Awb echter alleen gebruikt voor bezwaren in de bezwaarschriftprocedure. Wat in de primaire fase van besluitvorming in normaal Nederlands bezwaren heet, wordt in de Awb dus aangeduid als bedenkingen.

Er zijn nog meer gevallen waarin de hoorplicht niet geldt; zie art. 4:11 en art. 4:12 Awb. Van de in art. 4:11 vermelde situaties kan worden gezegd dat de aard ervan meebrengt dat niet hoeft te worden gehoord. De situatie sub c doet zich met name voor in de sfeer van de controle op de naleving van voorschriften, bij een machtiging tot binnentreden. Art. 4:12 bepaalt dat de hoorplicht niet van toepassing is op beschikkingen waarbij een financiële verplichting of aanspraak wordt vastgesteld.[60] Dit geldt echter weer niet voor de in lid 2 genoemde subsidiebeschikkingen. Ook voor beschikkingen waarbij een boete van meer dan € 340 wordt opgelegd, geldt, in afwijking van art. 4:12, de hoorplicht (art. 5:53 lid 3 Awb).

6.4.4 *De uniforme openbare voorbereidingsprocedure (afdeling 3.4 Awb)*

De tot nu toe besproken normen voor de voorbereiding van een besluit zijn voor veel gevallen toereikend om tot een rechtmatige en behoorlijke besluitvorming te komen. Soms voldoen ze echter niet. Wanneer er veel belangen van verschillende personen in het spel zijn of wanneer niet alle betrokkenen op voorhand bij het orgaan bekend zijn, is een andere normering noodzakelijk. De wetgever heeft daarvoor de basis gelegd met afdeling 3.4 Awb. Deze afdeling bevat nadere regels voor de terinzagelegging en kennisgeving van het ontwerpbesluit en bijbehorende stukken, het naar voren kunnen brengen van zienswijzen en afwijkende beslistermijnen (art. 3:18).

60 Bij een last onder dwangsom (zie 7.5.1) ontstaat slechts een voorwaardelijke betalingsplicht. Een dwangsombeschikking valt daarom niet onder de in art. 4:12 Awb bedoelde beschikkingen; een invorderingsbeschikking daarentegen wel, dus daarvoor geldt de hoorplicht niet.

Voor de toepasselijkheid van deze afdeling is vereist dat hetzij een (materiële) wetgever, hetzij een bestuursorgaan heeft bepaald dat zij van toepassing is (art. 3:10).[61]

Zo is in de Wro bepaald dat afdeling 3.4 Awb (met enkele aanpassingen) moet worden toegepast bij de voorbereiding van bestemmingsplannen (art. 3.8). Art. 3.10 lid 1 sub c Wabo verklaart afdeling 3.4 Awb van toepassing op aanvragen die betrekking hebben op het oprichten, veranderen etc. van een inrichting in de zin van de Wet milieubeheer; kortom voor een activiteit waarvoor vroeger een milieuvergunning nodig was.

Elk bestuursorgaan kan voor een besluit op de voorbereiding waarvan afdeling 3.4 niet bij wettelijk voorschrift van toepassing is verklaard, zelf bepalen dat het deze afdeling toepast.

Een belangrijke praktische consequentie van het van toepassing verklaren van afdeling 3.4 door een (materiële) wetgever of een bestuursorgaan is dat geen bezwaarschriftprocedure kan worden gevolgd. Dat zou volgens de wetgever na het kunnen indienen van zienswijzen tegen het ontwerpbesluit wat veel van het goede worden. Belanghebbenden die tegen het met toepassing van afdeling 3.4 voorbereide besluit willen opkomen, moeten dus direct naar de bestuursrechter gaan. Zie art. 7:1 lid 1 sub d Awb.

6.4.5 Behandelen van aanvragen

Op het indienen en behandelen van aanvragen heeft afdeling 4.1.1 Awb betrekking. Art. 4:2 bepaalt wat een aanvraag ten minste voor gegevens moet bevatten; in bijzondere wetgeving kunnen nadere regels omtrent de verstrekking van gegevens zijn gesteld. Het orgaan moet ingeval een onvolledige aanvraag is ingediend, de aanvrager de gelegenheid geven de aanvraag aan te vullen (tenzij de aanvraag zo onvolledig is, dat in het geheel niet van een aanvraag in de zin van de wet kan worden gesproken). Pas wanneer de aanvulling niet binnen een redelijke, door het orgaan gestelde termijn plaatsvindt, mag het bestuursorgaan de aanvraag buiten behandeling laten (art. 4:5). Sommige gegevens mag het orgaan overigens niet eisen van de aanvrager in verband met de privacy en de bescherming van bedrijfsbelangen (art. 4:3).

Deze afdeling bevat behalve normen voor het bestuursorgaan ook verplichtingen voor de aanvrager, betreffende schriftelijke indiening van de aanvraag (art. 4:1), de aan te leveren gegevens (art. 4:2), indien van toepassing het gebruik van een vastgesteld formulier (art. 4:4) en de vermelding van nieuwe feiten en omstandigheden ('nova') bij een nieuwe aanvraag na een afwijzing (art. 4:6). Het bestaan van deze plichten maakt het voor het orgaan gemakkelijker om zorgvuldig te handelen. Wanneer geen nova worden aangevoerd, mag het orgaan de aanvraag zonder meer afwijzen onder verwijzing naar zijn eerdere besluit (art. 4:6 lid 2). Dit lijdt slechts uitzondering wanneer het eerdere besluit in strijd is met EU-recht, maar dan moet wel aan een aantal

61 Tot 1 juli 2005 waren er twee afdelingen, 3.4 en 3.5, die per die datum zijn geïntegreerd. Vandaar de benaming uniforme openbare voorbereidingsprocedure. Inmiddels heeft afdeling 3.5 een nieuwe inhoud gekregen; zij bevat regels voor coördinatie van samenhangende besluiten.

strikte voorwaarden zijn voldaan, voor zover hier van belang: dat tegen het eerdere besluit tot in hoogste nationale instantie is geprocedeerd (zonder dat een prejudiciële vraag is gesteld), die hoogste rechter het EU-recht niet goed heeft uitgelegd blijkens een later gewezen prejudicieel arrest en betrokkene meteen na dat arrest een nieuw besluit heeft aangevraagd.[62]

6.5 Normen voor de inhoud van besluiten

6.5.1 Afwegen van belangen

Art. 3:4 lid 1 Awb draagt het bestuursorgaan op 'de rechtstreeks bij het besluit betrokken belangen' af te wegen. Strikt genomen is deze activiteit een onderdeel van de voorbereiding van het besluit. Maar omdat de afweging en de uitkomst van die afweging zeer nauw met elkaar verbonden zijn, kan de belangenafwegingsplicht ook als een inhoudelijke norm worden beschouwd.

De betrokken belangen kunnen belangen van een aanvrager zijn, belangen van een derde (die juist wil voorkomen dat de aanvrager zijn zin krijgt), maar ook algemene belangen. Vergelijk achtereenvolgens de belangen van de aanvrager van een omgevingsvergunning voor zijn varkenshouderij, die van omwonenden die stankhinder vrezen en het algemene belang dat het milieu zo min mogelijk wordt aangetast door ammoniakemissies.

In beginsel moet het orgaan alle bij het besluit rechtstreeks betrokken belangen afwegen, maar een uitzondering geldt wanneer uit 'een wettelijk voorschrift of uit de aard van de uit te oefenen bevoegdheid een beperking voortvloeit'.

Bij de toepassing van het specialiteitsbeginsel (zie 2.2) lijkt zich een probleem voor te doen. Dit beginsel houdt in dat het bestuur bij de uitvoering van een bepaalde wettelijke regeling slechts die belangen mag behartigen waarvoor de betrokken regeling in het leven is geroepen. Art. 3:4 Awb draagt bestuursorganen echter op om alle rechtstreeks betrokken belangen (voor zover niet wettelijk uitgezonderd) af te wegen bij het nemen van beslissingen. De vraag is in hoeverre daarom toch ook 'vreemde', maar wel rechtstreeks betrokken belangen moeten worden meegewogen ingeval de wettekst geen duidelijkheid op dit punt verschaft. Deze vraag rijst met name bij vergunningverlening, in situaties waarin belangen van derden bij het besluit zijn betrokken. Door de meeste schrijvers wordt aangenomen, dat bij de beslissing om de vergunning *wel of niet te verlenen* alleen de belangen mogen worden afgewogen ter behartiging waarvan de regeling waarop de beslissing is gebaseerd, in het leven is geroepen én de belangen van de aanvrager (uiteraard tenzij de wet anders bepaalt). Zo mag een monumentenvergunning niet worden geweigerd omdat het woongenot van de achterbuurman door hetgeen waarvoor de vergunning wordt verleend, vermindert. Dát belang wordt door andere wetten als de Wabo, de Wro en de Woningwet beschermd.[63] Bij de formulering van de vergunning*voorschriften* zou echter ook aan andere (vreemde) belangen aandacht kunnen worden besteed.

---

62 Zie HvJ EG 13 januari 2004, *AB* 2004/58 m.nt. Widdershoven (Kühne en Heitz). Zie ook HvJ EG 12 februari 2008, nr. C-2/06 (Willy Kempter KG/Hauptzollamt Hamburg-Jonas).

63 ABRvS 6 december 2006, *Gst.* 7272/53 m.nt. R.J.N. Schlössels. Deze uitspraak had uiteraard nog geen betrekking op de Wabo.

Een voorbeeld kan dit verduidelijken. Sommige regelingen vereisen met het oog op de bevaarbaarheid van openbare wateren een vergunning voor het mogen innemen van een ligplaats. Wanneer derden hinder zouden kunnen ondervinden van het innemen van een ligplaats (bijvoorbeeld door een bedorven uitzicht) zou de vergunning niet louter om die reden kunnen worden geweigerd. Wel zou aan de vergunning een voorschrift kunnen worden verbonden dat ertoe strekt de ligplaats op een zodanige plaats in te nemen dat de hinder wordt voorkomen of beperkt.

6.5.2 Het evenredigheidsbeginsel

Inhoud

De uitkomst van de belangenafweging mag niet zodanig zijn dat een of meer belanghebbenden daardoor onevenredig worden getroffen in verhouding tot de met het besluit te dienen doelen. Deze evenredigheidsnorm is in art. 3:4 lid 2 Awb neergelegd.

Een bedrijf kreeg geen ontheffing van het verbod bedrijfsauto's te parkeren op de stoep voor het bedrijfspand. Het kon die auto's echter nauwelijks elders in de buurt kwijt en niemand had last van dit stoepparkeren. In de voorafgaande jaren, waarin wel ontheffing was verleend, was er nooit over geklaagd. Het doel van de weigering van de ontheffing (behartiging algemeen verkeersbelang) woog niet op tegen het bedrijfsbelang van betrokkene.[64]

In de casus van hoofdstuk 3 werd gemeentesecretaris Van den Heuvel ontslagen. Het ontslagbesluit had uiteraard ernstige gevolgen voor Van den Heuvel. Daartegenover stond het algemeen belang van een goed functioneren van het gemeentelijk apparaat, dat met zijn ontslag zou kunnen zijn gediend. Door zijn eigengereide optreden en zijn adviespraktijk, die hij er in strijd met de Gemeentewet op nahield, was er van een verstoorde verhouding tussen de secretaris en het gemeentebestuur sprake. Het kan in dit geval heel wel in overeenstemming met het evenredigheidsvereiste zijn het particuliere belang van de secretaris ondergeschikt te achten aan het algemene belang.

In 6.4.2 werd het voorbeeld gegeven van buren die geluidsoverlast zeggen te ondervinden van een café. Stel dat er inderdaad sprake is van overlast ten gevolge van overschrijding van de geluidsnormen. Dan zal het van de aard en de frequentie van de overlast afhangen welke sanctie mag worden toegepast. Sluiting van het café zal slechts een evenredige sanctie zijn wanneer de overlast ernstig en langdurig is en de belangen van derden dus groot zijn. Meer voor de hand ligt een last onder dwangsom (zie daarover uitgebreid 7.5.1). De caféhouder krijgt dan de gelegenheid zijn leven te beteren, maar wordt daartoe, ter bescherming van de omwonenden, ook onder druk gezet. Bij een grove overschrijding van de maximaal in voorraad te hebben handelshoeveelheid cannabis door een coffeeshophouder, kan de coffeeshop volgens de Afdeling een jaar worden gesloten wanneer conform het gemeentelijke beleid de duur van de sluiting is gerelateerd aan de ernst van de overtreding.[65]

64 AGRvS 27 februari 1989, *AB* 1989/182.
65 ABRvS 7 oktober 2009, ECLI:NL:RVS:2009:BJ9521.

Het met het besluit te dienen doel dient zodanig te worden nagestreefd dat dit de betrokkene(n) zo min mogelijk last of nadeel bezorgt. Men noemt dit ook wel het 'beginsel van de minste pijn'.

Wanneer in de casus van het rumoerige café ook met een last onder dwangsom het doel (beëindigen van de overlast) kan worden bereikt, dan mag niet voor een zwaarder middel als sluiting worden gekozen. Art. 5:32 Awb biedt een voorbeeld van een specifiek wettelijk geregeld vereiste van evenredigheid (inzake de hoogte van het dwangsombedrag). Art. 5:13 Awb bevat een evenredigheidsnorm voor het uitoefenen van toezicht op de naleving.

In de casus van de gemeentesecretaris is bij de vraag of zijn ontslag een evenredige maatregel is, van belang of ook met een minder vergaande maatregel een wezenlijke verbetering van de situatie mogelijk zou zijn geweest.

De met het besluit te beschermen algemene belangen kunnen (deels) samenvallen met de belangen van bijvoorbeeld een aanvrager. In dat geval zal zijn belang niet op een zodanige wijze mogen worden gediend, dat een andere belanghebbende daar *onevenredig* nadeel van ondervindt. Die derde mag wel nadeel ondervinden – en dat zal in veel gevallen ook niet anders kunnen; de overheid kan niet voor iedereen tegelijk positief beslissen – maar dit mag niet onevenredig zijn.

Kuipers wil een fysiotherapiepraktijk vestigen in een pand met de bestemming 'wonen'. Hij vraagt B en W hem een omgevingsvergunning voor het afwijken van het bestemmingsplan te verlenen (op grond van art. 2.12 lid 1 sub a onder a° Wabo juncto art. 4 Bijlage II Bor). B en W moeten, ingeval het beleid verlening in beginsel zou toelaten, nagaan of een vergunning geen onevenredig nadelige gevolgen zou opleveren voor omwonenden, bijvoorbeeld in verband met parkeerhinder. In het hiervoor gegeven voorbeeld zou sluiting van het café wel de belangen van (sommige) omwonenden dienen, maar de caféhouder onevenredig zwaar treffen.

Schadevergoeding

Het orgaan kan in een concreet geval voor een dilemma komen te staan: wat het in dat geval ook beslist, óf een algemeen belang wordt niet goed behartigd, óf een of meer belanghebbenden worden onevenredig getroffen. Het kan ook zijn dat onvermijdelijk óf de ene óf de andere belanghebbende onevenredig zwaar zal worden getroffen. Een financiële vergoeding of andere tegemoetkoming kan dan uitkomst brengen. Het in art. 3:4 lid 2 Awb verwoorde evenredigheidsbeginsel kan zelfs meebrengen dat schadevergoeding *moet* worden verleend.

Een beroemd voorbeeld uit de periode vóór de Awb betreft de verlening van een vergunning door de Minister van Verkeer en Waterstaat aan de gemeente Utrecht om de beweegbare Paul Krügerbrug vast te maken. De vastmaking had tot gevolg dat een scheepswerf, gelegen aan het kanaal dat onder de brug doorliep, grote schade zou lijden in verband met de geringere doorvaarhoogte van de brug. Schepen konden de werf nu veel moeilijker bereiken. Tachtig procent van de schade moest uiteindelijk worden vergoed.[66]

Voor bepaalde soorten besluiten heeft de wetgever uitdrukkelijk voorzien in de mogelijkheid van vergoeding van schade die wordt veroorzaakt door een op zichzelf rechtmatige overheidsdaad, welke schade echter in redelijkheid niet (geheel) ten laste van betrokkene dient te blijven. Zie de bepalingen inzake schade als gevolg van planologische besluiten, waaronder de wijziging van een bestemmingsplan (art. 6.1 Wro) en schade als gevolg van de intrekking of wijziging van een milieuvergunning wegens veranderde inzichten (art. 15.20 Wm).

De Wet nadeelcompensatie en schadevergoeding bij onrechtmatige besluiten heeft aan de Awb een titel 4.5 'Nadeelcompensatie' toegevoegd.[67] Deze titel bevat een algemene regeling inzake schadevergoeding bij rechtmatig overheidshandelen waarvan een benadeelde onevenredig veel schade ondervindt. Deze titel bevat onder meer bepalingen over de aanvraag tot schadevergoeding, de gronden waarop de aanvraag kan worden afgewezen (bijvoorbeeld dat vergoeding van de schade anderszins is verzekerd of de aanvrager heeft nagelaten redelijke preventieve maatregelen te treffen ter voorkoming van de schade), de beslissingstermijn en de verjaringstermijn. Titel 4.5 is echter nog niet in werking getreden; medio 2016 was nog altijd niet duidelijk wanneer dat wel zal gebeuren.[68]

Toetsing

Ofschoon de rechter vooral in hoofdstuk 8 aan bod komt, is het goed hier vast een blik vooruit te werpen, omdat de manier waarop de rechter bestuursbesluiten toetst ook weer van invloed kan zijn op de wijze waarop organen hun besluiten nemen. De in art. 3:4 lid 2 Awb opgenomen evenredigheidsnorm is zeer algemeen geformuleerd. De rechter moet zich dat bij zijn toetsing van het besluit realiseren. Hij zal moeten nagaan of het orgaan, alle belangen afwegend, in redelijkheid heeft kunnen menen dat bepaalde belangen niet onevenredig zijn getroffen.[69] Daarbij dient hij de eventueel bestaande keuzevrijheid van het orgaan te respecteren. Omdat elke keuze binnen de grenzen van het recht moet worden gemaakt, zal het bestuursorgaan de belangenafweging toereikend moeten motiveren. Bij de hoogte van een dwangsom bijvoorbeeld zal uit de motivering moeten blijken dat die hoogte in het concrete geval proportioneel is. Een

---

66 ARRvS 12 januari 1982, *AB* 1982/299 m.nt. P.C.E. van Wijmen en ARRvS 22 november 1983, *AB* 1984/154 m.nt. M.P.P. de Planque.

67 *Kamerstukken II* 2010/11, 32 621.

68 Het andere onderdeel van de Wet nadeelcompensatie en schadevergoeding bij onrechtmatige besluiten (over schadevergoeding) is op 1 juli 2013 in werking getreden.

69 ABRvS 9 mei 1996, *JB* 1996/158 m.nt. F.A.M. Stroink (Maxis/Praxis). Zie wat recenter ook HR 21 maart 2003, *JB* 2003/133 in gelijke zin. De formulering in de uitspraak Maxis/Praxis is wel érg voorzichtig: er mag geen sprake zijn van een zodanige onevenwichtigheid dat het orgaan niet in redelijkheid tot het besluit had kunnen komen. Bepalend is echter niet deze rechterlijke formule, maar de manier waarop de rechter daadwerkelijk toetst. Zie daarover verder 8.5.1.

algemene verwijzing naar de geschonden norm en de beleidsregels volstaat doorgaans niet.[70] Niettemin zal de rechter de hoogte van het (gemotiveerde) bedrag niet snel afwijzen.[71] Anders ligt het evenwel bij punitieve (bestraffende) sancties (zie 7.5.6).[72] Besluiten tot het opleggen van dergelijke sancties worden wat de ingrijpendheid daarvan betreft, bijvoorbeeld de hoogte van de boete, door de rechter zonder terughoudendheid getoetst.[73] Hij gaat dan niet na of het bestuur redelijkerwijs voor een bepaald boetebedrag had kunnen kiezen, maar bepaalt zelf of die hoogte evenredig is, al zal hij zich daarbij vaak toch wel laten leiden door eventueel vastgestelde, op zichzelf redelijke beleidsregels.[74] Art. 8:72a Awb verplicht hem, wanneer het beroep gegrond is en hij de boetebeschikking vernietigt, ertoe zijn eigen oordeel in de plaats te stellen van dat van het orgaan en 'zelf in de zaak te voorzien'. Als dus wel een boete kon worden opgelegd, maar het bedrag niet deugt, zal de rechter zelf het juiste bedrag moeten vaststellen. Uiteraard kan de boete ook helemáál onderuit gaan. Zo kan de rechter de boete vernietigen, wanneer hij meent dat er geen sprake is van verwijtbaarheid.[75] Voor de mate van indringendheid van de toetsing door de rechter maakt het dus verschil of sprake is van een bestraffende dan wel van een op herstel gerichte sanctie.[76]

Een mooi voorbeeld van indringende toetsing bij bestuurlijke boeten is de uitspraak van de Afdeling over de forse verhoging in de beleidsregels van de per illegale vreemdeling op te leggen boete, in het kader van de toepassing van de Wet arbeid vreemdelingen. Die verhoging, van € 8000 naar € 12.000, was bedoeld voor de hardnekkige overtreders. Dan mag de minister die echter niet zomaar toepassen op incidentele overtreders, die van goede wil zijn, maar een keer een fout maken: 'De Afdeling acht, gelet op het vorenstaande, het boetenormbedrag van € 12.000,00 als bovengrens niet onredelijk voor de door de minister beoogde groep van hardnekkige malafide rechtspersonen of daarmee gelijk te stellen werkgevers als hiervoor bedoeld. Dit boetenormbedrag is echter dusdanig hoog dat de minister, uit een oogpunt van evenredigheid, zijn beleid op het punt van het aan te houden boetenormbedrag had moeten differentiëren voor werkgevers die niet tot voormelde groep behoren. Door het verhoogde boetenormbedrag van € 12.000,00 uniform toe te passen, heeft hij dat niet gedaan.'[77]

70 CBb 27 oktober 2009, *AB* 2009/394 m.nt. F.C.M.A. Michiels, *JB* 2009/279 m.nt. C.L.G.F.H. Albers.

71 Voor een van de schaarse voorbeelden waarin de Afdeling de hoogte van een dwangsom tamelijk ingrijpend matigde zie ABRvS 23 december 2009, *AB* 2010/53 m.nt. F.C.M.A. Michiels.

72 Het evenredigheidsbeginsel is voor de oplegging van punitieve sancties al veel langer bekend binnen het bestuursrecht. Reeds het, inmiddels vervallen, art. 58 lid 3 Ambtenarenwet 1929 bepaalde dat onevenredigheid tussen de aan een ambtenaar op te leggen disciplinaire straf en de gepleegde overtreding een grond was voor het instellen van beroep.

73 Voor de beslissing om wel of niet een boete op te leggen, kan nog wel beleidsvrijheid bestaan en die beslissing wordt alsdan terughoudend getoetst.

74 Zie bijvoorbeeld ABRvS 27 januari 2010, *AB* 2010/48 m.nt. O.J.D.M.L. Jansen, waarin de Afdeling bepaalt dat punitieve sancties een volle en indringende evenredigheidstoets door de rechter vereisen. Wanneer de rechter oordeelt dat de hoogte van de boete onevenredig is, dient hij bij het zelf vaststellen van de boete de toepasselijke beleidsregels in acht te nemen, althans als hij die beleidsregels op zichzelf redelijk vindt.

75 ABRvS 23 september 2009, *AB* 2009/401 m.nt. O.J.D.M.L. Jansen.

76 Zie ABRvS 4 juni 1996, *JB* 1996/172 m.nt. E.C.H.J. van der Linden.

77 ABRvS 7 oktober 2015, *JB* 2015/189.

6.5.3 Het consistentiebeginsel

Bestuursorganen mogen niet willekeurig besturen: er moet een lijn in hun beslissingen zitten, zodat burgers hun gedrag daarop kunnen afstemmen, hun kansen op de inwilliging van aanvragen kunnen inschatten etc. Wanneer een gemeentebestuur de vrije bevoegdheid heeft subsidies te verlenen aan gezelschappen die kleinkunst beoefenen, zal het niet zonder grond aan een zangkoor wel en aan een toneelvereniging geen subsidie mogen geven. Er moeten criteria worden geformuleerd aan de hand waarvan een beslissing wordt genomen, die verdedigbaar is mede in het licht van andere beslissingen op hetzelfde beleidsterrein. Het orgaan moet kortom consistent handelen. Dat kan het best wanneer er beleid is ontwikkeld. Dit beleid moet redelijk zijn.

Het is niet de taak van de rechter zelf bestuursbeleid te vormen, maar hij gaat bij de toetsing van een besluit dat is gebaseerd op beleid wel na of het beleid de redelijkheidstoets kan doorstaan. Vervolgens bekijkt hij of de beslissing past in het beleid of dat er bijzondere omstandigheden zijn waarom juist van het beleid had behoren te worden afgeweken. Men spreekt in dit verband wel van een tweefasentoetsing.

Een bekend voorbeeld van de eerste fase in de toetsing is de rechterlijke toetsing en aanvaarding van het zogenaamde nuloptiebeleid ten aanzien van coffeeshops (geheel weren van coffeeshops uit de gemeente).[78] De tweede fase in de toetsing (past de beschikking in het beleid) zal bij een dergelijk beleid tamelijk eenvoudig zijn.

In de casus van de gereserveerde parkeerplaats zal de rechter, wanneer De Wit in beroep gaat, eerst moeten uitmaken of de gehanteerde criteria in redelijkheid kunnen worden gesteld (hetgeen wel het geval lijkt). Vervolgens zal hij nagaan of de weigering De Wit een gereserveerde parkeerplaats toe te kennen, gelet op dit beleid, redelijk is.

Het consistentiebeginsel[79] ligt dicht aan tegen het gelijkheidsbeginsel, maar is niet hetzelfde (tenzij men het gelijkheidsbeginsel heel ruim opvat). Dat beginsel (zie hierna) is beperkter; het ziet vooral op het tegengaan van ongelijkheid van juridisch gelijke gevallen. Het gelijkheidsbeginsel zou in het eerder gegeven voorbeeld inzake subsidiëring van kleinkunst geen antwoord geven op de vraag of zangkoren en toneelverenigingen gelijk moeten worden behandeld, zelfs niet op de vraag of alle zangkoren gelijk moeten worden behandeld. Het hangt er maar van af welke doelen het orgaan met de (in casu vrije) subsidiebevoegdheid wil dienen. Daartoe dient, op grond van het consistentiebeginsel, een behoorlijk beleid te worden ontwikkeld. Het consistentiebeginsel ligt ook dicht aan tegen het motiveringsbeginsel; een orgaan moet motiveren waarom het in het ene geval zus en in het andere geval zo handelt. Maar aan die motivering gaat iets vooraf: een draagkrachtige motivering veronderstelt een beleidslijn (tenzij het om een uniek geval gaat, waarvoor uiteraard geen beleid is te maken).

78 Zie bijvoorbeeld ABRvS 22 mei 1997, *AB* 1997/299 m.nt. F.C.M.A. Michiels, *Gst.* 7057/4 m.nt. HH.

79 In de jurisprudentie wordt de term consistentiebeginsel lang niet altijd gebruikt waar dit beginsel wel aan de orde is. Een voorbeeld van een uitspraak waarin de term wel werd gebruikt is ABRvS 15 mei 1997, *JB* 1997/154.

De 'eis van beleid', zoals men het consistentiebeginsel ook wel zou kunnen omschrijven, brengt niet noodzakelijkerwijs mee dat beleidsregels (in de zin van de Awb) moeten worden vastgesteld. Een orgaan kan ook beleidsmatig handelen zonder dat dit beleid op papier staat of zonder dat het, wel op schrift gestelde, beleid is gepubliceerd.[80] Maar het verdient om redenen van helderheid, kenbaarheid en controleerbaarheid wel de voorkeur dat beleid zo veel mogelijk wordt vervat in beleidsregels. Een verplichting tot het vaststellen van beleidsregels heeft de Awb-wetgever echter niet willen opleggen.

Wanneer het orgaan een beleidsregel vaststelt (en publiceert), dient het in beginsel conform die beleidsregel te beslissen. Soms echter moet het van de beleidsregel afwijken. Dit is het geval wanneer het volgen van de beleidsregel voor een of meer belanghebbenden gevolgen zou hebben die onevenredig zijn aan de met de beleidsregel te dienen doelen (art. 4:84 Awb). Hier komt het evenredigheidsbeginsel dus weer terug. Art. 4:84 legt voor beleidsregels wettelijk vast wat ook voor ander beleid geldt. Wanneer er sprake is van ander beleid, dan dient dit op grond van het consistentiebeginsel, maar ook op grond van het gelijkheidsbeginsel en het motiveringsbeginsel, te worden gevolgd tenzij het evenredigheidsbeginsel zich daartegen verzet. Inhoudelijk maakt het dus niet veel uit of beleid in een beleidsregel is opgenomen. Voor de motivering maakt het wel verschil (zie 6.5.8).

6.5.4 Het gelijkheidsbeginsel

Inhoud

Het gelijkheidsbeginsel is niet in de Awb opgenomen, maar staat wel in art. 1 Grondwet vermeld. In dat artikel heeft het gelijkheidsbeginsel overigens een ruimere strekking dan in het bestuursrecht: het ziet (tot op zekere hoogte) ook op horizontale verhoudingen en dus niet alleen op de verhouding tussen burger en overheid. De kern van het gelijkheidsbeginsel is hoe dan ook dat allen in gelijke gevallen gelijk worden behandeld. Dat klinkt goed en overtuigend, maar eigenlijk zegt het niet zoveel. De vraag is namelijk welke gevallen gelijk zijn. Het gaat daarbij alleen om gelijkheid op juridisch relevante punten. Welke punten dat zijn, hangt af van de met het besluit en de wettelijke of beleidsregeling waarop het besluit is gebaseerd te dienen doelen.

Wanneer in het voorbeeld van de subsidiëring van de kleinkunst aan het ene zangkoor wel en aan het andere geen subsidie wordt verleend, hoeft dat op zichzelf niet in strijd te zijn met het gelijkheidsbeginsel. Een criterium voor verlening zou kunnen zijn gelegen in de noodzaak van financiële ondersteuning. Ook zou een voorwaarde kunnen zijn dat het koor een bepaald minimum aantal publieke uitvoeringen geeft. Het ene koor zal dat misschien wel doen, het andere niet, hetgeen in dit verband dan juridisch relevant zou zijn. Zo kan, om een ander voorbeeld te noemen, voor de ene aanbouw wel een omgevingsvergunning worden verleend en voor de andere niet, zelfs

80 Er is dan geen sprake van beleidsregels. Zonder publicatie kunnen beleidsregels althans niet werken; zie art. 3:40 Awb.

wanneer de aanbouwen bouwtechnisch en qua uiterlijk identiek zijn, voor identieke huizen bedoeld zijn en de bestemming van de percelen dezelfde is. De goede reden voor deze ongelijkheid in besluiten kan zijn dat de omgeving waarin de huizen staan, verschilt. In de ene straat kan een aanbouw beter passen dan in de andere (welstand ziet immers ook op de omgeving).

In een geval betreffende een geweigerde vergunning voor een uitweg, zag de Afdeling (na het nodige fotomateriaal te hebben bestudeerd) niet in, in welk opzicht de door appellant gewenste uitweg zou verschillen van andere uitwegen in dezelfde straat (zoals verweerder stelde) en vernietigde het genomen besluit tot weigering van een uitwegvergunning (thans omgevingsvergunning).[81] Het beroep dat appellant deed op schending van het gelijkheidsbeginsel slaagde; tegelijk meende de Afdeling dat het besluit onvoldoende was gemotiveerd (omdat de gestelde ongelijkheid niet genoegzaam was aangetoond). Onduidelijk is welke grond nu uiteindelijk de vernietigingsgrond was, maar materieel was zeker (in elk geval mede) sprake van strijd met het gelijkheidsbeginsel.

Een zuiver voorbeeld van een geslaagd beroep op het gelijkheidsbeginsel biedt een zaak waarin een Europese subsidie op nihil was vastgesteld, terwijl de subsidieontvanger met het overleggen van stukken kon aantonen dat hetzelfde bestuursorgaan in een andere zaak, onder dezelfde omstandigheden, de subsidie slechts op een lager bedrag had vastgesteld. De Afdeling oordeelde dat het beroep op het gelijkheidsbeginsel slaagt. Daarbij achtte zij van belang dat de overgelegde stukken geen grond boden voor het oordeel dat in het andere geval sprake was geweest van een kennelijke misslag.[82]

Als door een gemeentebestuur wordt opgetreden tegen het gebruik van een agrarische bedrijfswoning voor de huisvesting van buitenlandse seizoensarbeiders, mag het dit niet slechts doen naar aanleiding van klachten van derden, terwijl vergelijkbare gevallen, waarin niet is geklaagd, ongemoeid worden gelaten.[83] Wel is het zo dat degene die in zo'n geval in beroep gaat concrete andere gelijke gevallen moet noemen; een algemeen beroep op het gelijkheidsbeginsel volstaat niet. Wanneer een voldoende concreet beroep wordt gedaan op het gelijkheidsbeginsel, waarbij naar andere gevallen wordt verwezen waarin niet wordt gehandhaafd, dient het bestuursorgaan hierop expliciet in te gaan. Het kan daarbij niet volstaan met de overweging 'dat het alle in het bezwaarschrift aangehaalde gevallen in onderzoek heeft en bij geconstateerde overtredingen handhavend zal optreden', indien niet uit het besluit op bezwaar blijkt dat dit onderzoek ook daadwerkelijk heeft plaatsgevonden. Blijkt hiervan niet, dan is er sprake van strijd met de kennisvergaringsplicht van art. 3:2 Awb (zie 6.4.2) en het motiveringsvereiste (voor de beslissing op bezwaar neergelegd in art. 7:12 Awb).[84]

Zoals in 6.2.3 aan de orde kwam, kunnen ook wetten in materiële zin aan (onder meer) het gelijkheidsbeginsel worden getoetst. De (inmiddels vervallen) ministeriële Regeling agressieve dieren, die alleen voor pitbullterriërs een zogenaamd dierenpaspoort eiste, werd niet in strijd met dit beginsel gevonden, omdat deze honden zich van andere gevaarlijke honden onderscheiden doordat zij zijn gefokt op agressief gedrag, zonder reden kunnen aanvallen en grote letselschade kunnen toebrengen.[85] Ook in de 'slangencasus' in hoofdstuk 1 zagen we dat, juridisch gezien, het ene gevaarlijke dier het andere niet is.

---

81 ABRvS 30 januari 2002, *JB* 2002/91 m.nt. J.H. Gerards.
82 ABRvS 24 december 2013, ECLI:NL:RVS:2013:2545.
83 ABRvS 11 maart 2009, *JB* 2009/112.
84 ABRvS 18 november 2009, ECLI:NL:RVS:2009:BK3629.
85 CBb 10 juni 1997, *AB* 1997/338 m.nt. J.H. van der Veen.

Een voorbeeld waarin de rechter een ministeriële regeling onverbindend acht wegens een schending van het gelijkheidsbeginsel is de uitspraak inzake de uitsluiting van burgers met de Iraanse nationaliteit van bepaalde opleidingen op het gebied van nucleaire wetenschappen en een verbod voor Iraniërs tot het betreden van bepaalde plaatsen.[86]

Toepassingsbereik
Hoe ver reikt het gelijkheidsbeginsel? Ten eerste is van belang dat het gelijkheidsbeginsel als beginsel van behoorlijk bestuur ziet op de beslissingen van een en hetzelfde orgaan. Dat er verschillen tussen gemeenten zijn wat betreft het gevoerde beleid, en als gevolg daarvan tussen beslissingen in feitelijk gelijke gevallen, is niet in strijd met het gelijkheidsbeginsel.

Een wel zeer kras geval is dat van de Amsterdamse bloemenhandelaar die zijn waren niet op het trottoir mocht uitstallen, terwijl de bloemenzaak aan de overkant van de straat dat wel mocht. In de lengterichting van de tussen de beide zaken in gelegen weg liep de grens van twee stadsdelen. Het ene stadsdeel – Bos en Lommer – had ten aanzien van uitstallingen op de openbare weg een ander, stringenter beleid dan het andere stadsdeel – De Baarsjes.[87]

Een uitzondering op het uitgangspunt dat slechts beslissingen van een en hetzelfde orgaan mogen worden vergeleken, is door de rechter aangenomen voor de Belastingdienst, waarbij de diverse inspecteurs weliswaar afzonderlijke organen zijn, maar als organen behorend tot één ministerie niet een zodanig zelfstandige positie innemen, dat uitsluitend een vergelijking tussen gevallen mag worden gemaakt binnen het ambtsgebied van een en dezelfde inspecteur.[88] Waarschijnlijk zal een zelfde benadering worden gevolgd voor functionarissen van het OM.

Het gelijkheidsbeginsel noopt er niet toe een eenmaal gemaakte fout te herhalen.[89] Ook anderszins is het niet zo dat een eenmaal ingeslagen weg steeds moet worden gevolgd. Het orgaan kan zijn beleid wijzigen, zonder dat dit in strijd is met het gelijkheidsbeginsel. Wel kan het dan nodig zijn een overgangstermijn te hanteren.

Processuele functie
De rechter vernietigt besluiten niet vaak wegens strijd met het gelijkheidsbeginsel. Dat komt omdat ongelijkheid, in de hier bedoelde genuanceerde zin, niet gemakkelijk valt aan te tonen en de rechter vaak ook niet kan overzien of er inderdaad ongelijkheid is. Het gelijkheidsbeginsel heeft echter een belangrijke 'processuele functie': wanneer een burger er een enigszins aannemelijk beroep

86 Hof 's-Gravenhage 26 april 2011, ECLI:NL:GHSGR:2011:BQ4781 (zo ook de Rb. 's-Gravenhage 3 februari 2010, ECLI:NL:RBSGR:2010:BL1862).
87 ABRvS 26 september 1996, *AB* 1996/483 m.nt. F.C.M.A. Michiels. Zie voor een bevestiging van de mogelijkheid van verschillend beleid door stadsdelen recenter ABRvS 23 september 2009, *Gst.* 7326/113 m.nt. S. Munneke (r.o. 2.7.1). (Zoals in hoofdstuk 5 is vermeld, zijn de stadsdelen inmiddels opgeheven.)
88 Zie HR 23 september 1998, *JB* 1998/235 m.nt. H.J. Snijders.
89 Zie bijvoorbeeld ABRvS 25 september 2002, *AB* 2002/409 m.nt. A. van Hall en ABRvS 8 juli 2015, ECLI:NL:RVS:2015:2158.

op doet, is het aan het orgaan dit onderbouwd te weerspreken. Wanneer het dit niet (voldoende) kan, staat daarmee weliswaar nog niet vast dat er van ongelijkheid sprake is, maar wel ontbreekt dan een draagkrachtige motivering en/of een zorgvuldige voorbereiding van het besluit, hetgeen evenzeer tot vernietiging leidt. Het gelijkheidsbeginsel dwingt aldus indirect tot een zorgvuldige voorbereiding en een goede motivering.

Toen B en W van Utrecht aan Hennes en Mauritz (H&M) een last onder dwangsom oplegden om bepaalde reclame-uitingen van de winkel aan de Steenweg in Utrecht te verwijderen, wees H&M erop dat zij in dit opzicht heel anders werd behandeld dan andere winkels, die op dezelfde wijze reclame-uitingen hadden aangebracht (het beplakken van ramen met folie). Die werden min of meer 'met rust gelaten'. Het college had geen weerwoord en kon de ongelijke behandeling niet uitleggen. Ondanks deze toch naar het lijkt duidelijke schending van het gelijkheidsbeginsel, vernietigde de Afdeling het besluit wegens schending van het motiveringsbeginsel.[90] Zie ook de hiervoor genoemde zaak van de geweigerde uitwegvergunning, waarin onduidelijk bleef wat nu precies de vernietigingsgrond was.

In de casus van de gereserveerde parkeerplaats beriep De Wit zich op het feit dat Blaauw, die verderop in de straat woont, wél een parkeerplaats voor zijn deur toegewezen heeft gekregen. B en W zullen moeten aantonen welk juridisch relevant verschil er is tussen de twee gevallen. Via een beroep op het gelijkheidsbeginsel wordt het orgaan dus gedwongen zijn besluit zorgvuldig(er) voor te bereiden en (alsnog) goed te onderbouwen. Kan het dat niet, dan zal De Wit alsnog een gereserveerde plaats moeten krijgen, tenzij ten aanzien van Blaauw een, voor hem voordelige, fout is gemaakt.

6.5.5 Het verbod van misbruik van bevoegdheid

Een bestuursorgaan mag een bevoegdheid niet gebruiken voor een ander doel dan het doel waarvoor die bevoegdheid is verleend (art. 3:3 Awb). Als zelfstandige norm speelt dit verbod – ook wel aangeduid als het verbod van détournement de pouvoir – in de praktijk niet zo'n grote rol. Schending ervan levert doorgaans ook schending op van de regeling waarop de gebruikte bevoegdheid is gebaseerd; de rechter zal dan strijd met die wettelijke regeling als vernietigingsgrond hanteren. Bovendien is voor schending van dit zeer fundamentele verbod nodig dat het bestuursorgaan het wel erg bont maakt. Een orgaan zal zijn besluit meestal zo in de richting van hetgeen wel is toegestaan weten te motiveren (of maskeren!) dat misbruik van bevoegdheid niet of moeilijk aantoonbaar is.

Schending van dit verbod komt toch wel eens voor. Het klassieke voorbeeld is de Zandvoortse woonruimtevordering, waarbij het gemeentebestuur een zomerhuisje vorderde, niet omdat een doelmatige verdeling van woonruimte (het doel van de wettelijke regeling) dat eiste, maar omdat de verhuurder een, naar de mening van het gemeentebestuur, te hoge huurprijs vroeg.[91]

---

90 ABRvS 11 juni 2008, *AB* 2008/228 m.nt. F.R. Vermeer, *JB* 2008/165.
91 HR 14 januari 1949, *NJ* 1949/557.

Een moderner voorbeeld betreft de weigering door B en W van Rotterdam een overlastvergunning te geven voor een restaurant, uitsluitend omdat de exploitatie van een ander restaurant van de aanvrager openbare-ordeproblemen oplevert. Wanneer betrokkene laatstbedoeld restaurant zou sluiten, zou volgens B en W voor het eerstbedoelde restaurant wel een vergunning worden verleend.

Daarmee gebruikten B en W hun bevoegdheid niet waarvoor die bedoeld was: de weigering was niet gebaseerd op kenmerken van het restaurant waarvoor vergunning werd gevraagd, maar diende ertoe betrokkene te bewegen een ander restaurant te sluiten.[92]

Een voorbeeld van een geval waarin détournement de pouvoir leidde tot vernietiging wegens strijd met de wet betreft het opnemen van een gebruiksvoorschrift in een bestemmingsplan van de gemeente Barneveld, waarin het gebruik van gronden en opstallen voor seksinrichtingen werd verboden. Het voorschrift had tot doel de bescherming van de goede zeden. Dit viel echter niet onder het bereik van het toenmalige art. 10 WRO, thans art. 3.1 Wro (goede ruimtelijke ordening).[93]

6.5.6 *Het beginsel van de materiële rechtszekerheid*

Als mensen rechten hebben gekregen, spreken ze graag van *verworven* rechten. Daarmee wordt dan gesuggereerd dat die rechten onaantastbaar zijn. Die gedachte is weliswaar onjuist, maar niet onbegrijpelijk. Het recht beschermt verworven rechten namelijk wel *tot op zekere hoogte.*

Zo kennen we een beperkt verbod van terugwerkende kracht van *wettelijke regelingen.* Dat verbod beschermt in voorkomende gevallen iemands rechtspositie. Hoe ver reikt nu dat verbod van terugwerkende kracht? Bekend is dit verbod in het strafrecht. Verboden is het met terugwerkende kracht een feit strafbaar te stellen; zie art. 7 EVRM, art. 16 Gw en art. 1 Sr. Een dergelijk verbod geldt ook voor regelingen inzake bestraffende bestuurlijke sancties. Het in het bestuursrecht geldende rechtszekerheidsbeginsel verzet zich meer in het algemeen tegen terugwerkende kracht van voor burgers belastende regelingen. Anderzijds kent dit beginsel wel een uitzondering. Onder omstandigheden kan een belastende regel terugwerkende kracht hebben, namelijk wanneer het voorzienbaar was dat de regel zou gaan gelden en voor een bepaalde periode zou terugwerken, zodat men zich daarop had kunnen instellen.[94]

Voor *beschikkingen* geldt dat die soms kunnen worden teruggenomen, soms kunnen worden opgezegd. Zie daarover uitgebreid 4.2.1. Intrekking of wijziging van begunstigende beschikkingen met terugwerkende kracht (in de vorm van terugnemen dus) is in het algemeen toegestaan bij verstrekking van valse opgaven en bij kennelijke vergissingen,[95] soms ook bij intrekking als sanctie.

---

92 Pres. Rb . Rotterdam 23 juni 1994, *AB* 1994/567 m.nt. R.M. van Male.

93 ABRvS 22 mei 2002, *JB* 2002/170 m.nt. R.J.N. Schlössels.

94 HR 7 maart 1979, *NJ* 1979/319 m.nt. M.W. Scheltema inzake een gemeentelijke belastingverordening.

95 Dit was niet toegestaan in de casus van CBb 29 september 2009, *AB* 2009/395 m.nt. I. Sewandono. Het ging hier om een impliciete intrekking van de registratie van varkensrechten met terugwerkende kracht. Dit was niet toegestaan, gelet op het rechtszekerheidsbeginsel en het vertrouwensbeginsel, omdat niet was gebleken dat de varkensrechten te kwader trouw waren verkregen en omdat ze intussen aan een ander bedrijf waren overgedragen.

6.5.7 Het vertrouwensbeginsel

De overheid moet zich betrouwbaar tonen. Wanneer een bestuursorgaan de verwachting wekt dat het een bepaalde beslissing zal nemen, moet de burger daarop kunnen afgaan en mag hij het orgaan daaraan houden. Dit is globaal genomen de inhoud van het vertrouwensbeginsel.[96] Dit beginsel is (nog) niet in de Awb of een andere wet opgenomen. Een belangrijke reden daarvoor is dat het moeilijk is dit beginsel te preciseren. In welke gevallen er wel en wanneer er geen sprake is van te honoreren verwachtingen, is niet eenvoudig te zeggen. Algemeen gesproken gaat het er om of de verwachting van een bepaald overheidsoptreden *gerechtvaardigd* is. Is dat het geval, dan dient overeenkomstig het gewekte vertrouwen te worden gehandeld, tenzij de wet dat verbiedt of er zwaarwegende feiten of omstandigheden zijn die zich daartegen verzetten. De jurisprudentie is echter streng voor degenen die zich op gewekt vertrouwen beroepen. Voor een geslaagd beroep op het vertrouwensbeginsel is nodig 'dat aan het bestuursorgaan toe te rekenen concrete, ondubbelzinnige toezeggingen zijn gedaan door een daartoe bevoegd persoon, waaraan rechtens te honoreren verwachtingen kunnen worden ontleend.'[97] Verschillende factoren zijn aldus van belang.

a. Degene die het vertrouwen heeft gewekt, moet daartoe bevoegd zijn
Dit betekent dat het vertrouwen moet zijn gewekt, hetzij door het orgaan zelf, hetzij door iemand van wie in redelijkheid mocht worden aangenomen dat die *namens het orgaan* optrad. Dit kan een persoon zijn die deel uitmaakt van een meerhoofdig orgaan (bijvoorbeeld een wethouder die namens B en W spreekt), maar ook een (hoge) ambtenaar. Bij uitspraken van ambtenaren is niet alleen de rang en functie van de ambtenaar van belang, maar ook een eventueel gedane uitspraak over zijn bevoegdheid (bijvoorbeeld of hij in mandaat handelt[98]). In alle gevallen is bepalend of namens het bevoegde orgaan wordt gesproken.

Dat het ook bij toezeggingen door collegeleden (in casu van GS) nog maar de vraag is of die rechtens binden, leert het Vitesse-arrest. Gedeputeerden van Gelderland hadden vertrouwenwekkende 'harde' toezeggingen gedaan met betrekking tot de oplossing van de financiële problematiek waarin voetbalclub Vitesse verkeerde (verlaging van

96 Zie over het Europeesrechtelijke vertrouwensbeginsel en vooral de invloed daarvan op de inhoud van het vertrouwensbeginsel in de lidstaten N.A. De Vos, *Europeanisering van het vertrouwensbeginsel*, Den Haag: BJu 2011.

97 Zie onder veel meer ABRvS 27 juni 2012, *AB* 2013/346 m.nt. L.J.A. Damen, ABRvS 5 december 2012, *AB* 2013/347 m.nt. L.J.A. Damen en ABRvS 20 februari 2013, *AB* 2013/348 m.nt. L.J.A. Damen. Deze drie uitspraken hebben betrekking op overleg, onderhandelingen etc. met wethouders en ambtenaren over een door de raad vast te stellen wijziging van het bestemmingsplan. De Centrale Raad volgt ten aanzien van de voorwaarden voor een gerechtvaardigd gewekt vertrouwen een vergelijkbare koers; zie CRvB 19 januari 2012, ECLI:NL:CRVB:2012:BV2323 en CRvB 21 juli 2015, *AB* 2015/401 m.nt. L.J.A. Damen.

98 Als in mandaat wordt gehandeld, moet een uitlating (in het kader van het besluitvormingsproces) van de gemandateerde aan het orgaan worden toegerekend, want dan is de uitlating namens het orgaan gedaan, zoals ook namens het orgaan wordt besloten. Zie CRvB 10 mei 2012, *AB* 2012/268 m.nt. H.E. Bröring en CRvB 13 december 2012, *JB* 2013/36.

de huurprijs voor het stadion waarin Vitesse speelt). Daarmee zou het in dezen bevoegde orgaan – onder de toenmalige Provinciewet was dat PS; inmiddels is dat GS – normaliter, gelet op de duidelijke bevoegdheidsverdeling in de (toenmalige) Provinciewet, niet gebonden zijn, behoudens bijzondere omstandigheden. Die omstandigheden deden zich hier evenwel voor: er was sprake van een crisissituatie, het initiatief voor de besprekingen werd gedaan door een gedeputeerde, de toezegging werd gedaan op het Provinciehuis en er waren gedetailleerde instructies gegeven.[99]

b. Het feit waardoor de verwachting is gewekt, moet geschikt zijn om gerechtvaardigd vertrouwen te wekken

Het vertrouwen kan onder meer zijn gewekt door inlichtingen, het gedogen van een illegale toestand, toezeggingen, overeenkomsten en eerdere beschikkingen. Voor de gerechtvaardigdheid van het vertrouwen zijn vooral de concreetheid van gedane uitlatingen en de lengte van de periode gedurende welke het bestuur een bepaalde houding heeft aangenomen van belang.

Een door de wethouder strikt geformuleerde toezegging tijdens een vergadering ten gemeentehuize is iets anders dan een tijdens een borrel gemaakte opmerking. Zoals we hiervoor zagen, zal een onvoorwaardelijke en ondubbelzinnige toezegging van het bevoegd gezag een sterk, in beginsel te honoreren vertrouwen wekken.[100] Op Kamervragen door een bewindspersoon gegeven antwoorden met een algemeen karakter geven daarentegen geen uitsluitsel over de vraag hoe in concrete gevallen zal worden gehandeld.[101] Het lange tijd niet optreden tegen een illegale situatie rechtvaardigt op zichzelf niet de verwachting dat ook in de toekomst niet zal worden opgetreden. Wanneer er tussentijds is gecontroleerd en er vervolgens (aanvankelijk) geen actie is ondernomen, kan dit feitelijk bij de overtreder wel het vertrouwen wekken dat de situatie blijvend zal worden gedoogd,[102] maar daarmee is nog niet gezegd dat dit vertrouwen gerechtvaardigd is en al helemaal niet dat dit vertrouwen voor de uiteindelijke beslissing om wel of niet te handhaven doorslaggevend is.[103] Het enkele feit van het langdurig niet handhavend optreden tegen een bepaalde overtreding legt op zichzelf geen gewicht in de schaal (zie 7.3.2).

Het door de bevoegde instantie (in casu de Sociale Verzekeringsbank) geven van een inlichting omtrent de omvang van iemands ouderdomspensioen en pas na vijf jaar beslissen dat de pensioenuitkering toch aanmerkelijk minder hoog wordt, werd door de Centrale Raad in strijd met het vertrouwensbeginsel geacht.[104] Ook in strijd met het vertrouwensbeginsel was het vaststellen van het tracé voor een deel van de Hogesnelheidslijn in afwijking van een eerder gesloten overeenkomst (waarbij grond

99 HR 25 juni 2010, *NJ* 2010/371, *AB* 2010/334 m.nt. F.J. van Ommeren, *JB* 2010/175 m.nt. R. Schutgens, *Gst.* 2010/95 m.nt. H.Ph.J.A.M. Hennekens, *AA* 2010, p. 878-889 m.nt. S.E. Bartels en C. Spierings.

100 Zie reeds CRvB 17 februari 1994, *AB* 1994/323.

101 CBb 21 februari 1996, *AB* 1997/11 m.nt. J.H. van der Veen.

102 In de oudere jurisprudentie werd dit zelfs wel als een gerechtvaardigd vertrouwen aangemerkt. Zie ARRvS 19 oktober 1989, *AB* 1990/467 m.nt. J.H. van der Veen.

103 Ook het EHRM heeft zich met deze kwestie beziggehouden. Het feit dat een illegaal gebouwde woning in een bos 37 jaar lang ononderbroken bewoond was geweest, vormde geen doorslaggevende reden om daartegen niet alsnog op te treden, ook niet nu de overheid van de bewoning op de hoogte was geweest. Er was geen sprake van onevenredige inbreuk op het eigendomsrecht. Zie EHRM 27 november 2007, *O&A* 2008/1, 29 (Hamer).

104 CRvB 31 oktober 2001, *AB* 2002/264 m.nt. F.J.L. Pennings.

was geruild met een particuliere grondeigenaar).[105] De afwijking betrof de lengte van een geluidsscherm. Van belang is dat de wet toeliet de overeenkomst na te komen. Zou bij Nelis de Wit een gerechtvaardigd vertrouwen zijn ontstaan ten aanzien van het verkrijgen van een gereserveerde parkeerplaats vanwege het feit dat hij al zestien jaar lang zo'n plaats heeft toegewezen gekregen? Waarschijnlijk wel, zeker omdat het beleid al jaren hetzelfde was (en ten opzichte van hem al jaren minder strikt werd toegepast). Of hij ook recht had op de plaats, hangt echter niet alleen af van het gerechtvaardigde vertrouwen, maar ook van andere factoren, die hierna nog worden besproken.

c. Het lijden van schade

Wanneer een inlichting onjuist blijkt of een toezegging om een beslissing met een bepaalde inhoud te nemen niet wordt nagekomen, is dat voor betrokkene uiteraard vervelend, maar wanneer hij daardoor geen schade lijdt, is doorgaans geen sprake van onrechtmatig handelen. Hij heeft pech gehad, niet minder, maar ook niet meer. Soms echter worden naar aanleiding van uitlatingen of gedragingen van bestuurszijde door betrokkene kosten gemaakt in het vertrouwen dat het bestuur overeenkomstig het gewekte vertrouwen zal handelen. Als het lijden van schade al geen absolute voorwaarde is voor positieve toepassing van het vertrouwensbeginsel, speelt het in de rechtspraktijk in elk geval een zeer grote rol.[106] Men spreekt in dit verband ook wel van het dispositievereiste: betrokkene moet gedisponeerd hebben, dat wil zeggen iets gedaan hebben dat hem geld heeft gekost en dat hij niet zou hebben gedaan indien er geen vertrouwen zou zijn gewekt.

d. Afwezigheid van factoren die zich tegen honorering van de gewekte verwachting verzetten

Soms verzet de wet zich tegen toepassing van het vertrouwensbeginsel. Een vergunning bijvoorbeeld mag normaliter niet worden verleend in strijd met een gebonden bevoegdheid,[107] zelfs niet wanneer een toezegging door het orgaan is gedaan dat de vergunning wel zou worden verleend. Ook de kennis die bij betrokkene mag worden verondersteld is van belang: wanneer hij moet begrijpen dat het orgaan zich kennelijk vergist, is geen sprake van een gerechtvaardigde verwachting.[108] In handhavingszaken kan de 'beginselplicht tot

105 ABRvS 8 september 2004, *BR* 2004/188 m.nt. A.A.J. de Gier. Zie ook HR 8 juli 2011, *AB* 2011/298 m.nt. F.J. van Ommeren en G.A. van der Veen (Etam/Zoetermeer). Een overeenkomst wekt dus een sterk, gerechtvaardigd vertrouwen.

106 Zie ABRvS 12 december 2001, *AB* 2002/323 m.nt. A.T. Marseille en ABRvS 26 februari 2003, *AB* 2003/265 m.nt. J.H.A. van der Grinten.

107 Zie voor dit begrip 4.2.1. Zie ook R.M. van Male, 'Maatwerk bij het vertrouwensbeginsel', *NTB* 2012/14.

108 Zie bijvoorbeeld ABRvS 2 september 2009, *JB* 2009/22, waarin Jumper Diersuper Apeldoorn wordt tegengeworpen dat ze een professionele marktpartij is en aldus had moeten begrijpen dat een medewerkster van de afdeling Economische zaken en een medewerkster van de informatiebalie van de gemeente niet bevoegd waren te oordelen over het gebruik van een pand in strijd met het bestemmingsplan.

handhaving' (zie 7.3.2) zich verzetten tegen honorering van bij de overtreder gewekte verwachtingen.[109] Meer in het algemeen moet het belang dat is gebaat bij honorering van het gewekte vertrouwen nog worden afgewogen tegen andere belangen.[110] Niet in elk geval leidt gerechtvaardigd vertrouwen er dus zonder meer toe dat ook overeenkomstig het gewekte vertrouwen moet worden besloten.

6.5.8 Het vereiste van een deugdelijke motivering

Een besluit dient te berusten op een deugdelijke motivering[111] (art. 3:46 Awb). Dit betekent dat de motivering draagkrachtig moet zijn; zij moet de beslissing dragen. Anders gezegd: uit de motivering moet blijken waarom de beslissing de inhoud heeft die zij heeft. Een onvoldoende draagkrachtige motivering impliceert vrijwel steeds dat er geen behoorlijke afweging van belangen heeft plaatsgevonden.[112]

Wanneer bijvoorbeeld een sanctiebesluit wordt genomen waartoe een vrije bevoegdheid bestaat, is de enkele motivering dat de wet is overtreden onvoldoende. Het is namelijk niet zo dat op elke wetsovertreding met een sanctie wordt en mag worden gereageerd. Uit de motivering moet blijken waarom in dít geval een sanctie nodig is en waarom déze sanctie. Dat kan door te verwijzen naar het handhavingsbeleid (als er beleidsregels bekendgemaakt zijn). Ingeval betrokkene echter bijzondere omstandigheden aanvoert, dient het orgaan duidelijk te maken waarom er niettemin geen aanleiding is in dit geval op het beleid een uitzondering te maken. Ook dient in voorkomende gevallen te worden ingegaan op (andere) argumenten die in de hoorfase tegen een sanctie zijn aangevoerd. Wanneer de hoogte van de dwangsom op onjuiste of onbegrijpelijke wijze is berekend, kan deze de rechtelijke toets aan het motiveringsvereiste niet doorstaan.[113]

B en W van Leimuiden vroegen GS van Zuid-Holland om een subsidie voor de aankoop van een kunstwerk (een bronzen beeld). In beginsel hadden GS op grond van het gevoerde provinciale subsidiebeleid inzake bevordering van beeldende kunst een subsidie kunnen verlenen. Zij weigerden echter omdat de artistieke kwaliteit van het

---

109 Zie ABRvS 22 maart 2001, *AB* 2001/195 m.nt. A.J.J. de Gier. Zie ook ABRvS 15 april 2009, *AB* 2009/202 m.nt. A. van Hall, ABRvS 7 oktober 2009, *JB* 2009/249 m.nt. C.L.G.F.H. Albers en ABRvS 4 november 2009, ECLI:NL:RVS:2009:BK1939. Uit deze uitspraken blijkt dat groot gewicht wordt toegekend aan de beginselplicht tot handhaving bij overtredingen van het bestemmingsplan. Gewekte verwachtingen, ook in de vorm van een gedoogverklaring, vormen doorgaans geen omstandigheid op grond waarvan handhaving achterwege gelaten kan worden. Albers merkt dan ook terecht op dat het te betwijfelen valt of een gedoogbesluit meer bescherming biedt tegen handhaving dan impliciet gedogen.

110 ABRvS 6 juli 2011, *AB* 2011/197 m.nt. R. Ortlep en ABRvS 30 mei 2012, *JB* 2012/181 m.nt. R.J.N. Schlössels.

111 De onderbouwing van een besluit heet dus een motivering, niet een motivatie. Een motivering is een redengeving, een motivatie een beweegreden.

112 Daarom wordt het vereiste van een draagkrachtige motivering ook besproken in deze paragraaf over normen voor de inhoud van besluiten.

113 ABRvS 23 september 2009, *Gst.* 2009/113 m.nt. S. Munnike.

beeld onvoldoende zou zijn, daarmee het gelijkluidende advies van een adviescommissie overnemend. Niet vermeld was echter *waarom* die kwaliteit onvoldoende zou zijn. Het besluit werd vernietigd (o.a.) wegens het ontbreken van een deugdelijke motivering.[114]

De motivering moet ook kloppen met de feiten.

In de zaak van De Wit wordt de reservering van de parkeerplaats afgewezen onder meer wegens het feit dat er voldoende parkeergelegenheid binnen een afstand van 100 meter van zijn woning zou zijn. Wanneer dat feitelijk niet het geval is, is de motivering niet deugdelijk, want gaat zij uit van onjuiste gegevens.

In bepaalde gevallen kan met een summiere motivering van een besluit worden volstaan. Dat is ten eerste het geval wanneer wordt verwezen naar een beleidsregel op grond waarvan het besluit is genomen en er geen bijzondere omstandigheden zijn (art. 4:82 Awb). Let wel: verwijzing naar beleid op zichzelf is onvoldoende; er moet sprake zijn van een (gepubliceerde) *beleidsregel* om met een summiere motivering te kunnen volstaan.[115] Ten tweede kan een orgaan ter motivering van een besluit volstaan met verwijzing naar een advies indien het besluit op dat advies is gebaseerd en het advies zelf een deugdelijke motivering bevat.[116]

Het omgaan met adviezen is op meer punten van bijzonder belang. De hoofdregel is dat een advies niet klakkeloos mag worden gevolgd, noch zonder meer terzijde mag worden gelegd. Dat heeft met zorgvuldigheid, maar ook met motivering te maken. Wat het *volgen* van een advies betreft, bepaalt art. 3:9 Awb dat ten aanzien van een onderzoek door een adviseur naar feiten en gedragingen, het orgaan zich ervan moet vergewissen of dit onderzoek zorgvuldig is geschied (vergewisplicht); het is immers zelf verantwoordelijk voor het besluit en kan deze verantwoordelijkheid niet afschuiven op de adviseur. Maar ook in andere gevallen, zoals in het zojuist gegeven voorbeeld van de geweigerde kunstsubsidie, kan het bestuursorgaan zijn eigen verantwoordelijkheid niet ontlopen. Het zal ten minste moeten nagaan of het advies deugdelijk is gemotiveerd. Is dat niet het geval, dan zal het orgaan zelf voor een motivering moeten zorgen. Bij een deskundigenadvies van een instantie moet de samenstelling van die instantie zodanig zijn dat de deskundigheid is gewaarborgd.[117] Ingeval het orgaan van een krachtens wettelijk voorschrift uitgebracht advies *afwijkt*,

114 ARRvS 6 oktober 1992, *AB* 1993/91 m.nt. A.F.M. Brenninkmeijer.

115 Aldus ook ABRvS 21 juli 1995, *AB* 1995/568. Zie voorts ABRvS 22 april 2009, *JB* 2009/143 m.nt. M. Heldeweg, waarin het ging om een weigering door de Minister van Defensie om een verklaring van geen bezwaar (tegenwoordig: verklaring omtrent het gedrag) in verband met een vertrouwensfunctie af te geven. Dit mocht niet louter gemotiveerd worden aan de hand van een niet openbaar gemaakt beleidsuitgangspunt.

116 Het advies moet bovendien voor betrokkene kenbaar zijn; zie 6.6.2.

117 Dat was niet het geval bij een gemeentelijke monumentencommissie waarin geen enkele deskundige op het terrein van bouwkunst en stedenbouw zitting had (ABRvS 19 mei 2004, *JB* 2004/274 m.nt. A. van Eijs).

zal het moeten motiveren waarom het afwijkt (art. 3:50 Awb). Bij een niet krachtens wettelijk voorschrift uitgebracht advies is dit niet wettelijk verplicht; een dergelijk advies had immers helemaal niet hoeven te worden gevraagd. Bij afwijking door het orgaan van een deskundigenadvies zal doorgaans een ander deskundig advies (contra-expertise) nodig zijn om afwijking te rechtvaardigen. Ook degene die het niet eens is met een op een deskundig advies gebaseerd besluit, zal daartegen concreet stelling moeten nemen en bij voorkeur met een deskundig tegenadvies moeten komen.[118] Voorts zal dit advies dan niet slechts een goed alternatief moeten bieden, maar duidelijk moeten maken waarom het advies waarop het bestuursorgaan zich baseert niet deugt.

6.6 Normen voor de inrichting van besluiten

6.6.1 Het beginsel van de formele rechtszekerheid

Wanneer een bestuursorgaan een besluit neemt, moet dat een zodanige inhoud hebben (zodanig zijn ingericht) dat degenen voor wie het besluit is bedoeld, kunnen weten waar ze aan toe zijn. Besluiten moeten duidelijk zijn. Dit beginsel van de formele rechtszekerheid is niet in de Awb opgenomen. Voor beschikkingen spreekt de eis van duidelijkheid voor zich.

Een vergunning moet duidelijk maken wat precies wordt vergund; een vergunning aan een uitzendbureau om te werken 'in Rotterdam en omgeving' is te onbepaald. Een last onder dwangsom moet duidelijk aangeven welke maatregelen moeten worden genomen; de last 'niet te veel lawaai' voor de omgeving te veroorzaken is veel te vaag. Ook bij het opleggen van een last onder bestuursdwang moet de overtreding duidelijk, voorzienbaar en kenbaar bij of krachtens wettelijk voorschrift zijn omschreven.[119] De omschrijving in een bestuursdwangbesluit dat van appellant afkomstige, in strijd met art. 2 APV aangeplakte, posters 'op diverse locaties in Leiden' zijn aangetroffen, geeft onvoldoende houvast voor het ongedaan maken van de overtreding.[120]

GS van Noord-Holland hadden aan een milieuvergunning (thans omgevingsvergunning) een voorschrift verbonden dat GS de bevoegdheid gaf de vergunninghouder ertoe te verplichten een milieu-audit (een soort doorlichting van het bedrijf) te laten uitvoeren, indien naar het oordeel van GS zou zijn gebleken dat, kort gezegd, naleving van de vergunning in onvoldoende mate was gegarandeerd. De woorden 'in onvoldoende mate' bieden, zeker in combinatie met de beoordelingsvrijheid van GS ter zake, te weinig zekerheid aan de vergunninghouder omtrent zijn rechtspositie.[121]

Behalve dat de inhoud van het besluit duidelijk moet zijn, moet er ook uit blijken door wie het is genomen en moet het zijn voorzien van de handtekening van een of meer bevoegde personen. Zie 4.5.3 over het in dit verband relevante ondertekeningsmandaat.

118 Dat advies hoeft overigens niet al meteen in de bezwaarfase te worden ingebracht; zie ABRvS 6 mei 2009, *AB* 2009/196 m.nt. A.G.A. Nijmeijer, *JB* 2009/163.
119 Zie bijvoorbeeld CBb 9 juli 2009, *AB* 2009/295 m.nt. F.C.M.A. Michiels.
120 ABRvS 11 augustus 2004, *AB* 2004/370 m.nt. F.R. Vermeer.
121 Vz ABRvS 7 juli 1998, *AB* 2000/99 m.nt. A.B. Blomberg.

Voor wettelijke regels en andere besluiten van algemene strekking is het vaak niet goed mogelijk die zo op te stellen dat voor alle gevallen precies duidelijk is wat wel en wat niet mag. Vergelijk hetgeen in 6.2.4 is opgemerkt over vage normen en beoordelingsruimte. Het beginsel van de formele rechtszekerheid heeft voor beschikkingen dus meer betekenis dan voor algemene regels.

6.6.2 Het vereiste van een kenbare motivering

Besluiten moeten niet alleen draagkrachtig worden gemotiveerd (zie 6.5.8), de motivering moet ook *kenbaar* zijn. Dat er goed over een besluit is nagedacht, moet uit de motivering *blijken*. De burger behoort immers te kunnen weten welke overwegingen aan het besluit ten grondslag lagen, mede om te kunnen bepalen of het zin heeft om een bezwaar- of beroepschrift in te dienen. Aan het kenbaarheidsvereiste is uiteraard voldaan wanneer de motivering in het besluit wordt vermeld, maar ook wanneer een gevolgd advies de motivering bevat, in het besluit naar dat advies wordt verwezen en van het advies kennis is of wordt gegeven (art. 3:49 Awb).

In uitzonderingsgevallen hoeft een besluit geen motivering te bevatten. In spoedgevallen kan de motivering uiterlijk een week later worden verstrekt (art. 3:47). De motivering kan geheel achterwege blijven wanneer redelijkerwijs kan worden aangenomen dat aan een motivering geen behoefte bestaat (art. 3:48), bijvoorbeeld wanneer geheel conform een aanvraag wordt beslist. Een orgaan moet zich daarbij wel realiseren dat het begunstigen van de één belastend kan zijn voor de ander en die ander dan zeker recht heeft op een motivering. Zo nodig kan hij alsnog een motivering vragen, die dan ook moet worden verstrekt (art. 3:48 lid 2).

6.6.3 Vermelden van rechtsmiddelen

De mogelijkheid van rechtsbescherming (in ruime zin), waarover hoofdstuk 8 van dit boek handelt, moet niet alleen in theorie bestaan. Veel burgers kennen, ondanks het adagium dat eenieder wordt geacht de wet te kennen, de wet niet en weten ook niet wat hun door de wet gegeven mogelijkheden van rechtsbescherming zijn. De Awb verplicht er daarom toe dat in elk besluit waarop afdeling 3.6 van toepassing is, dus uitgezonderd algemeen verbindende voorschriften, wordt vermeld of er rechtsbescherming openstaat en zo ja welke. Het orgaan moet in zijn besluit vermelden door wie, binnen welke termijn en bij welk orgaan bezwaar kan worden gemaakt of beroep kan worden ingesteld (art. 3:45 en art. 6:23). Wanneer dit niet (correct) gebeurt en de burger een bezwaar- of beroepschrift bij een andere dan de bevoegde instantie indient, geldt de datum van deze indiening voor de vraag of het geschrift tijdig is ingediend, behoudens het geval van kennelijk onredelijk gebruik van procesrecht (art. 6:15). Aldus wordt de burger niet het slachtoffer van het verzuim van het bestuursorgaan.

6.7 Kennisgeving van besluiten

Het is van groot belang dat betrokkenen (tijdig) op de hoogte raken van genomen besluiten, zowel voor het kennen van hun rechtspositie als voor het tijdig kunnen instellen van bezwaar of beroep. Vanzelfsprekend moeten bestuursorganen van hun besluiten kennis geven. De Awb onderscheidt twee manieren: bekendmaking en mededeling (afdeling 3.6).

Afdeling 3.6 geldt niet voor algemeen verbindende voorschriften; daarvoor gelden andere bekendmakingsregels. Voor wettelijke regels op rijksniveau is er de Bekendmakingswet; voor regels van gemeenten, provincies en waterschappen is de bekendmaking geregeld in de desbetreffende organieke wetten.

Tussen bekendmaking en mededeling bestaat een essentieel verschil. Bekendmaking is vereist voor inwerkingtreding van een besluit (art. 3:40), mededeling niet. Een besluit treedt doorgaans in werking bij de bekendmaking (in elk geval dus niet eerder), maar het besluit kan ook een latere datum van inwerkingtreding noemen. Normaliter is het begin van de bezwaar- of beroepstermijn gekoppeld aan de datum van bekendmaking, maar dat kan ook de datum van terinzagelegging zijn (zie art. 6:8 lid 4 Awb). In het geval van verlening van een *beschikking van rechtswege* treedt de beschikking echter van rechtswege in werking op de derde dag na afloop van de beslistermijn (art. 4:20b lid 3), dit om te voorkomen dat het orgaan de inwerkingtreding van zo'n besluit kan tegenwerken door het besluit niet bekend te maken. Dit neemt niet weg dat het orgaan verplicht is het besluit ook nog bekend te maken (art. 4:20c). Bekendmaking is bij dit bijzondere type besluiten echter geen voorwaarde voor inwerkingtreding.

Bekendmaking kan op twee wijzen geschieden: besluiten die zijn gericht tot een of meer belanghebbenden worden bekendgemaakt door toezending of uitreiking, andere besluiten door publicatie (art. 3:41 en art. 3:42). Nu kan het voorkomen dat ook een ander dan degene tot wie een besluit is gericht, er een bijzonder belang bij heeft van een besluit op de hoogte te zijn. Te denken valt aan personen die bij de voorbereiding van het besluit betrokken zijn geweest (insprekers en adviseurs). Het besluit dient daarom aan deze personen te worden medegedeeld. Dat wil zeggen dat zij, persoonlijk of anderszins, op de hoogte moeten worden gesteld van het genomen besluit, op een wijze die iets toevoegt aan de bekendmaking (hetgeen niet wegneemt dat zij wellicht ook daardoor al van het besluit op de hoogte waren of konden zijn). Art. 3:43 en art. 3:44 geven een regeling voor de wijze waarop de mededeling aan insprekers en adviseurs moet geschieden. Het doen van een mededeling aan deze personen heeft echter geen rechtsgevolg, is niet bepalend voor de inwerkingtreding van een besluit en daardoor ook niet voor het begin van de bezwaar- of beroepstermijn (art. 6:8).

6.8 Grenzen aan het gebruik van privaatrecht

Dat de overheid gebruik kan maken van het privaatrecht bleek in 4.6. De bijzondere positie van de overheid brengt echter beperkingen mee. Sommige auteurs menen zelfs dat de overheid zich op bepaalde terreinen helemaal niet van het privaatrecht zou mogen bedienen.[122] Zo ver gaat de rechtspraak niet, maar er zijn wel grenzen gesteld. Dit is gebeurd in het Windmill-arrest,[123] dat zo belangrijk is voor deze problematiek, dat wel wordt gesproken van de Windmill-doctrine.

Het bedrijf Windmill Holland BV loosde afvalgips op de Nieuwe Waterweg, waarvoor het de nodige vergunningen bezat. De Staat, eigenaar van de Nieuwe Waterweg, vroeg een vergoeding van *f* 1,25 per kubieke meter geloosd gips om daarmee een deel van de waterzuivering te kunnen financieren. Elke particuliere eigenaar had dit kunnen doen. De rijksoverheid had evenwel ook via het uitvaardigen van een op de (toenmalige) Wet verontreiniging oppervlaktewateren te baseren amvb een publiekrechtelijke heffing kunnen instellen. Een dergelijke amvb was echter nog niet voorhanden. De vraag was of de rijksoverheid onder de geschetste omstandigheden van haar eigendomsrecht gebruik mocht maken zoals zij gedaan had. In de overwegingen in het arrest beperkt de Hoge Raad zich niet tot het gebruik van eigendomsrechten, maar geeft hij een grens aan, die ook voor het gebruik van andere privaatrechtelijke rechten (sluiten van overeenkomsten, instellen van onrechtmatigedaadsacties) geldt. De algemene vraag was of indien aan de overheid bij een publiekrechtelijke regeling, ter behartiging van zekere belangen, publiekrechtelijke bevoegdheden zijn toegekend, zij die belangen ook via het privaatrecht mag behartigen. De Hoge Raad overwoog als volgt.

'Wanneer de betrokken publiekrechtelijke regeling daarin [dat wil zeggen: in het antwoord op deze vraag, FM] niet voorziet, is voor de beantwoording van deze vraag beslissend of gebruik van de privaatrechtelijke bevoegdheden[124] die regeling op onaanvaardbare wijze doorkruist. Daarbij moet onder meer worden gelet op inhoud en strekking van de regeling (die mede kan blijken uit haar geschiedenis) en op de wijze waarop en de mate waarin in het kader van die regeling de belangen van de burgers zijn beschermd, een en ander tegen de achtergrond van de overige geschreven en ongeschreven regels van publiekrecht. Van belang is voorts of de overheid door gebruikmaking van de publiekrechtelijke regeling een vergelijkbaar resultaat kan bereiken als door gebruikmaking van de privaatrechtelijke bevoegdheid, omdat, zo zulks het geval is, dit een belangrijke aanwijzing is dat geen plaats is voor de privaatrechtelijke weg.' De Hoge Raad meende dat gebruik van de eigendomsbevoegdheid het stelsel van de Wet verontreiniging oppervlaktewateren zou doorkruisen.[125] Met heffingen zou voorts hetzelfde resultaat kunnen worden bereikt als met de gevraagde vergoeding, terwijl een heffingenstelsel de burger meer waarborgen zou bieden.

---

122 Zoals J.M.H.F. Teunissen, *Het burgerlijk kleed van de staat*, Zwolle: W.E.J. Tjeenk Willink 1996 en A.Q.C. Tak, *De overheid in het burgerlijk recht*, Den Haag: VUGA 1997.

123 HR 26 januari 1990, *NJ* 1991/393 m.nt. M. Scheltema, *AB* 1990/408 m.nt. G.P. Kleijn.

124 In dit boek wordt de term bevoegdheden voor het publiekrecht gereserveerd, maar de Hoge Raad hanteert uiteraard zijn eigen terminologie.

125 De Wet verontreiniging oppervlaktewateren bestaat niet meer; zij is eind 2009 vervallen bij het in werking treden van de Waterwet.

Eerst moet dus worden nagegaan of de wet uitsluitsel biedt omtrent het mogen volgen van de privaatrechtelijke weg. Dat blijkt meestal niet het geval te zijn. Overigens moet daarbij niet alleen naar de tekst, maar ook naar de bedoeling van de wet worden gekeken.

Zo is in het arrest Kunst- en Antiekstudio Lelystad[126] de vraag gerezen of de WRO, thans de Wro, toelaat dat in erfpachtovereenkomsten voorwaarden worden opgenomen betreffende het gebruik van de grond, terwijl het grondgebruik ook via het bestemmingsplan kan worden gereguleerd. De WRO zei daar niets over met zoveel woorden, maar uit de geschiedenis van de WRO moest volgens de Hoge Raad worden afgeleid dat de wetgever niet had bedoeld dergelijke voorwaarden in erfpachtovereenkomsten tegen te gaan. Het opnemen van die voorwaarden in erfpachtovereenkomsten was al vele jaren vaste praktijk. De WRO was nog onlangs veranderd en als de wetgever een einde aan die praktijk had willen maken, zou hij dat wel hebben gedaan!

In het arrest Brandweerkosten Vlissingen[127] werd uit de bedoeling van de wetgever afgeleid dat verhaal van brandweerkosten langs privaatrechtelijke weg niet is toegestaan. De wetgever heeft namelijk uitdrukkelijk geen publiekrechtelijk kostenverhaal gewild en een privaatrechtelijk verhaal zou er dan toe leiden dat het beoogde resultaat (geen kostenverhaal) niet zou worden bereikt. In de casus van het arrest Amsterdam/Geschiere[128] over de weigering van toestemming als eigenaar voor het gebruik van een standplaats waarvoor wel al een vergunning was verleend, (zie daarover reeds 3.2) stond de toepasselijke regeling, de Verordening op de Straathandel, naar de letter niet in de weg aan het gebruik van het eigendomsrecht (de regeling ging daar niet over). Anders dan in het Brandweerkosten-arrest had de desbetreffende regeling ook niet de bedoeling het gebruik van dit recht uit te sluiten. De doorkruisingsleer was dus niet van toepassing. Dat wil echter niet zeggen dat gebruik van de eigenaarsbevoegdheid zonder meer is toegestaan. Zoals we in 3.2 zagen, is het weigeren van een privaatrechtelijke toestemming voor een activiteit waarvoor al wel een vergunning is verleend, volgens de Hoge Raad weliswaar niet geheel uitgesloten, maar dan moeten er aan overheidszijde wel zeer zwaarwegende, niet bij de vergunningverlening meegewogen, belangen zijn. Die waren er in casu niet.[129] In het arrrest Nunspeet ging het over verhaal van kosten die de gemeente maakt in het kader van de zogenaamde planschadevergoeding (art. 49 WRO oud; thans art. 6.1 Wro) op de projectontwikkelaar.[130] Die wilde in ruil voor het aanpassen van het bestemmingsplan de kosten van bedoelde vergoedingen wel op zich nemen, maar veranderde later van mening. De Hoge Raad vond dat de WRO geen grondslag bood voor een dergelijke overeenkomst en nu de WRO een gesloten stelsel van kostenverhaal kende, waarin bij de diverse methoden een behoorlijke rechtsbescherming mogelijk was, was de toegepaste methode, die op dat punt duidelijk tekortschoot, niet aanvaardbaar. Nadien heeft de wetgever ingegrepen en alsnog voor de benodigde grondslag gezorgd (eerst in art. 49a WRO (oud);

126 HR 8 juli 1991, *NJ* 1991/691 m.nt. M. Scheltema, *AB* 1991/659 m.nt. F.H. van der Burg.

127 HR 11 december 1992, *AB* 1993/301 m.nt. G.A. van der Veen. Zie in vergelijkbare zin HR 21 maart 2003, *JB* 2003/96 m.nt. H. Peters inzake het verhaal van kosten van een strafrechtelijk opsporingsonderzoek.

128 HR 5 juni 2009, *AB* 2009/327 m.nt. G.A. van der Veen, *JB* 2009/171 m.nt. H. Peters.

129 Zie uitgebreid over de doorkruisingsleer A.P.W. Duijkersloot, A.A.J. de Gier, G.T.J.M. Jurgens en B.J. Schueler, *De doorkruisingsleer in perspectief*, Den Haag: VNG 2010.

130 HR 2 mei 2003, *AB* 2003/354 m.nt. E.W.J. de Groot en G.A. van der Veen.

thans in art. 6.4a Wro). Wél aanvaardbaar achtte de Hoge Raad het sluiten van een overeenkomst door de gemeente Amsterdam waarin beperkingen aan het grondgebruik werden gesteld die verdergingen dan de beperkingen die het bestemmingsplan oplegde. De WRO verzette zich daar niet tegen.[131]

Biedt de wet geen uitsluitsel, dan, zo kan de redenering van de Hoge Raad kort worden weergegeven, moeten de volgende vragen worden beantwoord:

a. staat een publiekrechtelijke weg open?
b. biedt de publiekrechtelijke weg meer waarborgen aan de burger?
c. leidt de publiekrechtelijke weg tot een vergelijkbaar resultaat als de privaatrechtelijke weg?

Bij positieve beantwoording van deze drie vragen is sprake van doorkruising van het publiekrecht en is de privaatrechtelijke weg afgesneden. Maar de vragen sub b en c laten nogal wat ruimte voor verschillende beantwoording. Per geval zal hoe dan ook eerst moeten worden bekeken of de publiekrechtelijke weg openstaat. Zie verder de uitwerking op het vlak van de handhaving in 7.2.4. De conclusie kan zijn dat ook voor de uitoefening door de overheid van privaatrechtelijke rechten bijzondere normen gelden, die niet gelden voor anderen.

131 HR 24 december 2004, *AB* 2005/58 m.nt. G.A. van der Veen.

HOOFDSTUK 7

Handhaving van bestuursrecht

7.1 Inleiding; een casus

In 1.3 is geconstateerd dat het bestuursrecht breed en omvangrijk is geworden. Aan het maken van de vele bestuursrechtelijke regels ligt de vooronderstelling ten grondslag dat degenen voor wie de overheid regels stelt, zich ook aan die regels houden. Dit spreekt echter helemaal niet vanzelf. Vrijwel iedereen negeert regelmatig rode voetgangerslichten, terwijl toch algemeen bekend is dat de verkeerswetgeving dit verbiedt. In de sfeer van subsidies en uitkeringen wordt hier en daar stevig gefraudeerd. Bouwen zonder de vereiste vergunning is geen uitzondering. Over ontduiken van de belastingen zullen we het maar helemaal niet hebben. Er zijn blijkbaar ook andere factoren dan de inhoud van wet en regelgeving die het door rechtsregels bestreken gedrag van mensen bepalen. Te denken valt aan de pakkans, de zwaarte van een mogelijke sanctie, de acceptatie van de inhoud van een wettelijke regel, de (on)duidelijkheid van de regel en niet te vergeten het voordeel dat overtreders kunnen behalen met het handelen in strijd met de wet. Toch is het zo dat wetgevers en vergunningverleners lange tijd dachten dat met het stellen van de norm het werk er op zat. Niets is echter minder waar; wil de norm feitelijk betekenis hebben, dan zal hij ook daadwerkelijk moeten worden nageleefd. De overheid zal daarom mogelijkheden moeten hebben om er voor te zorgen dat de norm wordt nageleefd. Het doen naleven van rechtsregels heet handhaving. Zowel het strafrecht als het bestuursrecht en het privaatrecht bevatten juridische middelen om naleving in concrete gevallen af te dwingen of niet-naleving achteraf te bestraffen. Het belang van handhaving van bestuursrecht wordt inmiddels beter ingezien dan voorheen, waaraan de rampen in Enschede, Volendam en, meer recent, Moerdijk[1] zeker hebben bijgedragen, maar er is op vele terreinen nog altijd sprake van een 'handhavingstekort'.

---

1 Het bedrijf Chemie-Pack te Moerdijk, waarin op 5 januari 2011 een zeer grote brand plaatsvond, nam het niet zo nauw met de regels. Zo bleek het regelmatig pas na dreiging met de oplegging van een last onder dwangsom bereid te zijn aan de geldende regelgeving te voldoen en had het OM reeds een strafrechtelijk onderzoek aangekondigd. Zie ook T. Barkhuysen, 'Regeldruk, rechtshandhaving en eigen verantwoordelijkheid', *NJB* 2011/171.

Nu is het ook weer niet zo dat van elke regel de naleving *voor 100% door de overheid* moet worden afgedwongen. Ten eerste kunnen er redenen zijn waarom rechtmatig kan worden gedoogd dat een voorschrift *tijdelijk niet wordt nageleefd*. Zo kan de omstandigheid dat een bepaald voorschrift op korte termijn vervalt, reden zijn om niet tegen het handelen in strijd met dat voorschrift op te treden. In het algemeen gesproken kan het belang van handhaving in een bepaald geval minder groot zijn dan andere betrokken belangen, zodat de in art. 3:4 Awb vereiste afweging ertoe kan leiden, ja zelfs ertoe kan nopen, dat van handhaving wordt afgezien. In de hierna te bespreken casus komen veel aspecten van handhaving en gedogen aan de orde. Ten tweede hoeft naleving niet altijd *door de overheid* te worden afgedwongen. Ook burgers kunnen overtreders 'aanpakken', door middel van een actie bij de burgerlijke rechter.

Het lastig sluitende sluitstuk[2]

Bij op- en overslagbedrijf De Terminal BV, gevestigd in de gemeente Randstad, worden allerhande stoffen aan- en afgevoerd en opgeslagen, waaronder vaten met uiterst brandbare chemicaliën. Bij een controle door een gemeentelijke toezichthouder op 17 april 2015 worden diverse tamelijk ernstige overtredingen van de voorschriften van de omgevingsvergunning en andere voor het bedrijf geldende regels geconstateerd. Op de plaatsen waar vaten met olie en chemicaliën staan, zijn geen vloeistofdichte vloeren aangebracht, er zijn onvoldoende brandwerende voorzieningen, o.a. in de vorm van bij brand automatisch sluitende tussendeuren, gerealiseerd en er hangen in het bedrijf te weinig brandblussers. Drie weken later krijgt het bedrijf een brief van het college van B en W waarin De Terminal op de hoogte wordt gesteld van de uitkomsten van de controle en wordt gewaarschuwd om op korte termijn de overtredingen te beëindigen. Anders zal een sanctie worden opgelegd. Het bedrijf stelt dat het niet de financiële ruimte heeft om alle gevraagde voorzieningen zo snel te realiseren. Het is wel van goede wil en het zal ook meteen voor de brandblussers zorgen, maar vraagt op 20 mei 2015 een gedoogbeschikking aan voor de periode van een jaar wat betreft de twee andere noodzakelijke veranderingen. Het college, alert geworden door verschillende incidenten die zich de laatste jaren hebben voorgedaan in de chemische industrie, wijst het verzoek om een gedoogbeschikking per omgaande in een brief af. In deze brief is tevens een conceptbeschikking voor een last onder dwangsom opgenomen, waarover het bedrijf een zienswijze naar voren mag brengen. De vervolgens ingebrachte zienswijze doet het college niet van gedachten veranderen. Enkele maanden later – het is inmiddels 16 augustus 2015 – legt het aan De Terminal een last onder dwangsom op. In deze beschikking staat dat De Terminal uiterlijk per 1 november 2015 aan twee in de last genoemde voorschriften (inzake de vloeistofdichte vloer en de

2 Deze casus is geïnspireerd op de casus van het arrest van het Hof 's-Gravenhage 22 maart 2011, *AB* 2011/245 m.nt. F.C.M.A. Michiels en op de nalevingssituatie en brand bij Chemie-Pack te Moerdijk op 5 januari 2011.

brandwerende voorzieningen) moet voldoen. Voor elke week dat na die datum niet aan de last wordt voldaan, verbeurt het bedrijf een dwangsom van maar liefst € 50.000 per overtreding, met een maximum van € 500.000 per overtreding. De Terminal dient een bezwaarschrift in en verzoekt de rechtbank om schorsing van de last, maar dat verzoek wordt afgewezen. Het bezwaarschrift wordt ongegrond verklaard, tegen welk besluit het bedrijf beroep aantekent. Half januari 2016 heeft De Terminal BV inmiddels wel, zij het pas zes weken na de in de last gegeven termijn, voor een vloeistofdichte vloer gezorgd, maar heeft het wat betreft de brandwerende voorzieningen nog altijd geen actie ondernomen. Het college aarzelt echter met het invorderen van het inmiddels bereikte maximum bedrag van in totaal € 800.000, want het bedrijf heeft het economisch gezien heel moeilijk en bij een faillissement zal kostbare werkgelegenheid verloren gaan. Bovendien is inmiddels wel aan een deel van de last voldaan. Omwonenden die niet gerust zijn op de situatie verzoeken B en W eind januari een invorderingsbeschikking te nemen en zo nodig de omgevingsvergunning in te trekken. Na uitvoerig beraad weigert het college deze verzoeken te honoreren en geeft het aan het bedrijf nog vijf maanden extra, tot 1 juli 2016, om de brandwerende voorzieningen aan te brengen. Het bedrijf heeft laten weten in die periode voor de benodigde gelden én materialen te kunnen zorgen. De omwonenden dienen tegen de weigering om hun aanvragen te honoreren onmiddellijk een bezwaarschrift in. Tegen de ongegrondverklaring van dat bezwaarschrift enkele maanden later gaan ze in beroep bij de bestuursrechter.

Inmiddels is ook het Openbaar Ministerie van de situatie op de hoogte geraakt. De officier van justitie gaat in april 2016 over tot vervolging van het bedrijf – het handelen in strijd met het voorschrift uit de omgevingsvergunning is strafbaar – en vraagt de rechtbank het bedrijf te verplichten de tot dusver nagelaten voorzieningen te treffen (art. 8 sub c Wet op de economische delicten). Lopende de strafzaak en voordat de bestuursrechter uitspraak heeft gedaan in de beroepen tegen de last onder dwangsom en de weigering van de invorderingsbeschikking gaat het bedrijf eind juni 2016, ten gevolge van een onvoorzichtigheid bij het overladen van vaten chemicaliën, in vlammen op. Wat begon als een binnenbrandje ontwikkelt zich door de uiterst brandbare chemicaliën in een oogwenk tot een allesvernietigende uitslaande brand. Bij de brand wordt ook een in de buurt gelegen papierfabriek getroffen. Procedures inzake de civielrechtelijke aansprakelijkheid van De Terminal en/of de gemeente voor de ontstane schade kunnen beginnen.

Deze casus laat zien dat de handhavingsmogelijkheden talrijk en divers zijn. Anderzijds blijkt handhaving bij vasthoudende overtreders niet gemakkelijk en vaak tijdrovend. Handhaving is het sluitstuk van de beleidsketen (normstelling-uitvoering-handhaving-normstelling). Het is echter een sluitstuk dat in de praktijk moeilijk te hanteren blijkt: het past niet altijd goed en kan soms alleen met enig geweld aan de andere schakels van de keten worden geklonken. In de casus hadden B en W achteraf gezien voortvarender moeten optreden. Ze hadden zelfs het bedrijf (gedeeltelijk) kunnen sluiten, door bestuursdwang toe te passen. Dan had zich die brand niet kunnen voordoen. Anderzijds kan bepaald niet worden gezegd dat het college heeft stilgezeten; het heeft met de handhaving het nodige bereikt en het moet tot op zekere hoogte ook met de belangen van het bedrijf rekening houden. Voorts kan het gebruik van rechtsbeschermingsmogelijkheden door de overtreder al gauw tot enige niet (geheel) aan de gemeente te verwijten vertraging leiden. Op de diverse sanctiemogelijkheden en de vereiste belangenafweging wordt in dit hoofdstuk ingegaan. Interessant is ook dat naast het bestuur de officier van justitie handhavend optreedt. Is dat niet dubbelop? En hoe zit het met de aansprakelijkheid: zou behalve het bedrijf (dat na de brand naar alle waarschijnlijkheid geen verhaal meer biedt) ook de gemeente jegens derden aansprakelijk kunnen zijn voor het onvoldoende voortvarend handhaven?

In de rest van dit hoofdstuk zullen de verschillende handhavingsmogelijkheden nader worden bezien, waarbij met enige regelmaat op de casus zal worden teruggegrepen. Daarbij zullen onder meer de volgende vragen aan de orde komen: wanneer mag welke sanctie door wie worden opgelegd? Wat is de aard van de verschillende sancties? Hoe verhouden de bestuursrechtelijke en de strafrechtelijke handhaving zich tot elkaar? Ook wordt aandacht besteed aan de normen die specifiek zijn voor de handhaving en aan de rechtsbescherming die openstaat voor de (vermeende) overtreder en anderen die met een handhavende overheid worden geconfronteerd. Ten slotte wordt (in 7.7) ingegaan op de keerzijde van handhaving, het gedogen en wat derden daartegen in rechte kunnen ondernemen.[3]

In het strafrecht wordt een overtreding onderscheiden van een misdrijf; dit onderscheid heeft rechtsgevolgen. Voor het bestuursrecht wordt een dergelijk onderscheid niet gemaakt. De termen 'overtreder' en 'overtreding' worden in dit boek dan ook niet in strafrechtelijke, maar in bestuursrechtelijke zin gebruikt. Overtreden heeft dan de betekenis van 'handelen of nalaten in strijd met een bij of krachtens de wet gesteld voorschrift'. Ook iemand die een zeer ernstige inbreuk pleegt op een bestuursrechtelijk voorschrift, is dus in bestuursrechtelijke zin een overtreder, terwijl als dat handelen tevens een strafbaar feit oplevert, strafrechtelijk dan wellicht van een misdrijf sprake is. Hoewel er dus verschillen zijn tussen een overtreder in bestuursrechtelijke en een overtreder in strafrechtelijke zin, zijn de begrippen in zoverre wel naar elkaar toegegroeid dat sinds de inwerkingtreding van de vierde tranche Awb onder overtreder niet alleen de pleger, maar ook de medepleger wordt verstaan (art. 5:1 Awb). Dat was in het strafrecht altijd al zo.

3 Zie veel uitgebreider over het onderwerp van dit hoofdstuk F.C.M.A. Michiels, A.B. Blomberg en G.T.J.M. Jurgens, *Handhavingsrecht*, Deventer: Wolters Kluwer 2016.

7.2 Handhaving in drievoud

7.2.1 Algemeen

Bestuursrechtelijke voorschriften kunnen *in beginsel* op verschillende wijzen worden gehandhaafd: bestuursrechtelijk, strafrechtelijk en privaatrechtelijk.

Een mooi voorbeeld biedt de handhaving van regels inzake het buiten zetten van vuilniszakken. Gemeenten kunnen vertrouwen op de politie, die voor strafrechtelijke handhaving zorgt, ze kunnen spoedshalve bestuursdwang toepassen, waarvan de kosten op de overtreder worden verhaald, terwijl het ook mogelijk is de handhaving langs privaatrechtelijke weg te laten lopen (onrechtmatigedaadsactie), waarvoor art. 5.26 Wabo uitdrukkelijk de grondslag biedt.[4]

Meestal is er de mogelijkheid om tegen het overtreden van bestuursrechtelijke voorschriften bestuursrechtelijk op te treden. Veelal is tevens strafrechtelijke handhaving mogelijk. De privaatrechtelijke weg is vaak voor de overheid afgesneden, zoals in 6.8 in algemene zin werd geconstateerd en in het bijzonder voor de handhaving hierna in 7.2.4 zal blijken. Het feit dat er niettemin regelmatig van meer dan één systeem gebruik kan worden gemaakt, roept interessante vragen op over de combinatie van deze systemen. Hoe zit het met de relatie tussen (bestuursrechtelijk) toezicht en (strafrechtelijke) opsporing? In hoeverre is een opeenstapeling (cumulatie) van sancties toelaatbaar? Mogen het bestuur en het OM een verschillende koers varen, waarbij de een gedoogt en de ander juist wil handhaven?[5]

Handhaving in de hier besproken zin geschiedt altijd door een overheidsinstantie: het bestuur, de politie, het OM en/of de rechter. Maar de burger kan wel een belangrijke bijdrage leveren. Zo kan hij om een bestuurlijke sanctie verzoeken.[6] Tegen een weigering aan zijn verzoek te voldoen kan hij, indien hij belanghebbende is, in bezwaar en beroep komen. Ook kan hij zich bij het gerechtshof beklagen over het niet vervolgen van iemand die de wet heeft overtreden

4 Zie onder meer ABRvS 1 juni 2005, *AB* 2005/247 m.nt. F.C.M.A. Michiels. NB: het ging hier nog om art. 18.17 Wm (oud), de voorganger van art. 5.26 Wabo.

5 Zie over deze vragen uitgebreid en diepgaand de dissertatie van A.B. Blomberg, *Integrale handhaving van milieurecht*, Den Haag: BJu 2000.

6 Alleen belanghebbenden kunnen om handhaving verzoeken. Zo had een amateurastronoom geen belang bij optreden tegen een bij een café geplaatste skybeamer twaalf kilometer verderop (ABRvS 28 oktober 2009, *JB* 2009/270).

(art. 12 Sv). Voorts kan hij zich rechtstreeks tot de overtreder wenden en hem met een actie uit onrechtmatige daad voor de burgerlijke rechter dagen. Een en ander kan als volgt schematisch worden weergegeven:

Handhaving	
door de overheid	*door particulieren*
Bestuursrecht (bestuursorgaan)	aanvraag; opkomen tegen afwijzing aanvraag
Strafrecht (politie, OM en rechter)	beklag ex art. 12 Sv
Privaatrecht (bestuursorgaan en rechter)	actie ex art. 6:162 BW

Met het voorgaande is aangegeven dat rechtsbescherming en rechtshandhaving nauw met elkaar samenhangen: de rechtsbescherming kan de handhaving bevorderen. Anderzijds kan door de rechtsbescherming die de overtreder heeft, de handhaving ook worden beperkt, vertraagd en soms onmogelijk gemaakt. Dat is echter de prijs die we in een rechtsstaat moeten betalen voor een goed stelsel van rechtsbescherming.

7.2.2 Bestuursrecht

Waar is de bestuursrechtelijke handhaving wettelijk geregeld?
Hoofdstuk 5 Awb bevat vier titels, die betrekking hebben op enkele onderdelen van de handhaving: algemene bepalingen, toezicht, herstelsancties (last onder bestuursdwang en last onder dwangsom) en de bestuurlijke boete.[7] Voorts zijn er bepalingen in andere hoofdstukken van de Awb, met name de hoofdstukken 2 tot en met 4, die (ook) voor de procedures en normen voor handhaving van belang zijn. Ten slotte zijn er allerlei andere wetten die bepalingen over handhaving bevatten, bijvoorbeeld inzake de toedeling van sanctiebevoegdheden. Zie bijvoorbeeld hoofdstuk 1.4 Wet op het financieel toezicht en hoofdstuk 5 Wabo (dat tevens op een groot aantal andere wetten op het gebied van het omgevingsrecht van toepassing is). Deze regelingen moeten wel in combinatie met hoofdstuk 5 Awb worden gelezen.

Bevoegdheidstoekenning
Bestuursrechtelijke handhaving houdt primair in het uitoefenen van toezicht op de naleving van voorschriften en het opleggen en effectueren van sancties. De belangrijkste sancties zijn bestuursdwang, dwangsom, boete en intrekking van een begunstigend besluit. Bestuursrechtelijke handhaving geschiedt door bestuursorganen die daartoe wettelijk bevoegd zijn gemaakt.

7 De last onder dwangsom wordt hierna ook wel kortheidshalve aangeduid als 'dwangsom', de last onder bestuursdwang als 'bestuursdwang'.

Voor de sancties boete en intrekking moet per bijzondere wet worden gekeken of de bevoegdheid is toegekend.[8] Voor de sancties bestuursdwang en dwangsom ligt het, althans voor de decentrale overheden, anders. Aan de besturen van gemeenten, provincies en waterschappen is een algemene bestuursdwangbevoegdheid toegekend in de organieke wetten. Zo kent art. 125 Gemeentewet de bestuursdwangbevoegdheid toe aan 'het gemeentebestuur' ter uitvoering (handhaving) van eigen besluiten en ter uitvoering van wetten, amvb's en verordeningen, waarvan de uitvoering aan het gemeentebestuur is opgedragen. Afhankelijk van het te handhaven voorschrift is dat B en W of de burgemeester (en soms een commissie, waaraan een handhavingsbevoegdheid is gedelegeerd), maar uiteraard steeds een uitvoerend orgaan. Ook de Provinciewet en de Waterschapswet kennen algemene bestuursdwangbevoegdheden toe. Voor bestuursorganen op centraal niveau bestaat geen organieke wet en ook elders is geen algemene bestuursdwangbevoegdheid voor ministers (of andere organen) te vinden; ministers hebben dus alleen de bestuursdwangbevoegdheid ingeval een bijzondere wet hen daartoe bevoegd maakt (zoals in art. 5.15 Wabo). In art. 5:32 Awb is aan alle bestuursorganen die tot bestuursdwang bevoegd zijn (op grond van welke wet dan ook) de dwangsombevoegdheid toegekend. Een orgaan dat bestuursdwang mag toepassen, heeft dus automatisch ook de dwangsombevoegdheid. Dit laatste lijdt slechts uitzondering wanneer in een bijzondere wet uitdrukkelijk zou worden bepaald dat, in afwijking van art. 5:32 Awb, de dwangsombevoegdheid niet aan het desbetreffende orgaan toekomt.

Let wel: de Awb zelf kent dus alleen de dwangsombevoegdheid toe (art. 5:32). Alle andere bestuurlijke sanctiebevoegdheden worden in bijzondere en organieke wetten toegekend. Ten aanzien van de *uitoefening* van sommige van die bevoegdheden bevat de Awb wel (voor bestuursdwang, dwangsom en boete zelfs specifieke) regels.

Zoals gezegd heeft niet elk bestuursorgaan een bestuursdwangbevoegdheid. Dat betekent niet dat zo'n orgaan niet een dwangsombevoegdheid zou kunnen hebben. Een voorbeeld waarin een dwangsombevoegdheid is toegekend zonder dat er een bestuursdwangbevoegdheid voor dat orgaan bestaat, biedt art. 74 Mededingingswet, dat de dwangsombevoegdheid toekent aan de Autoriteit Consument en Markt.

Papieren handhaving en daadwerkelijke handhaving
Uit de casus over De Terminal BV blijkt, dat handhaving een complexe zaak is. Er zijn grofweg drie fasen te onderscheiden:

1. *toezicht*; daartoe door het bevoegd gezag aangewezen personen (toezichthouders) controleren of iemand (doorgaans een persoon of bedrijf) zich aan de regels houdt;

8 Zie voor voorbeelden 7.5.3 en 7.5.4.

2. *sanctiebesluit*; wanneer wordt geconstateerd dat iemand zich niet aan de regels houdt, wordt een besluit genomen waarin een nadere (al dan niet voorwaardelijke) verplichting wordt opgelegd (boete of last onder dwangsom), een begunstigende beschikking wordt ingetrokken of waarin tot feitelijk overheidsoptreden wordt besloten (bestuursdwang);
3. *tenuitvoerlegging van het besluit*; boete of dwangsom wordt geïnd, bestuursdwang wordt toegepast en de kosten daarvan worden verhaald op de overtreder.

Tot aan de laatste fase doet handhaving nog niet echt pijn. Brieven of mondelinge vermaningen van toezichthouders en bestuurders kan men negeren; sanctiebesluiten zijn weliswaar dreigend, maar hebben nog geen *feitelijk* effect. Volgens een bekend beeld laat het bestuur daarmee wel de tanden zien, maar is van bijten pas sprake in de derde fase. Daarom is handhaving in gevallen waarin de overtreder volhardt, zonder die derde fase krachteloos. Het komt regelmatig voor dat een bestuursorgaan terugschrikt voor inning van (hoge) dwangsombedragen, bijvoorbeeld omdat inning een bedrijf op de rand van of tot een faillissement zou brengen (zie de casus). Het is ook mogelijk dat een bestuursorgaan terugschrikt voor doorpakken na een (meestal tamelijk loze) dreiging met schadeclaims door de overtreder. Het behoeft geen betoog dat een overheid zonder rechte rug ook het recht niet overeind kan houden. Bestuursorganen maken het zich zelf vaak onnodig moeilijk door uitgebreide stappenplannen, volgens welke wel heel veel stappen moeten worden gezet voordat het een keer tot echte handhaving komt. Een praktisch probleem is voorts het beperkte aantal personele en materiële middelen dat voor de handhaving beschikbaar is.

Niet ongebruikelijk bij bestuursdwang en dwangsom is het volgende schema:
- constateren van een overtreding door een toezichthouder;
- mondelinge aanwijzing en waarschuwing door de toezichthouder;
- ambtelijke brief van de handhavingsafdeling;
- bestuurlijke brief van het tot handhaving bevoegde bestuursorgaan met sanctiedreiging;
- concept-sanctiebesluit waarover zienswijzen worden ingewonnen;
- sanctiebesluit met termijn waarbinnen tenuitvoerlegging kan worden voorkomen;
- verlenging van de termijn;
- aankondiging van tenuitvoerlegging;
- tenuitvoerlegging (toepassen van bestuursdwang of invordering van dwangsommen);
- kostenverhaal (bij bestuursdwang).

Het is voor veel bestuursorganen om allerlei redenen verleidelijk om ergens tijdens de rit uit te stappen. Handhaving kost, mede door de vele rechtsbeschermingsmogelijkheden, soms veel tijd, personele inzet en geld; met handhaving valt vaak weinig politieke winst te boeken en er is altijd een vage dreiging van aansprakelijkheid wanneer er in het handhavingstraject een fout wordt gemaakt, vooral wanneer men niet volledig kan vertrouwen op zijn eigen deskundigheid. Nu zou het te gemakkelijk zijn te zeggen dat het openbaar bestuur blijkbaar te bang is om op te treden. Waar vrees voor het rechterlijk oordeel bestaat, is zij trouwens doorgaans ongegrond.[9] Men zal echter hoe dan ook zorgvuldig te werk moeten gaan. Ook al zijn omvangrijke stappenplannen als hierboven weergegeven niet noodzakelijk, er zal, spoedgevallen daargelaten, vrijwel altijd van een papieren aanloop sprake moeten zijn alvorens daadwerkelijk kan worden opgetreden. De casus over Terminal BV leert anderzijds dat met een te lange aanloop onnodig veel tijd wordt verbruikt. Het best is een aanpak die wel de overtreder de gelegenheid geeft zijn leven te beteren, maar tegelijk zo nodig tamelijk snel tot ingrijpen leidt.

Denkbaar is ook een aanpak waarbij de sanctie in intensiteit kan toenemen, zoals bekend uit het (toenmalige) Haagse 'horeca-handhavingsscenario'. Na twee keer verbaliseren en één waarschuwing, werd (bij de vierde overschrijding van de sluitingstijd) het café voor een week gesloten; een volgende overtreding binnen twee maanden daarna leidde tot een sluiting van drie weken; een daarop volgende overtreding binnen een half jaar leidde tot intrekking van de vergunning en de sluiting van het café.[10]

7.2.3 Strafrecht

Vaak wordt overtreding van bestuursrechtelijke voorschriften tevens strafbaar gesteld, zodat tegen een en dezelfde overtreding twee sancties mogelijk zijn: een bestuursrechtelijke en een strafrechtelijke. Zo is in de Wet op de economische delicten (Wed) in art. 1 en art. 1a een grote hoeveelheid wetgeving vermeld op overtreding waarvan op grond van de Wed door OM en strafrechter maatregelen kunnen worden getroffen en sancties kunnen worden opgelegd. Anders dan bij de bestuursrechtelijke handhaving is het hier dus niet een bestuursorgaan, maar de OvJ of de rechter die sancties oplegt. De OvJ en politiefunctionarissen (en soms ook 'gewone' bestuursorganen) kunnen in steeds meer gevallen echter ook een 'strafbeschikking' geven en aldus zelf de straf opleggen (titel IVa Sv). Wel kan betrokkene door in verzet te gaan de zaak voor de strafrechter brengen, die dan alsnog zelf over een eventuele straf beslist. De buitengerechtelijke afdoening in het strafrecht door middel van een strafbeschikking is de afgelopen jaren voor steeds meer feiten mogelijk gemaakt, ook bijvoorbeeld bij bepaalde overtredingen van de Wegenverkeerswet en overlastfeiten.[11] De figuur van de transactie (art. 74 Sr) heeft in verband daardoor aan belang ingeboet.

9 Zie het onderzoek naar de wijze waarop de rechter met handhavingsbesluiten omgaat van J. Gundelach en F.C.M.A. Michiels, *Ongegronde vrees*, Deventer: Kluwer 2003.
10 Zie Vz ABRvS 6 januari 1998, *AB* 1998/172 m.nt. F.C.M.A. Michiels.
11 Zie voor de gefaseerde invoering van de bevoegdheid een strafbeschikking te geven: Bijlage I van de Aanwijzing OM-afdoening, *Stcrt.* 2011, 2491. Kijk voor de actuele tekst van de Aanwijzing op www.rechtspraak.nl.

Vanaf 1 april 2010 is voor bepaalde overlastfeiten, de bevoegdheid om een *bestuurlijke* strafbeschikking te geven toegekend aan buitengewoon opsporingsambtenaren bij het bestuur.[12] Per 1 maart 2011 is de reikwijdte van de Wet OM-afdoening nogmaals flink uitgebreid waardoor nu ten aanzien van een groter aantal feiten, zoals het niet kunnen tonen van een identificatiebewijs en baldadig gedrag, een strafbeschikking kan worden opgelegd.[13] Daarnaast is het nu ook mogelijk in veel gevallen een strafbeschikking uit te reiken aan minderjarigen tussen de twaalf en achttien jaar en aan militairen.[14]

Zie voor het verschil tussen een bestuurlijke strafbeschikking en de bestuurlijke boete 7.5.3. Behalve op de in het strafrecht bekende sancties van de geldboete en de vrijheidsstraf, valt te wijzen op het onttrekken aan het verkeer van in beslag genomen voorwerpen (zoals illegaal opgeslagen vuurwerk) en het ontnemen van wederrechtelijk verkregen voordeel (art. 36b en art. 36e Sr). Bij economische delicten komen ook de vele sancties en maatregelen van de Wed nog in beeld. Het gaat daarbij onder meer om het stilleggen van de onderneming (art. 7 sub c) en, zoals in de casus in het begin van dit hoofdstuk aan de orde was, het opleggen van de verplichting tot herstel (art. 8 sub c).

Het opvallende van een aantal van de genoemde strafrechtelijke handhavingsinstrumenten is dat ze niet bestraffend van aard zijn, maar, evenals bijvoorbeeld bestuursdwang, een op herstel gericht (reparatoir) karakter hebben. Anderzijds komen we de boete, die een bestraffend (punitief) karakter heeft, ook steeds meer in het bestuursrecht tegen. Het is dus niet zo dat het strafrechtelijke apparaat alleen maar bestraffend werkt en het bestuur alleen maar herstellend optreedt. Zie over de verhouding tussen bestuursrechtelijke en strafrechtelijke handhaving 7.6.

7.2.4 Privaatrecht

Het bestuursrecht kan volgens het geldend recht (in beginsel) zowel door de bestuurlijke overheid als door particulieren privaatrechtelijk worden gehandhaafd, dat wil zeggen dat ze tegen de overtreder een procedure kunnen starten voor de burgerlijke rechter. Voor het bestuur spreekt dat niet vanzelf en zijn er ook flinke beperkingen aangebracht, zoals bleek bij de bespreking van de Windmill-doctrine in 6.8.

De betekenis van de Windmill-doctrine voor de handhaving

Bij de toepassing van de Windmill-doctrine op de privaatrechtelijke handhaving moet eerst worden gekeken of de wet een antwoord geeft op de vraag of privaatrechtelijke handhaving is toegestaan; is dit niet het geval, dan, zo werd in 6.8 geconcludeerd, moeten de andere uit het Windmill-arrest voortvloeiende vragen worden beantwoord:

---

12 Zie: Aanwijzing bestuurlijke strafbeschikking overlastfeiten, *Stcrt.* 2010, 2943.

13 Zie de feiten met een * ervoor uit het Feitenboekje, *Lijst van feiten betreffende misdrijven, overtredingen en Muldergedragingen.*

14 Aanwijzing OM-afdoening.

a. is handhaving langs publiekrechtelijke weg mogelijk? Zo ja,
b. biedt de publiekrechtelijke weg meer waarborgen aan de burger? En zo ja,
c. leidt de publiekrechtelijke handhaving tot een vergelijkbaar resultaat als de privaatrechtelijke handhaving?

Soms geeft de wet uitdrukkelijk verlof voor handhaving langs privaatrechtelijke weg; zie art. 1.1a lid 3 Wm en art. 5.26 Wabo. Meestal is dit echter niet het geval en moeten de vragen sub a tot en met c worden beantwoord. Bij een bevestigende beantwoording van deze vragen zal het volgen van de privaatrechtelijke weg in het algemeen een doorkruising van de desbetreffende wet opleveren en daarom niet toelaatbaar zijn.[15]

Toen de gemeente Helmond de woonwagen van mevrouw De Pina uit de gemeente wilde verwijderen omdat hij niet op een officiële standplaats stond, trachtte de gemeente dit te bereiken op grond van haar eigendomsrecht, via een kort geding. De (inmiddels vervallen) Woonwagenwet bood evenwel een publiekrechtelijke wijze om tot verwijdering van illegaal geplaatste woonwagens over te gaan (vraag a), die even effectief was (vraag c), maar aan de burger meer waarborgen bood (vraag b): de gemeente moest tevoren de bestemming aangeven, er was toestemming van GS nodig (om te voorkomen dat zo'n woonwagen van de ene naar de andere gemeente wordt gestuurd) en er kon ontheffing van het standplaatsverbod worden gegeven. In het arrest De Pina/Helmond sneed de Hoge Raad de privaatrechtelijke weg daarom af.[16] Het vervallen van de Woonwagenwet met haar bijzondere waarborgen heeft ertoe geleid dat het eigendomsrecht nu wel mag worden ingezet om een zonder toestemming van de gemeente als eigenaar geplaatste woonwagen te verwijderen.[17]

In 1989 vorderde de Staat in kort geding van het bedrijf Metaal Magnus International BV de verwijdering uit Nederland van 1000 ton met zware metalen verontreinigd zinkresidu, dat het bedrijf in Rotterdam illegaal had opgeslagen. Het toenmalige Ministerie van VROM vreesde ernstige bodemverontreiniging. Bestuursdwang was praktisch onmogelijk (waar zou de Staat zelf met de troep heen moeten?) en stuitte op grote financiële risico's. Een last onder dwangsom kende de milieuwetgeving voor dit soort gevallen toen nog niet. Van een vergelijkbaar resultaat (vraag c) was derhalve geen sprake. De Hoge Raad vond daarom, anders dan het hof, dat het privaatrecht hier wel mocht worden ingezet.[18] Tegelijk voegde hij er aan toe dat ingeval er wel een bevoegdheid zou zijn geweest om een bestuurlijke last onder dwangsom op te leggen, de zaak er anders uit zou zien. Dan zou er een vergelijkbare publiekrechtelijke weg kunnen worden bewandeld, die, behoudens uitzonderingen, dan ook exclusief zou zijn. De Hoge Raad ging er impliciet van uit dat de (op het moment dat het arrest werd gewezen inmiddels tot stand gekomen) publiekrechtelijke regeling voor de burger meer waarborgen zou bieden.

Het echtpaar Van Schaik bewoonde een zomerhuisje in de gemeente Nieuwveen. Anders dan waarvoor zomerhuisjes zijn bedoeld en het bestemmingsplan toestond, bewoonden zij dit huisje niet alleen 's zomers, maar permanent. De gemeente vorderde

15 Zie uitgebreider G.T.J.M. Jurgens en F.C.M.A. Michiels, De burgerlijke rechter en de handhaving van publiekrecht, in: R.J.N. Schlössels e.a. (red.), *De burgerlijke rechter in het publiekrecht*, Deventer: Wolters Kluwer 2015, p. 299-317, i.h.b. paragraaf 4.
16 HR 9 juli 1990, *AB* 1990/547 m.nt. G.P. Kleijn.
17 Zie HR 7 mei 2004, *AB* 2004/247 m.nt. G.A. van der Veen (Heerde/Goudsmit).
18 HR 22 oktober 1993, *AB* 1994/1 m.nt. G.A. van der Veen.

eind 1991 in kort geding het staken van de permanente bewoning. Ook in dat geval bestond nog geen mogelijkheid een bestuurlijke last onder dwangsom op te leggen. Wel zou de bewoning met bestuursdwang feitelijk kunnen worden verhinderd. Hoewel dit aanzienlijk gemakkelijker uitvoerbaar was dan de verwijdering van het zinkresidu in de vorige casus, meende de Hoge Raad ook hier dat bestuursdwang geen met het privaatrecht vergelijkbare handhavingsmogelijkheid bood.[19]

De Algemene wet inzake rijksbelastingen (AWR) sluit niet uit dat de opgaveverplichting ex art. 47 AWR privaatrechtelijk wordt afgedwongen met een vordering tot nakoming op straffe van verbeurte van een dwangsom. Uit de parlementaire geschiedenis blijkt namelijk dat de wetgever niet de noodzaak zag van invoering van een fiscale bestuurlijke dwangsom omdat gebruik kan worden gemaakt van de civielrechtelijke weg.[20]

Inmiddels hebben de meeste bestuursorganen een dwangsombevoegdheid. De ruimte om nog privaatrechtelijk te handhaven is daarmee gering geworden, maar is soms nog wel aanwezig. Ten eerste hebben met name ministers en zelfstandige bestuursorganen niet steeds de dwangsombevoegdheid. Voor hen is er dan dus geen vergelijkbaar resultaat via het publiekrecht te halen. Voorts is de mogelijkheid om via het bestuursrecht preventief een sanctie op te leggen zeer beperkt; er moet sprake zijn van een klaarblijkelijk dreigende overtreding (zie 7.5.1). Het privaatrecht kent in ruimere mate de figuur van het preventieve verbod van een dreigende inbreuk op het recht.

Geen Windmill-doctrine voor particulieren

Hoewel de overheid de taak heeft het bestuursrecht te handhaven, gebeurt dat om allerlei redenen lang niet altijd. Daarom is het uit handhavingsoogpunt nuttig dat ook particulieren de overtreder kunnen aanpakken, in de praktijk met name door een actie uit onrechtmatige daad. Wil een actie slagen, dan zal betrokkene wel een zeker belang moeten hebben. Omwonenden van een hinder veroorzakend bedrijf bijvoorbeeld hebben dat zeker. Zij komen dan op voor een eigen belang en dat kunnen zij vanzelfsprekend doen via het privaatrecht.[21] Minder vanzelfsprekend is het dat een particuliere, ideële instelling in rechte niet alleen eigen belangen, maar ook *algemene* belangen (zoals het milieubelang in ruime zin) kan behartigen. Het in rechte kunnen opkomen voor algemene belangen door dergelijke instellingen is in de jurisprudentie echter al geruime

19 HR 7 oktober 1994, *AB* 1995/47.

20 HR 18 september 2009, *BNB* 2010/21 m.nt. J.A.R. van Eijsden, *Gst.* 2010/5 m.nt. P.J. Huisman, *JB* 2009/230, *NJ* 2009/566 m.nt. J.W. Zwemmer.

21 Het handelen zonder de vereiste vergunning is in beginsel onrechtmatig ten opzichte van derden die aan dit vergunningvereiste een zekere bescherming kunnen ontlenen. Wanneer echter 'met voldoende mate van zekerheid is te verwachten dat een vergunning zal worden verleend waarbij het betrokken handelen wordt toegestaan, kan ervan worden uitgegaan dat dit handelen in dit opzicht geoorloofd is'. Er is dan geen onrechtmatige daad. Aldus HR 2 september 2011, *NJ* 2011/392.

tijd geleden erkend[22] en in 1994 in art. 1:2 lid 3 Awb wettelijk vastgelegd. Zie 6.3.2. Een volgende vraag is of zij dat ook via het privaatrecht kunnen doen. Voor de algemeenbelangenbehartiger bij uitstek, de overheid, gelden ter zake immers strenge beperkingen.

Voor particuliere organisaties is er blijkens de jurisprudentie geen beperking in de keuze tussen het volgen van de privaatrechtelijke weg en het volgen van de bestuursrechtelijke weg, inhoudend een verzoek aan het bevoegde bestuursorgaan om op te treden en het procederen bij de bestuursrechter tegen een weigering aan dat verzoek te voldoen. De Windmill-doctrine is, anders gezegd, op private behartigers van het algemeen belang niet van toepassing.

Kuunders kreeg in 1988 (na lang procederen) een hinderwetvergunning voor een varkensmesterij in Deurne. De Stichting Behoud de Peel was het daarmee niet eens en probeerde op allerlei manieren te voorkomen dat Kuunders zijn plannen kon doorzetten. Daartoe werd eerst de bestuursrechtelijke weg bewandeld. De stichting deed een verzoek om intrekking van die vergunning, welk verzoek werd afgewezen; het beroep tegen die beslissing werd eveneens afgewezen. Kuunders bleek echter ook nog een vergunning op grond van de Natuurbeschermingswet nodig te hebben, omdat de stal vlak bij een beschermd natuurmonument lag (de Deurnese Peel) en die vergunning had hij niet. Een verzoek aan de Minister van LNV (thans: EZ) om bestuursdwang toe te passen werd afgewezen, welke beslissing door de bestuursrechter werd bevestigd. Toen gooiden de stichting en enkele andere milieugroeperingen, waaronder de (landelijke) Stichting Natuur en Milieu, het over een andere boeg. Zij vorderden voor de burgerlijke rechter een verbod aan Kuunders om van de hinderwetvergunning gebruik te maken zolang hij niet over de vereiste vergunning ingevolge de Natuurbeschermingswet beschikte. Het verbod werd toegewezen.[23] NB: de Hinderwet is in 1993 vervallen. Zij is in zekere zin opgegaan in de Wet milieubeheer, die op haar beurt ten dele is opgegaan in de Wabo. Het voorbeeld van Kuunders kan zich in zoverre onder de Wabo niet meer voordoen dat wanneer een omgevingsvergunning is vereist, voor de 'natuurbeschermingstoestemming' wordt aangehaakt bij de omgevingsvergunning en niet nog apart een natuurbeschermingsvergunning hoeft te worden aangevraagd. Dit doet niet af aan het principe dat wanneer in een bepaald geval meer vergunningen nodig zijn, die afzonderlijk kunnen worden aangevochten én dat altijd tegelijk met het voeren van bestuursrechtelijke procedures tegen de overheid ook langs civielrechtelijke weg tegen de overtreder kan worden opgekomen.

22 HR 27 juni 1986, *AB* 1987/173 m.nt. Van der Burg. In zekere mate wordt dit actierecht ook internationaalrechtelijk vereist (Verdrag van Aarhus). Een fel tegenstander van bedoeld actierecht voor particuliere instellingen betoont zich J.M.H.F. Teunissen, 'De algemeen belangorganisatie als bestuursrechtelijk (pseudo-)Openbaar Ministerie?', *Gst.* 7179, p. 61-69.

23 HR 18 december 1992, *NJ* 1994/139 m.nt. M. Scheltema en C.J.H. Brunner (Kuunders-arrest).

7.3 Handhaving van normen en normen voor handhaving

7.3.1 Het verband tussen normstelling en handhaving

Een goede handhaving veronderstelt heldere, uitvoerbare en naleefbare normen. Maar het formuleren van dergelijke normen is gemakkelijker gezegd dan gedaan. Uit onderzoek aan het eind van de vorige eeuw[24] is gebleken, dat op veel terreinen (o.a. horeca, EG-subsidies, vliegtuiglawaai, afvalstoffen) sprake was van ondoorzichtige, ingewikkelde en daardoor moeilijk handhaafbare regelgeving. Veel EG-subsidieregels bijvoorbeeld bleken mede daardoor fraudegevoelig, de naleving van de afvalstoffen- en luchtvaartwetgeving slecht controleerbaar. Dat beeld lijkt anderhalf decennium later in grote lijnen nog te kloppen, gelet op de vele pogingen van de wetgever te komen tot (blijkbaar noodzakelijke) vereenvoudiging en verduidelijking van regelgeving en de vele rechtspraak in handhavingskwesties waarin de spanning tussen normstelling en handhaving een rol speelt. Ook in vergunningen komen nogal eens onduidelijke voorschriften voor. Een verplichting tot 'het regelmatig verwijderen van bedrijfsafval' of 'het vermijden van te veel lawaai' geeft niet duidelijk aan wat er wordt verlangd.

Blijkens bovenvermeld onderzoek worden voorts de nalevenswaardigheid van (sommige) bestemmingsplanvoorschriften, waterschapskeuren en kampeerverboden gering geacht. Als mensen het nut van een regel niet inzien, zullen ze die regel ook niet serieus naleven. Een geringe mate van naleving bemoeilijkt de handhaving; het zou immers te ver gaan en ook onbetaalbaar zijn om op elke overtreding te (kunnen) reageren. Maar ook in gevallen waarin wel wordt gehandhaafd, kunnen er problemen rijzen. Ten eerste moet worden vermeden dat er strijd met het gelijkheidsbeginsel ontstaat doordat in sommige gevallen wel, maar in andere gevallen niet wordt gehandhaafd. Ten tweede kan een overtreder zich bij een onduidelijke regel beroepen op aantasting van de rechtszekerheid. Voorts kunnen overheden ook fouten begaan doordat ze zelf de (onduidelijke) regel niet goed toepassen.

Ene Van der Pol te Doetinchem beschikte over een ventvergunning op grond waarvan hij waren mocht verkopen vanuit een snackwagen. Een ventvergunning is (volgens de APV) echter nog geen standplaatsvergunning; voor het innemen van standplaats is een andere vergunning nodig dan voor het venten. Wat onder venten precies moet worden begrepen, bleek niet uit de APV, maar het onderscheid tussen venten en standplaats innemen komt er op neer dat men bij venten voortdurend van plaats verandert, terwijl een standplaats een vaste plaats is. Maar wat nu als iemand normaliter veel van plaats wisselt, maar af en toe een hele dag op één plek blijft staan, omdat hij daar die dag veel verkoopt? Vent hij dan nog? Toen de laatste situatie zich volgens B en W een tweetal keren had voorgedaan, meenden zij dat niet meer van venten sprake was, maar van het innemen van een standplaats en stuurden Van der Pol een dwangsombeschikking.

24 Commissie Bestuursrechtelijke en Privaatrechtelijke Handhaving, *Handhaven op niveau*, Deventer: W.E.J. Tjeenk Willink 1998, alsmede de ten behoeve van de commissie verrichte achtergrondstudies, waarvan samenvattingen in het commissierapport zijn opgenomen.

B en W baseerden die beschikking op het artikel dat venten zonder vergunning verbiedt, want betrokkene misbruikte zijn ventvergunning. De rechter vond evenwel dat de beschikking had moeten worden gebaseerd op het artikel dat het innemen van standplaats zonder vergunning verbiedt: B en W vonden immers dat hij standplaats innam! Overigens werd ook het aangevoerde bewijs voor het innemen van standplaats te mager bevonden.[25]

Uit het voorgaande kunnen enkele conclusies worden getrokken:
- het is voor de handhaafbaarheid van het grootste belang dat overheden heldere normen stellen; degene voor wie de verplichting geldt (de 'normadressaat') moet kunnen weten wat precies van hem wordt verlangd;
- in een sanctiebesluit moet, op straffe van vernietiging door de rechter, nauwkeurig worden aangegeven welke norm is overtreden.[26]

De eerste conclusie behoeft nog wel enig commentaar. In de eerste plaats is het lang niet altijd zo dat het handhavende orgaan zelf de normen stelt; het Bouwbesluit 2012 bijvoorbeeld, een amvb met technische bouwvoorschriften, wordt gehandhaafd door gemeentebesturen. Men kan dus niet simpel stellen dat de handhaver maar moet zorgen dat hij handhaafbare normen opstelt. Ten tweede leidt de vereiste helderheid van verplichtingen soms onvermijdelijk tot meer gedetailleerde normen, waardoor het normenstelsel weer ingewikkelder wordt, hetgeen zowel de naleving als de handhaving kan bemoeilijken.

Bedrijven willen vaak meer eigen verantwoordelijkheid op terreinen als arbeidsomstandigheden en milieu; bij meer eigen verantwoordelijkheid passen geen gedetailleerde, maar juist algemeen omschreven, open normen. Eigen verantwoordelijkheid is goed en wordt door de overheid gestimuleerd. In moderne omgevingsvergunningen voor het oprichten en exploiteren van inrichtingen (in de zin van de Wm) bijvoorbeeld worden daarom algemeen geformuleerde voorschriften opgenomen. Bedrijven (ook grote) willen echter wel graag weten waar ze aan toe zijn als het om verplichtingen gaat. Hier botsen dus de behoefte aan eigen verantwoordelijkheid en de behoefte aan rechtszekerheid, niet alleen voor de vergunninghouder trouwens, maar ook voor derden.

7.3.2 Normering van handhaving

In het vorige hoofdstuk is uitgebreid gesproken over normen voor bestuurlijk handelen. Die normen gelden uiteraard ook voor handhavend optreden. In deze paragraaf wordt bezien welke betekenis zij hebben voor de handhaving in het algemeen. De specifieke normen voor toezicht en sancties komen in de volgende paragrafen aan bod.

---

25 ABRvS 23 maart 1998, *AB* 1998/277.

26 De rechter wil een norm nog wel eens ruim interpreteren om zo een wetgevingsfout op te vangen. Zie bijvoorbeeld ABRvS 7 april 2010, *AB* 2011/7 m.nt. O.J.D.M.L. Jansen waarin het ging om aanvullende voorschriften voor het werken met asbest, die op grond van het Arbobesluit gelden nadat uit een risico-inventarisatie door de werkgever is gebleken van een hoge concentratie asbest. De norm suggereert dat deze aanvullende voorschriften niet gelden ingeval de werkgever een foutieve of helemaal geen risico-inventarisatie heeft uitgevoerd. Omwille van de handhaving van de aanvullende voorschriften interpreteerde de Afdeling de norm echter ruimer.

Zorgvuldige voorbereiding

Ten aanzien van overtreders aan wie het bestuur een sanctie wil gaan opleggen, is vrijwel altijd art. 4:8 Awb (hoorplicht) van toepassing. De gegevens die aan het besluit ten grondslag worden gelegd, zullen veelal geheel of gedeeltelijk door het bestuur zelf (eventueel via derden) zijn verkregen. De overtreder moet dus bijna altijd worden gehoord, hetgeen ook in overeenstemming is met het belastende karakter van het besluit.[27]

Bij de voorbereiding moeten de feiten worden gevonden en vastgesteld waarop de sanctie wordt gebaseerd. Wettelijke bewijsvermoedens zijn toegestaan, mits het mogelijk blijft om tegenbewijs te leveren.[28] In het verlengde hiervan ligt dat het bewijs niet in overwegende mate mag berusten op vertrouwelijke informatie.[29]

Beleid en gelijkheid

Het bestuur zal ook bij de handhaving consistent, zo mogelijk aan de hand van beleidsregels, te werk moeten gaan. Het maken en toepassen van beleid is overigens niet alleen een verplichting (de eis van beleid), maar heeft voor het bestuur ook voordelen: men kan gemakkelijker tot beslissingen komen, die beslissingen beter motiveren en ongelijkheid van behandeling vermijden. Daardoor kunnen op beleid, in het bijzonder beleidsregels, gebaseerde handhavingsbesluiten bij de rechter ook gemakkelijker overeind blijven. Wel zal het bestuursorgaan de belangenafweging voldoende dienen te motiveren. Hieruit moet blijken dat het handhavingsbesluit in het concrete geval proportioneel is en, ingeval een beroep op een bijzondere omstandigheid is gedaan, er van zo'n tot afwijking nopende omstandigheid geen sprake is. Een algemene verwijzing naar de geschonden norm en de beleidsregels volstaat doorgaans niet.[30]

Kenmerkend voor het handhavingsbeleid is dat daarin keuzes kunnen en moeten worden gemaakt en prioriteiten worden gesteld. Het bestuur kan immers onmogelijk alles tegelijk aanpakken.[31] Zonder in strijd te komen met het gelijkheidsbeginsel kan dus best enige tijd het accent worden gelegd bijvoorbeeld op de horeca, terwijl een periode daarna de handhaving van het bestemmingsplan voor het buitengebied aan de beurt is. Ook bij de strafrechtelijke handhaving wordt geaccepteerd dat prioriteiten worden gesteld.[32] De overheid moet immers roeien met de riemen die zij heeft. Binnen een bepaald beleidsveld moet dan wel het gelijkheidsbeginsel worden geëerbiedigd. Dus als de complete horeca in een bepaalde gemeente eraan moet geloven, bijvoorbeeld wat de controle op de sluitingstijden betreft, kan het ene café niet worden aangepakt als het andere ongemoeid wordt gelaten.[33] Gefaseerde handhaving binnen

27 Vz ABRvS 18 augustus 1995, *AB* 1996/330.
28 CBb 22 december 2009, *AB* 2010/216 m.nt. O.J.D.M.L. Jansen.
29 EHRM 6 juli 2010, *EHRC* 2010/109 en CBb 22 januari 2009, *AB* 2009/186 m.nt. G.J.M. Cartigny.
30 CBb 27 oktober 2009, *AB* 2009/394 m.nt. F.C.M.A. Michiels, *JB* 2009/279 m.nt. C.L.G.F.H. Albers (in casu ging het om een last onder dwangsom). Zie ook 6.5.2.
31 Dit betekent overigens niet dat een (gedoog)beleid mag worden geformuleerd dat er toe strekt een wettelijk voorschrift buiten spel te zetten. Zie verder 7.7.
32 HR 6 januari 1998, *Delikt en Delinkwent* 1998/133.
33 ABRvS 11 maart 2009, *JB* 2009/112.

een bepaald beleidsveld, waarbij de meest in het oog springende overtreders als eerste worden aangepakt, is weer wel toegestaan.[34] De relatie tussen beleid en gelijkheid ligt soms lastig. Een orgaan mag voor bepaalde lichte overtredingen als beleid hebben dat het slechts op onderzoek uitgaat nadat er klachten zijn ontvangen. Als er een klacht komt, moet worden bekeken of die tot handhaving aanleiding geeft, maar het gelijkheidsbeginsel dwingt er dan niet toe uit eigen beweging voor andere vergelijkbare overtredingen een onderzoek te doen en eventueel een sanctie op te leggen, als en zolang in die gevallen géén klachten zijn geuit.[35] Wanneer er een voldoende concreet beroep wordt gedaan op het gelijkheidsbeginsel, waarbij naar meerdere gevallen wordt verwezen waarin niet wordt gehandhaafd, dient het bestuursorgaan hierop expliciet in te gaan. Heeft het orgaan geen toereikend verweer, dan wordt overigens, hoewel strijd met het gelijkheidsbeginsel aannemelijk is, doorgaans vernietigd wegens strijd met het motiveringsbeginsel.[36] Zie ook 6.5.4.

Dat in een andere gemeente een andere koers wordt gevolgd, is dan weer niet in strijd met het gelijkheidsbeginsel, omdat daar een ander bestuursorgaan bevoegd is (zie 6.5.4). Bij het OM ligt dit anders: het OM is een landelijke organisatie. Er zijn dan ook heel wat landelijke richtlijnen van de top van het OM (het College van procureurs-generaal) voor een uniforme toepassing van de vervolgingsbevoegdheid.

Vertrouwensbeginsel

Uit het enkele feit dat het bestuur (vooralsnog) niet optreedt, mag nog niet worden afgeleid dat een overtreding (definitief) wordt gedoogd en dat niet meer zou kunnen worden gehandhaafd.

Een loods en enkele garages waren dertig jaar geleden zonder bouwvergunning op het achterterrein van een perceel opgericht. B en W hadden al twintig jaar weet hiervan. Vrijwel van meet af aan hadden omwonenden met regelmaat bezwaar gemaakt tegen deze bebouwing. Toen het dan eindelijk tot een besluit kwam, werd aan de lengte van de gedoogperiode geen doorslaggevende waarde toegekend.[37] In een ander geval werd een illegale garageberging al negentien jaar gedoogd, maar in dat geval had de omwonende pas onlangs om handhaving verzocht. Bovendien was zijn belang gering. Onder die omstandigheden was de lange gedoogperiode wel een factor die meewoog en was het alles bijeen redelijk het handhavingsverzoek af te wijzen.[38] De lengte van de periode waarin niet handhavend is opgetreden, kan dus wel een factor in de totale belangenafweging zijn.[39] Aan het *enkele feit* van het lange tijd niet handhaven komt echter geen betekenis toe voor de vraag of alsnog handhavend mag worden opgetreden. Zie voor een tamelijk kras voorbeeld het geval waarin na 27 jaar bewoning van een bedrijfswoning als burgerwoning (woonhuis) in strijd met het bestemmingsplan handhavend optreden tegen de bewoning aanvaardbaar was, niettegenstaande het feit dat B en W al die tijd op de hoogte van de

34 ABRvS 15 september 2010, *Gst.* 2011/12 m.nt. L.J.M. Timmermans.
35 ABRvS 4 juni 2014, *AB* 2014/451 m.nt. F.R. Vermeer (Meerpaal Zaanstad).
36 Zie onder meer ABRvS 11 juni 2008, *AB* 2008/228 m.nt. F.R. Vermeer en ABRvS 2 februari 2011, *JB* 2011/67.
37 ABRvS 11 februari 2004, *BR* 2004/121.
38 ABRvS 6 november 2002, *Gst.* 7182/56.
39 Zie voor een ander voorbeeld van een geval waarin dat aan de orde was ABRvS 11 februari 2015, *AB* 2015/154 m.nt. C.N.J. Kortmann.

bewoning waren geweest én ondanks het feit dat verhuizing voor een van de bewoners gezien diens zwakke gezondheid ingrijpende gevolgen zou hebben.[40] Ook het feit dat een vaartuig al 47 jaar (!) in de wateren van de gemeente Amsterdam lag, van welk feit de gemeente op de hoogte was, stond niet in de weg aan handhaving.[41] De omstandigheid dat een toezichthouder ter bevordering van de naleving van regelgeving op reguliere basis overleg heeft gevoerd met de overtreder en mogelijk eerder had kunnen ingrijpen of beter had kunnen voorlichten, staat evenmin in de weg aan handhaving.[42]

Soms wordt een expliciete gedoogverklaring verstrekt (zie ook 7.7) of wordt een mondelinge toezegging gedaan dat een vergunning wordt verleend dan wel dat tegen een illegale activiteit niet wordt opgetreden. De gerechtvaardigdheid van het opgewekte vertrouwen is dan groter, maar nog altijd niet doorslaggevend. Zelfs bij een expliciete, schriftelijke verklaring dat niet zal worden gehandhaafd, kan er een situatie ontstaan waarin de belangen die zijn gemoeid met handhaving toch zwaarder wegen.[43] Wel kan in zo'n geval als het orgaan alsnog tot handhaving besluit, dit de verplichting meebrengen aan de overtreder schadevergoeding te geven.

Belangenafweging (algemeen)
Art. 3:4 Awb verplicht tot een afweging van de rechtstreeks bij het besluit betrokken belangen; dat zijn bij een handhavingsbesluit de belangen die door de te handhaven regeling worden beschermd, de belangen van de overtreder(s) en in voorkomende gevallen die van derden. Voor de handhaving kan dit meebrengen, dat in een concreet geval van handhaving moet worden afgezien. Dat lijkt vreemd, maar is het niet. Wanneer aan degene die een zonder omgevingsvergunning werkende inrichting drijft alsnog een vergunning kan worden verleend, is het in het algemeen niet redelijk de inrichting (het bedrijf) te sluiten en een paar maanden later weer te laten starten (als er dan nog personeel over is). Als de overtreder in goed vertrouwen, bijvoorbeeld na een verkeerde inlichting van het bestuur, heeft gehandeld en ook nog een groot materieel belang heeft bij niet handhaven, terwijl van de overtreding niemand last ondervindt, zal een redelijke afweging niet snel in het nadeel van de overtreder uitvallen. Anderzijds zou het toch merkwaardig zijn als het belang van de overtreder al te veel gewicht in de schaal zou leggen. Zou het bevoegde bestuursorgaan als het wil handhaven daartoe niet in beginsel in staat moeten worden gesteld? Sterker: zouden bestuursorganen niet in beginsel verplicht zijn tot handhaving over te gaan wanneer zij een overtreding constateren waartegen zij bevoegd zijn op te treden?

40 ABRvS 4 maart 2009, *Gst.* 7317/50 m.nt. J.M.H.F. Teunissen.
41 ABRvS 21 juli 2010, ECLI:NL:RVS:2010:BN1883.
42 CBb 30 januari 2009, *AB* 2010/144 m.nt. O.J.D.M.L. Jansen.
43 ABRvS 7 oktober 2009, *JB* 2009/249 m.nt. C.L.G.F.H. Albers en ABRvS 24 december 2014, *AB* 2015/153 m.nt. C.N.J. Kortmann. In het laatste geval overwoog de Afdeling wel dat het alsnog optreden in deze situatie motivering behoeft; het orgaan moet duidelijk maken waarom handhaving eerst niet en nu wel aangewezen is.

Faas en Deen hadden in de buurt van hun woonschepen bergingen gebouwd. Daarvoor waren aanvankelijk vergunningen verleend, maar na bezwaar van derden (wegens uitzichtbederf) waren die alsnog geweigerd. Het bestemmingsplan liet vergunningverlening op de bewuste plaats bij nader inzien niet toe. B en W schreven Faas en Deen aan de bergingen te verwijderen; zouden ze dit niet doen, dan zou afbraak van gemeentewege plaatsvinden op kosten van de heren. Faas en Deen vonden dat zij te zeer werden benadeeld (tenslotte hadden ze aanvankelijk met vergunning gebouwd). Daar kwam nog bij dat tegen andere personen met illegale bergingen niet werd opgetreden. Ze gingen, na verwerping van hun bezwaren, in beroep. De rechtbank gaf hen gelijk. In hoger beroep bij de Raad van State gingen ze echter alsnog onderuit. De Afdeling bestuursrechtspraak overwoog dat 'in een geval als dit, waarin is gebouwd zonder vergunning en die activiteit niet kan worden gelegaliseerd, burgemeester en wethouders niet slechts bevoegd zijn om daartegen met bestuursdwang op te treden, maar ook in beginsel – behoudens eventuele bijzondere omstandigheden – daartoe gehouden zijn, aangezien de (algemene) belangen die worden gediend met de handhaving van wettelijke voorschriften en met het voorkomen van ongewenste precedentwerking dit vorderen. Voor het vooropstellen van zodanige gehoudenheid bestaat te meer reden, indien, zoals in dit geval, door een belanghebbende derde uitdrukkelijk is verzocht om tegen de illegale situatie op te treden. Van handhavend optreden kan alleen dan worden afgezien als de uitkomst van de – door burgemeester en wethouders te verrichten – belangenafweging daartoe noopt. De vraag die de rechtbank in dit geval had te beantwoorden is of kan worden gezegd dat burgemeester en wethouders bij afweging van de betrokken belangen niet in redelijkheid tot hun besluiten (...) hebben kunnen komen.'[44]

Ook wanneer handhaving een inbreuk vormt op grondrechten betekent dit niet zonder meer dat er niet mag worden gehandhaafd. Zo kon het gemeentebestuur van Giessenlanden een boer gelasten de witte dakpannen van zijn boerderijdak te verwijderen, die groot de woorden 'Jezus redt' vormden. Hoewel deze uiting onder de vrijheid van meningsuiting (art. 10 EVRM en art. 7 Gw) en de vrijheid van godsdienst (art. 9 EVRM en art. 6 Gw) viel, mocht het gemeentebestuur toch een last onder dwangsom opleggen wegens ernstige schending van de welstandseisen. De last was immers niet opgelegd vanwege de inhoud, maar vanwege de vorm en omvang van de boodschap. Ook waren er volgens de Afdeling nog voldoende andere manieren waarop de boer zijn boodschap kon uitdragen.[45]

Sinds midden 2004 luidt de standaardoverweging: 'Gelet op het algemeen belang dat gediend is met handhaving, zal in geval van overtreding van een wettelijk voorschrift het bestuursorgaan dat bevoegd is om met bestuursdwang of een last onder dwangsom op te treden, in de regel van deze bevoegdheid gebruik moeten maken. Slechts onder bijzondere omstandigheden kan van het bestuursorgaan worden gevergd dit niet te doen. Dit kan zich voordoen indien concreet uitzicht op legalisatie bestaat. Voorts kan handhavend optreden zodanig onevenredig zijn in verhouding tot de daarmee te dienen belangen dat van optreden in die concrete situatie behoort te worden afgezien'.[46] Men spreekt in dit

44 ABRvS 2 februari 1998, *AB* 1998/181 m.nt. F.C.M.A. Michiels.
45 ABRvS 14 juli 2010, *Gst.* 2010/77 m.nt. J.M.H.F. Teunissen, *JB* 2010/215 m.nt. D.G.J. Sanderink.
46 ABRvS 30 juni 2004, *JB* 2004/293 m.nt. C.L.G.F.H. Albers. (Dakopbouw Haarlem) en Vz ABRvS 18 augustus 2004, *AB* 2004/424 m.nt. F.C.M. Albers. Michiels (Knorhof IV).

verband wel van de 'beginselplicht tot handhaving': handhaven door middel van een herstelsanctie (om de overtreding te beëindigen) is verplicht, tenzij zich een uitzonderingsgrond voordoet.

De belangrijkste uitzonderingsgrond betreft de mogelijkheid van legalisatie, in gevallen waarin de sanctie ertoe strekt een bestaande illegale handeling of situatie te beëindigen of de gevolgen van een overtreding terug te draaien.[47] Eerst moet worden onderzocht of legalisatie (door het verlenen van een vergunning of anderszins) op afzienbare termijn mogelijk is en ook te verwachten valt; daartoe is in elk geval de (bereidheid tot) medewerking van het legaliserende orgaan nodig. Er moet, anders gezegd, sprake zijn van een *concreet zicht op legalisatie.* Is dat het geval, dan zal handhaving (zeker in de vorm van het ongedaan maken wat is verricht) meestal onredelijk zijn omdat de met handhaving gediende belangen dan veelal relatief gering zullen zijn.[48] Minimaal zal het bestuursorgaan in zijn besluit een duidelijk kenbare afweging moeten maken waaruit blijkt dat het concrete zicht op legalisatie (of het ontbreken daarvan) serieus is meegewogen.[49] Is legalisatie niet mogelijk, dan ligt handhaving voor de hand, maar ook dan zal het orgaan een belangenafweging moeten verrichten. Ook bij overtredingen van geringe ernst kán er aanleiding zijn van handhaving af te zien.[50]

Voorts komt het voor dat het orgaan beleid heeft geformuleerd inhoudend dat voor bepaalde (lichte) overtredingen eerst een waarschuwing wordt gegeven en pas bij een tweede overtreding tot handhaving (in de vorm van sanctionering) wordt overgegaan. Als dat beleid op zichzelf redelijk is, moet het orgaan zich daaraan houden. Dit brengt mee dat de beginselplicht niet steeds tot het opleggen van een sanctie noopt als er een niet legaliseerbare overtreding is geconstateerd. Toepasselijkheid van deze precisering van de beginselplicht veronderstelt wel dat het beleid in kwestie inderdaad redelijk is te achten.[51]

De belangenafweging is evenwel geen vrijblijvende aangelegenheid: handhaving is het uitgangspunt, daarvan afzien de uitzondering. Zeker wanneer derden om handhaving verzoeken, is de ruimte om niet te handhaven klein. Niettemin zal ook aandacht moeten worden gegeven aan de (soms zeer gerechtvaardigde) belangen van de overtreder en aan de omstandigheden die in zijn voordeel pleiten (zoals het doen van toezeggingen op grond waarvan is gehandeld en een

47 Bij het voorkomen van een overtreding of van verdere overtreding, zoals in het geval van een opgelegde bouwstop bij illegaal bouwen, is de mogelijkheid van legalisatie in beginsel niet van belang. Daarom werd het beleid van GS van Drenthe om niet zonder meer af te zien van handhaving tegen startende bedrijven die zonder vergunning maar vast wilden beginnen omdat er een concreet zicht op vergunningverlening zou zijn, niet onredelijk geacht (ABRvS 11 december 2013, *AB* 2014/122 m.nt. F.R. Vermeer). Eenvoudiger gezegd: zij moesten op hun beurt wachten.

48 Een enigszins vergelijkbare situatie doet zich voor bij concreet zicht op beëindiging van de illegale situatie, bijvoorbeeld in verband met een (zekere) bedrijfsverplaatsing.

49 ABRvS 23 mei 2007, *JB* 2007/135.

50 ABRvS 19 januari 2005, *AB* 2005/50 m.nt. A.B. Blomberg. Het ging om een (klein) hekwerk, bestaande uit een paal met kippengaas, dat zonder bouwvergunning was opgericht.

51 ABRvS 5 oktober 2011, *AB* 2011/307 m.nt. F.R. Vermeer, *JB* 2011/261 m.nt. C.L.G.F.H. Albers.

gering of zelfs ontbrekend belang van derden, respectievelijk een ongelijke behandeling omdat er in andere, gelijke gevallen niet wordt opgetreden) en zal dit in de motivering van het besluit tot uitdrukking moeten worden gebracht.[52] De rechter ten slotte toetst een bestuurlijke afweging, gelet op het bepaalde in art. 3:4 Awb dat de gevolgen van het besluit 'niet onevenredig' mogen zijn in verhouding tot de met het besluit te dienen doelen, veelal op tamelijk terughoudende wijze: hij gaat na of het orgaan bij afweging van alle bij het besluit betrokken belangen in redelijkheid tot zijn besluit kon komen. Bij de vraag of zich een uitzondering op de 'beginselplicht' voordoet, lijkt hij evenwel strenger: hij stelt bijvoorbeeld zonder terughoudendheid vast of er concreet zicht is op legalisatie. Overigens heeft het bestuursorgaan dat wil handhaven in het feit dat handhaven uitgangspunt hoort te zijn een sterk argument als de overtreder in beroep gaat.

Bij dit alles is uitgegaan van de ruimte die de wet laat. De meeste sanctiebevoegdheden zijn vrije bevoegdheden (hoe betrekkelijk die vrijheid gezien het voorgaande ook is). Wanneer de wet *dwingt* tot het opleggen van een sanctie, vallen er geen belangen af te wegen. Gebonden sanctiebevoegdheden zijn echter schaars.

Behalve het Nederlandse recht kan ook het EU-recht ertoe dwingen tot handhaving over te gaan. Nederland dient immers de nakoming van EU-rechtelijke verplichtingen te verzekeren (art. 4 lid 3 Verdrag betreffende de Europese Unie). Lang niet altijd kan uit een EU-voorschrift echter één op één worden afgeleid wat welke tot handhaving bevoegde instantie te doen staat, zeker niet als het gaat om een bepaling van een EU-richtlijn die in Nederlands recht is of moet worden omgezet. In de jurisprudentie van het Hof van Justitie zijn enkele belangrijke normen ontwikkeld: de handhaving van EG/EU-voorschriften mag niet soepeler zijn dan die van nationale voorschriften (assimilatiebeginsel) en de sancties moeten doeltreffend en afschrikkend zijn.[53] Inmiddels zijn deze normen ook wel in verdragsbepalingen terug te vinden, zoals in art. 325 Verdrag betreffende de werking van de Europese Unie.

Ten slotte moet hier ook op het EVRM worden gewezen. Onder omstandigheden kunnen de daarin vervatte mensenrechten, zoals het recht op leven (art. 2) en het recht op gezinsleven, huisrecht en privacy (art. 8), het niet handhaven door de overheid onrechtmatig maken. Dan moet er wel van een forse schending sprake zijn. Bovendien staat dan nog niet vast dat er *bestuurlijk* moet worden opgetreden (of strafrechtelijk).[54]

---

52 Zie bijvoorbeeld ABRvS 27 februari 2013, *AB* 2013/154 m.nt. F.R. Vermeer, waarin handhavend optreden onevenredig werd geacht ofschoon een concreet zicht op legalisatie (vooralsnog) ontbrak.

53 Zie verder J.H. Jans, S. Prechal en R.J.G.M. Widdershoven, *Inleiding tot het Europees bestuursrecht*, derde druk, Nijmegen: Ars Aequi Libri 2011.

54 Zie EHRM 16 november 2004, *AB* 2004/453 m.nt. T. Barkhuysen (Gómez/Spanje) en EHRM 30 november 2004, *AB* 2005/43 m.nt. A.J.Th. Woltjer (Öneryildiz/Turkije). Zie voorts A.B. Blomberg, Handhaven binnen EVRM-grenzen, VAR-preadvies, in: T. Barkhuysen e.a., *De betekenis van het EVRM voor het materiële bestuursrecht*, Den Haag: BJu 2004, p. 117-190.

Evenredigheid
Dat een ambtenaar niet kan worden ontslagen omdat hij een keer te laat op zijn werk komt, behoeft geen uitleg. Dat een besluit tot subsidieverlening aan een theatergroep niet kan worden ingetrokken omdat het jaarverslag een dag te laat is ingediend, zal ook weinig discussie oproepen. Hetzelfde geldt voor de ontoelaatbaarheid van een dwangsom van € 50.000 per dag dat een boer te veel 'kampeermiddelen' op zijn erf toelaat. De sluitingstermijn van een pand vanwege de verkoop van drugs mag niet standaard vijf jaar bedragen, omdat en voor zover de overlast ook kan worden opgeheven door middel van een kortere sluitingstermijn.[55] In deze gevallen zou door het ontslag, de intrekking, de dwangsom en de sluitingstermijn het evenredigheidsbeginsel worden geschonden (zie ook 6.5.2). De gevolgen van een besluit voor een of meer belanghebbenden mogen niet onevenredig zijn met de te dienen doelen, zo bepaalt art. 3:4 lid 2 Awb. Ook hier gaat de rechter na of de sanctie niet onevenredig is, anders gezegd of het orgaan in redelijkheid tot het oordeel kon komen dat dit een evenredige sanctie is.[56] Bij bestraffende sancties echter, zoals de (bestuurlijke) boete, toetst de bestuursrechter (juist als de strafrechter bij dit type sancties doet) de zwaarte van de sanctie (zoals de hoogte van het boetebedrag) vol: vanwege de bestraffende aard van de sanctie gaat de rechter na of hij de sanctie evenredig vindt.[57] Hij gaat dus niet 'slechts' na of de sanctie 'niet onevenredig' is, maar bepaalt geheel zelf wat in het concrete geval evenredig is. Toch zal de rechter wel degelijk met een schuin oog naar eventueel vastgestelde beleidsregels kijken[58] en zeker naar wettelijk vastgelegde boetebedragen. Het verschil tussen de terughoudende en de volle toetsing bij sancties is in de praktijk dus betrekkelijk.

De laatste jaren zijn de diverse hoogste bestuursrechters boetebesluiten kritischer gaan toetsen, zowel op het punt van de bewijsvoering als ten aanzien van de hoogte van de boetebedragen. Wat betreft de boetehoogte wordt niet louter naar (de omstandigheden van) het individuele geval gekeken, maar ook naar de redelijkheid van de (mede voor dat geval) relevante (beleids)regels. Zo oordeelde de Centrale Raad van Beroep dat de als gevolg van de Wet aanscherping handhaving en sanctiebeleid SZW-wetgeving sterk verhoogde boetenormbedragen niet zonder meer kunnen worden

---

55 ABRvS 8 september 2010, *AB* 2010/307 m.nt. A. Tollenaar en F.R. Vermeer, *Gst.* 2010/118 m.nt. L.J.J. Rogier. Zie ook ABRvS 13 oktober 2010, *AB* 2010/330 m.nt. F.R. Vermeer: bij sluiting ingevolge art. 174a Gemeentewet komt de burgemeester een ruime mate van beoordelingsvrijheid toe. Een sluiting van een jaar is daarbij gerechtvaardigd wanneer de eigenaar niet aannemelijk maakt dat de huisvesting van een nieuwe huurder en een kortere sluitingstermijn ook zouden hebben volstaan om de overlast te stoppen.

56 Er zij nogmaals op gewezen dat de in het algemeen tamelijk terughoudende rechterlijke evenredigheidstoets bij handhaving, gelet op de beginselplicht, minder terughoudend is dan in veel andere gevallen. De Afdeling heeft zelfs wel eens de hoogte van een dwangsom tamelijk indringend getoetst en vervolgens gematigd. Zie het ook in 6.5.2 genoemde voorbeeld van ABRvS 23 december 2009, *AB* 2010/53 m.nt. F.C.M.A. Michiels.

57 ABRvS 4 juni 1996, *JB* 1996/172, ABRvS 27 januari 2010, *AB* 2010/48 m.nt. O.J.D.M.L. Jansen en CRvB 27 mei 2010, *AB* 2010/229 m.nt. R. Stijnen, *JB* 2010/186 m.nt. C.L.G.F.H. Albers.

58 ABRvS 27 januari 2010, *AB* 2010/48 m.nt. O.J.D.M.L. Jansen. Zie hierover reeds 6.5.2.

toegepast, los van de mate van verwijtbaarheid bij het schenden van de inlichtingenplicht (in het kader van de socialezekerheidswetten).[59] De Afdeling oordeelde kritisch over de verhoging van de boetebedragen in de beleidsregels ter uitvoering van de Wet arbeid vreemdelingen. De verhoging van het bedrag per illegale vreemdeling van € 8000 naar € 12.000 was ingegeven door de noodzaak hardnekkige overtreders aan te pakken. Toen nu een goedwillend, per ongeluk overtredend bedrijf met diezelfde boetehoogte werd geconfronteerd, vond de Afdeling dat niet redelijk.[60]

7.4 Handhavingstoezicht

Wat is toezicht?

In 5.9 is gesproken over bestuurlijk toezicht. Daarnaast is er het zogenaamde handhavingstoezicht. Het handhavingstoezicht (ook wel aangeduid als nalevingstoezicht) is primair geregeld in afdeling 5.2 Awb. Art. 5:11 Awb definieert slechts het begrip toezichthouder, als de persoon die toezicht houdt op de naleving van bij of krachtens de wet gestelde voorschriften, niet het begrip toezicht zelf. Toezicht kan worden omschreven als het verzamelen van informatie over de naleving van wettelijke voorschriften, zo nodig met behulp van wettelijk toegekende bevoegdheden, en het beoordelen van die informatie, alsmede het informeel trachten de overtreder tot naleving te bewegen. De resultaten van het toezicht kunnen dienen ter onderbouwing van een door het bevoegd gezag te nemen sanctiebesluit. Tot het uitoefenen van toezicht bevoegd zijn slechts de bij of krachtens de wet rechtstreeks of door het bevoegd gezag aangewezen personen. Wie toezichthouder is, volgt dus niet rechtstreeks uit de Awb, maar uit tal van regelingen en besluiten. Toezichthouders zijn onder meer te vinden op gemeentelijk niveau bij het Bouw- en woningtoezicht en op rijksniveau bij de Inspectie Leefmilieu & Transport (behorend tot het Ministerie van I&M), de Onderwijsinspectie en de Inspectie SZW (waarin onder meer de voormalige Arbeidsinspectie is opgegaan).

Eenieder is verplicht aan de uitoefening van het toezicht mee te werken, voor zover dat door de toezichthouder redelijkerwijs kan worden gevorderd, binnen de door de toezichthouder gestelde termijn (art. 5:20 Awb). Te denken valt aan het geven van inlichtingen, het laten inzien van stukken en het binnenlaten in bedrijfspanden. De toezichthouder kan elke medewerking vorderen zolang maar duidelijk is dat die medewerking nodig is voor het verrichten van de hem opgedragen taak. Een uitzondering is gemaakt voor degenen die uit hoofde van hun ambt of beroep of krachtens wettelijk voorschrift tot geheimhouding verplicht zijn (art. 5:20 lid 2), zoals artsen en advocaten.[61] Art. 5:20 Awb houdt overigens slechts een inspanningsverplichting in en geen

59 CRvB 24 november 2014, *AB* 2015/8 m.nt. R. Stijnen. De CRvB vindt voorts dat een boete, gelet op de draagkracht van betrokkene, binnen een redelijke termijn moet kunnen worden terugbetaald. Zie CRvB 11 januari 2016, *AB* 2016/152 m.nt. R. Stijnen.

60 ABRvS 7 oktober 2015, *JB* 2015/189.

61 Bij bijzondere wet kan van art. 5:20 Awb worden afgeweken; zie bijvoorbeeld art. 66 Wet marktordening gezondheidzorg (CBb 11 februari 2010, *AB* 2010/243 m.nt. I. Sewandono).

resultaatsverplichting. Het artikel is dus niet overtreden wanneer is getracht de gevraagde inlichtingen te verstrekken, maar betrokkene hierin niet is geslaagd, zelfs niet als er al vóór het verzoek om inlichtingen een verplichting bestond om de gevraagde gegevens te bewaren.[62]

Het belang van toezicht is bijzonder groot. Voor zover bekend, wordt een groot deel van de overtredingen die worden gepleegd in de toezichtsfase, beëindigd door de aanwijzingen en waarschuwingen van toezichthouders onder het motto 'dat lossen we samen wel op'. Anderzijds moeten toezichthouders niet te lang in het informele circuit zaken blijven doen met overtreders. De (gefingeerde) casus Terminal en de (echte) casus van het CMI-arrest[63] leren dat enige voortvarendheid geen overbodige luxe is. Ook is het zo dat op veel terreinen minder toezicht dan wenselijk wordt uitgeoefend, zoals de cafébrand in Volendam en vele andere rampen en incidenten (o.a. Enschede, Bos en Lommer, Moerdijk) pijnlijk duidelijk hebben gemaakt. Dit betekent overigens niet dat in die gevallen ook per se in juridische zin *te* weinig toezicht is gehouden en dat derhalve van onrechtmatig nalaten sprake zou zijn. In de casus van de Enschedese vuurwerkramp werd de Staat niet aansprakelijk gehouden wegens het niet voorkomen van de ramp door tijdig maatregelen te nemen.[64] Het in potentie sterk preventieve effect van goed en slim toezicht wordt hoe dan ook nog te weinig benut.

De bevoegdheden van toezichthouders

Toezichthouders hebben veel en ingrijpende bevoegdheden. Ze staan vermeld in art. 5:15 tot en met art. 5:19 Awb. Het gaat kort gezegd om het betreden van plaatsen, het vorderen van inlichtingen, het vorderen van een identiteitsbewijs in het kader van de Wet op de identificatieplicht, het inzage nemen in en kopieën maken van schriftelijke stukken en elektronische bestanden, het onderzoeken van voorwerpen, het nemen van monsters en het aanhouden en onderzoeken van voertuigen. Wie op wettige wijze is aangewezen als toezichthouder heeft al deze bevoegdheden, tenzij in een bijzondere regeling of beschikking een of meer van deze bevoegdheden worden ontnomen (art. 5:14 Awb). Andersom kan een bijzondere wet ook extra toezichtsbevoegdheden toekennen. Zie bijvoorbeeld art. 12b Instellingswet Autoriteit Consument en Markt.

Plichten bij het uitoefenen van toezicht

Toezichthouders moeten een legitimatiebewijs bij zich dragen en zich desgevraagd legitimeren (art. 5:12 Awb). (Bij het binnentreden in een woning moet hij zich altijd legitimeren; art. 1 Algemene wet op het binnentreden.) Een meer

62 ABRvS 8 december 2010, *JB* 2011/26.
63 Hof 's-Gravenhage 22 maart 2011, *AB* 2011/245 m.nt. F.C.M.A. Michiels.
64 Zie HR 9 juli 2010, *JB* 2010/190, *JOR* 2010/295 m.nt. B.P.M. van Ravels alsmede Hof 's-Gravenhage 24 augustus 2010, *JB* 2010/245 (beide over de Enschedese vuurwerkramp). Zie ook HR 22 juni 2001, *Gst.* 7146/2 m.nt. HH (restaurant Hilversum). In het CMI-arrest ging het Hof Den Haag een andere kant op en hield het de gemeente én de toezichthoudende instantie (DCMR) aansprakelijk voor de te weinig doortastende handhaving.

algemene plicht is dat de toezichthouder van zijn bevoegdheden slechts gebruikmaakt voor zover hij die redelijkerwijs nodig heeft (art. 5:13 Awb). Hij mag anderen dus niet méér lastig vallen dan strikt nodig is.

Relatie tot opsporing

Nogal wat toezichthouders hebben ook opsporingsbevoegdheid. Dat kan tot problemen leiden. Een opsporingsambtenaar moet alvorens een verdachte te horen hem de cautie geven (art. 29 Sv): hij moet de verdachte meedelen dat hij niet verplicht is tot antwoorden op vragen omtrent de overtreding. De verdachte heeft een zwijgrecht.[65] Dit komt ook toe aan degene die wordt verhoord met het oog op het opleggen van een bestraffende bestuurlijke sanctie, zoals een bestuurlijke boete.

> Art. 5.10a Awb bepaalt: 'Degene die wordt verhoord met het oog op het aan hem opleggen van een bestraffende sanctie, is niet verplicht ten behoeve daarvan verklaringen omtrent de overtreding af te leggen.' In het tweede lid van dit artikel wordt de cautieverplichting geregeld. Ook een verzoek om schriftelijke informatie kan een verhoor inhouden, zodat ook dan de cautie gegeven dient te worden.[66] Bij boeteoplegging aan een rechtspersoon hoeft de cautie slechts gegeven te worden aan de bestuurders van de rechtspersoon.[67]

De toezichthouder hoeft, in het kader van het uitoefenen van zijn toezichtsbevoegdheden, géén cautie te geven; betrokkene is verplicht tot antwoorden op gestelde vragen en het anderszins meewerken aan het toezicht. Een ambtenaar die zowel toezichthouder als (buitengewoon) opsporingsambtenaar is, zou met deze twee petten op dus eerst als toezichthouder aan betrokkene alles kunnen vragen wat hij nodig acht om een overtreding vast te stellen, daarbij gebruikmakend van de medewerkingsplicht, en zich daarna officieel realiseren dat hij betrokkene verdenkt van een strafbaar of beboetbaar feit en hem de cautie geven. Betrokkene mag dan verder zwijgen, maar de ambtenaar zal dat niet erg vinden: hij weet alles al.

Deze handelwijze is in zoverre niet toegestaan dat als de toezichthouder weet of redelijkerwijs moet weten dat het antwoord op een vraag bewijs kan vormen voor een op te leggen bestraffende sanctie, dat antwoord zónder gegeven cautie niet bruikbaar is als bewijs voor een bestraffende sanctie

65 Uit EHRM 17 december 1996, *JB* 1997/80 (Saunders) blijkt dat (ook) internationaalrechtelijk gezien het uit art. 6 EVRM afgeleide recht om niet aan de eigen vervolging of bestraffing te hoeven meewerken in beginsel slechts betrekking heeft op het afleggen van verklaringen, niet op andere vormen van medewerking. Alleen wanneer wordt 'gevist' naar documenten waarvan het bestaan onzeker is, heeft dit recht ook op documenten betrekking. Zie EHRM 3 mei 2001, *AB* 2002/343 m.nt. O.J.D.M.L. Jansen en M.J.J.P. Luchtman (JB/Zwitserland). Daar staat weer een inperking van bedoeld recht tegenover: bij verkeersovertredingen waarop een lichte boete staat, kan de overtreder worden verplicht zijn naam te noemen respectievelijk kan de verdachte worden verplicht de naam van de overtreder te noemen. Zie EHRM 29 juni 2007, *NJ* 2008/25 m.nt. E.A. Alkema (O'Halloran & Francis).

66 CBb 2 februari 2010, *AB* 2010/317 m.nt. O.J.D.M.L. Jansen.

67 ABRvS 27 januari 2010, *AB* 2010/48 m.nt. O.J.D.M.L. Jansen.

(of een vervolging).[68] De toezichthouder kan beantwoording, als vorm van medewerking, wel (zonder cautie) vorderen ingeval geen bestraffende sanctie zal worden opgelegd, maar een herstelsanctie (of helemaal geen sanctie); dan hoeft immers geen cautie te worden gegeven.

7.5 Sancties

Het bestuursrecht kent vele sancties waarvan de belangrijkste hier kort worden besproken. De Awb formuleert in art. 5:2 een bestuurlijke sanctie als een door een bestuursorgaan wegens een overtreding opgelegde verplichting of onthouden aanspraak. Het artikel maakt daarbij een onderscheid tussen herstelsancties en bestraffende sancties. De last onder dwangsom en de last onder bestuursdwang zijn onmiskenbaar herstelsancties – ze zijn gericht op beëindiging van de overtreding – en de boete is een bestraffende sanctie. Intrekking van een begunstigende beschikking kan echter zowel op herstel gericht als bestraffend zijn (zie verder 7.5.6). De behandeling van de afzonderlijke sancties begint met de herstelsancties en wel met de last onder dwangsom, omdat die in de praktijk het belangrijkst is.

7.5.1 Last onder dwangsom

Algemeen

Iedereen kent ze wel: cafés die af en toe te lang openblijven (hoewel het voor sommigen nooit laat genoeg kan zijn), exotische restaurants die te veel stank produceren, bedrijven die te veel lawaai maken. Er komen klachten van omwonenden binnen bij de gemeente. Wat kan het gemeentebestuur doen? In theorie zijn er diverse mogelijkheden, maar het meest voor de hand ligt de last onder dwangsom.[69] Art. 5:32 Awb geeft elk orgaan dat de bevoegdheid heeft bestuursdwang toe te passen, tevens de bevoegdheid een last onder dwangsom op te leggen.

Hoe werkt het? Het bestuursorgaan geeft aan de overtreder een schriftelijke last om de overtreding niet meer voort te zetten of te herhalen dan wel een last om de overtreding, althans de gevolgen daarvan, ongedaan te maken (bijvoorbeeld wanneer ergens illegaal materialen zijn opgeslagen). Aan die last moet voor een bepaalde datum zijn voldaan; na die datum wordt de overtreder van rechtswege een of meer bedragen (dwangsommen) verschuldigd – hij 'verbeurt' die bedragen – indien de overtreding dan nog niet is beëindigd of wordt herhaald. De last onder dwangsom kan alleen *aan een overtreder* worden opgelegd (art. 5:32 lid 1). Bovendien mag dat alleen een overtreder zijn die het in zijn macht heeft de overtreding te beëindigen, zo is in de rechtspraak uitgemaakt.[70]

68 Dit blijkt uit het evengenoemde Saunders-arrest.

69 Zie uitgebreid J.H. Verweij, *De bestuurlijke dwangsom*, Deventer: W.E.J. Tjeenk Willink 1997, en F.C.M.A. Michiels, A.B. Blomberg en G.T.J.M. Jurgens, *Handhavingsrecht*, Deventer: Wolters Kluwer 2016.

70 Zie bijvoorbeeld reeds ABRvS 28 maart 1995, *AB* 1995/528.

De overtreder krijgt dus nog een termijn om aan de last te voldoen alvorens het hem geld gaat kosten.[71] Die termijn mag niet zo kort zijn dat de overtreder niet binnen die termijn aan de last kan voldoen,[72] maar ook niet langer dan noodzakelijk om de overtreding te kunnen beëindigen.[73] Wel kan onder bijzondere omstandigheden (zelfs meerdere malen) een begunstigingstermijn worden verlengd, bijvoorbeeld in het geval dat het bestuursorgaan aanvankelijk van mening was dat er geen sprake was van een overtreding en een vergunning had verleend op grond waarvan betrokkene reeds had gebouwd.[74] Na verstrijken van de termijn kan dus een nieuwe termijn worden verleend, maar als dat niet aansluitend gebeurt, in de vorm van een verlenging, kunnen er intussen bedragen zijn verbeurd. Er hoeft overigens geen begunstigingstermijn verleend te worden wanneer de last onder dwangsom wordt opgelegd louter om herhaling van een overtreding te voorkomen[75] of wanneer de last ertoe strekt te voorkomen dat een overtreding gaat plaatsvinden. De verbeurte kan eenmalig een bedrag betreffen, maar meestal gaat het om een bedrag per tijdseenheid (dag, week etc.) of per overtreding. Art. 5:32b Awb maakt alle drie deze modaliteiten mogelijk. De tijdseenheid is bruikbaar bij voortdurende illegale handelingen of toestanden, zoals de illegale opslag van gevaarlijk afval; het verbeuren per overtreding is aan de orde wanneer een overtreding met enige regelmaat (maar niet voortdurend) wordt gepleegd.

Hoewel art. 5:31d aanhef en onder b Awb wellicht de indruk wekt dat er bij een voortdurende overtreding meteen na afloop van de begunstigingstermijn sprake is van verbeurte, werkt het bij een last onder dwangsom waarin per tijdseenheid wordt verbeurd toch anders. Dan wordt de eerste dwangsom pas verbeurd wanneer de in de last vermelde tijdseenheid is verstreken. Als die tijdseenheid bijvoorbeeld een week is, wordt dus pas een dwangsom verbeurd een week na afloop van de begunstigingstermijn. Wordt de overtreding binnen die week beëindigd, dan wordt geen dwangsom verbeurd.[76]

Wanneer dwangsommen zijn verbeurd, moet het orgaan vervolgens beslissen of het de verbeurde bedragen ook gaat invorderen. Het orgaan kan de verbeurde bedragen (uiteindelijk) via de deurwaarder laten innen door het uitbrengen van een dwangbevel. Eerst zal het dan echter een invorderingsbeschikking moeten nemen (art. 5:37 Awb) en een aanmaning moeten sturen

---

71 De algemeen gebruikte term voor die termijn is begunstigingstermijn. Dat is in zoverre verwarrend, dat het geven van een termijn in een dwangsombeschikking geen gunst van het bestuursorgaan is, maar een plicht.
72 ABRvS 6 oktober 2010, *JB* 2010/252.
73 ABRvS 23 december 2009, *JM* 2010/8 m.nt. F. Arents.
74 ABRvS 25 november 2009, *JB* 2010/12.
75 ABRvS 19 januari 2011, *JB* 2011/57.
76 ABRvS 6 november 2013, *AB* 2013/405 m.nt. F.R. Vermeer. Zie ook ABRvS 12 december 2012, *Gst.* 2013/24 m.nt. L.J.M. Timmermans en HR 8 juli 2011, *AB* 2012/3 m.nt. G.A. van der Veen.

(art. 4:112 Awb juncto art. 4:117 Awb).[77] Zowel tegen het opleggen van de last als tegen de invorderingsbeschikking staat bezwaar en beroep open. Art. 5:39 Awb zorgt ervoor dat beroepen tegen beide beschikkingen in één procedure kunnen worden behandeld. Wie geen beroep instelt tegen de last, maar alleen tegen de invorderingsbeschikking, moet zich goed realiseren dat in het beroep tegen de invorderingsbeschikking niet meer de inhoud van de last ter discussie staat. Het gaat dan 'alleen' nog over de vraag of inderdaad een of meer bedragen zijn verbeurd en of er bijzondere omstandigheden zijn die aan invordering van de verbeurde bedragen in de weg staan. Van het tot verbeurte leidende voortgaan of herhalen van de overtreding na de begunstigingstermijn moet door het orgaan deugdelijk bewijs worden geleverd.[78] In beginsel mogen bedragen die daadwerkelijk zijn verbeurd ook worden ingevorderd, sterker: de Afdeling is van oordeel dat na verbeurte invordering in beginsel behóórt plaats te vinden (beginselplicht tot handhaving omvat ook beginselplicht tot invordering).[79]

De meeste overtreders kiezen na oplegging van een last onder dwangsom eieren voor hun geld. Niet iedereen echter is gevoelig voor financiële dreigingen. Een dwangsom is dus ook weer geen wondermiddel. Dat komt mede door het feit dat organen nogal eens afzien van invordering. Voorts kan de op zichzelf wenselijke rechtsbescherming tegen zowel de oplegging als de invordering van een dwangsom vertragend werken. Zie ook de casus aan het begin van dit hoofdstuk.

De regeling van de last onder dwangsom is te vinden in art. 5:31d tot en met art. 5:39 Awb, maar die moeten worden gelezen in samenhang met de algemene bepalingen over herstelsancties in titel 5.1 en de geldschuldenregeling in titel 4.4 Awb. Naast hetgeen hiervoor is besproken, is nog van belang dat de bevoegdheid tot invordering van een verbeurde dwangsom al na een jaar verjaart (art. 5:35 Awb). Dat blijkt in de praktijk soms problemen op te leveren. Derden die zich keren tegen een onwillig bestuursorgaan kunnen tegen het probleem aanlopen dat tijdens de procedure tegen de weigering een invorderingsbeschikking te nemen de verjaringstermijn is verlopen. Voor overtreders kan deze korte termijn natuurlijk juist een zegen zijn. Door de overtreder kan ook een verzoek worden gedaan om de dwangsombeschikking in te trekken wanneer na het in werking treden van de dwangsombeschikking een jaar is verstreken zonder dat een dwangsom is verbeurd (art. 5:34 lid 2 Awb).

77 Invordering op een meer informele wijze, zonder dat er een dwangbevel wordt uitgebracht, kan ook, maar dan is het orgaan afhankelijk van de goede wil van de tot betaling verplichte persoon. Zie over dit onderwerp T.N. Sanders, 'De invorderingsbeschikking – Een analyse van de knelpunten bij de invordering van dwangsommen onder de vierde tranche', *NTB* 2013/25, p. 148-155,

78 ABRvS 13 juni 2012, *JM* 2012/103 m.nt. T.N. Sanders en ABRvS 27 augustus 2014, ECLI:NL:RVS:2014:3218.

79 ABRvS 16 mei 2012, ECLI:NL:RVS:2012:BW5949 en ABRvS 3 oktober 2012, *AB* 2013/361 m.nt. L.M. Koenraad.

In het toeristische plaatsje De Koog op Texel is er duidelijk één straat waar je 's avonds zijn moet als je uit wilt gaan. Vele cafés, restaurants en enkele discotheken aldaar zorgen voor een 'horecaconcentratiegebied'. Een van die gelegenheden, discotheek De Toekomst, had met enige regelmaat de geluidvoorschriften overschreden. Bij ongunstige wind was de muziek tot ver in de omtrek tot diep in de nacht te horen. B en W legden een last onder dwangsom op en dat hielp: er werden ingrijpende geluidwerende voorzieningen aangebracht. Van systematische overtredingen was geen sprake meer, maar af en toe ging het toch nog mis. Toen De Toekomst om intrekking van de beschikking vroeg, werd dat verzoek afgewezen; de gemeente wilde druk op de ketel houden. De rechter dacht er anders over en schorste de weigering; hij meende dat een overtreder die zo zijn best heeft gedaan, niet jarenlang een dwangsom als een zwaard van Damocles boven zijn hoofd mag blijven voelen omdat het incidenteel toch nog fout gaat.[80] Ook wanneer de regelgeving intussen zodanig is gewijzigd dat er geen dwangsommen meer verbeurd kunnen worden, zal de last onder dwangsom ingetrokken moeten worden.[81] Wanneer de overtreder is begonnen met (bouw)activiteiten die moeten leiden tot beëindiging van de overtreding, kan dit een reden zijn om het bedrag van de dwangsom te verlagen.[82] Uit het voorgaande blijkt dat de rechter, evenals veel bestuursorganen, vindt dat de dwangsom zo'n krachtig instrument is, waarbij de bedragen zodanig kunnen oplopen, dat het bestuur daar voorzichtig mee moet omgaan en het niet langer moet gebruiken dan nodig is.

Beperkingen

Het dwangsominstrument kan niet altijd worden ingezet. In sommige gevallen moet er meteen feitelijk handhavend worden opgetreden, bijvoorbeeld wanneer een water- of bodemverontreiniging van serieuze omvang dreigt of sprake is van ernstige, niet langer te dulden hinder voor derden. Dan mag geen dwangsom worden opgelegd, maar moet bestuursdwang worden toegepast (zie hierna); het betrokken door de wet beschermde belang verzet zich dan tegen een indirect werkende sanctie als de dwangsom (art. 5:32 lid 2Awb). De dwangsom is immers een middel dat ertoe dient *iemand anders*, de overtreder, aan te zetten tot handelen. Of dat lukt, is tevoren nooit zeker. De last onder dwangsom mag voorts niet worden gecombineerd met een last onder bestuursdwang of een andere last onder dwangsom voor dezelfde overtreding (art. 5:6). Een andere beperking is dat slechts in uitzonderingsgevallen een geheel preventieve last onder dwangsom mag worden opgelegd, dat wil zeggen voordat een (eerste) overtreding heeft plaatsgevonden. Alleen wanneer het gevaar voor de overtreding klaarblijkelijk dreigt, mag preventief een last onder dwangsom worden opgelegd (art. 5:7).[83]

---

80 Vz ABRvS 13 juni 1994, *AB* 1994/625 m.nt. F.C.M.A. Michiels.

81 ABRvS 21 oktober 2009, *AB* 2010/14 m.nt. J. Tieman en A.B. Blomberg en ABRvS 21 april 2010, *JB* 2010/140 m.nt. C.L.G.F.H. Albers.

82 ABRvS 16 oktober 2009, *AB* 2010/31.

83 Ook vóór inwerkingtreding van de vierde tranche Awb was dat het geval. De rechter meende dat alleen wanneer 'sprake is van een gevaar van een overtreding van een concreet bij of krachtens de wet gesteld voorschrift die met een aan zekerheid grenzende waarschijnlijkheid zal plaatsvinden', een preventief dwangsombesluit was toegestaan. Zie ABRvS 10 december 2003, ECLI:NL:RVS:2003:AN9718 en ABRvS 18 januari 2006, ECLI:NL:RVS:2006:AU9783. In iets andere bewoordingen nog ABRvS 7 november 2001, *AB* 2002/177 m.nt. G.T.J.M. Jurgens.

Zo mocht geen preventieve last onder dwangsom opgelegd worden ter voorkoming van het feit dat een mobiele puinbreker die binnen een inrichting was geparkeerd daar zou worden gebruikt, omdat niet duidelijk was of de puinbreker ook daadwerkelijk zou worden gebruikt.[84] Bij vrees voor *herhaling* van een overtreding is geen sprake van een (geheel) preventieve last onder dwangsom. Dan is dus ook niet vereist dat er sprake is van een klaarblijkelijk gevaar voor een (nieuwe) overtreding.[85]

Ten slotte mag de last onder dwangsom niet verder gaan dan noodzakelijk is om de overtreding te beëindigen.

Zo mocht de gemeente Reimerswaal bij een overtreding van art. 15 lid 1 Drank- en Horecawet, dat verbiedt een viswinkel en een restaurant in één ruimte te vestigen, geen last opleggen om een gescheiden entree af te dwingen. Een scheidingsmuur met doorgang zou ook tot een met de wet overeenstemmende situatie leiden. De last ging daarom verder dan noodzakelijk was.[86] Slechts in uitzonderlijke gevallen mag, om redenen van uitvoerbaarheid, de last verder strekken dan strikt genomen nodig is om de overtreding te beëindigen.[87]

7.5.2 Bestuursdwang

Bestuursdwang is, kort gezegd, het zo nodig door feitelijk handelen beëindigen van een illegale situatie (zie voor een meer uitgebreide omschrijving art. 5:21 Awb juncto art. 5:2 Awb). In sommige gevallen (zie de vorige paragraaf) mag niet voor de last onder dwangsom, maar *moet* voor (de last onder) bestuursdwang[88] worden gekozen. In andere gevallen kán voor bestuursdwang worden gekozen, bijvoorbeeld als na enige tijd blijkt dat de dwangsom niet helpt of zonder dat het eerst met een dwangsom is geprobeerd. Sommige organen hebben juist vanwege de directe werking van de bestuursdwang een voorkeur voor deze sanctie.

Het bijzondere van bestuursdwang is namelijk dat de overheid zo nodig tot daadwerkelijk optreden overgaat en niet alleen maar een besluit neemt en eventueel geld incasseert (zoals bij de dwangsom). Dat daadwerkelijke optreden gebeurt trouwens niet altijd door de ambtenaren en al helemaal niet door de bestuurders, maar ook wel door een aannemer, die dat dan doet in opdracht van het bestuur. Ook bestuursdwang heeft echter een papieren kant: er moet

84 30 september 2009, *AB* 2009/348 m.nt. F.C.M.A. Michiels.
85 CBb 27 oktober 2009, *AB* 2009/394 m.nt. F.C.M.A. Michiels en ABRvS 11 juli 2012, *AB* 2012/255 m.nt. F.R. Vermeer.
86 ABRvS 24 maart 2010, ECLI:NL:RVS:2010:BL8716.
87 Zo mocht het gemeentebestuur van Amsterdam overtreders verplichten hun boten uit de Amsterdamse wateren te houden, terwijl de geschonden norm slechts verbood dat een ligplaats wordt ingenomen met vaartuigen die hoofdzakelijk als woonverblijf worden gebruikt. Anders zou volgens de Afdeling onmogelijk kunnen worden gecontroleerd of aan de last zou zijn voldaan. Zie ABRvS 17 december 2009, *AB* 2010/120 m.nt. F.R. Vermeer.
88 Zie ook over bestuursdwang veel uitgebreider F.C.M.A. Michiels, A.B. Blomberg en G.T.J.M. Jurgens, *Handhavingsrecht*, Deventer: Wolters Kluwer 2016.

eerst, spoedeisende gevallen daargelaten, een last worden opgelegd. Deze moet worden bekendgemaakt aan de overtreder, de rechthebbende op de zaak (eigenaar, huurder etc.), als die niet ook al de overtreder is, en in voorkomende gevallen aan de aanvrager van de last. In die last moet, evenals bij de last onder dwangsom, een termijn worden vermeld waarbinnen de belanghebbende zelf maatregelen kan nemen.[89] Daardoor kan hij het feitelijk toepassen van bestuursdwang nog voorkomen.

Art. 5:24 lid 2 Awb formuleert het iets anders: de last moet de termijn vermelden waarbinnen zij 'moet worden uitgevoerd'. Dat is echter in die zin merkwaardig, dat in elk geval de rechthebbende die geen overtreder is en de aanvrager, aan welke personen de last ook moet worden bekendgemaakt, helemaal niets *moeten*! Ze krijgen slechts de gelegenheid iets te doen. Niet relevant is daarom ook, anders dan bij de last onder dwangsom, of de aangeschrevene het in zijn macht heeft de last uit te voeren.[90] Vóór inwerkingtreding van de vierde tranche sprak de wet ook niet over een last onder bestuursdwang, maar gewoon over bestuursdwang. De huidige terminologie is gekozen omdat die ook bij de last onder dwangsom wordt gebruikt. Daarmee heeft de wetgever miskend dat deze sancties weliswaar op elkaar lijken, maar beslist niet identiek zijn. De term last onder bestuursdwang leidt tot allerlei onhandigheden. Behalve hetgeen hiervoor werd opgemerkt over de 'verplichting' tot uitvoering, doet zich bijvoorbeeld ook een probleem voor wanneer er geen overtreder bekend is. Aan wie moet dan een last worden gestuurd? Een last kan niet in het niets, zonder enige adressaat, worden opgelegd. Maar in die gevallen kan wél feitelijk bestuursdwang worden uitgevoerd.

Kennelijk heeft de wetgever dit wel doorgehad, want in de definitie van last onder bestuursdwang in art. 5:21 is niet alleen het last-element opgenomen, maar ook de bevoegdheid tot feitelijk optreden. Om dat laatste gaat het in wezen bij bestuursdwang.

In spoedeisende gevallen hoeft geen termijn te worden gegund. Wanneer bestuursdwang dermate spoedeisend is dat het besluit zelfs niet tevoren op schrift kan worden gezet ('superspoed'), dan moet dat na de toepassing van bestuursdwang zo spoedig mogelijk gebeuren. Spoedshalve bestuursdwang wordt in toenemende mate gebruikt voor het opruimen van hennepkwekerijen, die doorgaans zeer brandgevaarlijk zijn. Ook voor het verwijderen van verkeerd geparkeerde auto's en fietsen hoeft doorgaans geen termijn te worden gegund.[91]

In het algemeen zal de belanghebbende die overtreder is feitelijke toepassing van bestuursdwang wel zien te voorkomen. Zelf handelen is doorgaans goedkoper dan de rekening van de overheid betalen en dat is wat de overtreder zal moeten doen als hij het erop laat aankomen. De bestuursdwang mag namelijk in

89 Deze mag evenals bij de last onder dwangsom niet langer zijn dan noodzakelijk is om de ove rtreding te beëindigen. Zo is negen maanden voor de (eenvoudige) verwijdering van een buizenstelsel en een schaftkeet uit een historische boomgaard te lang (ABRvS 14 april 2010, *JB* 2010/139 m.nt. A.M.M.M. Bots).

90 ABRvS 24 juli 2013, *AB* 2013/308 m.nt. F.R. Vermeer.

91 Zie voor het laatste ABRvS 9 februari 2005, *JB* 2005/88. Dat niet elke verwijdering van fietsen spoedeisend is, leert No 25 april 1995, *AB* 1995/330 m.nt. P.J. Stolk en ABRvS 12 mei 2010, *AB* 2010/270 m.nt. L.J.A. Damen, *Gst.* 2010/91 m.nt. J.M.H.F. Teunissen. Uit deze laatste uitspraak blijkt dat in casu per fiets beoordeeld moest worden of er sprake was van spoedeisendheid. Geen sprake van spoedeisendheid is er bijvoorbeeld wanneer een fiets is geplaatst in de loze ruimte tussen de rekken waardoor de vrije doorgang niet wordt belemmerd.

beginsel worden uitgevoerd op kosten van de overtreder (art. 5:25 Awb). Het bestuursorgaan zal dan wel eerst een kostenverhaalsbeschikking moeten nemen, waarin de kosten worden vastgesteld en gespecificeerd. Tegen die beschikking staat bezwaar en beroep open. Evenals bij de dwangsom is er ook hier een 'concentratiebepaling': bezwaar en beroep tegen de last onder bestuursdwang heeft óók betrekking op de kostenverhaalsbeschikking, mits uiteraard betrokkene ook die beschikking wenst te betwisten.

Let op het subtiele verschil tussen *degenen aan wie* de last onder bestuursdwang moet worden *bekendgemaakt* (waaronder de overtreder) en de *overtreder* op wie de kosten kunnen worden verhaald. In de casuïstiek van het onderscheid tussen de overtreder en de andere persoon aan wie de last moet worden bekendgemaakt en die tot actie kan overgaan, de rechthebbende op de zaak, zullen wij ons hier niet verdiepen; vaak vallen ze samen. De kosten kunnen dus alleen worden verhaald op de overtreder. Dat geldt ook wanneer die het (inmiddels) niet (meer) in zijn macht heeft de overtreding zelf te beëindigen.[92]

Kostenverhaal is alleen dan niet toegestaan wanneer het niet redelijk zou zijn de kosten te verhalen. Dat is echter niet snel het geval; bestuursdwang en kostenverhaal vormen één geheel.[93]

Beroemd is de jurisprudentie inzake faraomieren en kakkerlakken, welke beestjes in de jaren zeventig en tachtig niet alleen bewoners van studentenflats in Amsterdam en Delft, maar ook de Raad van State en de Hoge Raad (zij het op een andere wijze) bezighielden. Het verhaal van de kosten, gemaakt bij het van gemeentewege beëindigen van enkele plagen, zou alleen dan niet redelijk zijn ingeval de ongedierteplaag niet zou zijn te wijten aan de toestand van de woningen of de wijze van bewoning én het algemeen belang optreden vergde, bijvoorbeeld omdat de plaag zich anders zou verspreiden.[94] Ook in andere bijzondere omstandigheden kán kostenverhaal onredelijk zijn. Toen bij een ontruiming van een hennepkwekerij in een woning was binnengetreden zonder toestemming van de bewoner en zonder de ingevolge art. 2 Algemene wet op het binnentreden vereiste machtiging, vond de Afdeling in de schending van het grondwettelijke huisrecht aanleiding het kostenverhaal niet toelaatbaar te achten.[95]

Bij de ontmanteling van een illegale hennepkwekerij door middel van bestuursdwang rijst voorts de vraag of de kosten daarvan (ook) op de *verhuurder* mogen worden verhaald. Daartoe zal die verhuurder in de eerste plaats overtreder moeten zijn als degene die een pand *laat* gebruiken in strijd met het bestemmingsplan. Wanneer is echter sprake van laten gebruiken? Dat is het geval wanneer de verhuurder

92 Zie bijvoorbeeld ABRvS 24 oktober 2012, *AB* 2013/130 m.nt. F.R. Vermeer.

93 Zo vormt het feit dat het bestuur voor een lange periode niet tegen de overtreding optrad in beginsel geen beletsel voor kostenverhaal (ABRvS 6 oktober 2010, *AB* 2010/306 m.nt. A. van Hall).

94 HR 3 april 1981, *NJ* 1981/504 m.nt. M. Scheltema, ARRvS 23 augustus 1983, *AB* 1984/17 m.nt. J.H. van der Veen en ARRvS 7 juni 1985, *AB* 1986/48 m.nt. P.J.J. Buuren. Van bedoelde uitzondering was in deze gevallen overigens geen sprake.

95 ABRvS 31 oktober 2012, *AB* 2013/72 m.nt. F. Spijker en C.M.M. van Mil.

wist of, gelet op de omstandigheden van het geval, redelijkerwijs had moeten weten van het illegale gebruik. Van hem mag worden verwacht dat hij zich tot op zekere hoogte inspant om van het daadwerkelijke gebruik op de hoogte te zijn.[96] Dat geldt in het bijzonder voor een professionele verhuurder.[97]

Bij het feitelijk toepassen van bestuursdwang staan het bestuur allerlei bevoegdheden ten dienste, zoals het betreden van plaatsen, verzegeling van panden, het meenemen en opslaan van zaken en het onder zich houden daarvan zolang door de overtreder de kosten van de bestuursdwang niet zijn betaald. Al met al is bestuursdwang dus een ingrijpend middel; het kan zelfs het sluiten van een fabriek of ander bedrijf inhouden. Daartoe komt het in de praktijk echter zelden. Naast de algemene bestuursdwang van art. 5:21 Awb kennen diverse wetten bijzondere vormen van bestuursdwang, zoals de sluiting van panden ingevolge art. 13b Opiumwet, het wegslepen van voertuigen op grond van art. 170-173 Wegenverkeerswet en de uitzetting van vreemdelingen op grond van art. 63 Vreemdelingenwet 2000.

In 2009 en 2010 heeft de burgemeester er een aantal bijzondere bevoegdheden bij gekregen (art. 172a, art. 172b en art. 176a Gemeentewet), op het gebied van de handhaving van de openbare orde (gebiedsverboden, meldingsplichten, bestuurlijk ophouden). Deze bevoegdheden lijken op bestuursdwang, maar zijn het niet: het zijn geen sancties, maar openbare-ordemaatregelen.[98]

Wanneer een orgaan de last onder bestuursdwang (bij een voortgaande overtreding) niet ten uitvoer legt, kan een derde belanghebbende om een toepassingsbeschikking verzoeken. Tegen de weigering daarvan kan die derde dan opkomen bij de bestuursrechter.

De algemene regeling inzake bestuursdwang is te vinden in afdeling 5.3.1 Awb, maar die moet worden gelezen in samenhang met de algemene bepalingen over herstelsancties in titel 5.1 en de geldschuldenregeling in titel 4.4 Awb.

Beperkingen

De bestuursdwangsanctie kent ook enkele beperkingen, zowel van juridische als andere aard. Een bestuursdwangbesluit mag niet worden genomen ingeval ten aanzien van dezelfde overtreding een andere herstelsanctie in werking is (art. 5:6 Awb). Voorts geldt voor het preventief opleggen van een last onder

96 ABRvS 13 oktober 2010, *AB* 2010/326 m.nt. A.G.A. Nijmeijer, *JB* 2010/255 m.nt C.L.G.F.H. Albers.

97 Zie bijvoorbeeld ABRvS 12 augustus 2009, ECLI:NL:RVS:2009:BJ5096.

98 Zie over het soms subtiele onderscheid L.D. Ruigrok, *Onmiddellijke handhaving van de openbare orde of bestuursdwang?* (diss.), Den Haag: BJu 2012. Zie voorts A.J. Wierenga, B.W.A. Jue-Volker en A.E. van Rooij, *Openbare-orderecht in ontwikkeling*, preadviezen Jonge VAR nr. 14, Den Haag: BJu 2016.

bestuursdwang dezelfde beperking als voor de preventieve last onder dwangsom.[99] Daarnaast zijn er praktische beperkingen, althans moeilijkheden. Te denken valt aan de opslag van goederen en dieren. Die valt niet altijd (makkelijk) te organiseren. Ook kunnen de kosten feitelijk niet altijd worden verhaald (bij onbekende en failliete overtreders).

7.5.3 Boete

Wanneer een 'zendgemachtigde' zich niet aan de televisiereclameregels houdt, kan met een last onder dwangsom wellicht worden voorkomen dat hij dit *nog eens* doet. Wanneer de overtreding niet moedwillig is begaan, is een dwangsom misschien ook wel de meest redelijke sanctie. Maar als er sprake is van een bewuste keuze, moet de *eerste* overtreding dan maar voor lief worden genomen? Dezelfde vraag kan worden gesteld voor iemand die fraudeert met de huurtoeslag door onjuiste informatie te verstrekken. Alleen moeten terugbetalen is dan niet afschrikwekkend genoeg. Iets dergelijks geldt voor belastingfraude. In deze gevallen (en nog een groot aantal andere) kan een boete worden opgelegd door een bestuursorgaan, respectievelijk door het Commissariaat voor de Media (overtreding reclameregels), de Belastingdienst/Toeslagen[100] en de belastinginspecteur (belastingfraude). Boeten kunnen soms ook aan een bestuursorgaan worden opgelegd.[101]

Een boetebesluit legt een onvoorwaardelijke betalingsverplichting op. Daarin schuilt een verschil met de last onder dwangsom, die een voorwaardelijk karakter draagt. De boete is een sanctie die weliswaar strafrechtelijk aandoet, vanwege het bestraffende karakter, maar steeds vaker voorkomt in het bestuursrecht. Vanwege de verwantschap met de (door de rechter op te leggen) strafrechtelijke boete, wordt door sommige schrijvers zelfs van een nieuw rechtsgebied tussen het strafrecht en het bestuursrecht gesproken, het bestuursstrafrecht.[102] Dat heeft ook veel te maken met het feit dat een (bestuurlijke) boete een criminal charge is in de zin van art. 6 EVRM en het EVRM zich niets aantrekt van de nationaalrechtelijke verdeling tussen strafrecht en bestuursrecht.[103] Alle waarborgen die art. 6 bevat (of daarin door het Hof worden gelezen, zoals het zwijgrecht) moeten dus ook worden verleend aan degene aan wie een bestuurlijke boete wordt opgelegd (zie ook 7.5.6). Dat dient de Nederlandse wetgever zich

99 Art. 5:7 Awb. Zie vóór inwerkingtreding van de vierde tranche de gelijkluidende jurisprudentie in onder meer ABRvS 7 november 2001, *AB* 2002/177 m.nt. G.T.J.M. Jurgens. Een voorbeeld waarin zelfs preventief feitelijk optreden werd toegestaan, biedt ABRvS 29 september 2000, *AB* 2000/474 m.nt. F.C.M.A. Michiels.

100 Zie art. 40 en art. 41 Algemene wet inkomensafhankelijke regelingen.

101 Zie bijvoorbeeld ABRvS 12 mei 2010, *AB* 2010/185 m.nt. O.J.D.M.L. Jansen.

102 Zie onder meer A.R. Hartmann en P.M. van Russen Groen, *Contouren van het bestuursstrafrecht*; A.R. Hartmann, *Bewijs in het bestuursstrafrecht*; P.M. van Russen Groen, *Rechtsbescherming in het bestuursstrafrecht*; deze drie boeken vormen gezamenlijk de (EUR-)dissertaties van de schrijvers (Arnhem: Gouda Quint 1998).

103 EHRM 21 februari 1984, *NJ* 1988/937 m.nt. E.A. Alkema (Öztürk).

aan te trekken, maar natuurlijk ook het orgaan dat de boetebeschikking geeft en de rechter die de beschikking beoordeelt. Zo is voor oplegging van een boete verwijtbaarheid (schuld) een vereiste;[104] voor herstelsancties is dat niet het geval.[105] Anders dan bestuursdwang en dwangsom is de bestuurlijke boete nog lang geen algemene bestuursrechtelijke sanctie; hij komt wel in steeds meer wetten voor (in 2016 ruim meer dan honderd), maar die vormen toch nog maar een fractie van het totale wettenbestand. Een algemene regeling voor de manier waarop organen met een toegekende bevoegdheid tot het opleggen van boeten moeten omgaan, is opgenomen in titel 5.4 Awb. Deze regeling kent geen boetebevoegdheden toe, doch bevat slechts normen voor de uitoefening van in andere regelingen toegekende boetebevoegdheden. De in het kader van de vierde tranche in titel 4.4 Awb opgenomen geldschuldenregeling is (onder meer) van belang voor de *inning* van boeten.

Van belang is voorts dat in veel gevallen al via het strafrecht een boete kan worden opgelegd. Er kunnen dan cumulatie- en taakverdelingsproblemen rijzen wanneer ook het bestuur een boete kan opleggen (zie 7.6). Dit probleem is nog groter geworden door de invoering van de strafbeschikking (op grond van de Wet OM-afdoening; zie 7.2.3), omdat er nu ook sprake kan zijn van potentiële cumulatie van bestuurlijke boete en strafbeschikking.

Die cumulatie wordt in de wet weliswaar uitgesloten voor dezelfde overtreding, maar daaraan moet dan in de praktijk wel gevolg worden gegeven. De wet (Sv) biedt de mogelijkheid ook aan bestuursorganen de strafbeschikkingsbevoegdheid toe te kennen. Het belangrijkste verschil tussen een bestuurlijke boete en een bestuurlijke strafbeschikking is, dat bij de boete het bestuursorgaan zelf beslist en de beboete persoon tegen de boete in beroep kan gaan bij de bestuursrechter, terwijl de bestuurlijke strafbeschikking wordt genomen onder regie van het OM, in een strafrechtelijke procedure, waarin betrokkene door in verzet te gaan de zaak bij de strafrechter kan krijgen.

Ook is het de vraag of alle bestuursorganen wel goed in staat zijn om bestraffend op te treden.[106] De algemene bestuursorganen als B en W, GS e.d. zijn niet bepaald gewend boeten op te leggen. Daarom wordt door de wetgever vooral gemikt op het opleggen van boeten door gespecialiseerde en voor het hele land werkende instanties, zoals de Autoriteit Consument en Markt, het Commissariaat voor de Media, de Autoriteit Financiële Markten en de ministers. Begin 2009 is wel de 'Wet Bestuurlijke boeten overlast in de openbare ruimte' in werking getreden, die het gemeenteraden mogelijk

---

104 Zie art. 5:41 Awb. Zie ook ABRvS 23 september 2009, *AB* 2009/401 m.nt. O.J.D.M.L. Jansen (volledig ontbreken verwijtbaarheid in Wav-zaak). Zie voorts ABRvS 30 juni 2010, *JB* 2010/183: aan een werkgever die niet wist dat een werknemer een rolsteiger zou gebruiken, kon geen boete worden opgelegd vanwege het feit dat de rolsteiger niet voldeed aan de wettelijke vereisten (gesteld in het Arbeidsomstandighedenbesluit).

105 Een beperkte mate van verwijtbaarheid kan tot matiging van de boete leiden. Zie bijvoorbeeld ABRvS 26 september 2007, *JB* 2007/208.

106 Zie F.C.M.A. Michiels, *De boete in opmars?* (oratie VU), Zwolle: W.E.J. Tjeenk Willink 1994 en voorts ook voor deze sanctie veel uitgebreider F.C.M.A. Michiels, A.B. Blomberg en G.T.J.M. Jurgens, *Handhavingsrecht*, Deventer: Wolters Kluwer 2016.

maakt aan B en W een boetebevoegdheid toe te kennen ter handhaving van lichte overtredingen in het openbaar domein (wildplassen, graffiti etc.),[107] maar van deze wet wordt niet of nauwelijks gebruikgemaakt. Een bijzonder geval vormt de Wet administratiefrechtelijke handhaving verkeersvoorschriften. Die maakt de politieagent bevoegd een (verkeers)boete op te leggen, waarna administratief beroep openstaat op de officier van justitie (en vervolgens beroep op de rechtbank, sector kanton, en soms ook nog hoger beroep op het gerechtshof te Leeuwarden). De normaliter strafrechtelijk opererende organen functioneren hier in een bestuursrechtelijke setting, waarin zij beschikkingen nemen en zich moeten houden aan de bestuursrechtelijke regels en de beginselen van behoorlijk bestuur. Overigens worden veel verkeersovertredingen geautomatiseerd waargenomen en verkeersboeten geautomatiseerd opgelegd en geïnd. Het Centraal Justitieel Incasso Bureau is de uitvoerende instantie.

7.5.4 Intrekking van begunstigende besluiten

Sommige overtreders zijn onverbeterlijk; dan helpen zelfs een dwangsom, bestuursdwang of een boete niet of maar tijdelijk. Wanneer het gaat om het overtreden van voorschriften (verplichtingen) verbonden aan een vergunning, ontheffing of subsidie, heeft het bestuur echter veelal nog een andere sanctie ter beschikking: de intrekking.[108] Aan de ene kant is intrekking een zware sanctie. Er wordt iemand een recht ontnomen. Een expliciete wettelijke grondslag voor de bevoegdheid om een begunstigend besluit in te trekken, lijkt daarom nodig en is ook in een aantal gevallen aanwezig.

Zie bijvoorbeeld afdeling 4.2.6 Awb voor de intrekking van subsidies, art. 31 Drank- en horecawet voor de intrekking van de vergunning op grond van die wet en art. 5.19 Wabo voor het intrekken van omgevingsvergunningen (van welke bevoegdheid het gebruik ervan door omwonenden in de casus De Terminal BV werd verzocht). Een algemene regeling inzake intrekking als sanctie is (nog) niet in de Awb opgenomen. Zie uitgebreider over intrekking 4.2.1. In die paragraaf werd voorts geconstateerd dat een begunstigende beschikking ook zonder wettelijke grondslag bij wege van sanctie mag worden ingetrokken wanneer er verkeerde gegevens zijn verstrekt, dit de aanvrager kan worden verweten en de beschikking daardoor anders is komen te luiden dan zij bij de juiste gegevens zou hebben geluid.[109]

Intrekking is dus enerzijds ingrijpend. Anderzijds is intrekking van een beschikking maar een papieren sanctie. Wanneer de ingetrokken, maar reeds betaalde subsidie niet wordt teruggevorderd, voelt de overtreder dat niet echt. Als een vergunning voor een metaalbedrijf wordt ingetrokken wegens handelen in strijd met de vergunningvoorschriften, maar vervolgens zonder vergunning dezelfde hoeveelheid staal wordt geproduceerd, wordt de overtreding alleen maar van kwaad tot erger. Er zal dan dus aanvullend een andere sanctie, eventueel bestuursdwang in de vorm van sluiting, nodig zijn.

---

107 Het gaat hier in wezen om een aanpassing van de Gemeentewet. Zie art. 154b e.v. Gemeentewet.

108 Deze intrekking moet worden onderscheiden van de intrekking vanwege een verandering van beleid of van omstandigheden, bijvoorbeeld die op grond van art. 2.33 Wabo.

109 Zie bijvoorbeeld CBb 6 april 1994, *AB* 1994/529 m.nt. J.H. van der Veen.

Intrekking kan definitief zijn, maar ook voor een bepaalde termijn. In 7.2.2 kwamen we de (definitieve) intrekking van een vergunning voor een café tegen. Juist in de sfeer van de horeca, maar ook bijvoorbeeld in de taxiwereld, zijn er daarnaast vaak tijdelijke intrekkingen. Ook de APK-keuringsbevoegdheid wordt indien intrekking aangewezen is altijd (eerst) tijdelijk ingetrokken.

7.5.5 Overige sancties

Naast de behandelde, (tamelijk) veel voorkomende sancties, zijn er nog allerlei andere. Elke wet kan haar eigen sancties scheppen. Te noemen vallen het ontslag (ambtenarenrecht; zie de casus in hoofdstuk 3 over de gemeentesecretaris), de verbeurdverklaring van een waarborgsom (in enkele EU-uitvoeringsregelingen) en de uitsluiting (bijvoorbeeld in art. 31 lid 4 Drank- en Horecawet), waardoor iemand gedurende een bepaalde periode niet meer in aanmerking komt voor bijvoorbeeld een vergunning of subsidie. In opmars zijn sancties in het kader van 'naming and shaming': zo wordt door de Autoriteit Consument en Markt een boetebesluit of, in bepaalde gevallen, een besluit tot het opleggen van een last onder dwangsom ter inzage gelegd en wordt van deze besluiten mededeling gedaan in de *Staatscourant* (art. 12u en art. 12v Instellingswet Autoriteit Consument en Markt). Ingevolge art. 1:97 Wet op het financieel toezicht is 'de toezichthouder' (meestal de Autoriteit Financiële Markten) eveneens verplicht bepaalde boetebeschikkingen openbaar te maken.[110]

7.5.6 Het karakter van de bestuurlijke sancties

Vaak wordt een onderscheid gemaakt tussen reparatoire en punitieve sancties, ofwel tussen herstelsancties en bestraffende sancties. Herstelsancties zijn gericht op het beëindigen van een illegale situatie. De rechtsorde wordt hersteld doordat de inbreuk wordt beëindigd. Soms kunnen ook de gevolgen van een overtreding nog ongedaan worden gemaakt; dan is van herstel in optima forma sprake. Bij bestraffende sancties gaat het niet om wijziging van de feitelijke situatie, maar om het treffen van de dader. De rechtsnorm wordt bevestigd door de overtreder te straffen. Het onderscheid tussen herstelsancties en bestraffende sancties is *juridisch* in de eerste plaats van belang voor zover het samenvalt met het onderscheid tussen sancties die wel respectievelijk niet een 'criminal charge' zijn in de zin van art. 6 EVRM. Alleen voor criminal charges gelden de waarborgen van art. 6 lid 2 en lid 3.[111] Ten tweede is het onderscheid

110 Zie ABRvS 10 november 2010, *AB* 2010/319 m.nt. V.H. Affourtit en A.C. Beijering-Beck, over de vraag bij welke rechter een voorlopige voorziening kan worden gevraagd om te voorkomen dat de boetebeschikking wordt gepubliceerd voordat die in rechte onaantastbaar is (de rechter waarbij in beroep kan worden gegaan tegen de boete of de rechter die bevoegd is ten aanzien van het publicatiebesluit; volgens de Afdeling de eerste).

111 Zie hierover uitgebreid R. Stijnen, *Rechtsbescherming tegen bestraffing in het strafrecht en het bestuursrecht* (diss.), Deventer: Kluwer 2011 en C.L.G.F.H. Albers, *Rechtsbescherming bij bestuurlijke boeten* (diss.), Den Haag: SDU 2002.

van belang voor de toepasselijkheid van een aantal Awb-bepalingen; de Awb verbindt bepaalde rechtsgevolgen aan het zijn van een herstel- dan wel bestraffende sanctie (zie hierna). De bestuurlijke boete is een bestraffende sanctie en een criminal charge, bestuursdwang en dwangsom zijn herstelsancties en geen criminal charge. Van de intrekking van een begunstigende beschikking is het karakter niet altijd duidelijk. De tijdelijkheid van de intrekking kán duiden op een strafkarakter, maar de tijdelijkheid wijst zeker niet altijd op een bestraffend karakter.[112] Andersom geldt wel dat intrekkingen voor onbepaalde tijd steeds herstelsancties zijn. Omstreden is echter het herstelkarakter van de gehele intrekking van een subsidie in een geval waarin de verkrijger wegens onjuiste opgaven te veel heeft verkregen, maar bij een juiste opgave wel recht op een deel van de subsidie zou hebben gehad.[113]

Het in de Awb gemaakte onderscheid tussen bestraffende en herstelsancties is met name van belang voor de (on)mogelijkheid van cumulatie en samenloop van sancties. Voor een en dezelfde overtreding mogen ingevolge art. 5:43 Awb niet twee boeten worden opgelegd. Een cumulatieverbod voor herstelsancties is er niet. Wel is er een bepaling die samenloop van herstelsancties verbiedt, dat wil zeggen een verbod inhoudt om twee herstelsancties ten aanzien van dezelfde overtreding *tegelijk* in werking te laten zijn; zie art. 5:6 Awb.

7.6 Verhouding tot het strafrecht

In de zaak Terminal BV kreeg het bedrijf er van het bestuur van langs, met een last onder dwangsom, maar ging daarnaast de officier van justitie tot vervolging over. Dat was mogelijk omdat het bestuursrecht en het strafrecht elk hun eigen 'handhavingstrajecten' kennen, met eigen organen, die eigen verantwoordelijkheden hebben en volgens eigen procedures te werk gaan. Voor leken, zoals juristen de rest van de wereldbevolking wel plegen aan te duiden, is dat vreemd. Is er dan niet sprake van één overheid die met één gezicht naar buiten moet treden? Nee dus, althans niet per se, maar tegelijk zou dat toch eigenlijk wel zo veel mogelijk het geval moeten zijn. Daarom wordt er, in toenemende mate, maar nog veel te weinig, samengewerkt tussen bestuursorganen, politie en OM, om elkaar te ondersteunen en om te voorkomen dat de overheid als een innerlijk tegenstrijdig handelende organisatie overkomt. Juist de combinatie van bestuursrecht en strafrecht kan de handhaving in sommige gevallen effectief maken.[114]

---

112 Zo beschouwt de Afdeling de tijdelijke intrekking van een APK-keuringsbevoegdheid als een herstelsanctie: ABRvS 2 november 2005, *AB* 2006/20 m.nt. F.C.M.A. Michiels, ABRvS 23 september 2009, *AB* 2010/70 m.nt. F.R. Vermeer en ABRvS 28 oktober 2009, *JB* 2009/268 m.nt. C.L.G.F.H. Albers. Kritisch: C.L.G.F.H. Albers, 'De intrekking van een begunstigende beschikking bij wijze van sanctie', *NTB* 2009/7.

113 ABRvS 8 februari 2001, *AB* 2000/118 m.nt. L.J.A. Damen.

114 Zie A.B. Blomberg en F.C.M.A. Michiels, *Handhaven met effect*, Den Haag: VUGA 1997 en A.B. Blomberg, *Integrale handhaving van milieurecht*, Den Haag: BJu 2000.

De eigen positie van elk van beide systemen kan ertoe leiden dat bijvoorbeeld het bestuursorgaan gedoogt, terwijl het OM wil vervolgen. Dat mag het OM dan ook, zoals de Hoge Raad al in 1985 uitmaakte.[115] Andersom is het evenzeer toegestaan dat het OM zich terughoudend opstelt bij de strafrechtelijke handhaving van bepaalde bestuursrechtelijke regels. Ook vrijspraak of ontslag van rechtsvervolging door de strafrechter, omdat van verwijtbaarheid geen sprake is, hoeft niet in de weg te staan aan bestuursrechtelijke handhaving.[116] Het aansnijden van het onderwerp 'vervolging van illegale bouwers' bijvoorbeeld riep lange tijd de verbazing en lachlust van officieren van justitie op. De afgelopen decennia is het OM op enkele terreinen van het ordeningsrecht, zoals het milieurecht, actiever geworden. Maar dat is voornamelijk het gevolg van veranderend beleid, niet van wezenlijk gewijzigde bevoegdheden (al kan de strafbeschikkingsbevoegdheid een beperkte bijdrage leveren). Wel is er ook organisatorisch sprake van een verandering. Sinds eind 2005 is vrijwel de gehele strafrechtelijke milieurechtshandhaving ondergebracht bij een speciaal (landelijk) onderdeel van het OM, het Functioneel Parket. Het streven om de samenwerking tussen politie/OM en bestuur te verbeteren, heeft een positieve impuls gekregen doordat in het hele land regionale omgevingsdiensten tot stand zijn gebracht. Die werken vooralsnog voor provincie en gemeenten in de regio, onder vigeur van de bij de Wet verbetering vergunningverlening, toezicht en handhaving (VTH) gewijzigde Wabo. De Wet VTH is op 14 april 2016 in werking getreden.

De gemeente Amsterdam werkte in 1993 mee aan de totstandkoming van het transportcentrum Westpoint in het westelijke havengebied, onder meer door het ter beschikking stellen van enkele tientallen miljoenen guldens. Voor het centrum was een bouwvergunning nodig, die ook werd verleend. Pas toen de bouwwerken er stonden, realiseerde men zich dat er ook nog een milieuvergunning nodig was. De bouwvergunning had om die reden zelfs niet mogen worden verleend; op grond van art. 52 Woningwet (oud)[117] had de aanvraag moeten worden aangehouden (zolang geen duidelijkheid over de milieuvergunning was verkregen). Maar ja, de gebouwen stonden er, de schoorsteen moest roken, dus gaf het gemeentebestuur aan Westpoint een gedoogverklaring: men kon ook wel zonder de milieuvergunning, die er ooit wel zou komen, aan de slag. Waarschijnlijk (mede) vanwege de drievoudige, enigszins dubieuze rol van de gemeente in dit geheel (geldschieter, vergunningverlener en bestuurlijke handhaver) vervolgde de officier van justitie het bedrijf wegens het strafbare feit van het handelen zonder milieuvergunning. De rechtbank stelde vast

115 HR 17 december 1985, *NJ* 1986/591 m.nt. Th.W. van Veen; zie ook HR 30 januari 1996, *Gst.* 7042/4 m.nt. HH.

116 Zie bijvoorbeeld CRvB 15 juni 2010, ECLI:NL:CRVB:2010:BM8160 en ABRvS 10 november 2010, ECLI:NL:RVS:2010:BO3512, in welke zaak een coffeeshop gesloten kon worden wegens verkoop van drugs aan een minderjarige, hoewel van persoonlijke verwijtbaarheid van de exploitant geen sprake was.

117 Onder de Wabo is er geen aanhoudingsregeling meer omdat bouw- en milieuvergunning zijn opgegaan in de omgevingsvergunning.

dat de officier ontvankelijk was; hij heeft een eigen, strafrechtelijke verantwoordelijkheid. Voorts meende de rechtbank dat het bedrijf welbewust als 'het privaatrechtelijke verlengstuk van de gemeente' zonder vergunning had gehandeld. Zij veroordeelde Westpoint vervolgens tot een boete van *f* 1 miljoen (€ 450.000). In hoger beroep deed het hof daar weliswaar weer veel van af en bepaalde de boete op *f* 100.000 (€ 45.000); op het principiële punt was het standpunt van het hof echter niet anders dan dat van de rechtbank.[118] Pikant detail is dat de bestuursrechter de gedoogverklaring, ondanks allerlei bezwaren daartegen, in stand had gelaten.[119]

Het naast elkaar bestaan van bestuursrechtelijke en strafrechtelijke handhaving kan tot dubbele handhaving leiden. Dat is zonder meer mogelijk wanneer de sancties een verschillend doel dienen. Bestuursdwang om een illegaal opgeslagen partij brandbare stoffen te verwijderen, kan heel goed samengaan met een strafrechtelijke boete. Deze sancties dienen verschillende doelen. Wel kan bij de hoogte van de straf rekening worden gehouden met de bestuurlijke sanctie. Twee boeten voor hetzelfde feit is echter dubbelop, ofwel *bis in idem*. Een dubbele beboeting is niet alleen in strijd met ons rechtsgevoel, maar de ene boete zou ook afbreuk doen aan de waarde van de andere. In het internationale recht is een cumulatie van in verschillende procedures opgelegde bestraffende sancties verboden, alleen erkent Nederland dat verbod formeel niet.[120] Feitelijk heeft de wetgever allerlei regelingen getroffen die er voor zorgen dat een dergelijke dubbelop-situatie zich niet kan voordoen. Zo sluit de Wet administratiefrechtelijke handhaving verkeersvoorschriften voor veel verkeersovertredingen het strafrecht geheel uit, bevat art. 5:43 Awb een verbod tot dubbele bestuurlijke beboeting[121] en bevat art. 5:44 Awb een algemene regeling om cumulatie van een bestuurlijke boete en een strafrechtelijke vervolging of strafbeschikking te voorkomen in gevallen dat een overtreding zowel bestuursrechtelijk als strafrechtelijk kan worden bestraft.[122] Per saldo is het ne-bis-in-idem-beginsel dus wel gerealiseerd.

118 Zie Rb. Amsterdam 5 maart 1996, *AB* 1996/232 m.nt. F.C.M.A. Michiels, *M en R* 1996/74 m.nt. A. de Lange en Hof Amsterdam 22 maart 1997, *M en R* 1997/134.

119 Vz ABRvS 10 maart 1995, *AB* 1995/464 m.nt. F.C.M.A. Michiels.

120 Zie art. 4 Zevende Protocol EVRM en art. 14 lid 7 IVBPR. Nederland heeft genoemd protocol niet geratificeerd en bij art. 14 lid 7 IVBPR een voorbehoud gemaakt.

121 Voor dezelfde feiten een boete opleggen aan de bestuurder én aan de rechtspersoon waarvan de bestuurder enig aandeelhouder is, is niet evenredig omdat de boeten volledig ten laste komen van hetzelfde vermogen (ABRvS 31 maart 2010, *JV* 2010/194). Zie voor een voorbeeld van twee boeten aan elk van beide medeplegers, hetgeen wél mag, CBb 22 december 2009, *AB* 2010/216 m.nt. O.J.D.M.L. Jansen. Zie in dit verband art. 5:1 lid 2 Awb.

122 Zie HR 1 februari 2011, *JB* 2011/56 m.nt. D. van Tilborg waarin de Hoge Raad een maatstaf geeft om te bepalen wanneer er sprake is van 'hetzelfde feit' en verduidelijkt dat aan 'dezelfde overtreding' (art. 5:43 Awb) en 'dezelfde gedraging' (art. 5:44 Awb) dezelfde betekenis toekomt als aan 'hetzelfde feit' uit art. 68 Sr.

7.7 De gedoogproblematiek

Sanctiebevoegdheden zijn veelal geen gebonden bevoegdheden; dat betekent dat er een zekere ruimte is voor afweging van het handhavingsbelang tegen andere belangen. Art. 3:4 Awb vergt dat die ruimte ook inderdaad voor een dergelijke afweging wordt gebruikt, ook al bleek in 7.3.2 dat de ruimte voor het afzien van handhaving gering is, zeker wanneer belanghebbende derden om handhaving hebben verzocht. De plicht tot belangenafweging kan er niettemin toe leiden, dat een orgaan in een concreet geval mag en soms zelfs moet gedogen.[123] Bestuurlijk gedogen is het niet optreden tegen een overtreding door een bestuursorgaan dat tot zodanig optreden in beginsel juridisch bevoegd en feitelijk in staat is. Daarbij wordt verondersteld dat het orgaan van die overtreding op de hoogte is of had moeten zijn.

Het gedogen staat, mede door allerlei incidenten, ongelukken en rampen, waarvan door de politiek en de media vaak wordt gedacht dat die met een strenge handhaving niet zouden hebben plaatsgevonden, niet goed aangeschreven,[124] maar incidenten e.d. zijn niet maatgevend voor de gehele handhavingspraktijk. Enerzijds wordt er op diverse terreinen beter, systematischer en intensiever gehandhaafd dan voorheen, anderzijds is gedogen onder omstandigheden meer in overeenstemming met het recht dan handhaving. Het belang van handhaving is niet altijd het zwaarwegendst.

> Boer Biet vraagt aan B en W of het bestemmingsplan zich verzet tegen de aanleg van een weg tussen zijn woonhuis en een verderop gelegen stal. Het antwoord luidt ontkennend. Later blijkt dat hij toch een omgevingsvergunning voor de afwijking van het bestemmingsplan nodig had en die vergunning bovendien niet kan worden verleend. De weg ligt er al. Niemand heeft er last van; het landschappelijk karakter van de omgeving wordt er niet noemenswaardig door aangetast. Moeten B en W dan aandringen, onder dreiging met een sanctie, op het verwijderen van de weg?
>
> Een ander voorbeeld: tijdens de varkenspest en de mond- en klauwzeercrisis aan het begin van deze eeuw mochten vele boeren niet met hun wagens buiten het bedrijf komen, waardoor op sommige plaatsen een mestopslagprobleem ontstond, waarbij noodgedwongen enkele wettelijke of vergunningvoorschriften werden overtreden. Zou het dan redelijk zijn geweest tot handhaving over te gaan?

In de nota Grenzen aan gedogen[125] heeft het kabinet aangegeven binnen welke grenzen bestuurlijk gedogen zou moeten blijven. Gedogen zou beperkt moeten blijven tot uitzonderingssituaties. Daartoe behoren allereerst overgangs- en overmachtssituaties.

---

123 Zie uitgebreid de dissertaties van G.T.J.M. Jurgens, *Bestuurlijk gedogen*, Zwolle: W.E.J. Tjeenk Willink 1996 en F.R. Vermeer, *Gedogen door bestuursorganen*, Deventer: Kluwer 2010.

124 We hebben het hier over bestuurlijk gedogen. Maar ook het justitiële gedogen van coffeeshops kan niet bij iedereen op bijval rekenen.

125 *Kamerstukken II* 1996/97, 25 085, nr. 1-2.

Van het eerste is bijvoorbeeld sprake wanneer een vergunning die voor een bepaalde termijn is verleend, kan worden verlengd, maar dit buiten de schuld van de aanvrager niet tijdig gebeurt. Van overmacht is sprake wanneer betrokkene tijdelijk niet aan zijn verplichtingen kan voldoen door een externe gebeurtenis waarop hij geen invloed kan uitoefenen. De nota noemt als voorbeeld het tijdelijk illegaal, maar zo milieuhygiënisch verantwoord als mogelijk is, opslaan van ingezameld afval omdat de afvalverbrandingsinstallatie buiten werking is. Zie ook het reeds genoemde voorbeeld betreffende overtredingen tijdens de varkenspest en de mond- en klauwzeercrisis. Inmiddels zou overmacht als rechtvaardigingsgrond (art. 5:5 Awb) kunnen gelden.

In beide typen situaties gaat het om een tijdelijke aangelegenheid. Als een regel blijvend niet zou hoeven te worden nageleefd, moet de regel worden ingetrokken; hij mag niet buiten spel worden gezet door hem structureel niet te handhaven. Andere situaties waarin gedogen aanvaardbaar is, zijn situaties waarin het door de wettelijke regeling beschermde belang uiteindelijk beter is gediend door gedogen en situaties waarin een zwaarwegender belang het gedogen rechtvaardigt. In de rechtspraak wordt voor het aannemen van een uitzonderingssituatie met name van belang geacht of er concreet zicht bestaat op legalisatie, hetzij door het veranderen van de norm (of het helemaal vervallen van een verplichting, bijvoorbeeld doordat een wet wordt ingetrokken) hetzij door het verlenen van een vergunning, ontheffing of vrijstelling. Benadrukt zij echter dat in het beleid en de rechtspraak gedogen slechts in uitzonderingssituaties ('onder bijzondere omstandigheden') aanvaardbaar wordt geacht.[126] Dat geldt ook voor gedeeltelijk gedogen (ook wel partiële handhaving genoemd).[127]

Overigens erkent de Awb expliciet de mogelijkheid van partieel gedogen doordat art. 5:2 lid 1 sub b een herstelsanctie definieert als 'een bestuurlijke sanctie die strekt tot het geheel *of gedeeltelijk* ongedaan maken of beëindigen van een overtreding' etc.

Zoals vermeld onder 7.3.2 kan het bestuur op het gebied van de handhaving prioriteiten stellen. Prioriteitsbeleid mag echter niet leiden tot het automatisch afwijzen van verzoeken door derden om te handhaven.[128] Zo kan beleid waarbij standaard van handhaving wordt afgezien wanneer het om een geringe overtreding gaat de rechterlijke toets niet doorstaan. Wel is het mogelijk dat in een concreet geval bij een geringe overtreding het belang bij handhaving zodanig gering is in vergelijking met de belangen die daartegen pleiten, dat van handhavend optreden moet worden afgezien.[129]

126 Zie bijvoorbeeld ABRvS 15 april 2009, *AB* 2009/202 m.nt. A. van Hall en ABRvS 7 oktober 2009, *JB* 2009/249 m.nt. C.L.G.F.H. Albers. Uit deze uitspraken blijkt dat groot gewicht wordt toegekend aan de beginselplicht tot handhaving bij overtredingen van het bestemmingsplan. Gewekte verwachtingen, waaronder een gedoogverklaring, vormen niet per se een omstandigheid op grond waarvan handhaving achterwege kan worden gelaten. Het EU-recht kan voor nog engere grenzen aan gedogen zorgen ingeval uit verordeningen of richtlijnen eenduidig kan worden afgeleid dat een bestuursorgaan handhavend moet optreden. Zie Ch.W. Backes en A.B. Blomberg, *Gedogen: Europese grenzen en nationale oorzaken*, Den Haag: ECWM 2002/6.

127 ABRvS 27 februari 2002, *AB* 2002/224 m.nt. F.C.M.A. Michiels.

128 CBb 20 augustus 2010, *AB* 2010/242 m.nt. I. Sewandono en ABRvS 28 juli 2010, ECLI:NL:RVS:2010:BN2614.

129 ABRvS 21 juli 2010, *JB* 2010/201.

Gedogen kan op verschillende manieren worden vormgegeven. Het eerste onderscheid is dat tussen stilzwijgend en uitdrukkelijk gedogen. Bij het laatste kan worden onderscheiden tussen mondeling en schriftelijk gedogen. Een schriftelijke gedoogverklaring is een beschikking, zoals al in 1977 werd uitgemaakt.[130] Daardoor zijn alle Awb-bepalingen die voor (het nemen van) beschikkingen gelden ook van toepassing op gedoogbeschikkingen. Daarnaast heeft de bestuursrechter, in allerlei beroepsprocedures inzake gedoogbeschikkingen, het gedogen nader genormeerd. Uit de rechtspraak blijkt dat gedogen:

- in beginsel schriftelijk dient te geschieden;
- voor een bepaalde, zo kort mogelijke termijn;[131]
- zo nodig onder het stellen van voorwaarden.

Hierdoor is het gedogen een activiteit geworden die in veel opzichten vergelijkbaar is met (maar niet gelijk is aan[132]) het reguleren door middel van vergunningen. Het gedogen is gejuridiseerd, maar het blijft buitenwettelijk. Men zal dan ook in de Awb de term gedogen niet tegenkomen. Dit betekent echter bepaald niet dat de Awb niet van belang is voor het gedogen. Gedoogverklaringen zijn immers, zoals gezegd, beschikkingen, waarop derhalve vele Awb-bepalingen van toepassing zijn. Derden kunnen daardoor voorts tegen een gedoogbeschikking opkomen (bezwaar en beroep).

De vernietiging van een gedoogbeschikking brengt overigens niet automatisch mee dat wordt gehandhaafd: daarvoor is eerst een sanctiebesluit nodig. In weerwil van art. 1:3 lid 2 Awb wordt de afwijzing van een aanvraag om een gedoogbeschikking behoudens bijzondere omstandigheden niet als beschikking aangemerkt, evenals de intrekking van een gedoogbeschikking.[133]

130 Vz ARRvS 17 november 1977, *BR* 1980, p. 272.

131 Zie bijvoorbeeld ABRvS 6 augustus 2010, *AB* 2010/260 m.nt. F.C.M.A. Michiels: na het verlopen van een vergunning is er in de periode van afwachting van een nieuwe, al aangevraagde, vergunning sprake van een concrete en beperkte termijn waarin gedogen is toegestaan.

132 HR 7 april 2002, *AB* 2002/178 m.nt. G.T.J.M. Jurgens.

133 ABRvS 18 juni 2003, *AB* 2003/394 m.nt. F.R. Vermeer, ABRvS 4 juni 2002, *AB* 2002/219 m.nt. F.C.M.A. Michiels en ABRvS 22 december 2010, ECLI:NL:RVS:2010:BO8271 (een weigering te gedogen is ook geen besluit wanneer de gemeente beleidsregels over het gedogen heeft opgesteld). Wel een beschikking, in geval van een intrekking van een gedoogverklaring, werd bij wijze van uitzondering aangenomen in ABRvS 9 maart 2011, *AB* 2011/104 m.nt. F.R. Vermeer. Zie ook F.C.M.A. Michiels, 'Over dejuridisering van gedogen en de permanente bewoning van zomerhuisjes', *Ars Aequi* 2004, jrg. 53, afl. 6, p. 438-442.

HOOFDSTUK 8

Rechtsbescherming en klachtrecht

8.1 Inleiding; een casus

Uit de voorgaande hoofdstukken (met name de hoofdstukken 4 en 7) is gebleken dat bestuursorganen over tal van ingrijpende bevoegdheden beschikken. Het bestuur is bij het uitoefenen van die bevoegdheden gebonden aan geschreven en ongeschreven rechtsnormen (hoofdstuk 6). Maar wat als het bestuur zich niet aan die normen houdt? In een rechtsstaat moet door een onafhankelijke en onpartijdige rechter kunnen worden gecontroleerd of het bestuur bevoegd en rechtmatig handelt (zie art. 6 EVRM).

Over de onpartijdigheid van de Afdeling bestuursrechtspraak, een van de hoogste bestuursrechters, bestond in het verleden onzekerheid. Het EHRM kwam in het Kleyn-arrest[1] tot de conclusie dat in die zaak de Afdeling bestuursrechtspraak voldeed aan het vereiste van onpartijdigheid. Het Hof waarschuwde echter dat door de combinatie van het adviseren over bepaalde wetsvoorstellen en het rechtspreken in zaken waarin de tot wet verheven voorstellen een rol kunnen spelen, de onpartijdigheid toch wel eens in gevaar zou kunnen komen. Eerder werd de Luxemburgse Raad van State, die een vergelijkbare combinatie van taken kent, niet onpartijdig geoordeeld.[2] Daarom is de Wet op de Raad van State sinds 1 september 2010 gewijzigd zodat er thans binnen de Raad van State twee duidelijk te onderscheiden afdelingen zijn waarvan de ene adviseert (Afdeling advisering) en de andere rechtspreekt (Afdeling bestuursrechtspraak). Voorts mag een lid van de Afdeling bestuursrechtspraak dat betrokken is geweest bij een bepaald advies, niet deelnemen aan de behandeling van een zaak waarin de wet waarop dat advies betrekking had een rol speelt (art. 42 lid 4 Wet op de Raad van State). De regering is echter blijkens een in 2016 ingediend wetsvoorstel voornemens nog weer een stap verder te zetten, die een totale scheiding tussen de beide afdelingen tot gevolg zal hebben en dubbelbenoemingen onmogelijk maakt. Tevens is het de bedoeling het CBb en de CRvB op te heffen. De CBb-zaken zouden dan naar de Afdeling gaan, die van de CRvB zouden bij de gewone rechter (belastingkamer hoven en Hoge Raad) worden ondergebracht. Het was bij het ter perse gaan van dit boek nog onzeker of dit voorstel de eindstreep zou halen.[3]

1 EHRM 6 mei 2003, *AB* 2003/211 m.nt. L.F.M. Verhey en B.W.N. de Waard. Zie ook A.J. Bok, 'Het EHRM-arrest Kleyn e.a.: Raad van State grotendeels gesauveerd, maar nog niet uit de gevarenzone', *Gst.* 7186, p. 296-300.

2 EHRM 28 september 1995, *NJ* 1995/667 m.nt. E.A. Alkema (Procola).

3 Zie Wetsvoorstel organisatie hoogste bestuursrechtspraak, *Kamerstukken II* 2015/16, 34 389, nr. 2.

Het uitoefenen van controle op het overheidshandelen door de rechter gebeurt op verzoek van burgers die menen door de overheid onrechtmatig in hun rechten of belangen te zijn geschaad. De controle door de rechter op de bestuurlijke overheid komt in dit hoofdstuk aan de orde. De bescherming tegen de overheid strekt evenwel verder dan alleen de controle door de rechter. Er zijn enerzijds procedures bij bestuursorganen, die voorafgaan aan een mogelijk beroep op de rechter. Ze worden daarom voorprocedures genoemd. Het gaat om de bezwaarschriftprocedure en het administratief beroep. Samen met de procedures bij de rechter vormen ze de rechtsbeschermingsprocedures.[4] Deze procedures worden besproken in 8.3 tot en met 8.8. Anderzijds is er een controletraject dat de rechtsbescherming aanvult: het klachtrecht. Dat heeft betrekking op klachten over gedragingen van bestuursorganen en onder hen ressorterende ambtenaren en de wijze waarop die klachten kunnen worden onderzocht. Zie 8.9.

De rechtsbescherming in het bestuursrecht zit tamelijk ingewikkeld in elkaar. Daarom zal, alvorens op de onderscheiden procedures wordt ingegaan, het systeem uiteen worden gezet (8.2). De nu volgende casus dient als opmaat daarvoor.

De wraak van de oude reus[5]

Henk van de Waaij bezit een prachtige villa in Gooiland. In zijn tuin, op enkele meters afstand van het huis, staat een ruim honderd jaar oude eik. Hoewel Van de Waaij een groot natuurliefhebber is, baart de eik hem al geruime tijd zorgen. Reeds enkele malen zijn er, bij stevige wind, zware takken op het dak van de villa gevallen, met als gevolg schade aan dakpannen en dakgoot. Bij storm is er naar het oordeel van Henk zelfs gevaar voor het omvallen van de eik, met alle gevolgen van dien. Hij vraagt B en W een omgevingsvergunning (voor het vellen van de eik is een vergunning nodig op grond van de Gooilandse kapverordening). De vergunning wordt geweigerd op grond van het feit dat de gezondheidstoestand van de boom redelijk goed is en het gevaar voor omvallen dientengevolge gering, en omdat de boom bijdraagt aan het landschappelijke karakter van de villawijk.

Henk is niet overtuigd en dient een bezwaarschrift in bij B en W. Daarin neemt hij een overzicht op met schadegevallen. Hij wordt voor een hoorzitting uitgenodigd ten gemeentehuize. Tot zijn verbazing wordt hij niet gehoord door de wethouder, maar door een commissie waarvan prof. mr. Borwijk, oud-hoogleraar bestuursrecht, voorzitter is en die verder bestaat uit twee gemeenteraadsleden. Op advies van de commissie, die onder de indruk is van de in het bezwaarschrift vermelde, in het verleden door de boom veroorzaakte schade, wordt bij de beslissing op het bezwaar de omgevingsvergunning alsnog verleend. In de vergunning is het voorschrift opgenomen dat de kap dient te geschieden volgens aanwijzingen van de Dienst Groenbeheer van de gemeente.

4 De bezwaarschriftprocedure en in mindere mate het administratief beroep hebben behalve een rechtsbeschermingsfunctie ook trekken van verlengde besluitvorming. Zie 8.2.1.

5 Deze casus is een bewerking van de zaak die leidde tot de uitspraak ABRvS 16 november 1994, *AB* 1995/181.

De 'Stichting Spreken met bomen', die blijkens haar statuten en feitelijk optreden het behoud van de Gooilandse natuur nastreeft, verneemt tot haar ontzetting van deze beslissing. De eik is een 'monument' en volgens de stichting zeer beeldbepalend. Zij laat er daarom geen gras over groeien, gaat in beroep bij de rechtbank en vraagt tevens de voorzieningenrechter de vergunning te schorsen. Deze schorst de vergunning, mede gelet op de onomkeerbaarheid van de vergunde handeling, die binnenkort dreigt te worden uitgevoerd. Een half jaar later verklaart de rechtbank het beroep echter ongegrond. Zij acht daarbij van belang dat blijkens het ambtsbericht van de Directeur Natuur, Bos, Landschap en Fauna van het Ministerie van EZ de boom niet dominant is in de omgeving. Om zich van de aard van de omgeving een goed beeld te vormen, hebben de leden van de rechtbank zich van de situatie ter plekke op de hoogte gesteld. In de met oude linden beplante laan kan de eik volgens hen wel worden gemist.

De stichting gaat in hoger beroep bij de Afdeling bestuursrechtspraak en vraagt tevens opnieuw schorsing. De voorzitter van de Afdeling schorst, maar meent dat, gelet op het belang van Van de Waaij, de zaak niet langer mag duren dan strikt nodig is. De Afdeling beslist de zaak versneld te behandelen. Slechts drie maanden later wordt uitspraak gedaan: het beroep wordt ongegrond verklaard. Henk van de Waaij haalt opgelucht adem. De oude reus mag worden geveld. Hij huurt een beunhaas in, die bij de kap, conform het vergunningvoorschrift, de aanwijzingen van een functionaris van de Dienst Groenbeheer volgt. Bij het neerhalen gaat er evenwel iets grondig mis. De boom komt met donderend geraas op Henks villa neer. De schade bedraagt tienduizenden euro's. Henk spreekt zowel de beunhaas als de (meer kapitaalkrachtige) gemeente aan voor de schade. Als blijkt dat de gemeente Gooiland niet wil betalen, daagt Henk haar voor de rechtbank. Een nieuw rechtsbeschermingsstuk kan beginnen, in drie bedrijven: bij de rechtbank, het gerechtshof en de Hoge Raad.

Deze casus laat zien dat de rechtsbescherming vele vertakkingen heeft, om het eens toepasselijk te zeggen. Maar er zijn ook allerlei vragen te stellen. Waarom wordt tegen de vergunning wel en tegen de weigering te betalen niet in bezwaar of beroep gegaan? Is de stichting wel beroepsgerechtigd? Hoe verloopt de bezwaarschriftprocedure? Binnen welke termijn moet beroep worden ingesteld en bij welke instantie? Op welke gronden kan de schorsing van een besluit worden uitgesproken? Welke bevoegdheden heeft de rechter? Wie is aansprakelijk voor de schade als gevolg van het vallen van de neergehaalde boom op de villa? Op deze en andere vragen zal hierna worden ingegaan.

8.2 Het systeem van de rechtsbescherming

8.2.1 Vormen van rechtsbescherming

Er zijn drie zelfstandige vormen van bestuursrechtelijke rechtsbescherming: bezwaar, administratief beroep en beroep op de bestuursrechter. (Daarnaast en tegelijkertijd is er steeds een procedure mogelijk waarin een voorlopige voorziening kan worden gevraagd.) De eerste twee procedures vormen een voorportaal ten opzichte van het beroep op de rechter. Ze worden daarom wel voorprocedures genoemd. Hieronder worden korte typeringen van de genoemde vormen van rechtsbescherming gegeven. Zie ook de wettelijke definities in art. 1:5 Awb.

Bezwaar is het vragen van een voorziening bij het orgaan dat het besluit heeft genomen. Dat doet men door het indienen van een bezwaarschrift. Het orgaan dient zijn eigen besluit volledig te heroverwegen, dat wil zeggen nog eens te bezien zowel op rechtmatigheid als op doelmatigheid (beleidsaspecten); zie voor het onderscheid 6.5.3. Het orgaan beziet of het besluit aanpassing behoeft, in beginsel gelet op de *actuele* stand van wetgeving, beleid en feitelijke omstandigheden (dus niet aan de hand van de wetgeving etc. die gold ten tijde van het nemen van het primaire besluit); het orgaan besluit op bezwaar met andere woorden 'ex nunc'.[6] Wanneer het orgaan het bezwaar geheel of gedeeltelijk gegrond acht, neemt het een nieuw besluit dat het eerste vervangt of wijzigt (tenzij aannemelijk is dat de belanghebbenden door het gebrek niet zijn benadeeld; zie art. 6:22 Awb). Aan de bezwaarschriftprocedure ligt onder meer de gedachte ten grondslag dat waar wordt gewerkt, fouten worden gemaakt en dat het orgaan eerst de gelegenheid moet krijgen die fouten te herstellen alvorens de rechter kan worden benaderd. Het is ook prettiger voor de burger dat hij de rechter niet hoeft te benaderen wanneer hij op bezwaar alsnog krijgt wat hij wil. De bezwaarschriftprocedure wordt daarom ook wel getypeerd als verlengde besluitvorming. Er zitten echter ook rechtsbeschermingselementen in, al was het maar dat het orgaan zijn eigen besluit ook op rechtmatigheid moet toetsen (zie verder 8.3); daarom wordt deze procedure onder het begrip rechtsbescherming gebracht.

De hoofdregel is dat een belanghebbende alvorens naar de bestuursrechter te kunnen stappen een bezwaarschrift moet indienen bij het orgaan dat het besluit nam. Daarop kent art. 7:1 Awb, waarin deze regel staat, echter een flink aantal uitzonderingen.[7] Voorts is het zo dat als beide partijen in een concreet geval de bezwaarfase niet nuttig vinden, deze in bepaalde gevallen kan worden overgeslagen (art. 7:1a Awb). Van deze mogelijkheid wordt in de praktijk (nog)

6 Er zijn echter uitzonderingen, zoals bij sanctiebesluiten. Anders zou een overtreder ongestraft tot vlak voor de beslissing op bezwaar zijn overtreding kunnen voortzetten. Zie bijvoorbeeld ABRvS 24 december 2003, *AB* 2004/117 m.nt. F.C.M.A. Michiels over de toetsing door de rechter van een besluit op bezwaar tegen een last onder dwangsom.

7 Ook tegen het niet tijdig bekendmaken van een van rechtswege verleende beschikking kan rechtstreeks beroep worden ingesteld (art. 8:55f Awb juncto art. 6:12 Awb).

weinig gebruikt gemaakt. De rechter kan de zaak overigens terugverwijzen naar de bezwaarfase indien hij meent dat het orgaan ten onrechte heeft ingestemd met rechtstreeks beroep (art. 8:54a Awb). Dat gebeurt regelmatig.[8]

Administratief beroep is het vragen van een voorziening bij een ander bestuursorgaan dan het orgaan dat het besluit heeft genomen (door indiening van een beroepschrift bij het beroepsorgaan). Het andere orgaan toetst het besluit op rechtmatigheid en doelmatigheid (beleidsaspecten), zij het dit laatste toch enigszins terughoudend. Het moet namelijk de eigen verantwoordelijkheid van het orgaan dat de primaire beslissing nam, respecteren. Dat geldt temeer waar het beroepsorgaan tot een andere overheidslaag behoort dan het orgaan dat het besluit nam, maar deze variant komt niet of nauwelijks meer voor. Het administratief beroep kent dus zowel een element van de bezwaarschriftprocedure (ook beleidsmatige heroverweging) als van het bestuurlijk toezicht (afstandelijke toetsing op bestuurlijke aspecten) als van rechtspraak (toetsing aan het recht). Ook het administratief-beroepsorgaan (toetst en) beslist ex nunc, hetgeen samenhangt met de toetsing (ook) op beleidsaspecten. Wanneer het beroep geheel of gedeeltelijk gegrond is, neemt het beroepsorgaan een nieuw besluit ter vervanging van het primaire besluit.

Beroep bij de bestuursrechter is het vragen van een voorziening bij een bij de wet ingesteld onafhankelijk orgaan dat met bestuursrechtspraak is belast. De bestuursrechter toetst alleen op rechtmatigheid. Dit volgt uit het systeem van ons staatsbestel (machtenscheiding; de rechter mag niet het werk van het bestuur doen) en kan worden afgeleid uit art. 112 lid 2 Grondwet ('be*recht*ing') en art. 8:77 lid 2 Awb. Maar rechtmatigheid houdt ook in dat er een behoorlijke belangenafweging plaatsvindt, waarbij algemene en bijzondere belangen tegen elkaar worden afgewogen (art. 3:4 Awb). Het consistentiebeginsel brengt voorts mee dat die afweging in een reeks van gevallen consistent is, dat wil zeggen dat in de afzonderlijke afwegingen een zekere lijn wordt gevolgd. Uiteindelijk worden ook beleidsaspecten in die zin aan een rechtmatigheidstoets onderworpen, zij het op een tamelijk terughoudende wijze. De rechter mag immers niet zelf het beleid gaan bepalen; wel moet hij nagaan of het beleid geen onredelijke gevolgen voor bepaalde belanghebbenden heeft.

Wat het toetsingsmoment betreft: anders dan de bestuursorganen in de andere procedures toetst de rechter 'ex tunc': naar de stand van het recht ten tijde van het nemen van het aan hem ter toetsing voorgelegde besluit. Hij beoordeelt of het besluit op het moment dat het werd genomen rechtmatig was.[9] Het aan hem voorgelegde besluit is doorgaans het besluit dat op bezwaar of in

8 Zie hierover uitgebreid de annotatie onder Rb. 's-Gravenhage 1 juli 2005, *AB* 2006/171 m.nt. C.M. Bitter.

9 Een uitzondering hierop vormt art. 83 Vreemdelingenwet 2000. Zie over het 'toetsingsmoment' K.F. Bolt, *Het rechterlijke toetsingsmoment in het bestuursprocesrecht*, Den Haag: BJu 2005 en N. Verheij, 'Tussen toen en nu. Het relevante tijdstip voor besluitvorming in bezwaar en toetsing in beroep', *JBplus* 2003, p. 26-47.

administratief beroep is genomen. Meestal neemt de rechter, bij gegrondheid van het beroep, niet zelf een nieuw besluit, maar wijst hij de zaak terug naar het orgaan teneinde een nieuw besluit te nemen. In de regel neemt het bestuursorgaan het nieuwe besluit op grond van de feiten en omstandigheden ex nunc. De Crisis- en herstelwet vormt hierop een uitzondering. In het geval van een rechterlijke vernietiging van een besluit dat onder deze wet valt, kan een nieuw besluit gebaseerd worden op de feiten zoals ze waren ten tijde van het nemen van het vernietigde besluit. Dit is slechts anders indien de onjuistheid van deze feiten of het onvoldoende vaststaan ervan een grond voor de vernietiging was (art. 1.10 Chw). Wanneer er nauwelijks of geen beleids- of beoordelingsruimte meer over is, kan de rechter zelf in de zaak voorzien. Van die situatie kan sprake zijn wanneer de beleids- en beoordelingsruimte door het bestuursorgaan zelf is ingeperkt door beleidsregels en hetgeen het orgaan ter zitting heeft uiteengezet.[10] Daarom is niet altijd vereist dat in theorie nog slechts één beslissing mogelijk is.[11] Het gaat erom dat duidelijk is wat moet worden beslist en dat partijen zich over de beslispunten voldoende in de procedure hebben kunnen uitlaten. (Zie verder 8.5.3).

Het voorgaande kan wat betreft de beoordelende instantie, de beoordelingsmaatstaf en het toetsingsmoment, als volgt in een schema worden weergegeven.

	Instantie	**Beoordelingsmaatstaf**	**Beslis- respectievelijk toetsingsmoment**
Bezwaar	zelfde orgaan	rechtmatigheid en doelmatigheid	ex nunc
Administratief beroep	ander orgaan	rechtmatigheid en doelmatigheid	ex nunc
Bestuursrechtspraak	rechter	rechtmatigheid	ex tunc

8.2.2 *Historische ontwikkeling van de rechtsbescherming*

De wordingsgeschiedenis van het huidige systeem van bestuursrechtelijke rechtsbescherming is lang en bewogen. In de negentiende eeuw was er nog niet veel meer dan het (inmiddels afgeschafte) Kroonberoep, gevolgd door andere vormen van administratief beroep. De bestuursrechtspraak vindt zijn oorsprong eind negentiende eeuw en is daarna stapsgewijs uitgebreid.

Het begon met de instelling van de Raad voor Beroep vermogensbelasting in 1892, kort daarna gevolgd door enkele andere fiscale rechterlijke instanties en in 1914 door de Raden van Beroep directe belastingen. In 1902 werden Raden van Beroep opgericht waarbij in beroep kon worden gegaan tegen besluiten op grond van de Ongevallenwet, met hoger beroep op de Centrale Raad van Beroep (CRvB). Later zijn deze Raden van Beroep een algemene socialezekerheidsrechter geworden. In 1992 gingen zij op in de

10 ABRvS 29 juli 2009, *AB* 2010/154 m.nt. O.J.D.M.L. Jansen.
11 ABRvS 9 februari 2011, *JB* 2011/69.

rechtbanken. Successievelijk zijn er andere bestuursrechters bijgekomen, zoals in 1929 het Ambtenarengerecht (eveneens in 1992 opgegaan in de rechtbanken), in 1954 het College van Beroep voor het bedrijfsleven (CBb), in 1957 de belastingkamers bij de gerechtshoven (onder opheffing van de fiscale Raden van Beroep en andere rechterlijke instanties in belastingzaken), in 1963 de Kroon, die een rechtmatigheidstoetsing uitvoerde op grond van de Wet Beroep administratieve beschikkingen, in 1976 de Afdeling rechtspraak van de Raad van State, in 1987 het (inmiddels opgeheven) College van beroep studiefinanciering, in 1988 de Afdeling voor de geschillen van bestuur van de Raad van State en in 1994 ten slotte de rechtbanken en de Afdeling bestuursrechtspraak van de Raad van State (waarin de eerdergenoemde twee afdelingen van de Raad van State zijn opgegaan). De burgerlijke rechter heeft altijd een aanvullende rol gespeeld, die met de uitbouw van de bestuursrechtspraak navenant kleiner is geworden. Zie daarover verder 8.7. De laatste decennia is ook de rechtsbescherming in internationaal verband steeds belangrijker geworden; zie 8.8.

Hoewel het systeem in de jaren negentig van de vorige eeuw overzichtelijker is geworden, is nog steeds sprake van een veelheid aan bestuursrechterlijke instanties. We kennen in het bestuursrecht, anders dan in het privaatrecht en het strafrecht, verschillende hoogste rechters. Dat is voor een deel historisch bepaald. Toen minister Loeff in 1905 voorstellen indiende voor een algemene opzet van de administratieve rechtspraak (zoals dat toen werd genoemd), kreeg hij de handen daarvoor niet op elkaar. De tijd was er niet rijp voor en de rechterlijke macht leek er (gezien samenstelling en houding) nog niet geschikt voor. Het idee dat alles wat de overheid doet onder rechterlijke controle moet kunnen worden gebracht, was toen nog niet aanvaard. Toen dat idee wel werd aanvaard, was inmiddels sprake van een lappendeken van instanties en procedures die gezamenlijk een ingewikkeld systeem vormden. Om allerlei redenen kan daaraan niet zo maar een einde worden gemaakt. Wel is met de algemene bevoegdheid van de rechtbanken in eerste aanleg en het uniforme bestuursprocesrecht (zie 8.5) het systeem verbeterd. Het zal evenwel nog de nodige jaren vergen om een echt overzichtelijk en eenvoudig systeem van rechtsbescherming te maken en in te voeren. Daaraan zou het aan het begin van dit hoofdstuk genoemde wetsvoorstel tot reorganisatie van de hoogste bestuursrechtspraak zeker bijdragen (al is niet iedereen gelukkig met de manier waarop dat dan zou gebeuren). Voorlopig zullen we het echter moeten doen met het huidige systeem. Tot dat systeem behoren ook het administratief beroep en het bezwaar. Het administratief beroep heeft sinds 1994 duidelijk aan belang verloren. Het Kroonberoep is afgeschaft en in vele andere gevallen is administratief beroep (op de gemeenteraad, GS, de minister etc.) vervangen door bestuursrechtspraak. De bezwaarprocedure stamt van de Wet Arob en is onder de Awb de algemene voorprocedure geworden voor het grootste deel van de bestuursrechtspraak.

8.2.3 *Het systeem aan de hand van zes vragen*

Het systeem van de rechtsbescherming kan worden bestudeerd aan de hand van zes vragen:
- Waartegen staat rechtsbescherming open?
- Voor wie?
- Bij welke instantie?
- Binnen welke termijn moeten bezwaar en beroep worden ingesteld?
- Hoe verlopen de diverse procedures?
- Welk resultaat kan in de onderscheiden procedures worden bereikt?

Deze vragen worden hierna beantwoord. Bij de eerste twee vragen kan worden verwezen naar reeds behandelde stof en kan het antwoord dus beknopt blijven. Op de andere kwesties wordt wat uitvoeriger ingegaan; op een aantal punten worden de gegeven antwoorden (met name die op de laatste twee vragen) in 8.3 en volgende uitgewerkt.

Waartegen staat rechtsbescherming open?
Ingevolge art. 8:1 Awb kan een belanghebbende *tegen een besluit* beroep instellen. Dat is de hoofdregel. Zie voor de betekenis van het begrip besluit 2.5. Soms evenwel kan beroep worden ingesteld tegen beslissingen of handelingen die geen besluit zijn, maar daarmee voor de rechtsbescherming gelijk worden gesteld. Dat geldt bijvoorbeeld voor de schriftelijke weigering een besluit te nemen en het niet tijdig nemen van een besluit (art. 6:2 Awb). De rechtsbescherming zou weinig voorstellen wanneer men niets zou kunnen ondernemen in situaties waarin het bestuur op een aanvraag, bijvoorbeeld om een vergunning, niet (tijdig) beslist.[12] Beroep staat ook open tegen feitelijke handelingen, verricht ten opzichte van ambtenaren als zodanig (art. 8:2 lid 1).

Andersom kan beroep in veel meer gevallen niet worden ingesteld, terwijl wel van een besluit sprake is. De Awb zondert namelijk een aantal categorieën besluiten van beroep uit:
- beslissingen inzake de procedure ter voorbereiding van een besluit (art. 6:3), zoals een beslissing om te horen, stukken (niet) ter inzage te leggen of een termijn te stellen waarbinnen de aanvraag kan worden aangevuld;[13]
- algemeen verbindende voorschriften en beleidsregels (art. 8:3 lid 1);
- besluiten ter voorbereiding van privaatrechtelijke rechtshandelingen (art. 8:3 lid 2), zoals het besluit een koopovereenkomst aan te gaan;
- de in art. 8:4 genoemde besluiten;
- besluiten bedoeld in hoofdstuk 1 van de bij de Awb behorende bijlage 2 (Bevoegdheidsregeling bestuursrechtspraak) (art. 8:5).

---

12 Het afwijzen van een aanvraag om een beschikking is gelet op art. 1:3 lid 2 Awb zelf een beschikking en dus een besluit. Het afwijzen van een verzoek een ander besluit dan een beschikking te nemen, valt onder art. 6:2 Awb.

13 CRvB 8 februari 2011, *NJB* 2011/700.

In sommige gevallen kan *nog* niet in beroep worden gegaan. In beginsel moet tegen een primair besluit immers eerst een voorprocedure worden gevoerd (bezwaar ingevolge art. 7:1 of administratief beroep ingevolge art. 8:5 lid 2).

Voor wie?

Het beroep kan in beginsel worden ingesteld door een belanghebbende: degene wiens belang rechtstreeks bij het besluit is betrokken. Dat belang moet een eigen, persoonlijk en objectief bepaalbaar belang zijn. Zie uitgebreid 6.3.2. Soms wordt het begrip belanghebbende enigszins opgerekt als de rechter vindt dat het van groot maatschappelijk belang is dat hij in een zaak een inhoudelijke uitspraak kan doen en partijen dit ook van hem vragen, zoals in de zaak over Zwarte Piet.[14]

Het middel van beroep beoogt rechtsbescherming te bieden tegen overheidshandelen. Een bestuursorgaan zelf kan daarom geen beroep instellen tegen een eigen besluit om zo dat besluit ongedaan te maken.[15] Daarnaast ontneemt art. 1.4 Chw decentrale overheden het recht om in beroep te gaan tegen besluiten die onder de Chw vallen en die zich niet richten tot (een orgaan van) de desbetreffende decentrale overheid.

In 6.3.2 is ook aandacht besteed aan het belanghebbende zijn van rechtspersonen. Aan welke vereisten moet de 'Stichting Spreken met bomen' uit de casus voldoen om belanghebbende te zijn? Het behartigde belang is niet een eigen belang, bijvoorbeeld een vermogensbelang, van de stichting. Maar omdat zij rechtspersoon is, kan zij ook een algemeen belang in het bijzonder behartigen. Vereist is dat zij dit zowel statutair als feitelijk doet. Aan beide voorwaarden lijkt in casu te zijn voldaan.

Ten aanzien van het belang wordt in de jurisprudentie van het inhoudelijke belang, zoals eerder besproken, het *procesbelang* onderscheiden. Dat is het belang bij het instellen van een rechtsmiddel, bijvoorbeeld beroep. Een belanghebbende moet een procesbelang hebben. Iemand wiens aanvraag is afgewezen, heeft er belang bij dat de rechter die afwijzing vernietigt. De aanvrager daarentegen die (na bezwaar) volledig zijn zin heeft gekregen, heeft geen procesbelang bij een beroep. De uitspraak op het beroep kan hem niet meer geven dan hij al heeft.

Een beroep dat uitsluitend is ingesteld om van de rechter een oordeel te krijgen over de motivering van het op bezwaar genomen besluit, wordt niet-ontvankelijk verklaard. De rechter rekent het niet tot zijn taak louter een oordeel over een bepaald

14 ABRvS 12 november 2014, *AB* 2015/55 m.nt. J.G. Brouwer en A.E. Schilder. Vergelijkbare criteria werden toegepast in de zaak over de vergunning voor de monstertruck te Haaksbergen, waarvan het gebruik drie dodelijke slachtoffers vergde, door Rb. Overijssel 28 oktober 2015, *AB* 2016/12 m.nt. H.D. Tolsma.

15 Zie ABRvS 27 januari 2010, *JB* 2010/65 m.nt. J.L.W. Broeksteeg, waarin het hoofdstembureau van de gemeente Goirle in beroep ging tegen een eigen geldigverklaring van twee kandidatenlijsten waarop in strijd met art. H7 lid 2 Kieswet twee maal dezelfde kandidaat stond.

vraagpunt te geven, zonder dat dit enig rechtsgevolg heeft. Er bestaat dus geen procesbelang louter bij de principiële betekenis van een rechterlijke uitspraak. Denk aan een uitspraak over een gedoogbeschikking voor een evenement dat inmiddels al heeft plaatsgevonden. Wanneer het om een jaarlijks terugkerend evenement gaat, heeft de uitspraak echter wel degelijk betekenis voor de volgende keer en is er dus wel procesbelang.[16]

Een veelklager diende 250 aanvragen in voor bijzondere bijstand en had 450 'werkprocessen' bij de gemeente lopen, onder meer voor bijzondere bijstand voor kantoorartikelen, postzegels, kopieën, treinkaartjes, verblijf Stay Okay, wassalon, fietsreparatie en een plantenkast. Bij het uitblijven van besluiten maakte hij 216 procedures aanhangig tegen het gemeentebestuur van Winterswijk. De rechtbank is van oordeel dat er in dit geval geen sprake is van een procesbelang omdat 'mede gelet op het extreme aantal zaken, er sprake is van misbruik van procesrecht [...] aangezien het hier gaat om kosten waarvan appellant behoort te begrijpen dat hij onmiskenbaar niet in aanmerking komt voor bijstandsverlening'. De Centrale Raad van Beroep oordeelt echter dat de gemeente wel op de aanvragen had moeten besluiten, kort gezegd omdat er geen (wettelijke) grond was voor het niet behandelen van de aanvragen (art. 4:5 Awb) en de aanvrager (in theorie) zijn gelijk bij de rechter kon halen.[17]

Overigens kan degene die hangende een procedure alsnog door het orgaan in het gelijk wordt gesteld, er onder omstandigheden wel een belang bij hebben dat het oorspronkelijke besluit door de rechter wordt getoetst in verband met mogelijk door dat besluit veroorzaakte schade. Die schade moet dan wel worden gesteld. Er is ook procesbelang wanneer slechts hoger beroep is ingesteld vanwege een proceskostenveroordeling in eerste instantie; dit geldt zowel voor de hoogte als voor de vraag of de proceskostenveroordeling had moeten plaatsvinden. Hetzelfde geldt voor beroep vanwege gemaakte kosten in bezwaar of administratief beroep.[18] Het beroep (en derhalve ook het bezwaar) kan, zoals gezegd, in beginsel door de *belanghebbende* worden ingesteld. De bijzondere wetgever kan het beroep echter ook beperken, bijvoorbeeld tot alleen de aanvrager, of verruimen.

Van dat laatste was lange tijd een sprekend voorbeeld de actio popularis, het beroep voor eenieder, dat was toegekend in het kader van besluiten inzake milieuvergunningen en de (toen nog vereiste) goedkeuring van bestemmingsplannen. Dit is echter medio 2005 afgeschaft en vervangen door een beroep voor belanghebbenden, tegelijk met de inwerkingtreding van de afdeling 3.4 Awb in de huidige vorm. Aanvankelijk leek dit in de praktijk weinig gevolgen te hebben. Enerzijds zijn er namelijk feitelijk weinigen die geen belanghebbende zijn en toch beroep instellen. Anderzijds konden ideële organisaties omdat en voor zover zij onder het belanghebbendebegrip vallen, 'gewoon' beroep blijven instellen. Met de aanscherping van het vereiste van feitelijke werkzaamheden (zie 6.3.2) vielen dergelijke organisaties aanvankelijk

16 Zie ABRvS 24 augustus 2005, *Gst.* 7239/167 m.nt. L.M. Koenraad.
17 CRvB 2 maart 2010, *AB* 2010/100 m.nt. H.E. Bröring, *Gst.* 2010/125 m.nt. A.M.M.M. Bots, *JB* 2010/94.
18 ABRvS 7 december 2011, *AB* 2012/34 m.nt. R. Ortlep. In ABRvS 15 april 2009, *JB* 2009/141 m.nt. J.H. Keinemans oordeelde de Afdeling nog anders, maar zij heeft zich vanwege de gewenste rechtseenheid bij de rechtspraak van de Hoge Raad en de Centrale Raad van Beroep op dit punt aangesloten.

regelmatig alsnog uit de 'belanghebbendenboot', maar de meesten lijken zich te hebben aangepast en te zorgen voor voldoende feitelijke werkzaamheden dan wel anderen in te schakelen die wél belang hebben.

Is een belanghebbende eenmaal 'binnen' bij de bestuursrechter, dan kan hij met een andere inperking van de rechtsbescherming worden geconfronteerd in de vorm van de relativiteitseis[19] (reeds kort behandeld in 6.3.2) die is neergelegd in art. 8:69a Awb. Dit vereiste brengt mee dat de bestuursrechter een onrechtmatig besluit niet mag vernietigen[20] uitsluitend vanwege de schending van een norm die *kennelijk* niet strekt tot bescherming van degene die de schending inroept.[21] Dit betekent dat het onmiskenbaar zo moet zijn dat de regel niet is geschreven om de belangen van degene die zich erop beroept te beschermen. Bij de bouw van nieuwe woningen kunnen omwonenden zich bijvoorbeeld wel beroepen op de norm van een goede ruimtelijke ordening voor zover dit hun *eigen* belangen betreft, maar niet voor zover het gaat om bijvoorbeeld overtreding van de normen louter jegens derden (die zich in die woningen gaan huisvesten).[22] De schending van procedurele normen gaat in dit verband op in die van de inhoudelijke normen, dus als de inhoudelijke norm kennelijk niet strekt ter bescherming van het belang van appellant, dan doet ook de procedurele norm die bij het nemen van het besluit in acht moet worden genomen dat niet.[23] De Afdeling heeft wel, op advies van staatsraad A-G Widdershoven, een correctie op deze leer aangebracht voor schendingen van het gelijkheidsbeginsel en het vertrouwensbeginsel in die zin 'dat de schending van een norm die niet de bescherming beoogt van de belangen van een belanghebbende, en die op zichzelf genomen dus niet tot vernietiging zou kunnen leiden, kan bijdragen tot het oordeel dat het vertrouwensbeginsel of gelijkheidsbeginsel is geschonden'.[24] Deze correctie is geïnspireerd op de in het privaatrecht ten aanzien van de daar geldende relativiteitseis bekende correctie Langemeijer.

---

19 Zie J.C.A. de Poorter en B.J. van Ettekoven, 'Het relativiteitsvereiste in het bestuursrecht: de ene relativiteitseis is de andere niet. Beschouwing over belang, relativiteit en congruentie', *NTB* 2013/20. Zie ook de VAR-preadviezen uit 2010 van J.C.A. de Poorter en G.T.J.M. Jurgens, *De toegang tot de rechter beperkt*, VAR-preadvies, VAR-geschrift nr. 144, Den Haag: BJu 2010, p. 35 e.v. en p. 82 e.v.

20 Niet mag vernietigen: de bestuursrechter moet de eis dus ambtshalve toepassen.

21 Zie ook reeds: D.A. Verburg, 'Relativiteit in de Crisis- en herstelwet en het voorstel Wet aanpassing bestuursprocesrecht', *NTB* 2011/3, p. 10-17. NB: de relativiteitseis is dus alleen van toepassing in het beroep bij de rechter, niet al in de bezwaarschriftprocedure.

22 ABRvS 19 januari 2011, *AB* 2011/47 m.nt. A.A.J. de Gier en B.W.N. de Waard, *JB* 2011/48 m.nt. M.A. Heldeweg.

23 Zie bijvoorbeeld ABRvS 18 juli 2012, *AB* 2012/343 m.nt. A.T. Marseille en B.W.N. de Waard: 'Zoals de rb. terecht heeft overwogen, komt bij toepassing van de relativiteitseis aan formele beginselen van behoorlijk bestuur geen zelfstandige betekenis toe. Voor de inroepbaarheid daarvan is het beschermingsbereik van de onderliggende materiële norm, in dit geval de normen uit de Monumentenwet, bepalend.'

24 ABRvS 16 maart 2016, ECLI:NL:RVS:2016:732.

Bij welke instantie?
De hoeveelheid rechtsbescherming verlenende instanties is (nog altijd) aanzienlijk. Hoewel er inmiddels wel in zekere mate van een systeem kan worden gesproken, zijn er vele uitzonderingen op de hoofdregels. Die hoofdregels luiden als volgt:

- alvorens naar de rechter te kunnen gaan, moet een voorprocedure worden gevolgd;
- het beroep wordt ingesteld bij de rechtbank;
- er is beroep in twee instanties.

Meestal is de voorprocedure de bezwaarschriftprocedure en moet het hoger beroep bij de Afdeling bestuursrechtspraak worden ingesteld. Dit was ook het geval in de casus over de oude eik. Er zijn echter veel afwijkingen van deze 'standaardvoorziening'.

De eerste hoofdregel betreft de *voorprocedure*. In het algemeen geldt dat de beroepsgerechtigde om beroep te kunnen instellen, eerst een voorprocedure moet hebben gevolgd (tenzij die niet openstaat); zie art. 6:13 Awb. Rechtstreeks beroep is echter in een aantal gevallen mogelijk (zie daarover 8.2.1), onder meer tegen niet tijdig beslissen of het niet tijdig bekendmaken van een besluit van rechtswege, nadat het bestuursorgaan is medegedeeld dat het in gebreke is (art. 8:55f en art. 6:12 lid 2 Awb). Alleen wanneer zijn grieven betrekking hebben op een (onderdeel van een) besluit dat eerst in de beslissing op bezwaar of in administratief beroep is genomen, kan dat uiteraard niet worden gevergd. De voorprocedure is meestal de bezwaarschriftprocedure, maar soms het administratief beroep, namelijk indien een bijzondere wettelijke regeling een dergelijk beroep openstelt. NB: een voorprocedure bestaat dus uit hetzij bezwaar, hetzij administratief beroep, maar nooit uit allebei! Nadat op het administratief beroep is beslist, kan tegen dat besluit door belanghebbenden beroep bij de bestuursrechter worden ingesteld. De belanghebbende die administratief beroep kon instellen, maar verzuimd heeft van deze mogelijkheid gebruik te maken, kan daarna echter niet meer in beroep bij de rechter (art. 8:5 lid 2). Andere belanghebbenden, voor wie de mogelijkheid van administratief beroep niet openstond, kunnen na het door de eerder bedoelde belanghebbende ongebruikt laten verstrijken van de termijn, wel naar de bestuursrechter. Zij zullen dan echter eerst een bezwaarschrift moeten indienen (bij het orgaan dat de beslissing nam). Het beletsel om een bezwaarschrift in te dienen is immers verdwenen.

> Deze situatie kan zich bijvoorbeeld voordoen wanneer een vergunning is verleend en alleen de aanvrager van een vergunning administratief beroep kan instellen, bijvoorbeeld om zich tegen belastende voorschriften te kunnen verzetten. Zie art. 34 lid 2 Wet wapens en munitie juncto art. 28 Wet wapens en munitie inzake het voorhanden hebben van wapens. Derden zouden in zo'n geval bezwaar kunnen hebben tegen de vergunning zelf. Wanneer de aanvrager geen administratief beroep instelt, moeten de derden wachten tot de beroepstermijn is verstreken en kunnen ze daarna een bezwaarschrift indienen.

Er zijn ook gevallen waarin helemaal geen voorprocedure kan worden gevolgd, bijvoorbeeld wanneer één van de uitzonderingen, genoemd in art. 7:1 lid 1 Awb geldt en ook geen administratief beroep is opengesteld.

De tweede hoofdregel is dat het beroep moet worden ingesteld *bij de rechtbank*. Dit lijdt uitzondering wanneer een andere bestuursrechter bevoegd is op grond van bijlage 2 bij de Awb ('Bevoegdheidsregeling bestuursrechtspraak') (art. 8:6 lid 1 Awb). Die andere rechter kan een instantie zijn die normaliter als hogerberoepsrechter fungeert, zoals de Afdeling, maar ook een specifieke rechtbank. Wanneer de hogerberoepsrechter heeft bepaald dat tegen een besluit, genomen ter uitvoering van zijn uitspraak, bij hem en niet bij de rechtbank beroep moet worden ingesteld, is de hogerberoepsrechter bevoegd (art. 8:6 lid 2 Awb juncto art. 8:113 Awb).

De derde hoofdregel betreft het *beroep in twee instanties*. De verdeling van het hoger beroep over de diverse hoogste bestuursrechters is grof gezegd als volgt. Tegen uitspraken van de rechtbank staat in ambtenarenzaken en socialezekerheidszaken hoger beroep open op de Centrale Raad van Beroep. In het economisch bestuursrecht, onder meer post-, telecommunicatie en mededingingszaken, staat hoger beroep open op het CBb. In de meeste andere zaken staat tegen de uitspraak van de rechtbank hoger beroep open op de Afdeling bestuursrechtspraak. Tegen uitspraken van de rechtbank inzake beschikkingen op grond van de Wet administratiefrechtelijke handhaving verkeersovertredingen staat hoger beroep open bij het Hof Leeuwarden, tegen uitspraken van de rechtbank inzake belastingaanslagen staat hoger beroep bij (de belastingkamer van) het hof open. Zie hoofdstuk 4 van bijlage 2 bij de Awb.

Wanneer rechtstreeks beroep openstaat op een hoogste bestuursrechter, dan is er geen hoger beroep. Ook komt het voor dat de wet het hoger beroep tegen een uitspraak van de rechtbank uitsluit (art. 84 Vreemdelingenwet 2000).

Om te weten welke rechtsgang er in een concreet geval tegen een besluit openstaat, inclusief een eventueel te volgen voorprocedure, is het handig het volgende vier-stappenplan te hanteren:

1. Kijk of in de hoofdstukken 2 en 3 Bevoegdheidsregeling bestuursrechtspraak (bijlage 2 bij de Awb) beroep is opengesteld op een andere rechter dan de rechtbank. Zo niet, dan is de rechtbank bevoegd (art. 8:6 lid 1 Awb).
2. Controleer of het besluit niet van beroep is uitgezonderd. Raadpleeg daarvoor art. 6:3 en art. 8:3 e.v. Awb alsmede hoofdstuk 1 van bijlage 2.
3. Raadpleeg voor de eventueel bestaande mogelijkheid van een aan het beroep voorafgaand administratief beroep de bijzondere wet. Bepaalt die niets, dan moet voorafgaand aan het beroep een bezwaarschrift worden ingediend, tenzij zich een van de uitzonderingen genoemd in art. 7:1 lid 1 of art. 6:12 lid 2 Awb voordoet.[25]
4. Staat geen beroep op een bestuursrechter open, dan is een actie bij de burgerlijke rechter mogelijk.

Enkele voorbeelden kunnen het voorgaande illustreren.

Tegen een besluit omtrent de vaststelling van een bestemmingsplan staat rechtstreeks beroep open op de ABRvS (eerste stap); een bezwaarschrift kan niet worden ingediend omdat het besluit wordt voorbereid met toepassing van afdeling 3.4 Awb; zie art. 7:1 lid 1 sub d Awb (derde stap).

Tegen een besluit tot vaststelling van een kapverordening (waarin een kapverbod behoudens vergunning is opgenomen) staat geen bijzondere rechtsgang open (eerste stap). Beroep op de bestuursrechter is echter uitgezonderd in verband met art. 8:3 (geen beroep tegen algemeen verbindende voorschriften) (tweede stap), dus is ook geen bezwaar mogelijk (derde stap). Er kan derhalve alleen een procedure bij de burgerlijke rechter worden gevoerd (vierde stap).

Tegen een vergunning op grond van de kapverordening staat geen bijzondere rechtsgang open (eerste stap). Het betreft een niet van beroep uitgezonderd besluit, dus staat beroep op de rechtbank open met hoger beroep op de ABRvS (tweede stap). Uitzonderingen op de plicht eerst een bezwaarschriftprocedure te voeren, zijn er in dit geval niet, dus moet eerst bezwaar worden gemaakt (derde stap); zie de casus over de oude eik in Gooiland.

Tegen de ontheffing door de minister van bepaalde wettelijke vennootschappelijke verplichtingen staat geen bijzondere rechtsgang open (eerste stap). De ontheffing is een besluit, maar staat in hoofdstuk 1 van bijlage 2 bij de Awb en is dus van beroep uitgezonderd (tweede stap). Er is derhalve ook geen bezwaar mogelijk (derde stap). Er kan alleen bij de burgerlijke rechter een actie worden ingesteld (vierde stap).

De Minister van SZW kan een boete opleggen op grond van art. 11b Tabakswet, onder meer wegens overtreding van de reclameregels voor tabaksproducten. Er staat geen bijzondere rechtsgang open (eerste stap). Het besluit is niet uitgezonderd van beroep (tweede stap) en er staat geen administratief beroep open; er moet dus eerst een bezwaarschrift worden ingediend (derde stap). Daarna is er beroep op de rechtbank. Hoger beroep staat open op het CBb (zie bijlage 2 bij de Awb).

25 NB: om het overslaan van de bezwaarfase met wederzijds goedvinden moet in het bezwaarschrift worden verzocht.

Binnen welke termijn moeten bezwaar en beroep worden ingesteld?
Bezwaar en beroep moeten worden ingesteld binnen zes weken (art. 6:7 Awb). Dit is een regel van dwingend recht. Alleen een wet in formele zin kan hierop een uitzondering maken, zoals bijvoorbeeld is gebeurd in art. 69 Vreemdelingenwet 2000 (waarin een termijn van vier weken wordt gegeven).

De termijn begint de dag na de dag waarop het besluit is bekendgemaakt (art. 6:8 lid 1 Awb). De meest gebruikelijke wijze van bekendmaking van appellabele besluiten is verzending per post. In de regel ontvangt men het besluit dus op de dag waarop de termijn begint te lopen. In enkele gevallen begint de termijn later (zie lid 2 en lid 3); bij het niet tijdig nemen van een besluit of het niet tijdig bekendmaken van een beschikking van rechtswege is de indiening van het beroep zelfs helemaal niet aan een termijn gebonden, al mag het niet onredelijk laat worden ingediend (art. 6:12 lid 4).

Wat onredelijk laat is, moet van geval tot geval worden bekeken. Toen V. in 1996 bij het gemeentebestuur van Sneek een aanvraag voor een ligplaats dan wel standplaats had ingediend, hoorde hij lange tijd niets. Pas begin 2001 kon hij uit andere besluiten afleiden dat hem geen lig- of standplaats zou worden vergund. De afwijzing van de aanvraag kreeg hij evenwel pas in augustus 2001. Daarna stelde hij (administratief) beroep in bij GS. De Afdeling vond dat gezien de voorgeschiedenis (vijf jaar niets gehoord) de aanvrager meteen nadat hem duidelijk was geworden dat een toewijzing er niet in zat (begin 2001 dus) beroep had moeten instellen. Door tot augustus te wachten was hij onredelijk laat en hebben GS hem terecht niet-ontvankelijk verklaard. In een ander geval werd het indienen van (administratief) beroep twee jaar na indiening van de aanvraag niet onredelijk laat geacht.[26]

De termijn eindigt zes weken na het begin ervan (behalve als die dag een zaterdag, zondag of algemeen erkende feestdag is; zie art. 1 Algemene termijnenwet). Voor de rechtsbescherming, in het bijzonder de ontvankelijkheid van het bezwaar of beroep, is vooral van belang of het bezwaar of beroep tijdig is ingediend. Dat is uiteraard het geval wanneer het geschrift voor het einde van de termijn is ontvangen, maar soms ook wanneer het na de termijn is ontvangen. Wanneer het geschrift per post is verzonden, hetgeen meestal gebeurt, is bepalend of het voor het einde van de termijn ter post is bezorgd (art. 6:9 lid 2 Awb). Het meest voor de hand liggende bewijs dat de bezorging tijdig heeft plaatsgehad, is het poststempel.

26 Zie respectievelijk ABRvS 15 januari 2003, *AB* 2003/221 m.nt. A.T. Marseille en Vz ABRvS 5 september 2002, *JB* 2002/318 m.nt. A.M.L. Jansen.

De Afdeling gaat uit van de datum van het poststempel (als dat leesbaar is; zo niet, dan wordt het stuk nog als tijdig ingediend beschouwd als het twee dagen na verloop van de termijn is ontvangen). Zij maakt alleen een uitzondering wanneer er sprake is van een aantoonbare vertraging bij het afstempelen.[27] Wie echter op de laatste dag van de termijn, dus tijdig, maar na de lichting, een bezwaarschrift op de bus doet, zal doorgaans moeilijk kunnen bewijzen dat hij op tijd was (tenzij hij voor getuigen zorgt!). Ook het afgeven bij de balie van bijvoorbeeld het gemeentehuis geeft geen garantie voor tijdigheid. Bepalend is dan het stempel van ontvangst dat op het stuk wordt gezet. Het gaat dus niet alleen om het tijdig bezorgen of afgeven, maar ook om het bewijs daarvan.

De termijn van indiening is tamelijk kort, zeker als men die vergelijkt met de beslistermijnen bij het bestuur. Bovendien is er voor het bestuur nog niet zo veel aan de hand als men de termijn niet haalt, maar de burger loopt (in beginsel) tegen een niet-ontvankelijkverklaring aan wanneer hij ook maar één dag te laat is.[28] Dat de termijn zo kort is en er ook streng de hand aan wordt gehouden, heeft te maken met de behoefte aan rechtszekerheid. Een vergunninghouder bijvoorbeeld wil snel weten of er nog een kans op aantasting van de vergunning is. Het bestuursorgaan wil in veel gevallen ook zo snel mogelijk weten of het op basis van een genomen besluit verder kan handelen; denk bijvoorbeeld aan handhavingsbesluiten.

Niettemin zijn er gevallen waarin termijnoverschrijding toelaatbaar (verschoonbaar) is, namelijk wanneer redelijkerwijs niet kan worden geoordeeld dat de indiener in verzuim is geweest (art. 6:11 Awb). Dat is bijvoorbeeld het geval wanneer het besluit slechts aan de geadresseerde is bekendgemaakt, maar niet aan anderen en ook niet algemeen is medegedeeld. Wanneer een belanghebbende dan na (of vlak voor) het verstrijken van de termijn op de hoogte raakt van het besluit, kan hem niet worden verweten dat hij pas na de termijn een bezwaar of beroep indient. Hij moet dan wel zo spoedig mogelijk zijn geschrift indienen; in de praktijk wordt uitgegaan van twee weken. Het is dus niet zo dat hij na het vernemen van het besluit nog de volle zes weken heeft. Ook zal hij zelf moeten aanvoeren dat de termijnoverschrijding verschoonbaar is; de rechter mag dit niet ambtshalve toetsen.[29] Vakanties en zelfs een verblijf

---

27 ABRvS 24 februari 2000, *JB* 2000/96. De Hoge Raad (in fiscale zaken) was lange tijd iets soepeler en kende minder gewicht toe aan het poststempel. Zie HR 17 juni 2005, *AB* 2005/359 m.nt. R.J.G.M. Widdershoven en HR 10 april 2009, *BNB* 2009/148, waarin de HR stelt dat belanghebbende slechts hoeft te stellen dat het beroepschrift tijdig per post is bezorgd en de inspecteur zal moeten bewijzen dat dit niet zo is. De HR is intussen echter strenger. In HR 28 januari 2011, *AB* 2011/53 m.nt. R. Ortlep maakte de HR uit dat als de belastingplichtige niet kan aantonen dat het poststuk tijdig ter post is bezorgd, een leesbaar stempel op het poststuk als uitgangspunt wordt genomen. De HR merkt op dat dit aansluit bij de rechtspraak van andere hoogste bestuursrechters.

28 Zelfs een minuut overschrijding van de termijn is fataal, zoals blijkt uit ABRvS 16 mei 2000, *AB* 2000/325 m.nt. F.C.M.A. Michiels, waarin per fax beroep was ingesteld. Bij verzending van een bezwaar- of beroepschrift per e-mail geldt het moment waarop dit wordt ontvangen als het moment van verzending. Zie CRvB 23 maart 2005, *AB* 2005/193 m.nt. R. Ortlep.

29 Dit is althans de opvatting van de belastingkamer van de Hoge Raad. Zie HR 19 maart 2010, *AB* 2010/268 m.nt. D.W.M. Wenders, *JB* 2010/134 m.nt. C.L.G.F.H. Albers. Men kan ook stellen dat de verschoonbaarheid van de termijnoverschrijding een directe relatie heeft met de ontvankelijkheid en dát is een kwestie van openbare orde waaraan de bestuursrechter ambtshalve toetst.

in het ziekenhuis worden in het algemeen niet als gegronde redenen voor een verschoonbaar verzuim aangemerkt.[30] Ook het feit dat het bestuursorgaan na het verstrijken van de beroepstermijn een gewijzigde visie presenteert waardoor belanghebbenden bij nader inzien toch beroep willen instellen, is geen geldige reden voor termijnoverschrijding.[31] In het algemeen wordt een onjuiste vermelding in het besluit van de mogelijkheid om een rechtsmiddel te gebruiken (bezwaar of beroep) wel als reden voor verschoonbaarheid aangemerkt. Dat geldt ook voor het geheel ontbreken van zo'n vermelding, tenzij redelijkerwijs kan worden aangenomen dat de belanghebbende op een andere wijze wel degelijk wist wanneer hij uiterlijk zijn bezwaar of (hoger) beroep moest instellen.[32]

In moeilijke zaken kan zes weken aan de korte kant zijn. Een mogelijkheid om tijd te winnen, is het indienen van een zogenaamd pro-formabezwaar- of beroepschrift. Daarin staat dát men tegen een bepaald besluit is, heel summier waarom en dat een nadere onderbouwing volgt. Het orgaan (bij bezwaar) of de rechter (bij beroep) stelt dan een termijn waarbinnen die nadere onderbouwing ontvangen moet zijn (art. 6:6). Onder omstandigheden kan volgens de Hoge Raad zelfs een ingediende kopie van het besluit op bezwaar een pro-formaberoepschrift zijn.[33] Ingevolge art. 1.6a Chw mogen er in beroepen tegen besluiten die onder deze wet vallen, na de beroepstermijn geen gronden meer worden aangevoerd; de praktijk van het pro-formaberoepschrift is hier dus niet toegestaan. Wel kunnen tijdig ingediende gronden later nog nader worden toegelicht en van bewijsstukken worden voorzien.

Een bijzondere reden om overschrijding van een termijn verschoonbaar te achten, is de omstandigheid dat een EU-lidstaat, dus ook Nederland, een rechtstreeks werkende richtlijn, die burgers bepaalde rechten toekent, niet tijdig heeft geïmplementeerd (uitgewerkt in Nederlandse wetgeving). De beroepstermijn wordt dan onder omstandigheden (met name als de bevoegde autoriteiten van de lidstaat onduidelijkheid hebben geschapen over het begin of einde van de termijn) geacht pas aan te vangen op het moment dat de richtlijn correct is geïmplementeerd.

Mevrouw Emmott in Ierland kreeg een beslissing op een aanvraag om een uitkering. Tegen die beslissing stelde zij geen beroep in. Later kwam zij erachter dat zij een gunstiger beslissing had kunnen krijgen als Ierland tijdig de Richtlijn gelijke behandeling zou hebben geïmplementeerd. Zij ging daarom alsnog in beroep, maar dit werd niet-ontvankelijk verklaard wegens termijnoverschrijding. Ze spande vervolgens een geding aan bij de Europese rechter (zie 8.8). Die bepaalde dat mevrouw Emmott de

---

30 Toen echter een vrouw die van plan was beroep in te stellen, dat op het einde van de termijn wilde doen, maar daartoe niet meer in staat was doordat ze plotseling met spoed in het ziekenhuis moest worden opgenomen, werd de termijnoverschrijding verschoonbaar geacht (CRvB 1 juli 2011, *AB* 2011/186 m.nt. R. Ortlep).

31 CBb 3 februari 2010, *AB* 2010/95 m.nt. G.J.M. Cartigny.

32 ABRvS 21 september 2011, *AB* 2011/299 m.nt. R. Ortlep.

33 HR 18 december 2009, *BNB* 2010/97 m.nt. E.B. Pechler. Dit kan het geval zijn wanneer 'al dan niet in samenhang met de wijze waarop en de omstandigheden waaronder het bij de Rechtbank is aangeboden, kan worden afgeleid dat belanghebbende het niet eens was met de desbetreffende uitspraak en daarover het oordeel van de Rechtbank wilde inroepen'.

termijnoverschrijding niet mocht worden tegengeworpen omdat en zolang Ierland niet had voldaan aan de implementatieverplichting.[34] Later heeft het Hof de reikwijdte van deze jurisprudentie fors ingeperkt. Het heeft er alle schijn van dat uitsluitend het niet tijdig correct implementeren van een richtlijn onvoldoende is om termijnoverschrijding verschoonbaar te achten; uit het Edis-arrest kan worden afgeleid dat de bevoegde autoriteiten betrokkene ten aanzien van de termijn of de appellabiliteit van het besluit op het verkeerde been moeten hebben gezet.[35] Bovendien brengt het eventueel alsnog beroep kunnen instellen niet mee dat ook inhoudelijke claims met terugwerkende kracht (tot het moment dat de richtlijn had moeten zijn geïmplementeerd) tot gelding kunnen worden gebracht.[36]

Hoe verlopen de diverse procedures?

In 8.3 tot en met 8.6 wordt ingegaan op de specifieke kanten van de diverse procedures. In algemene zin moet hier worden opgemerkt, dat er complicaties in het systeem kunnen optreden doordat het orgaan *hangende bezwaar en beroep* zijn besluit kan wijzigen of intrekken. Tegen dat nieuwe of gewijzigde besluit kan dan vaak ook weer bezwaar of beroep worden ingesteld. Art. 6:19 Awb geeft een regeling voor deze gevallen. Enigszins verwant is de situatie waarin een orgaan na het verstrijken van de beslistermijn, hangende het bezwaar of beroep tegen het niet tijdig nemen van een besluit, alsnog een besluit neemt, waartoe het overigens in beginsel ook verplicht is. Art. 6:20 bepaalt dat het beroep tegen het uitblijven van een besluit in zo'n geval mede is gericht tegen het nadien alsnog genomen besluit.

Een ander algemeen punt betreft het zogenaamde *griffierecht*. Voor het instellen van beroep op de bestuursrechter en voor het vragen van een voorlopige voorziening, moet een griffierecht worden betaald. Het gaat hier om een soort administratiekosten.

De hoogte van het bedrag bedraagt (per 1 januari 2016) voor het beroep in eerste aanleg € 168 voor natuurlijke personen en € 334 voor anderen (meestal rechtspersonen). NB: In bepaalde zaken (sociale zekerheid, huurtoeslagen en hoger onderwijs) is het griffierecht beduidend lager (€ 46). In hoger beroep gaat het om bedragen van € 251 voor natuurlijke personen en € 503 voor anderen (met name rechtspersonen en bestuursorganen). Bij de zaken waarvoor in eerste aanleg een lager tarief geldt, is het bedrag in hoger beroep € 124. De hoogte van het griffierecht wordt regelmatig geïndexeerd. In september 2013 was een wetsvoorstel ingediend dat strekte tot een substantiële verhoging van de griffierechten, met name voor het hoger beroep voor natuurlijke personen,[37] maar dit wetsvoorstel is op 1 maart 2016 wegens een (te) beperkt draagvlak ingetrokken.

Voor het instellen van bezwaar en administratief beroep hoeft geen griffierecht te worden betaald.

34 HvJ EG 25 juli 1991, *AB* 1992/1 m.nt. A.W.H. Meij (Emmott).
35 HvJ EG 15 september 1998, *Jur.* 1998, p. I-4951 (Edis).
36 HvJ EG 27 oktober 1993, *Jur.* 1993, p. I-5435 (Steenhorst-Neerings).
37 *Kamerstukken II* 2013/14, 33 757, nr. 1-3 respectievelijk nr. 11 (intrekking).

Welk resultaat kan in de onderscheiden procedures worden bereikt?
Ook voor deze vraag geldt dat daarop in de volgende paragrafen per procedure wordt ingegaan. In algemene zin geldt het volgende. Het bestuursorgaan waarbij bezwaar of administratief beroep wordt ingesteld, neemt op dat bezwaar of beroep een besluit. Het bezwaar of beroep kan niet-ontvankelijk worden verklaard, ongegrond of gegrond. In het laatste geval wordt het primaire besluit vervangen door een nieuw besluit. In alle gevallen is echter sprake van een besluit. Ook een niet-ontvankelijkverklaring is een besluit. Dit is van belang omdat daardoor beroep op de rechter kan worden ingesteld.

In beroep doet de bestuursrechter een uitspraak, die eveneens kan inhouden dat het beroep niet-ontvankelijk, ongegrond of gegrond is; ook kan hij zich onbevoegd verklaren. Daarenboven kan de rechter het besluit vernietigen (hetgeen hij moet doen wanneer het beroep gegrond is), al dan niet onder instandlating van de rechtsgevolgen, het orgaan opdragen een nieuw besluit te nemen, in de zaak voorzien door zelf een besluit te nemen, op verzoek een schadevergoeding toekennen, bepalen dat het griffiegeld wordt vergoed en een veroordeling in de proceskosten uitspreken. Ingevolge art. 8:51a Awb kan de rechter gebruikmaken van de 'bestuurlijke lus', waarbij hij in een tussenuitspraak het bestuursorgaan een termijn verleent om een gebrek in het bestreden besluit te herstellen. In hoger beroep kan de rechter al het voorgaande eveneens, maar primair moet hij zich natuurlijk uitspreken over de aangevallen uitspraak van de rechtbank (en die vernietigen of bevestigen). Wanneer de rechtbank iets niet goed heeft gedaan, doet de hogerberoepsrechter wat de rechtbank had behoren te doen. Zie verder 8.5. In een bestuursrechtelijke 'kortgedingprocedure' kan een schorsing worden uitgesproken of een andere voorlopige voorziening worden getroffen; zie 8.6.

8.3 Bezwaar

Afdeling 7.2 Awb bevat bijzondere bepalingen over de bezwaarschriftprocedure. Op de belangrijkste onderwerpen wordt hier ingegaan.

Genoemde afdeling moet echter steeds worden bestudeerd in samenhang vooral met hoofdstuk 6 Awb, maar ook met andere hoofdstukken en bepalingen van de Awb.

Zelfde orgaan
De beslissing op bezwaar wordt in beginsel genomen door het orgaan dat het bestreden primaire besluit nam. De bevoegdheid daartoe kan echter worden gemandateerd, zij het niet aan degene aan wie ook de bevoegdheid tot het nemen van het primaire besluit was gemandateerd (art. 10:3 lid 3 Awb). Dan zou het orgaan zelf er immers helemaal niet aan te pas komen. Het orgaan zal dus ten minste moeten beslissen of het de beslissing op bezwaar zelf neemt of aan een ander mandateert. Het mandaat kan alleen worden verleend aan een persoon of college dat opereert binnen de invloedssfeer van het orgaan

(en dus niet aan een niet-ondergeschikte).[38] Voor delegatie van de beslisbevoegdheid van het orgaan bestaat geen wettelijke grondslag; delegatie is dus niet toegestaan.

Het orgaan kan zich laten adviseren door een commissie (zie hierna), maar dat laat onverlet dat het zelf beslist en dat het orgaan zelf verantwoordelijk is, ook wanneer het advies volledig wordt gevolgd. Zie 6.5.8 voor de wijze waarop een orgaan met adviezen dient om te gaan. Omdat delegatie niet mogelijk is, is een zogenaamde besliscommissie dus niet toegestaan. Mandaat aan een bezwaarschriftcommissie is alleen toegestaan ingeval zo'n commissie louter bestaat uit ondergeschikten van het orgaan (en uiteraard geen ambtenaar bevat die het primaire besluit in mandaat heeft genomen; zie boven).

Advisering
Zoals gezegd kan het orgaan zich laten adviseren. Het advies kan van uitsluitend ambtelijke zijde afkomstig zijn, maar daarvoor regelt de wet niets. Een dergelijke advisering behoort tot de normale gang van zaken. Er kan echter ook een externe adviescommissie zijn ingesteld,[39] waarvan in elk geval de voorzitter extern en onafhankelijk is. Ook al telt zo'n commissie tien leden en is alleen de voorzitter onafhankelijk, dan nog is sprake van een externe commissie. De commissie in de Gooilandse casus is daarom extern, ook al zijn twee van de drie leden lid van de gemeenteraad. Art. 7:13 Awb geeft specifieke regels voor de werkwijze van de commissie.

Beslistermijn
Het orgaan moet binnen zes weken na het verstrijken van de bezwaartermijn beslissen; bij advisering door een externe commissie bedraagt de termijn twaalf weken. Voor beide situaties is er de mogelijkheid van verdaging met zes weken (art. 7:10 lid 3 Awb). De termijnen worden in de praktijk vaak niet gehaald. Overschrijding van de beslistermijn laat de bevoegdheid en zelfs de verplichting onverlet om alsnog (expliciet) te beslissen. De belanghebbende kan tegen het niet (tijdig) beslissen op bezwaar beroep instellen. Veel zal hij daar echter niet aan hebben: de rechter kan slechts, zonder inhoudelijk op de zaak in te gaan,[40] vaststellen dat het niet tijdig beslissen op bezwaar onrechtmatig is, dit 'besluit' vernietigen – art. 6:2 stelt het niet tijdig nemen van een besluit voor de toepasselijke wettelijke voorschriften over bezwaar en beroep gelijk met een besluit – en het orgaan opdragen alsnog zo snel mogelijk te beslissen, maar daartoe was het orgaan ook zonder die rechterlijke uitspraak al gehouden.

---

38 ABRvS 22 juni 2005, *Gst.* 7235/131 m.nt. M.C. de Voogd. Let op: in beginsel is mandaat aan een niet-ondergeschikte wel mogelijk, maar dus niet bij het beslissen op bezwaar, gezien de functie van de bezwaarprocedure (aldus de Afdeling).

39 Zie voor de grondslag voor het instellen van commissies hoofdstuk 5.

40 ABRvS 3 december 1998, *AB* 1999/107 m.nt. F.C.M.A. Michiels, *JB* 1999/13 m.nt. F.A.M. Stroink.

Hoorplicht
Afdeling 7.2 Awb geeft een regeling van de hoorplicht, die een bijzondere regeling vormt ten opzichte van die in hoofdstuk 4 Awb. De belangrijkste algemene regels voor het horen zijn:
- er wordt een hoorzitting gehouden waarvoor belanghebbenden worden opgeroepen en waarop zij worden gehoord; door hen meegebrachte getuigen en deskundigen *kunnen* worden gehoord;
- belanghebbenden zijn niet verplicht op de hoorzitting te verschijnen;
- voorafgaand aan de zitting worden alle op de zaak betrekking hebbende stukken ter inzage gelegd; betrokkene mag op de zitting op die stukken reageren;
- er wordt gehoord hetzij door een externe commissie, hetzij door het orgaan zelf of een lid daarvan, hetzij door een of meer ambtenaren die niet in meerderheid ook al het primaire besluit hebben voorbereid;
- van het horen wordt een verslag gemaakt.

Van het horen kan in een aantal gevallen worden afgezien; zie art. 7:3 Awb. Van kennelijke niet-ontvankelijkheid of kennelijke ongegrondheid is sprake wanneer de niet-ontvankelijkheid of ongegrondheid zo duidelijk is, dat er geen redelijke twijfel over kan bestaan. Horen mag voorts achterwege blijven wanneer betrokkene daartoe uitdrukkelijk toestemming heeft gegeven[41] of wanneer hij niet binnen een door het bestuursorgaan gestelde redelijke termijn heeft verklaard (bijvoorbeeld via een zogenaamde antwoordkaart) dat hij wil worden gehoord.

Toetsing
Het orgaan dient in de bezwaarprocedure het primaire besluit geheel te heroverwegen, op grondslag van het bezwaar. Dit brengt doorgaans een beoordeling ex nunc mee, dat wil zeggen naar de stand van de feiten en het geldende recht ten tijde van het besluit op bezwaar.

Zoals in 8.2.1 is aangegeven, is bij sanctiebesluiten echter een beoordeling ex tunc aan de orde, althans voor zover het de vraag betreft of de sanctie terecht is opgelegd. Dit kan niettemin leiden tot een intrekking ex nunc van het sanctiebesluit wanneer de overtreding inmiddels is beëindigd. De aard van de bezwaarprocedure maakt het mogelijk fouten te herstellen. Als het besluit op bezwaar op dezelfde feitelijke gedraging betrekking heeft als het besluit in primo, maar in dat eerdere besluit een verkeerde wetsbepaling is genoemd, dan kan deze fout in het besluit op bezwaar worden hersteld door alsnog de juiste wetsbepaling te noemen. Gebreken kunnen soms zelfs worden 'gepasseerd', als belanghebbenden daardoor niet zijn benadeeld (art. 6:22 Awb). Wenst het orgaan echter bij nader inzien tegen een andere feitelijke gedraging op te treden dan in het primaire besluit werd genoemd, dan dient het een nieuw primair besluit te nemen.

41 ABRvS 3 maart 2004, *AB* 2004/252 m.nt. N. Verheij. Zie ook CBb 7 juli 2010, *AB* 2010/235 m.nt. R. Stijnen, waarin het CBb oordeelt dat toepassing van een versnelde procedure door de NMa waarbij de ondernemingen afstand deden van het recht een individuele zienswijze te geven in ruil voor een boeteverlaging niet in strijd is met art. 6 EVRM.

De toetsing op beleidsaspecten zou zover kunnen gaan, dat de bezwaarde er slechter van afkomt dan wanneer hij geen bezwaar had gemaakt. Dat is, ondanks het feit dat de heroverweging plaatsvindt op grondslag van het bezwaar, onder omstandigheden inderdaad mogelijk en toegestaan.

Stel dat iemand opkomt tegen een aan hem verleende vergunning vanwege een aan die vergunning verbonden belastend voorschrift. Het orgaan meent bij nader inzien dat de vergunning helemaal niet verleend had mogen worden. In beginsel kan het orgaan de vergunning dan alsnog weigeren. Men noemt dit 'reformatio in peius'. Dit lijkt een oneerlijke gang van zaken, want de bezwaarde wordt als het ware de dupe van het feit dat hij een rechtsmiddel heeft gebruikt. Anderzijds zou het niet doelmatig zijn dat het orgaan de gemaakte fout in zijn beslissing op bezwaar moet handhaven, wanneer het meteen daarna het besluit kan intrekken. Daarom is reformatio in peius op bezwaar wel toegestaan, maar alleen wanneer het orgaan ook los van de bezwaarschriftprocedure bevoegd is het besluit, casu quo de vergunning, in te trekken.

De toetsing is uitdrukkelijk ook en zelfs in de eerste plaats bedoeld als een toetsing op doelmatigheid (beleidsaspecten). In de praktijk kan de rechtmatigheidstoetsing echter de overhand krijgen, met name wanneer er een externe adviescommissie wordt ingeschakeld. Naarmate een commissie een meer extern karakter heeft, kan zij zich moeilijker in (de details van) het beleid verdiepen. Zo'n commissie heeft dan de neiging te doen wat zij wél goed kan: het primaire besluit toetsen aan het recht. Het orgaan neemt meestal het advies over, zodat ook het orgaan dan niet toekomt aan een toetsing op beleidsaspecten.

8.4 Administratief beroep

Voor het administratief beroep, waarvoor bijzondere bepalingen zijn opgenomen in afdeling 7.3 Awb, gelden in grote lijnen dezelfde procedurevoorschriften. Deze paragraaf kan daarom zeer kort blijven.

Een verschil is er ten aanzien van de uitzonderingen op de hoorplicht. Een bepaling als in art. 7:3 sub e (horen niet verplicht wanneer aan het bezwaar volledig wordt tegemoetgekomen) is niet opgenomen in art. 7:17. Dat hangt samen met het feit dat bij administratief beroep het beroepsorgaan te maken heeft met twee partijen: het oorspronkelijk beslissende orgaan en degene die het beroep heeft ingesteld. Die twee kunnen nooit allebei tegelijk helemaal hun zin krijgen.

8.5 Beroep bij de bestuursrechter

8.5.1 Algemeen

Uniform bestuursprocesrecht
De beroepsprocedure bij de bestuursrechter kent volgens de in 8.2.3 geformuleerde derde hoofdregel twee fasen: de eerste aanleg bij de rechtbank en het hoger beroep bij ABRvS, CRvB, CBb of het hof (belastingzaken). Het procesrecht voor het hoger beroep bij de diverse bestuursrechterlijke instanties is geregeld in titel 8.5 Awb.

Kenmerken
Het bestuursprocesrecht is tamelijk informeel. Er is geen sprake van verplichte procesvertegenwoordiging of verplichte rechtsbijstand. Men hoeft dus bijvoorbeeld geen advocaat in te huren. Maar verstandig is dat vaak wel, gezien de complexe aard van veel bestuursrechtelijke geschillen en de niet altijd gemakkelijk te begrijpen jurisprudentie.

Recent zijn de rechtbanken overgegaan tot de zogeheten ‘nieuwe zaaksbehandeling’. Heel kort gezegd houdt dit onder meer in dat zo snel mogelijk na het verstrijken van de beroepstermijn een ‘regiezitting’ wordt gehouden, de rechter daarin nagaat wat appellant(en) precies verdeeld houdt en wat ze wil(len), eventueel afspraken worden gemaakt over de bewijslast en de rechter partijen wijst op de mogelijkheid hun geschil op andere wijze te beëindigen (mediation,[42] hulpverlening etc.). De rechter kan partijen voorts helpen door de feiten die partijen aandragen aan te vullen, al maken bestuursrechters van die bevoegdheid weinig gebruik. Het proces is anderzijds ook niet louter een partijenproces. Zo neemt de bestuursrechter niet alles voor waar aan reeds omdat partijen het erover eens zijn (formele waarheid). Hij maakt voorts zelf uit of iets een besluit is, of een rechtsregel wel of niet is geschonden etc. en laat dat niet aan partijen over. Hij is kritisch ten aanzien van het te laat naar voren brengen van gronden, feiten of argumenten, hetgeen strijd met de wet of met een goede procesorde kan opleveren.[43] Alsdan worden die gronden, feiten en argumenten niet meer toegelaten, ook al zouden ze de materiële waarheidsvinding bevorderen. Dat kan beide kanten (bestuur en burger) treffen. Als het bestuursorgaan bijvoorbeeld vlak voor of zelfs op de zitting met een dik rapport van een deskundig bureau aan komt zetten, kan degene die in beroep is gekomen (de appellant) daar niet meer behoorlijk kennis van nemen en op reageren. De rechter laat dat rapport dan ofwel buiten beschouwing, of hij geeft de appellant nog een paar weken om er schriftelijk op te reageren. Men mag in beroep slechts die onderdelen van een besluit aanvechten die men ook in de bestuurlijke voorprocedure heeft aangevochten (‘onderdelentrechter’), maar ten aanzien van die onderdelen mag

42 In september 2013 is door de VVD een initiatiefwetsvoorstel ingediend om het gebruik van mediation in het bestuursrecht te bevorderen. Zie *Kamerstukken II* 2012/13, 33 727, nr. 1-3.
43 Een beroep op een hardheidsclausule moet al in bezwaar worden gedaan. Zie CRvB 8 mei 2009, *Gst.* 2010/40 m.nt. A.M.M.M. Bots en D.G.J. Sanderink.

men wel nieuwe feiten en argumenten aandragen. Men mag bijvoorbeeld wel nieuwe argumenten inzake de gewenste hoogte van een uitkering aandragen, maar het niet ineens over de ingangsdatum van de uitkering gaan hebben als dat niet al eerder aan de orde was gesteld. Tegen een onderdeel van een bestemmingsplan ('plandeel') waarover geen zienswijze is ingediend, kan betrokkene niet in beroep gaan, uiteraard tenzij dat onderdeel na de zienswijzenprocedure gewijzigd is vastgesteld en het probleem van betrokkene juist daardoor is veroorzaakt.[44] Een last onder dwangsom moet gezien worden als één besluit dat zich niet laat opdelen in meerdere besluiten, zodat in beroep nog nieuwe gronden mogen worden aangevoerd.[45] Voorts worden, in verband met de inwerkingtreding van de Wabo, de verschillende categorieën milieugevolgen die betrekking hebben op een omgevingsvergunning voor het bouwen in strijd met het bestemmingsplan of het oprichten, veranderen of in werking hebben van een inrichting niet meer als aparte besluitonderdelen aangemerkt. Het is dan ook mogelijk om in beroep pas een grond aan te voeren die betrekking heeft op, bijvoorbeeld, geluidhinder, terwijl het eerder slechts over bijvoorbeeld geurhinder was gegaan.[46] Het principe van de goede procesorde blijft daarnaast evenwel van belang, zeker voor het hoger beroep (zie 8.5.5).[47] De rechter is ook 'dominus litis': hij bepaalt de gang van zaken tijdens de procedure en op de zitting.

Omvang van het geschil

De bestuursrechter is, niettegenstaande het voorgaande, gebonden aan het geschil zoals de eiser/appellant dit in zijn beroepschrift aanbrengt (art. 8:69 Awb). Voor een deel ligt deze begrenzing van het geschil al opgesloten in het feit dat alleen *tegen een besluit* beroep kan worden ingesteld. Maar een besluit bestaat vaak uit meer onderdelen. Wanneer het beroep uitsluitend één vergunningvoorschrift betreft, mag de rechter de rest van het besluit niet beoordelen. Reformatio in peius is in zoverre niet mogelijk.[48] De indiener van het beroepschrift heeft dus de mogelijkheid de omvang van het geschil te beperken. Dit lijdt evenwel uitzondering voor kwesties 'van openbare orde'; daartoe behoren in elk geval vragen inzake bevoegdheid en ontvankelijkheid. Ten aanzien van die aspecten toetst de rechter het besluit ambtshalve. Wanneer bijvoorbeeld een orgaan in geval van een (onverschoonbare) termijnoverschrijding

44 CRvB 8 mei 2009, *Gst.* 2010/40 m.nt. A.M.M.M. Bots en D.G.J. Sanderink.

45 ABRvS 4 augustus 2010, *AB* 2010/261 m.nt. F.C.M.A. Michiels, *BR* 2010/171 m.nt. C.A.H. van de Sanden.

46 ABRvS 9 maart 2011, *JB* 2011/91 m.nt. C.L.G.F.H. Albers en R.J.N. Schlössels, *AB* 2011/130 m.nt. A.B. Blomberg en M.A. Grapperhaus.

47 ABRvS 15 februari 2006, *AB* 2006/118 m.nt. R.J.G.M. Widdershoven.

48 Zo mag de rechter ook niet een hogere boete opleggen dan het bestuursorgaan deed; daarmee zou hij de grenzen van het geschil overschrijden. Dit lijdt uitzondering wanneer de bijzondere wet hem die bevoegdheid geeft, zoals veel SZW-wetten doen. Van die bevoegdheid wordt in de praktijk echter geen gebruik gemaakt. Het Europees recht dwingt niet tot doorbreking van het verbod op reformatio in peius. Het Hof van Justitie heeft uitgemaakt dat 'het gemeenschapsrecht de nationale rechter niet verplicht om een bepaling van het gemeenschapsrecht ambtshalve toe te passen, wanneer een dergelijke toepassing zou meebrengen dat hij het in het toepasselijke nationale recht verankerde beginsel van reformatio in peius doorbreekt'. Zie HvJ EG 25 november 2008, nr. C-455/06 (Heemskerk e. a.).

in een bezwaarprocedure betrokkene ten onrechte ontvankelijk heeft verklaard, zal de rechter op die gronden het besluit op bezwaar vernietigen, los van hetgeen de eiser/appellant naar voren heeft gebracht.

Binnen de omvang van het geschil zoals geschetst, heeft de rechter wel de bevoegdheid de feiten aan te vullen en zelfs de verplichting de rechtsgronden aan te vullen (art. 8:69). Tot aanvulling van feiten is de rechter dus bevoegd; hij is er niet toe verplicht en hij maakt in de praktijk, zoals gezegd, een terughoudend gebruik van deze bevoegdheid. De *verplichte* aanvulling van de rechtsgronden houdt volgens de jurisprudentie geen ongeclausuleerde plicht in. Zij brengt mee dat wanneer bijvoorbeeld een vergunningvoorschrift wordt aangevochten, de rechter zich weliswaar niet met de rest van de vergunning mag bemoeien, maar ten aanzien van de (on)rechtmatigheid van het aangevochten voorschrift, zich niet zonder meer mag beperken tot hetgeen eiser/appellant letterlijk aanvoert. Hij moet hetgeen wordt aangevoerd, zo nodig 'vertalen' in een rechtsgrond (bijvoorbeeld 'waarom leggen ze mij dit voorschrift wel op en mijn concurrent niet' in 'strijd met het gelijkheidsbeginsel'). De Afdeling is echter van mening dat strijd met EU-recht niet ambtshalve door de rechter hoeft te worden getoetst.[49]

Bewijs

In het bestuursprocesrecht geldt een vrijbewijsleer. Dat wil zeggen dat *de wet* maar in (heel) beperkte mate regels bevat omtrent de bewijsomvang, de levering van het bewijs, de verdeling van de bewijslast en de geldigheid en de waardering van bewijsmiddelen. De rechter bezit op deze punten dus een tamelijk grote vrijheid, maar zal die uiteraard op een rechtmatige, redelijke wijze moeten hanteren.

Ten aanzien van de *bewijslast* worden enkele uitgangspunten gehanteerd. Het eerste is, dat wie iets stelt, dit aannemelijk moet maken. Het proces bij de bestuursrechter begint altijd met de stelling van eiser/appellant dat het besluit onrechtmatig is. Deze zal echter niet kunnen volstaan met die stelling. Hij moet zijn stelling onderbouwen en moet hetgeen hij beweert aannemelijk maken. Vervolgens moet het orgaan het gestelde trachten te weerleggen. Het tweede uitgangspunt is dat het bewijs moet worden geleverd door de meest gerede partij; dat is de partij die het best en het gemakkelijkst het bewijs of tegenbewijs kan leveren. Dit uitgangspunt kan in botsing komen met het eerste uitgangspunt. De rechter zal dus per geval moeten bezien wie waarvan het bewijs moet leveren.

Anders dan in het strafrecht is in het bestuursrecht ook *onrechtmatig verkregen bewijs* doorgaans toelaatbaar (ofschoon ook in het strafrecht op dit punt steeds meer wordt toegelaten). Voor bewijs dat onrechtmatig in een strafrechtelijke procedure is verkregen, geldt dat het alleen dan niet ter onderbouwing van een bestuursrechtelijke sanctie toelaatbaar is wanneer de verkrijging van het bewijs 'zozeer indruist tegen hetgeen van een behoorlijk handelende overheid mag worden verwacht, dat dit gebruik onder alle omstandigheden

49 ABRvS 26 januari 2011, *AB* 2011/83 m.nt. R.J.G.M. Widdershoven.

ontoelaatbaar moet worden geacht'.[50] Te denken valt aan bewijs dat door middel van list en bedrog is verkregen of zonder dat betrokkene op het zwijgrecht is gewezen.[51] Voor in een bestuursrechtelijke procedure onrechtmatig verkregen bewijs wordt eveneens aan het 'zozeer-indruist-criterium' getoetst,[52] soms ook aan art. 3:2 Awb, welke laatste toets echter inhoudelijk met de 'zozeer-indruist-toets' overeen lijkt te komen.[53] Voor bestuurlijke boeten en andere besluiten die onder art. 6 EVRM vallen, geldt wat de toelaatbaarheid van onrechtmatig verkregen bewijs betreft een strengere benadering dan voor herstelsancties.[54]

8.5.2 De procedure

De rechter

Het beroep wordt normaliter behandeld hetzij door een enkelvoudige kamer, hetzij door een meervoudige kamer van drie leden, voornamelijk afhankelijk van de ingewikkeldheid van de zaak (afdeling 8.1.2 Awb). Bij de rechtbank komt de zaak in beginsel voor een enkelvoudige kamer, die echter kan verwijzen naar een meervoudige. Bij de andere bestuursrechters is het andersom. Bovendien kan (sinds 1 januari 2013) bij de Afdeling, de CRvB en het CBb de zaak worden verwezen naar een grote kamer van vijf leden en kan de voorzitter/president van het college waarbij de zaak aanhangig is een lid van een van de colleges vragen een conclusie te nemen (afdeling 8.1.2a). Die persoon wordt in de praktijk aangeduid als Advocaat-Generaal.[55] Deze voorzieningen zijn bedoeld om de rechtseenheid tussen de verschillende hoogste bestuursrechters te waarborgen[56] en de rechtsontwikkeling te bevorderen. De meeste zaken worden echter door een enkelvoudige kamer gedaan. De rechter kan zaken verwijzen naar een

50 HR 1 juli 1992, *AAe* 1993, p. 137-142; CRvB 28 november 1995, *JB* 1995/329; Vz ABRvS 3 oktober 1997, *JB* 1997/283 m.nt. Marc de Werd; ABRvS 4 februari 2000, *AB* 2000/242 m.nt. L.J.A. Damen. Zie uitgebreid M.C.D. Embregts, *Uitsluitsel over bewijsuitsluiting* (diss.), Deventer: Kluwer 2003.

51 Ook een verzoek om schriftelijke informatie kan een verhoor inhouden, zodat de cautie gegeven dient te worden (CBb 2 februari 2010, *AB* 2010/317 m.nt. O.J.D.M.L. Jansen).

52 ABRvS 29 juli 2009, *AB* 2010/153 m.nt. O.J.D.M.L. Jansen.

53 Zie bijvoorbeeld CRvB 24 november 2009, *AB* 2010/43 m.nt. H.E. Bröring, waarin de resultaten van een huisbezoek niet als bewijs mochten dienen, omdat het bestuursorgaan voorafgaand aan het huisbezoek niet had meegedeeld dat het weigeren van toestemming tot binnentreden geen directe gevolgen zou hebben voor de bijstanduitkering. De resultaten van een nader onderzoek naar aanleiding van dit huisbezoek mochten daarentegen wel als bewijs dienen.

54 Zie uitgebreid over het bewijsleerstuk in het bestuursrecht R.J.N. Schlössels, Y.E. Schuurmans, R.J. Koopman en D.A. Verburg, *Bestuursrechtelijk bewijsrecht: wetgever of rechter?*, preadvies VAR, Den Haag: BJu 2009.

55 Op 23 oktober 2013 is de eerste conclusie genomen, door staatsraad A-G prof.mr. R.J.G.M. Widdershoven, in het dagelijks leven hoogleraar Europees bestuursrecht aan de Universiteit Utrecht. De zaak betrof de lengte van de termijn waarbinnen een bestuursrechtelijke procedure (bezwaar tot en met hoger beroep) moet zijn afgerond om niet in strijd met het vereiste van een redelijke termijn van art. 6 EVRM te komen. De conclusie is te vinden onder ECLI:NL:RVS:2013:1586. De uitspraak die op deze conclusie is gebaseerd, is ABRvS 29 januari 2014, *AB* 2014/115 m.nt. T. Barkhuysen en M.L. van Emmerik.

56 In dat geval zitten in zo'n grote kamer dan vertegenwoordigers van alle drie de colleges. Dat kan doordat sommige leden van die colleges formeel tevens zitting hebben in een of meer van de andere colleges.

andere rechtbank (indien die de 'relatieve competentie' heeft), zaken voegen en gevoegde zaken splitsen, een en ander gelet op de samenhang tussen zaken, respectievelijk het ontbreken daarvan (afdeling 8.1.3). Rechters kunnen door partijen worden 'gewraakt'. Wanneer een partij denkt dat een rechter de zaak niet onbevooroordeeld kan behandelen, bijvoorbeeld omdat die rechter een persoonlijk belang bij de uitkomst van de procedure heeft, kan die partij het gerecht vragen de betrokken rechter uit te sluiten. De rechter kan zich ook zelf terugtrekken; dit heet verschonen (afdeling 8.1.4).

Partijen

Het geding wordt gevoerd door twee of meer partijen: doorgaans zijn dit de burger als eiser/appellant en het bestuursorgaan als verweerder. Soms zijn er meer appellanten. De rechter kan voorts op grond van art. 8:26 Awb een derde-belanghebbende uitnodigen als partij aan het geding deel te nemen. Daarvoor zou bijvoorbeeld aanleiding kunnen zijn wanneer een vergunning door een derde wordt aangevochten; de vergunninghouder kan dan als partij deelnemen, met alle daaraan verbonden rechten. In hoger beroep kan ook een bestuursorgaan appellant zijn. In dat geval is degene die in eerste aanleg appellant was in zekere zin verweerder, ofschoon het bestuursorgaan niet tegen een handeling van diegene opkomt, maar tegen de uitspraak van de rechtbank.

Partijen kunnen zich laten bijstaan en vertegenwoordigen, mogen getuigen en deskundigen meenemen naar de zitting, hebben er recht op dat alle op de zaak betrekking hebbende stukken aan hen worden gezonden en mogen een schriftelijke uiteenzetting over de zaak geven. Ze hebben ook plichten: ze zijn verplicht, indien opgeroepen, ter zitting te verschijnen, desgevraagd schriftelijke inlichtingen te verstrekken en mee te werken aan een door de rechter bevolen onderzoek door deskundigen. Het verwerende bestuursorgaan moet binnen vier weken na verzending van het beroepschrift aan het bestuursorgaan alle op de zaak betrekking hebbende stukken en een verweerschrift indienen, maar de rechtbank kan die termijn verlengen (art. 8:42). Bij schending van een of meer van deze plichten kan de rechter daaruit de gevolgtrekkingen maken 'die hem geraden voorkomen' (art. 8:31). Zie verder de afdelingen 8.1.5 tot en met 8.1.7 Awb.

Het onderzoek

Het onderzoek door de rechter bestaat uit twee delen: het vooronderzoek en het onderzoek ter zitting. In beide onderzoeken heeft de rechter een aantal onderzoeksbevoegdheden. Die worden in de volgende paragraaf in één keer behandeld (niet gesplitst naar vooronderzoek en onderzoek ter zitting). Met behulp van deze bevoegdheden moet de rechter het geschil zien te beslechten.

Toetsing

De bestuursrechter toetst *ex tunc* op *rechtmatigheid* (zie 8.2.1). Op beide aspecten wordt hierna opnieuw, en wat het tweede aspect betreft dieper, ingegaan. Het eerste aspect betekent dat hij nagaat of het bestreden besluit naar de juridische en feitelijke stand van zaken *ten tijde van het nemen van het bestreden besluit* rechtmatig was. Deze toetsing van het besluit moet goed worden onderscheiden van het gebruik van uitspraakbevoegdheden in geval van een vernietiging, welk gebruik juist veelal een beoordeling ex nunc vergt van hetgeen er moet gebeuren. Zie daarover verder onder 8.5.3.

Het tweede aspect is de toetsing aan het recht. Dit houdt in dat de rechter nagaat of er is besloten in overeenstemming met de wettelijke voorschriften en het ongeschreven recht. In veel gevallen levert dit voor de rechter geen problemen op. Hij beziet of een termijn niet is overschreden, of is gehandeld conform de voor het nemen van dat besluit geldende materiële normen, of de motivering deugt etc. Lastig is echter, in gevallen waarin het orgaan beleids- en/of beoordelingsvrijheid heeft, de toetsing van de wijze waarop het orgaan belangen tegen elkaar heeft afgewogen en de norm van art. 3:4 Awb heeft toegepast. Deze rechtsnorm houdt in dat het orgaan zijn beleids- en beoordelingsvrijheid zodanig moet gebruiken dat dit niet tot onevenredige nadelen voor bepaalde belanghebbenden leidt in verhouding tot de met het besluit te dienen doelen. Als de rechter volledig zelf gaat uitzoeken en uitmaken welk resultaat de belangenafweging moet hebben, neemt hij het als het ware van het bestuur over en dat is gelet op de trias politica niet de bedoeling. Bovendien is de rechter er niet op toegerust om zelf allerlei consistente (!) beleidsbeslissingen te nemen. Daarvoor heeft hij noch de kennis, noch de middelen, noch de tijd. Het is anderzijds ook niet goed om te veel afstand te bewaren, want de norm van art. 3:4 Awb is natuurlijk wel een *rechts*norm. Bestuursrechters hebben zich lange tijd tamelijk (soms zelfs zeer) terughoudend opgesteld, daarbij de beleids- en beoordelingsvrijheid respecterend. Dat is vaak ook heel verstandig; denk aan de toetsing van het kiezen van bepaalde bestemmingen in een bestemmingsplan. Daarbij heeft de gemeenteraad grote vrijheid. Dan past het de rechter die vrijheid te respecteren. Hij moet wel toetsen aan de wettelijke norm van 'een goede ruimtelijke ordening', maar dat is een ruim begrip waaronder veel kan worden geschoven. We zagen bij de beoordeling van boetebeschikkingen echter dat de toetsing dáár langzamerhand een stuk indringender is geworden. Meer in het algemeen is een discussie op gang gekomen over de vraag hoe terughoudend dan wel juist indringend de bestuursrechter het gebruik van de beslissingsruimte door het bestuur moet toetsen. Een meer indringende toets hoeft overigens niet te betekenen dat de beleidsvrijheid (voor zover aanwezig) per se kleiner wordt, maar wel dat de rechter het orgaan kritischer bevraagt en tijdens de procedure kritischer en met meer volharding dóórvraagt dan hij voorheen vaak deed. Dat kan ertoe leiden dat (na een bestuurlijke lus of een kale vernietiging) het te verbeteren of opnieuw te nemen besluit alsnog correct wordt voorbereid en gemotiveerd, maar ook kan door deze houding (eerder) aan het licht komen dat het orgaan alles bij elkaar eigenlijk niet zo'n heel goede keuze heeft gemaakt en het besluit wegens een onredelijke belangenafweging finaal onderuitgaat. Er moet dan een inhoudelijk ander besluit komen.[57]

8.5.3 Bevoegdheden van de rechter

Onderzoeksbevoegdheden

De rechter heeft tal van onderzoeksbevoegdheden. Hij kan partijen oproepen ter zitting te verschijnen en hen om mondelinge en schriftelijke inlichtingen vragen; hij kan getuigen oproepen, tolken benoemen, deskundigen benoemen voor het doen van een onderzoek, ambtsberichten bij bestuursorganen inwinnen en zelfs een bezichtiging ter plaatse houden. Zie afdeling 8.2.2 Awb.

In de casus van de oude eik was sprake van een ambtsbericht van de Directeur Natuur, Bos, Landschap en Fauna van het Ministerie van EL&I. Een ambtsbericht is een rapport of ander schriftelijk stuk van een bestuursorgaan of een onder een orgaan ressorterende dienst. Het ambtsbericht in kwestie was voor de rechtbank van belang. Omdat daar echter de visie van eiser (de stichting) recht tegenover stond, meende de rechtbank er goed aan te doen zelf de betekenis van de eik als al dan niet beeldbepalend element in de omgeving ter plekke te onderzoeken. Deze bezichtiging of descente komt in de praktijk niet vaak voor, voornamelijk omdat het meestal geen toegevoegde waarde heeft, maar ook omdat het veel tijd kost.

Wanneer het er om gaat feiten vast te stellen en daarbij geen bijzondere deskundigheid nodig is, kan ook het getuigenverhoor soelaas bieden.

B en W van Asten meende dat een bepaalde laan dertig achtereenvolgende jaren voor eenieder toegankelijk was geweest en daardoor op grond van art. 4 lid 1 Wegenwet openbaar was geworden. Twee oud-politiefunctionarissen verklaarden ter zitting onder ede dat er ter plaatse nimmer een bord 'Verboden toegang' had gestaan. Vijf door appellant meegebrachte getuigen verklaarden echter eveneens onder ede het tegendeel. B en W mochten daarom niet van de openbaarheid van de weg uitgaan.[58]

In geschillen op bepaalde gebieden, zoals het milieu, de ruimtelijke ordening en de sociale zekerheid, waaraan vaak ingewikkelde, niet-juridische kanten zitten, wint de rechter regelmatig het oordeel in van een deskundige. Op de eerste twee terreinen is dat de Stichting Advisering Bestuursrechtspraak, bij socialezekerheidsgeschillen een arts. De rechter is uiteraard zelf verantwoordelijk voor hetgeen hij met dat deskundigenoordeel doet. Een partij kan ook zelf een deskundige inschakelen. Wanneer een partij dan wel de rechter een deskundige heeft ingeschakeld, die met een voor de andere partij ongunstig rapport komt,

57 De discussie is flink aangejaagd door het preadvies van E.M.H. Hirsch Ballin, Dynamiek in de bestuursrechtspraak, in: E.M.H. Hirsch Ballin, R. Ortlep en A. Tollenaar, *Rechtsontwikkeling door de bestuursrechter*, VAR-geschrift nr. 154, Den Haag: BJu 2015, p. 7-58.

58 ARRvS 2 september 1986, *AB* 1987/379 m.nt. J.H. van der Veen.

is het voor die andere partij van belang de totstandkoming en/of de inhoud van dat rapport te kunnen aanvechten, waarbij een contra-expertise uiteraard zeer van pas kan komen.

Uitspraakbevoegdheden

De rechter kan verschillende soorten uitspraken doen; zie art. 8:70 tot en met art. 8:75a Awb. Hij moet die bevoegdheden zo gebruiken dat daardoor het aan hem voorgelegde geschil zo veel mogelijk definitief ('finaal') wordt beslecht (art. 8:41a Awb). Allereerst moet hij bepalen of hij bevoegd is en het beroep ontvankelijk is (art. 8:70). Is het ene dan wel het andere niet het geval, dan is de zaak daarmee afgedaan en vindt dus geen inhoudelijke beoordeling van het geschil meer plaats.

Voor de bevoegdheid is van belang of hij wel de aangewezen rechter is (en niet een andere bestuursrechter of de burgerlijke rechter; zie afdeling 8.1.1 Awb). Bij onbevoegdheid vindt verwijzing naar een andere rechter plaats. Voor de ontvankelijkheid gaat hij na of er is opgekomen tegen een besluit, dat niet van beroep is uitgezonderd, door een belanghebbende, of dat tijdig is gebeurd en na betaling van griffierecht. Sommige van deze ontvankelijkheidseisen (appellabel besluit en belanghebbende) staan weliswaar in afdeling 8.1.1 Awb, dat het kopje 'Bevoegdheid' heeft, maar het niet voldoen aan die eisen leidt dus niet tot het dictum onbevoegdheid van de rechter, maar tot het dictum niet-ontvankelijkheid van het beroep.

Wanneer aan beide voorwaarden wel is voldaan, moet de rechter bepalen of het beroep (geheel of gedeeltelijk[59]) gegrond is. Is het ongegrond, dan luidt de uitspraak dat het beroep ongegrond is; het beroep wordt verworpen. De rechter *kan* overigens in dat geval bepalen dat het griffiegeld moet worden vergoed. Hij zal dat bijvoorbeeld kunnen doen wanneer het besluit slechts overeind is gebleven met toepassing van art. 6:22 Awb (passeren van gebreken).

Is het beroep gegrond, dan dient de rechter het besluit geheel of gedeeltelijk te vernietigen (art. 8:72 lid 1). Dit lijdt uitzondering wanneer niet is voldaan aan het relativiteitsvereiste (art. 8:69a Awb). Zie 8.2.3. Vernietiging van een besluit heeft terugwerkende kracht: het besluit wordt geacht nooit gelding te hebben gehad.

Dit kan tot complicaties leiden. Stel dat een omgevingsvergunning voor een bouwwerk wordt verleend en een ingediend bezwaarschrift ongegrond wordt verklaard. De beslissing op bezwaar wordt in beroep om inhoudelijke redenen vernietigd. Het bouwwerk is echter inmiddels (legaal!) gebouwd. De vernietiging brengt mee dat de vergunning alsnog moet worden geweigerd en het gebouwde achteraf gezien toch illegaal gebouwd is. B en W zouden het bouwwerk dan met bestuursdwang kunnen afbreken. Of zij dit in een concreet geval mogen doen, hangt af van de belangenafweging in dat geval. Zolang een omgevingsvergunning nog in een procedure kan worden vernietigd, is het risico van een mogelijke door derden afgedwongen afbraak

59 Ook als slechts een enkele van vele aangevoerde beroepsgronden slaagt, wordt het beroep in het dictum van de uitspraak 'gegrond' verklaard (en dus niet 'gedeeltelijk gegrond'). Het kan zeker in een dergelijke situatie wel zo zijn dat de vernietiging dan slechts op een deel van het besluit betrekking heeft.

overigens in beginsel voor de bouwer.[60] Dat zal kunnen meespelen in de belangenafweging die het bestuursorgaan moet verrichten. Zie ook 4.2.1 inzake de waarde van een (begunstigende) beschikking. Andersom kan de voorzichtige bouwer die wacht tot hij het goede besluit heeft (na een eerder genomen gebrekkig en in bezwaar herroepen besluit) wel voor schadevergoeding bij de gemeente aankloppen.[61]

De terugwerkende kracht betreft alleen het vernietigde besluit zelf. Het varkensbedrijf Knorhof BV kreeg een last onder dwangsom wegens het overtreden van voorschriften van de milieuvergunning. Toen nu het nog lopende beroep tegen de vergunning later resulteerde in een vernietiging, meende Knorhof dat daarmee de grond aan de last onder dwangsom was ontvallen. Achteraf gezien was er immers nooit sprake geweest van overtreding van een geldig vergunningvoorschrift! Afdeling en Hoge Raad dachten daar echter anders over: de terugwerkende kracht van de vernietiging van de vergunning heeft geen effect op de last onder dwangsom.[62]

Een enigszins vergelijkbare situatie doet zich voor bij de vernietiging van een in werking getreden bestemmingsplan, dat inmiddels als toetsingsgrond voor de verlening van omgevingsvergunningen heeft gediend waarvoor een limitatief-imperatief stelsel geldt (zie 2.3), de bouwomgevingsvergunning en de aanlegomgevingsvergunning. In die gevallen houdt de Afdeling niet onverkort vast aan de terugwerkende kracht van de vernietiging.[63] De verleende vergunning wordt door de vernietiging van het bestemmingsplan niet aangetast.

Soms kan de terugwerkende kracht van een vernietiging tot onaanvaardbare gevolgen leiden. Wanneer het ontslag van een ambtenaar achteraf (soms pas na een lange procedure) onrechtmatig blijkt, maar inmiddels op zijn plaats iemand anders is benoemd, kan de ontslagen ambtenaar niet op zijn post terugkeren. De rechter kan dan bepalen dat de gevolgen van het vernietigde besluit in stand blijven (art. 8:72 lid 3 sub a Awb). Wel kan hij in dat geval tevens aan betrokkene op diens verzoek een schadevergoeding toekennen (art. 8:88 en art. 8:89). Ook in andere gevallen kan hij de rechtsgevolgen van het vernietigde besluit in stand laten, in het algemeen wanneer het nemen van een nieuw besluit niet

---

60 HR 29 april 1994, *AB* 1994/530 m.nt. F.H. van der Burg (GE/Den Haag) en ABRvS 3 juli 2002, *AB* 2003/306 m.nt. B.J. Schueler.

61 Zie HR 10 april 2009, *AB* 2009/320 m.nt. G.A. van der Veen, *JB* 2009/123 m.nt. J.M.H.F. Teunissen, *NJ* 2009/515 m.nt. M.R. Mok, waarin de Hoge Raad uitmaakte dat de gemeente aansprakelijk was voor de door de projectontwikkelaar geleden vertragingsschade die was opgetreden als gevolg van de herroeping van een bouwvergunning, die in strijd met de wet was verleend, na klachten van derden, terwijl enige tijd later alsnog een correcte bouwvergunning werd verleend. Zelfs het feit dat de projectontwikkelaar geen bezwaar had gemaakt tegen de intrekking stond hieraan niet in de weg. Zie verder het leerstuk van formele rechtskracht onder 8.7.

62 ABRvS 19 juni 2002, *AB* 2002/266 m.nt. M.P. Jongma en HR 17 december 2004, *AB* 2005/82 m.nt. P.J.J. van Buuren. Voor de toepassing van het strafrecht wordt een andere visie gehuldigd, blijkens HR 17 juni 2003, *AB* 2005/83 m.nt. P.J.J. van Buuren, eveneens betreffende de zaak Knorhof. Zie uitgebreid over de hele kwestie F.C.M.A. Michiels, 'Handhaving na vernietiging van het te handhaven besluit', *AAe* 2005, p. 478-482.

63 Zie reeds ABRvS 21 december 1999, *AB* 2000/78 m.nt. A.A.J. de Gier, waarover ook F.C.M.A. Michiels, 'De terugwerkende kracht van een rechterlijke vernietiging', *AAe* 2000, p. 556-561. In dat geval ging het nog om vernietiging van de *goedkeuring van* een bestemmingsplan. Voorbeelden onder het huidige recht (Wro en Wabo) bieden onder meer ABRvS 12 januari 2011, ECLI:NL:RVS:2011:BP0510 (bouwomgevingsvergunning) en ABRvS 8 april 2015, *AB* 2016/141 m.nt. A.G.A. Nijmeijer (aanlegomgevingsvergunning).

tot een wijziging van het oude besluit zou leiden. Denk aan het geval dat voorafgaand aan het besluit een bepaald onderzoek niet is gedaan, maar dat onderzoek inmiddels wel is verricht en het een ondersteuning van het besluit vormt.

Het meest gebruikelijk bij een vernietiging is dat de rechter ofwel niets naders bepaalt, omdat duidelijk is dat het orgaan geen nieuw besluit hoeft te nemen dan wel verplicht is een nieuw besluit te nemen met inachtneming van de uitspraak, ofwel het orgaan expliciet opdraagt een nieuw besluit te nemen.[64] Voor dat laatste is met name aanleiding als de rechter een termijn wil stellen waarbinnen dat moet gebeuren (art. 8:72 lid 4) of zelfs wil bepalen dat het bestuursorgaan een dwangsom verbeurt wanneer het niet (tijdig) aan de uitspraak voldoet (art. 8:72 lid 6). Art. 8:72 lid 4 sub a biedt de rechter de mogelijkheid te bepalen dat een nieuw te nemen besluit niet of niet geheel conform de (tijdrovende) procedure uit Afdeling 3.4 Awb hoeft te geschieden.

De rechter kan tot de conclusie komen dat het besluit weliswaar een gebrek vertoont, maar dat dit niet onoverkomelijk is. Als belanghebbenden niet door dat gebrek zijn benadeeld, kan de rechter het gebrek passeren (art. 6:22). Als aan genoemde voorwaarde niet is voldaan, staat nog een andere weg open, namelijk toepassing van de 'bestuurlijke lus'. Art. 8:51a Awb geeft de bestuursrechter de bevoegdheid een tussenuitspraak te doen waarbij hij het bestuursorgaan de gelegenheid geeft geconstateerde gebreken aan het besluit te herstellen. In de einduitspraak laat de rechter dan blijken of hij vindt dat de gebreken inderdaad zijn hersteld en als dat het geval is, vernietigt hij weliswaar het oorspronkelijke besluit, maar is er tegelijk wel een nieuw, rechtmatig besluit. De bestuurlijke lus kan slechts in beperkte mate worden toegepast in een beroep tegen een bestuurlijke boete.[65] Het blijkt dat in de tussenuitspraak vaak ook meteen gepoogd wordt zo veel mogelijk andere beroepsgronden af te doen.[66] Omdat de rechter in zijn einduitspraak in beginsel niet terug kan komen op zijn oordelen in de tussenuitspraak, krijgt de tussenuitspraak hierdoor een vrijwel definitief karakter.[67]

De rechter kan ook bepalen dat zijn uitspraak in de plaats treedt van het vernietigde besluit (zelf in de zaak voorzien; art. 8:72 lid 3 sub b). In oudere jurisprudentie[68] werd aangenomen dat hij dat alleen zou mogen doen wanneer er voor het orgaan geen enkele beleids- of beoordelingsvrijheid meer resteert bij het nemen van een nieuw besluit. Sinds 2007/2008 is echter sprake van een

64 Het niet geven van zo'n opdracht betekent dus niet dat er geen plicht kan zijn een nieuw besluit te nemen. Zie bijvoorbeeld ABRvS 31 juli 2002, *JB* 2002/277 m.nt. E.C.H.J. van der Linden.

65 Tamelijk stellig afhoudend is de regering in *Kamerstukken I* 2008/09, 31 352, nr. C (MvA), p. 6. Inmiddels is er door de diverse (hoogste) bestuursrechters wel degelijk gelust in boetezaken, met name wanneer het gaat om het geven van verduidelijking, veelal ter bepaling van het juiste boetebedrag. De lus mag niet worden gebruikt om het bestuursorgaan de gelegenheid te geven alsnog dragend bewijs te laten leveren.

66 Zie voor een overzicht van de toepassing van de bestuurlijke lus door de rechter J.E.M. Polak, 'Effectieve geschillenbeslechting: bestuurlijke lus en andere instrumenten', *NTB* 2011/1-2, p. 2.

67 *Kamerstukken II* 2007/08, 31 352, nr. 3 (MvT), p. 8. Zie voor een uitzonderingsgeval ABRvS 10 februari 2016, *JB* 2016/65 m.nt. A.M.M.M. Bots.

68 Zie bijvoorbeeld ABRvS 10 april 2002, *AB* 2003/98 m.nt. F.J.L. Pennings.

andere benadering en maken rechters in meer gevallen gebruik van de mogelijkheid om zelf in de zaak te voorzien.[69] Dit gebeurt in het kader van het streven naar finale geschilbeslechting, welk streven inmiddels als verplichting is neergelegd in art. 8:41a. Er wordt thans voor de bestuursrechter zelfs een verplichting aangenomen *te onderzoeken* of hij zelf in de zaak kan voorzien.[70] De beleids- en beoordelingsruimte van het bestuur dienen gerespecteerd te worden, maar deze ruimte kan door het bestuursorgaan zelf zijn ingeperkt door beleidsregels en hetgeen het ter zitting heeft uiteengezet.[71] Voor 'zelf voorzien' is dus niet vereist dat in theorie slechts één beslissing mogelijk is.[72] Ten aanzien van het zelf voorzien in de hoogte van de last onder dwangsom en de lengte van de begunstigingstermijn heeft de Afdeling uitgemaakt dat art. 8:72 lid 4 (thans lid 3) Awb daarvoor een voldoende grondslag biedt.[73] Ingeval hij een boetebeschikking vernietigt, is hij zelfs verplicht zelf in de zaak te voorzien (art. 8:72a).

De casus van de oude eik vormt, zoals reeds in 8.1 is opgemerkt, een bewerking van een geval dat zich feitelijk heeft voorgedaan. In de echte casus hadden B en W van Hilversum de vergunning, toen nog een kapvergunning geheten, ook na bezwaar geweigerd. De rechtbank vernietigde de weigering. Zij had B en W vervolgens kunnen opdragen een nieuw besluit te nemen. Hoe een nieuw besluit er na vernietiging uit moet zien, hangt sterk af van de reden van de vernietiging. Is dat een 'vormgebrek', zoals schending van de hoorplicht, dan kan dat gebrek worden geheeld, waarna het orgaan in beginsel een besluit kan nemen dat inhoudelijk identiek is aan het vernietigde besluit. In casu vond de rechtbank dat de zaak inhoudelijk volledig duidelijk was en dat de vergunning, alle belangen afwegend, niet geweigerd had mogen worden. In zo'n geval kan de rechter het orgaan weliswaar opdragen een nieuw besluit te nemen, maar staat tevoren al vast hoe dat besluit er uit moet zien. De rechtbank voorzag daarom zelf in de zaak en verleende de kapvergunning.[74]

De bestuursrechter kan op verzoek van eiser/appellant aan deze een schadevergoeding toekennen ten laste van de rechtspersoon waartoe het orgaan behoort. Dit kwam al even aan de orde bij het in stand laten van de gevolgen van een vernietigd besluit, maar schadevergoeding kan ook in andere gevallen worden toegekend. Tot 1 januari 2013 was deze bevoegdheid gekoppeld aan de vernietiging van het aangevallen besluit. Sindsdien is er een los van het beroep

69 Zie ook L.J.A. Damen, 'Lijdt de bestuursrechter aan finalitis?', *AAe* 2010, p. 271-277.

70 Zie bijvoorbeeld ABRvS 12 augustus 2009, *AB* 2009/368 m.nt. B.W.N de Waard.

71 ABRvS 29 juli 2009, *AB* 2010/153 m.nt. O.J.D.M.L. Jansen, waarin de Afdeling aanleiding zag om zelf te voorzien in de nadere specificatie van voorwaarden in een last onder dwangsom die door het bestuursorgaan onvoldoende duidelijk waren geformuleerd. Zie ook ABRvS 19 april 2010, *AB* 2010/153 m.nt O.J.D.M.L. Jansen waarin de Afdeling zelf een onduidelijke last herformuleert op basis van een door het bestuursorgaan ter zitting gegeven toelichting.

72 ABRvS 9 februari 2011, *JB* 2011/69 en ABRvS 26 maart 2008, ECLI:NL:RVS:2008:BC7627.

73 Zie ABRvS 7 juli 2010, ECLI:NL:RVS:2010:BN0466 over het zelf voorzien in de hoogte van een dwangsom en ABRvS 14 april 2010, ECLI:NL:RVS:2010:BM1763 over het zelf voorzien in een begunstigingstermijn. In deze laatste uitspraak overweegt de Afdeling: 'Weliswaar komt het college bij het bepalen van de lengte van de begunstigingstermijn enige vrijheid toe, maar het is uit een oogpunt van finale geschillenbeslechting niet onaanvaardbaar dat de rechter in de plaats van het college die lengte bepaalt, omdat die beschikt over de daarvoor relevante feiten en belangen.'

74 Zie voor een ander voorbeeld ABRvS 19 juni 2002, *AB* 2002/282 m.nt. A.M.L. Jansen.

tegen een besluit staande verzoekprocedure in de Awb opgenomen inzake vergoeding van schade als gevolg van een onrechtmatig besluit, het niet tijdig nemen van een besluit en enkele categorieën onrechtmatige handelingen, genoemd in art. 8:88 Awb. In zaken waarin de CRvB of de HR (belastingkamer) hoogste rechter is, is de bestuursrechter bij uitsluiting bevoegd schadevergoeding op grond van art. 8:88 toe te kennen; in andere zaken slechts voor bedragen van ten hoogste € 25.000. Bij hogere bedragen zal betrokkene zich tot de burgerlijke rechter moeten wenden. Materieel betekent dit alles geen verandering voor het recht op schadevergoeding; de rechtsmachtverdeling is wel gewijzigd. Voorts is het verzoekrecht een geheel nieuwe figuur in de Awb, die tot dusver slechts beroep tegen besluiten en daarmee gelijkgestelde handelingen kende.

Een enkel voorbeeld, nog onder de oude regeling. De Woningstichting St. Servatius had B en W van Maastricht gevraagd of een bouwvergunning nodig was voor het vervangen van houten kozijnen door kunststofkozijnen in enkele tientallen woningen. B en W beantwoordden de vraag bevestigend en weigerden vervolgens de vergunning. De rechtbank vernietigde die beslissing, omdat helemaal geen vergunning nodig was: de vervanging was een verandering van niet-ingrijpende aard in de zin van art. 43 Woningwet (nu art. 2.1 lid 3 Wabo juncto Bijlage II Bor) en derhalve vergunningvrij.[75] Een schadevergoeding werd evenwel geweigerd. De ontstane 'vertragingsschade' was in die zin aan eiseres zelf te wijten dat zij er zelf voor gekozen had een vergunning aan te vragen. De Afdeling oordeelde in hoger beroep anders. Zij vond dat appellante mocht afgaan op de haar van gemeentewege verstrekte inlichting omtrent de vergunningplicht en kende een schadevergoeding toe.[76]

De nog niet in werking getreden nieuwe titel 4.5 Awb bevat de procedureregels, afwijzingsgronden en verjaringstermijnen bij een verzoek om schadevergoeding bij *rechtmatige* besluiten.

Bij vernietiging bepaalt de rechter tevens dat degene die beroep heeft ingesteld het griffiegeld terugkrijgt. Dat maakt het instellen van beroep in kansrijke zaken aantrekkelijker. Betrokkene krijgt dit echter niet terug van het gerecht, maar van de rechtspersoon waartoe het orgaan waarvan het besluit is vernietigd, behoort. Het bestuur wordt hierdoor, nog los van een eventueel te betalen schadevergoeding, financieel 'gestraft' voor het onrechtmatige besluit.

Ten slotte kan de rechter een partij veroordelen in de proceskosten die de andere partij redelijkerwijs heeft moeten maken. Natuurlijke personen kunnen echter alleen in de kosten worden veroordeeld in het uitzonderlijke geval dat zij misbruik hebben gemaakt van hun recht om beroep in te stellen. In de praktijk gaat het vrijwel altijd over een kostenveroordeling van het bestuursorgaan. De proceskostenveroordeling kan slechts bepaalde soorten kosten betreffen waarvoor bovendien vaste bedragen zijn vastgesteld. Een en ander is geregeld in het Besluit proceskosten bestuursrecht.

75 Dit is een mooi voorbeeld van toetsing door de rechter in een geval waarin een orgaan wel beoordelingsruimte, maar geen beoordelingsvrijheid heeft.

76 ABRvS 29 februari 1996, *AB* 1997/146 m.nt. B.J. Schueler.

In beperkte mate komen ook de in de voorprocedure gemaakte proceskosten voor vergoeding in aanmerking, namelijk alleen wanneer het in bezwaar of administratief beroep bestreden besluit wordt herroepen wegens aan het bestuursorgaan te wijten onrechtmatigheid.[77] Zie art. 8:75 Awb juncto art. 7:15 en art. 7:28 Awb. De bestuursrechter is bij uitsluiting bevoegd over deze vergoeding te oordelen.

Art. 8:75a ten slotte bevat een regeling voor het toekennen van schadevergoeding door de rechter bij intrekking van het beroep in verband met het feit dat het orgaan geheel of gedeeltelijk aan de indiener van het beroep tegemoet is gekomen. Het verzoek moet bij de intrekking worden gedaan. Met deze mogelijkheid wordt voorkomen dat mensen hun beroep louter doorzetten om schadevergoeding te krijgen, terwijl ze inhoudelijk hun zin al hebben gekregen.

8.5.4 Bijzondere procedures

In bepaalde gevallen is er aanleiding enigszins af te wijken van de normale gang van zaken: in spoedeisende en in eenvoudige gevallen. Daarvoor bestaan bijzondere procedures. Een andere bijzondere procedure is de herziening.

Versnelde behandeling
Wanneer de zaak spoedeisend is, maar wel een tijdsbeslag van enkele maanden kan vergen, kan de rechter bepalen dat versnelde behandeling plaatsvindt. De versnelling zit in het bekorten van enkele termijnen in het vooronderzoek en het schrappen van enige mogelijkheden voor partijen om schriftelijk standpunten in te nemen (zie art. 8:52 Awb). Het toestaan van versnelde behandeling is een zogenaamde procesbeslissing die niet zelfstandig voor beroep vatbaar is. Een partij die het met deze procesbeslissing niet eens is, moet dat op de zitting maar naar voren brengen en zo nodig, en indien mogelijk, in hoger beroep aanvechten. Voor het toepassen van de versnelde behandeling is uiteraard slechts aanleiding wanneer de zaak spoedeisend is, maar andersom is het niet zo dat elke spoedeisende zaak zich voor versnelde behandeling leent. Wanneer er ingewikkelde en/of principiële vragen aan de orde zijn, is een normale behandeling van de zaak aangewezen.

Van de versnelde behandeling moet de voorlopigevoorzieningsprocedure (een soort bestuursrechtelijke kortgedingprocedure) worden onderscheiden; die is voor nog spoedeisender zaken, maar leidt tot een slechts voorlopig rechterlijk oordeel (zie 8.6).

---

77 De Afdeling nam de wettekst letterlijk, hetgeen meebrengt dat kosten i.v.m. het maken van bezwaar tegen het niet tijdig beslissen niet worden vergoed; er is dan immers geen sprake van herroepen. Zie o.a. ABRvS 4 mei 2005, *JB* 2005/187 m.nt. F.A.M.S. De CRvB legde de wettekst ruimer uit en achtte in die gevallen wel een kostenvergoeding mogelijk; zie CRvB 13 juni 2005, *JB* 2005/239 m.nt. R.J.N. Schlössels. Inmiddels staat tegen het niet tijdig beslissen rechtstreeks beroep open.

In de casus van de oude eik zien we in de hogerberoepsfase bij de Afdeling een combinatie van beide procedures. De voorzieningenrechter treft een voorlopige voorziening in de vorm van het schorsen van de vergunning omdat kappen een onomkeerbaar gevolg heeft, maar tegelijk moet, gelet op het belang van Van de Waaij, de zaak niet langer duren dan strikt nodig is. Daarom besluit de Afdeling tot versnelde behandeling. Reeds drie maanden later volgt de uitspraak. Bij een gewone behandeling kan het al gauw een half jaar tot een jaar (en heel soms jaren) duren voordat de rechter uitspraak doet. De oorzaak daarvan ligt zeker niet alleen bij de rechter; soms doen partijen er lang over om stukken in te zenden, vragen ze uitstel van behandeling etc. Het is overigens wel aan de rechter om, gelet op de betrokken belangen, te beslissen of hij dit al dan niet toestaat. In sommige wetten wordt de Afdeling opgedragen binnen twaalf maanden na afloop van de beroepstermijn op het beroep te beslissen (art. 8.2 lid 3 Wro en art. 20.1 lid 1 Wm). Dat lukt de Afdeling in het algemeen ook ruimschoots. De Chw beperkt de termijn voor het doen van een uitspraak zelfs tot zes maanden na afloop van de beroepstermijn (art. 1.6 lid 4; bij toepassing van de bestuurlijke lus geldt voor de *tussen*uitspraak een termijn van zes maanden).

Vereenvoudigde behandeling

Sommige zaken zijn zo eenvoudig, dat ze 'buiten zitting' kunnen worden afgedaan.[78] Dat is het geval wanneer de rechter kennelijk onbevoegd dan wel het beroep kennelijk niet-ontvankelijk, kennelijk gegrond of kennelijk ongegrond is (art. 8:54 Awb). 'Kennelijk' duidt op een zeer grote mate van duidelijkheid. Een te laat ingesteld beroep bijvoorbeeld is ingeval voor de termijnoverschrijding geen enkele verontschuldiging wordt aangevoerd kennelijk niet-ontvankelijk.

Toch zit er een zeker risico in het doen van een uitspraak buiten zitting: de partij die daarvan het slachtoffer wordt, kan zich niet verweren, kan geen toelichting geven etc. Daarom kan zowel de belanghebbende als het bestuursorgaan tegen een 'kennelijk-uitspraak' in verzet gaan bij dezelfde rechterlijke instantie (art. 8:55). Dan wordt opnieuw bekeken of de zaak nu wel zó duidelijk was dat zij buiten zitting kon worden afgedaan. Het verzet betreft de procesbeslissing om de zaak buiten zitting af te doen; wanneer het verzet gegrond is, volgt alsnog een normale behandeling die dan evenwel opnieuw tot een voor de betrokken partij ongunstig resultaat kan leiden.

Herziening

Soms doet de rechter een uitspraak waarvan later blijkt dat die is gedaan op grond van onjuiste of onvolledige gegevens, zonder dat de gedupeerde partij de juiste gegevens had kunnen kennen en aanleveren. In gevallen waarin geen hoger beroep openstaat, zou die partij onterecht de dupe blijven. Art. 8:119 Awb voorziet daarom in de mogelijkheid van herziening van een uitspraak. In lid 1 staan de precieze voorwaarden waaronder de rechter zijn uitspraak kan herzien. Die voorwaarden zijn zo strikt dat het in de praktijk zelden tot herziening komt. Om herziening kan worden gevraagd aan de rechterlijke instantie

78 Sommige zaken die niet onder het bereik van art. 8:54 Awb vallen, worden met goedvinden van partijen afgedaan zonder dat er een zitting aan te pas komt. Die zaken heten 'zaken zonder zitting'.

die de uitspraak heeft gedaan. De herzieningsprocedure is echter niet een verkapt intern hoger beroep; ook als de uitspraak aantoonbaar onjuist zou zijn, maar niet aan de criteria van art. 8:119 lid 1 is voldaan, moet de rechter het herzieningsverzoek afwijzen. Tegen de uitspraak van de rechtbank in de herzieningsprocedure staat wel hoger beroep open.[79]

8.5.5 Hoger beroep

Tegen de uitspraak van de bestuursrechter staat hoger beroep open wanneer de wet dit bepaalt. In de praktijk komt dit erop neer dat hoger beroep mogelijk is wanneer de rechter in eerste aanleg de rechtbank is. Wanneer een andere rechter in eerste aanleg rechtspreekt, is er rechtspraak in één instantie. De mogelijkheid van cassatie bestaat in het bestuursrecht (nog) niet (met uitzondering van het fiscale recht). Het procesrecht inzake het hoger beroep is geregeld in titel 8.5 Awb.

Het hoger beroep staat alleen open tegen een einduitspraak, dus niet tegen procesbeslissingen van de rechter in eerste aanleg. Het staat voorts niet automatisch open tegen besluiten ter uitvoering van de rechterlijke uitspraak in hoger beroep, maar de hogerberoepsrechter kan bepalen dat tegen een besluit dat strekt ter uitvoering van zijn uitspraak rechtstreeks bij hem beroep kan worden ingesteld (art. 8:113 lid 2 Awb; de zogenaamde 'judiciële lus'). Tijdens het hoger beroep kan, evenals tijdens het beroep in eerste aanleg, een voorlopige voorziening worden gevraagd (zoals in de casus Gooiland ook gebeurde).

In het hoger beroep kan ook het bestuursorgaan appellant zijn. Het hoger beroep richt zich tegen de uitspraak van de rechtbank. Dit brengt volgens de jurisprudentie van de Afdeling tevens mee dat in het hoger beroep geen (nieuwe) gronden kunnen worden aangevoerd tegen het besluit dat de rechtbank heeft beoordeeld en die dus al in bezwaar dan wel bij de rechtbank hadden kunnen worden aangevoerd.[80] In het hoger beroep gaat het er om of de rechtbank haar werk goed heeft gedaan (controlefunctie). Een grond die bij de rechtbank niet is aangevoerd, kan derhalve niet leiden tot het oordeel dat de rechtbank in die grond aanleiding voor een andere uitspraak had moeten zien, zo is de gedachte. De CRvB ziet het hoger beroep meer als een nieuwe kans voor de appellant en is daarom op dit punt soepeler; hij laat in beginsel wel nieuwe gronden in hoger beroep toe, wellicht omdat het in de zaken waarover hij uitspraak doet vrijwel altijd om tweepartijengeschillen gaat.[81] Onder omstandigheden kan de 'goede procesorde' zich echter verzetten tegen het in hoger beroep mogen aanvoeren van nieuwe gronden.

---

79 ABRvS 27 juli 2012, ECLI:NL:RVS:2012:BX4821.

80 Zie ABRvS 27 augustus 1997, *RAwb* 19 m.a. P.A. Willemsen en ABRvS 2 april 2000, *AB* 2000/222 m.nt. M. Schreuder-Vlasblom. In ABRvS 21 september 1998, *JB* 1998/241 m.nt. H.J. Snijders werd zelfs niet toegestaan dat al wel eerder aangevoerde grieven beter werden onderbouwd, maar zo streng is de Afdeling thans niet meer.

81 Zie respectievelijk ABRvS 28 april 2004, *AB* 2004/276 m.nt. R.J.G.M. Widdershoven en CRvB 14 oktober 1999, *JB* 1999/303 m.nt. A.M.L. Jansen.

Een bijzondere situatie doet zich voor wanneer de rechtbank een besluit vernietigt, terwijl zij tegelijk een of meer beroepsgronden van de eiser verwerpt. Omdat het besluit is vernietigd, gaat eiser niet in hoger beroep. Wanneer vervolgens een nieuw bestuursbesluit wordt genomen dat niet (geheel) aan zijn wensen tegemoetkomt, kan eiser in een nieuw beroep bij de rechtbank én in hoger beroep niet opnieuw die beroepsgronden aan de orde stellen die de rechtbank in eerste instantie 'uitdrukkelijk en zonder voorbehoud' heeft verworpen. Om dit te voorkomen zou eiser dus hoger beroep hebben moeten instellen tegen het in de eerste uitspraak verwerpen van bepaalde beroepsgronden, terwijl bij die uitspraak het bestuursbesluit werd vernietigd![82] Een enigszins verwant, maar toch weer net iets ander probleem deed zich voor als de rechtbank het besluit vernietigde, onder verwerping echter van bepaalde beroepsgronden, en het bestuursorgaan pas zodanig laat hoger beroep instelde dat eiser, die om begrijpelijke redenen niet zelf als eerste hoger beroep had ingesteld, daartoe niet meer in staat was. Dit probleem is echter per 1 juli 2013 verholpen door de mogelijkheid incidenteel hoger beroep in te stellen (art. 8:110 tot en met art. 8:112 Awb). Incidenteel hoger beroep kan worden ingesteld gedurende zes weken nadat de rechter de gronden van het hoger beroep dat is ingesteld door de ene partij aan de andere partij heeft toegezonden.

Wat aan gronden in beroep had kunnen worden aangevoerd, kan volgens de Afdeling dus in beginsel niet pas in hoger beroep worden ingebracht. Dit geldt evenwel niet wanneer een beroep wordt gedaan op 'rechtstreeks werkende verdragsbepalingen van Europees recht'.

Het hoger beroep staat open voor belanghebbenden. Ook iemand die geen partij was in het geding bij de rechtbank, kan belanghebbende zijn in hoger beroep. Denk maar aan de vergunninghouder die zijn vergunning in het door een derde ingestelde beroep ziet sneuvelen. Alleen een belanghebbende die redelijkerwijs kan worden verweten geen beroep te hebben ingesteld, kan ook geen hoger beroep instellen (art. 6:24 Awb juncto art. 6:13 Awb).

8.6 De voorlopigevoorzieningsprocedure

Algemeen

Het instellen van bezwaar en beroep heeft normaliter geen schorsende werking.

Uitzonderingen zijn er wel, zoals voor het bezwaar en beroep tegen een bestuurlijke boete opgelegd op grond van de Wet op het financieel toezicht (art. 1:85 van die wet). Bij de verlening van bepaalde omgevingsvergunningen (art. 6.1 lid 2 en lid 3 Wabo) blijft de vergunning tijdens de bezwaar- of beroepstermijn buiten werking en kan in die periode bezwaar of beroep worden ingediend en een voorlopige voorziening worden gevraagd. Alleen als dat laatste gebeurt, blijft de vergunning ook na die termijn buiten werking totdat op dat verzoek is beslist. Een vergelijkbare regeling kent art. 20.3 Wm voor de inwerkingtreding van bepaalde besluiten op grond van de Wm.

82 Zie een uitspraak inzake de gemeente Brummen, ABRvS 6 augustus 2003, *AB* 2003/355 m.nt. R.J.G.M. Widdershoven en P.A. Willemsen, in verband waarmee deze rechtspraak wel wordt aangeduid als de 'Brummenlijn'. Met deze uitspraak kwam de Afdeling terug op eerdere jurisprudentie, die bekend stond als de Amicitia-rechtspraak (ABRvS 23 maart 1995, *AB* 1996/262 m.nt. P.J.J. Buuren). Idem als de Afdeling CRvB 12 november 2003, *AB* 2004/206 m.nt. R.J.G.M. Widdershoven en P.A. Willemsen.

Het gevolg van het ontbreken van schorsende werking zou kunnen zijn, dat een besluit of een op grond daarvan verrichte handeling feitelijke gevolgen teweegbrengt, die op het moment dat de rechter eraan te pas komt, niet meer zijn terug te draaien. Dan zou de procedure bij de rechter het karakter van nakaarten krijgen. Om die reden heeft de wetgever het treffen van een voorlopige voorziening mogelijk gemaakt (art. 8:81 Awb).[83]

Inhoud en karakter van de voorlopige voorziening

De voorziening mag alleen betrekking hebben op het in de hoofdzaak bestreden besluit (of de aangevallen uitspraak). Zo'n voorziening kan een schorsing van het aangevallen besluit inhouden, hetgeen voor de hand ligt wanneer een besluit is genomen. Door schorsing wordt tijdelijk de werking aan het besluit ontnomen. Een geschorst sanctiebesluit mag niet ten uitvoer worden gelegd, van een geschorste vergunning of ontheffing mag geen gebruik worden gemaakt. Maar de voorziening kan ook een andere inhoud hebben, met name wanneer geweigerd is een besluit te nemen of het besluit een afwijzing van de aanvraag inhoudt. Met alleen een schorsing van een weigering een vergunning te verlenen bijvoorbeeld, schiet de aanvrager weinig op. De voorziening zou dan kunnen inhouden dat het orgaan betrokkene voorlopig moet behandelen als ware hij in het bezit van een vergunning. Hoewel de voorziening voorlopig is, kan zij in de praktijk in hoge mate definitieve feitelijke gevolgen hebben. Soms volgt dat uit de aard van de zaak, vooral bij een vergunning voor kort durende activiteiten, zoals een evenementenvergunning. In puur financiële geschillen wordt niet snel een voorlopige voorziening getroffen omdat er meestal geen belang is bij een spoedvoorziening[84] (wel bijvoorbeeld wanneer anders faillissement aannemelijk is[85]) terwijl ook in Wob-geschillen de rechter zeer terughoudend is, maar dan vanwege het onomkeerbare karakter van de toegewezen voorziening (eenmaal geopenbaarde informatie is definitief openbaar en maakt de uitspraak in de hoofdzaak tamelijk irrelevant).

Vaak trekt de bezwaarde of eiser zijn bezwaar of beroep in nadat de voorlopige voorziening het gewenste resultaat heeft gehad. Meestal is een voor het bestuur ongunstige voorlopige voorziening ook een reden om de betrokken burger (definitief) tegemoet te komen. Het feitelijk nogal eens definitieve effect van de voorziening doet echter niet af aan de juridische voorlopigheid. De voorziening vervalt wanneer de rechter in het bodemgeschil uitspraak heeft gedaan (tenzij de bodemrechter met toepassing van art. 8:72 lid 5 Awb de voorziening laat doorlopen).

83 Zie uitgebreid en diepgaand over theorie en praktijk Th.G.M. Simons, A.T. Marseille en B.W. N. de Waard, *De voorlopige voorziening in het bestuursrecht*, VAR-preadvies, Den Haag: BJu 2006.

84 Zie bijvoorbeeld CRvB 31 juli 2012, ECLI:NL:CRVB:2012:BX3404.

85 CBb 30 juni 2005, *AB* 2005/433 m.nt. J.H. van der Veen.

Wie kan de voorlopige voorziening treffen?

De voorlopige voorziening wordt uitgesproken door de voorzieningenrechter van het bevoegde gerecht (rechtbank of andere bestuursrechter). Zij kan worden getroffen tijdens een bestuurlijke voorprocedure (bij de rechter die bevoegd is bij een eventueel op de voorprocedure volgend beroep te oordelen), bij de bestuursrechter in eerste aanleg en in hoger beroep.

Wie kan om een voorlopige voorziening vragen?

Om de voorziening kan tijdens een bestuurlijke voorprocedure worden gevraagd door degene die een bezwaarschrift of administratief-beroepschrift heeft ingediend dan wel door de belanghebbende die geen administratief beroep kan instellen (ingeval administratief beroep slechts openstaat voor een beperktere kring personen dan belanghebbenden, bijvoorbeeld alleen de aanvrager). Tijdens een procedure bij de bestuursrechter kan om een voorlopige voorziening worden gevraagd door een partij in de hoofdzaak. Er moet dus een procedure lopen, hetzij een voorprocedure, hetzij een procedure bij de rechter, om een voorlopige voorziening te kunnen vragen. Men noemt dit het *connexiteitsvereiste*. De bestuursrechtelijke 'kortgedingprocedure' verschilt hierin van de civielrechtelijke, die kan worden gevoerd los van een bodemprocedure.

Toetsingsmaatstaf

De reden om een voorlopige voorziening te treffen, is 'onverwijlde spoed, gelet op de betrokken belangen'. Toch kijkt de rechter ook wel naar de kans die een besluit maakt om het bodemgeschil te overleven. Wanneer het evident is dat een besluit rechtmatig is, heeft schorsing geen zin, ook niet als de gevolgen onomkeerbaar zijn; ze zijn dan namelijk ook onontkoombaar. In feite heeft de schorsing vragende partij dan ook geen gerechtvaardigd belang bij een schorsing.

> In de casus dreigde de eik, die ongeveer zo oud was als de oudste vorm van bestuursrechtspraak in Nederland, direct het loodje te leggen. Een voorlopige rechterlijke uitspraak is dan zeer gewenst; de gevolgen van uitvoering van de vergunning zijn onomkeerbaar en een rechterlijke uitspraak achteraf zou om des keizers baard zijn. Dat bleek in de casus zowel voor de rechtbank als voor de Afdeling in hoger beroep een belangrijke reden om te schorsen. Maar er was ook twijfel over de rechtmatigheid van het besluit, om welke reden door de rechtbank zelfs een bezichtiging ter plaatse werd gehouden.

Andersom kan de rechter een besluit waarvan de kans groot is dat het niet in stand zal blijven, schorsen, ook al is de spoedeisendheid beperkt. In de praktijk van de bestuursrechtspraak speelt de voorlopige rechtmatigheidstoetsing een zeer grote rol.

Kortsluiting

Wanneer het volkomen duidelijk is dat het besluit in beroep niet of juist wel in stand zal blijven, kan de voorzieningenrechter onmiddellijk uitspraak in de hoofdzaak doen (art. 8:86 Awb). Men noemt dit kortsluiting. Dit kan echter alleen wanneer al beroep bij de rechtbank is ingesteld en dus niet reeds tijdens een bestuurlijke voorprocedure.[86] Alle bestuursrechters, inclusief die in hoger beroep (art. 8:108), hebben de kortsluitingsbevoegdheid. Indien de bestuursrechter in eerste en hoogste aanleg uitspraak doet, kan deze kortsluiting van de voorlopige-voorzieningsprocedure met de hoofdzaak (bodemprocedure) slechts worden gemaakt op verzoek van partijen. In die gevallen is er namelijk geen hoger beroep meer waarin een ongewenste kortsluiting zou kunnen worden bestreden.

8.7 Rechtsbescherming door de burgerlijke rechter

Wanneer kan een procedure bij de burgerlijke rechter worden gevoerd?
In de periode dat de bestuursrechtspraak nog weinig voorstelde, heeft vooral de burgerlijke rechter de rechtmatigheidscontrole op het bestuurlijk handelen vormgegeven. Met de uitbouw van de bestuursrechtspraak is de rechtsbescherming door de burgerlijke rechter in omvang en betekenis afgenomen, maar zij is nog altijd van belang. De burgerlijke rechter is bevoegd te oordelen over alle geschillen met de overheid die vallen onder art. 112 Grondwet (geschillen over burgerlijke rechten en over schuldvorderingen). Hij verklaart de eiser evenwel niet-ontvankelijk indien er een met voldoende waarborgen omklede bestuursrechtelijke rechtsgang openstaat. Dat is een rechtsgang die eindigt bij een bestuursrechter. Dan moet die rechtsgang worden gevolgd. Zo'n rechtsgang staat niet open tegen de vele in afdeling 8.1.1 Awb van beroep uitgezonderde besluiten, tegen feitelijke handelingen en tegen privaatrechtelijke rechtshandelingen. Ten aanzien van al deze besluiten en handelingen kan dus een civielrechtelijke procedure worden gevoerd, zo nodig in drie instanties.

In de casus spreekt Henk van de Waaij de gemeente Gooiland aan voor het veroorzaken van schade aan zijn huis, doordat een gemeenteambtenaar onjuiste aanwijzingen voor het kappen zou hebben gegeven. Hier is sprake van feitelijk handelen, waartegen geen bestuursrechtelijke voorziening openstaat, dus moet Henk naar de burgerlijke rechter.

Toetsing
Het kan voorkomen dat in een geding bij de burgerlijke rechter, bijvoorbeeld inzake een vordering tot schadevergoeding, een eerder door de bestuursrechter beoordeeld besluit een rol speelt. Wanneer nu de bestuursrechter de onrechtmatigheid van een besluit heeft vastgesteld, gaat de burgerlijke rechter van die onrechtmatigheid uit (hij doet het werk van de bestuursrechter niet over).[87] Sterker: hij acht het besluit dan ook civielrechtelijk onrechtmatig. Onrechtmatigheid naar publiekrecht is ook onrechtmatigheid naar privaatrecht.

86 Een uitzondering vormt art. 78 Vw 2000, waarin deze mogelijkheid van 'doorpakken' wel is geopend.

87 Dat betreft primair een besluit waartegen in beroep is gegaan, maar kan ook een algemeen verbindend voorschrift betreffen, wanneer de bestuursrechter in hoogste instantie dat voorschrift onverbindend heeft geoordeeld. Zie HR 18 februari 2005, *AB* 2005/400 m.nt. F.J. van Ommeren. NB: De burgerlijke rechter is wel bereid een eigen toetsing te verrichten in het (uitzonderlijke) geval dat er in de procedure voor de bestuursrechter is gehandeld in strijd met een fundamenteel rechtsbeginsel; zie HR 7 mei 2004, *AB* 2004/439 m.nt. G.A. van der Veen.

Bij besluiten en handelingen die niet voor beroep bij de bestuursrechter vatbaar zijn, toetst de burgerlijke rechter het overheidshandelen mede aan geschreven én ongeschreven bestuursrechtelijke normen. Dat volgt uit art. 3:14 BW.[88] Ook hier leidt onrechtmatigheid naar publiekrecht dus tot onrechtmatigheid naar privaatrecht. Maar met het onrechtmatig zijn van een besluit of handeling is nog niet gegeven dat er civielrechtelijke aansprakelijkheid is. Daartoe moet ook aan de andere criteria voor aansprakelijkheid zijn voldaan: schuld (toerekenbaarheid), schade, causaal verband en relativiteit. In dit verband is van groot belang dat de burgerlijke rechter van oordeel is dat met de onrechtmatigheid van een besluit de schuld van het bestuur aan het ontstaan van schade in beginsel is gegeven. Er is in feite sprake van een risicoaansprakelijkheid voor het bestuur ten aanzien van het nemen van besluiten.[89]

Formele rechtskracht

Zoals gezegd kan de burgerlijke rechter in een geding te maken krijgen met een besluit waartegen beroep bij een bestuursrechter openstond. De vordering kan zelfs louter dat besluit betreffen. Wanneer betrokkene de bestuursrechtelijke beroepsgang niet heeft gebruikt en ook niet meer kan gebruiken, zal de burgerlijke rechter eiser weliswaar ontvankelijk verklaren (er staat geen bestuursrechtelijke rechtsgang meer open), maar het besluit fictief rechtmatig achten en de vordering afwijzen. Het besluit wordt dus voor rechtmatig gehouden, zelfs wanneer het instellen van beroep kansrijk zou zijn geweest. Het besluit heeft 'formele rechtskracht'.[90] Voor rechtmatig gehouden wordt ook de beslissing van een bestuursrechter om een partij niet-ontvankelijk te verklaren wegens het ontbreken van een procesbelang.[91] In beide gevallen (geen of te laat beroep ingesteld dan wel het niet (meer) hebben van procesbelang) strekt deze rechtspraak van de burgerlijke rechter ertoe de bevoegdheidsverdeling tussen bestuursrechter en burgerlijke rechter te respecteren. Daarbij is vooral van belang dat de korte beroepstermijnen, die de rechtszekerheid dienen, weinig effect zouden hebben als men bij de burgerlijke rechter een tweede kans zou krijgen nadat men zich niet tijdig tot de bestuursrechter had gewend. Op het principe van de formele rechtskracht bestaan echter wel enkele uitzonderingen. Zo breekt de civiele rechter door de formele rechtskracht heen wanneer het orgaan de wederpartij ten aanzien van een eventuele beroepsmogelijkheid op het verkeerde

---

88 In HR 27 maart 1987, *AB* 1987/273 m.nt. F.H. der Burg (Ikon-arrest) maakte de Hoge Raad uit dat het bestuurlijk handelen door de burgerlijke rechter rechtstreeks aan (in elk geval inhoudelijke) beginselen van behoorlijk bestuur kon worden getoetst.

89 Zie onder meer HR 31 mei 1991, *AB* 1992/290 m.nt. Van F.H. der Burg (Van Gog/Nederweert).

90 Termijnoverschrijding is echter geen onderdeel van de totstandkoming van een besluit en valt daarom niet onder de formele rechtskracht van dit besluit, zie ABRvS 21 juli 2010, *AB* 2010/329 m.nt. B.P.M. van Ravels, *JB* 2010/204 en HR 22 oktober 2010, *JB* 2010/249 m.nt. R.J.N. Schlössels, *NJ* 2011/6 m.nt. M.R. Mok.

91 HR 17 september 2010, *AB* 2011/19 m.nt. G.A. van der Veen, *JB* 2010/248 m.nt. R.J.N. Schlössels, *NJ* 2010/608 m.nt. M.R. Mok. De Hoge Raad verduidelijkt nog dat dit arrest slechts procesbelang betreft en niet ziet op het geval dat iemand niet-ontvankelijk is verklaard wegens het ontbreken van een rechtstreeks belang.

been heeft gezet of naderhand toegeeft een onjuist besluit te hebben genomen.[92] Ook staat het verzuim beroep in te stellen tegen een zelfstandig schadebesluit niet in de weg aan een civielrechtelijke vordering tot schadevergoeding.[93] Hetzelfde geldt voor het niet instellen van beroep tegen het niet tijdig beslissen op een aanvraag om schadevergoeding: ook dat staat niet in de weg aan een gang naar de burgerlijke rechter.[94] Het verzuim beroep in te stellen tegen de intrekking van een onrechtmatig verleende omgevingsvergunning bijvoorbeeld staat niet per definitie in de weg aan een verzoek om vergoeding van hierdoor gelede vertragingsschade.[95] Zie 8.5.3. Ten slotte zou ook het Europese recht roet in het eten van de formele rechtskracht kunnen gooien. Weliswaar achtte de Hoge Raad het beginsel van de formele rechtskracht niet in strijd met het EG-recht[96] (inmiddels EU-recht), of het Hof van Justitie dat ook vindt, moet worden afgewacht, maar aanwijzingen voor het tegendeel zijn er tot dusver niet.[97]

Aanvullende procedures
Soms kan na een bestuursrechtelijke procedure tegen een besluit nog een procedure bij de burgerlijke rechter worden gevoerd inzake bepaalde aspecten van de tenuitvoerlegging (executiegeschil over dwangbevel; bijvoorbeeld over de toelaatbaarheid van loonbeslag). Dit doet zich voor bij bestuurlijke sancties (zie 7.5.1 en 7.5.2). Opgemerkt zij echter dat geschillen over de meeste aspecten van de tenuitvoerlegging van sancties inmiddels (onder de vierde tranche Awb) in het kader van een beroep tegen kostenverhaals-, toepassings- en invorderingsbeschikkingen aan de bestuursrechter kunnen worden voorgelegd.

Schadevergoeding
Van belang is ook de rol die de burgerlijke rechter speelt bij acties tot schadevergoeding. Die rol is onverminderd groot waar het gaat om onrechtmatig feitelijk of civielrechtelijk handelen van de overheid. Ten aanzien van onrechtmatige besluiten en enkele andere onrechtmatige handelingen is van belang, dat art. 8:88 Awb de burger weliswaar de mogelijkheid geeft bij de bestuursrechter een verzoek tot schadevergoeding in te dienen, maar die burger kan ook naar de burgerlijke rechter stappen en voor bedragen hoger dan € 25.000 kan hij, behalve

92 Zie respectievelijk HR 11 november 1988, *AB* 1989/81 m.nt. F.H. der Burg (Ekro-arrest) en HR 18 juni 1993, *AB* 1993/504 m.nt. F.H. der Burg (Sint Oedenrode/Van Aarle).

93 HR 17 december 1999, *AB* 2000/89 m.nt. P.J.J. Buuren (Groningen/Raatgever) en HR 15 november 2002, *AB* 2003/95 m.nt. P.J.J. Buuren (Staat/Zevenbergen).

94 HR 25 oktober 2002, *JB* 2002/349 en ABRvS 21 november 2001, *AB* 2002/183 m.nt. A.M.L. Jansen.

95 HR 10 april 2009, *AB* 2009/320 m.nt. G.A. van der Veen, *JB* 2009/123 m.nt. J.M.H.F. Teunissen, *NJ* 2009/515 m.nt. M.R. Mok.

96 Zie respectievelijk HR 24 januari 2003, *RvdW* 26 en Elies Steyger, 'Formele rechtskracht geen rustig bezit meer', *NTB* 2003, p. 231. In de richting van een doorbreking van de formele rechtskracht gaat EHRM 16 april 2002, *AB* 2004/75 m.nt. N. Verheij (dat weliswaar een arrest van het EHRM is, maar indirect op EG-recht betrekking had).

97 Het in 6.4.5 genoemde arrest HvJ EG 13 januari 2004, *AB* 2004/58 m.nt. R.J.G.M. Widdershoven (Kühne en Heitz) ziet weliswaar op doorbreking van de formele rechtskracht in verband met EG/EU-recht, maar heeft betrekking op een andere dan de hier besproken situatie van verzuim om een beroep in te stellen, namelijk op de situatie waarin juist wél beroep is ingesteld en een uitspraak van de hoogste bestuursrechter is verkregen.

in de in art. 8:89 lid 1 bedoelde gevallen, hoe dan ook alleen bij de burgerlijke rechter terecht. Tegen besluiten die zelf het al dan niet verlenen van schadevergoeding betreffen, staat soms op grond van een wettelijke regeling beroep open op de bestuursrechter (zie bijvoorbeeld art. 6.1 Wro). Tegen de buitenwettelijke zogenaamde 'zuivere schadebesluiten' staat beroep op een bestuursrechter slechts open wanneer de schade door een (ander) besluit is veroorzaakt (zie 2.5). Ook ten aanzien van die schade bestaat de mogelijkheid de burgerlijke rechter te benaderen.

8.8 Rechtsbescherming in internationaal verband

Toetsing door de nationale rechter aan internationaal recht
In het in 8.2.3 beschreven systeem van de rechtsbescherming is slechts aandacht besteed aan het nationale recht. Aan die beschrijving moet allereerst worden toegevoegd dat de Nederlandse rechter besluiten en handelingen niet alleen aan Nederlands recht toetst, maar ook aan EU-recht en internationaal verdragsrecht. De Nederlandse rechter past regelmatig EU-recht, maar ook bepalingen van het EVRM, het IVBPR en andere verdragen toe in geschillen tussen burgers en de Nederlandse overheid.

Veel zaken waarin het EVRM aan de orde komt betreffen (beweerde) schending van art. 6, onder meer het vereiste van een redelijke termijn. Opmerkelijk is dat de Hoge Raad van oordeel is dat dit 'mensenrecht' (behandeling van zijn zaak door een onafhankelijke en onpartijdige rechter binnen een redelijke termijn) ook toekomt aan publiekrechtelijke lichamen.[98]

Een op het EU-recht gebaseerde aansprakelijkheid van de Staat wordt aangenomen voor het niet tijdig of niet correct implementeren van richtlijnen, dan wel het anderszins handelen in strijd met EU-recht.[99] Het vaststellen van die aansprakelijkheid en het toewijzen van eventueel daarmee samenhangende vorderingen tot schadevergoeding zal echter dienen te geschieden door de nationale rechter die volgens het eerder in dit hoofdstuk beschreven systeem bevoegd is het besluit, de handeling of het nalaten in kwestie te beoordelen.

Bij twijfel over de betekenis van een bepaling van gemeenschapsrecht, biedt het Verdrag betreffende de werking van de Europese Unie (VwEU) de nationale rechter de mogelijkheid om een vraag daaromtrent (een zogenaamde prejudiciële vraag) te stellen aan het Hof van Justitie van de EU, de hoogste EU-rechter.

De tweede toevoeging aan het beschreven systeem is dat burgers zich ook bij internationale rechters in rechte tegen de overheid kunnen verzetten. De twee belangrijkste procedures worden hierna aangestipt.

---

98 HR 8 juli 2005, *AB* 2006/17 m.nt. A.M.L. Jansen.

99 Zie de nog op het EG-recht betrekking hebbende arresten HvJ EG 19 november 1991, *AB* 1994/482 m.nt. F.H. van der Burg (Francovich en Bonifaci) inzake het niet tijdig implementeren van een richtlijn, HvJ EG 5 maart 1996, *AB* 1996/249 m.nt. F.H. van der Burg (Brasserie du Pêcheur) inzake het in stand laten van wetgeving die in strijd is met het gemeenschapsrecht, en HvJ EG 26 maart 1996, *JB* 1996/121 m.nt. Monica Claes (British Telecom) inzake incorrecte omzetting van een EG-richtlijn.

Rechtsbescherming op grond van het VwEU

Burgers kunnen in beroep gaan tegen door EU-instellingen genomen beschikkingen die hen rechtstreeks en individueel raken (art. 263 VwEU). Het beroep heeft geen schorsende werking, maar de EU-rechter kan een besluit schorsen (art. 278 VwEU). De EU-rechter is voorts bevoegd kennis te nemen van geschillen over vergoeding van door de EU veroorzaakte schade (art. 340 VwEU). De EU-rechter in eerste aanleg is het Gerecht. De hoogste rechter is het Hof van Justitie, dat rechtspreekt in hoger beroep. Gerecht en Hof van Justitie vormen samen het Hof van Justitie van de EU. De uitspraken van de EU-rechter zijn bindend.

Rechtsbescherming op grond van het EVRM

Bij het Europese Hof voor de Rechten van de Mens (EHRM) kunnen natuurlijke personen, niet tot de overheid behorende organisaties en groepen personen een klacht indienen over schending van het EVRM door een bij het verdrag aangesloten staat. Het EHRM neemt de zaak echter pas in behandeling als alle nationale rechtsmiddelen (bezwaar, beroep etc.) zijn gebruikt. Als het verzoekschrift waarin de klacht is neergelegd ontvankelijk is, probeert het EHRM een minnelijke schikking tot stand te brengen; lukt dat niet, dan doet het hof een uitspraak over de gegrondheid van de klacht. In uitzonderlijke gevallen staat hoger beroep open op de 'grote kamer' van het EHRM. De uitspraken van het hof zijn bindend.

Een beroemd voorbeeld van een zaak die na uitputting van de nationale rechtsmiddelen tot een uitspraak van het EHRM heeft geleid, is de Benthem-zaak. Benthem had een Hinderwetvergunning[100] gekregen die na een daartoe door de milieu-inspecteur ingesteld beroep bij de Kroon, destijds de hoogste nationale instantie ten aanzien van milieuvergunningen, werd vernietigd. Het EHRM meende dat Nederland art. 6 EVRM schond door na of in plaats van het Kroonberoep geen rechterlijke procedure open te stellen. De Kroon was niet de onafhankelijke en onpartijdige rechter die art. 6 eist voor geschillen inzake de vaststelling van burgerlijke rechten, waaronder ook een geschil inzake het verlenen van een Hinderwetvergunning viel. Met het Benthem-arrest[101] is de aftocht van het Kroonberoep begonnen, die per 1 januari 1994 is voltooid.

8.9 Klachtrecht

8.9.1 Algemeen

Als burgers een conflict hebben met een bestuurlijke instantie, kunnen ze in veel gevallen, meestal na een voorprocedure, naar de bestuursrechter stappen en anders naar de burgerlijke rechter. Er zijn echter ook situaties waarin men niet bij de bestuursrechter terechtkan en die zich minder goed lenen voor een gang naar de burgerlijke rechter, bijvoorbeeld wanneer burgers zich onheus behandeld

100 In 1993 is de Hinderwet opgegaan in de Wet milieubeheer die op haar beurt ten dele is opgegaan in de Wabo. In een vergelijkbare casus zou nu van een omgevingsvergunning sprake zijn dan wel van een niet-vergunningplichtige activiteit.

101 EHRM 23 oktober 1985, *AB* 1986/1 m.nt. E.M.H. Hirsch Ballin.

voelen door een ambtenaar of overheidsinstantie. Denk aan een onvriendelijke bejegening of een minder grote voortvarendheid bij de behandeling van verzoeken dan gewenst is. Daarbij hoeft niet direct van onrechtmatigheid sprake te zijn en ook als dat wel zo is, is het niet altijd zinvol (meer) naar de rechter te gaan; het hangt er maar van af wat men in een procedure wil en kan bereiken. Waar geen bezwaar en beroep openstaat, biedt de burgerlijke rechter weliswaar aanvullende rechtsbescherming, maar in sommige gevallen zou een procedure bij de burgerlijke rechter óf relatief duur en omslachtig zijn, óf weinig kansrijk. Is het niet mogelijk respectievelijk is men er niet op uit om de vernietiging van een besluit te bewerkstelligen of een verbod, gebod of schadevergoeding te verkrijgen, maar vooral om bepaald overheidsgedrag aan de kaak te stellen, of om 'zijn gram te halen', dan bestaan daarvoor diverse wettelijke klachtvoorzieningen. We maken daarbij onderscheid tussen intern en extern klachtrecht. Intern klachtrecht ziet op het klagen bij de instantie waarover men een klacht heeft, dan wel bij een door deze instantie ingestelde klachtencommissie, extern klachtrecht ziet op het klagen bij een onafhankelijke, bij of krachtens de wet ingestelde ombudsman. Het klachtrecht vult aldus de eerder besproken voorzieningen aan. Die aanvullende functie blijkt uit het feit dat wanneer de mogelijkheid van bezwaar openstaat, de interne en externe klachtinstanties niet verplicht zijn de klacht te behandelen, terwijl in gevallen waarin (nog) beroep mogelijk is of aanhangig is een ombudsman zelfs niet bevoegd is de klacht te behandelen.

8.9.2 Intern klachtrecht

Titel 9.1 Awb bevat een algemene regeling inzake het klagen bij bestuursorganen.[102] Deze regeling bevat overigens slechts minimumeisen. Art. 9:1 geeft eenieder het recht bij een bestuursorgaan te klagen over het gedrag in een bepaalde aangelegenheid van dat bestuursorgaan en onder verantwoordelijkheid van dat orgaan werkende personen. Het orgaan is verplicht de klacht behoorlijk te behandelen. Een besluit omtrent de gegrondheid van de klacht is niet voor beroep vatbaar (art. 9:3; klachtrecht kan dus niet worden omgezet in rechtsbescherming). Afdeling 9.1.2 bevat bepalingen over de procedure van klachtbehandeling, waaronder bepalingen inzake het horen (in beginsel verplicht) en de beslistermijn (in beginsel zes weken). Afdeling 9.1.3 voorziet in de mogelijkheid de behandeling van de klacht op te dragen aan een persoon of commissie waaraan het orgaan slechts algemene instructies kan geven. Deze min of meer onafhankelijke persoon of commissie adviseert het bestuursorgaan over de naar aanleiding van de klacht te trekken conclusies, maar het bestuursorgaan beslist.

Titel 9.1 bevat louter bepalingen van orde. Aan het niet voldoen aan de gestelde verplichtingen zijn geen rechtsgevolgen verbonden. Uiteindelijk zal vooral de Nationale ombudsman (zie hierna) kunnen toezien op de naleving door bestuursorganen van bedoelde verplichtingen.

102 Zie uitgebreid daarover M.P. Gerrits-Janssens, *Klachtrecht onder de Awb*, Deventer: Kluwer 2001.

8.9.3 Extern klachtrecht

Algemeen

Naast het zojuist besproken interne klachtrecht is er extern klachtrecht. Geklaagd kan dan worden bij een onafhankelijke, externe instantie. Titel 9.2 Awb bevat de klachtbehandeling door een ombudsman. De bekendste en belangrijkste is de Nationale ombudsman. De afbakening van zijn werkterrein, regels voor benoeming en ontslag (door de Tweede Kamer) alsmede enkele aanvullende bepalingen betreffende het door hem te verrichten onderzoek zijn te vinden in de Wet Nationale ombudsman. Hij is globaal genomen bevoegd ten aanzien van alle instanties van de centrale overheid en een deel van de decentrale overheidsinstanties. Ook het optreden van de politie in het kader van de openbare-ordehandhaving kan door de Nationale ombudsman worden gecontroleerd. De decentrale overheden mogen kiezen voor de instelling van een eigen ombudsman of ombudscommissie. Ten behoeve daarvan zijn in de organieke wetten de nodige voorzieningen aangebracht, zoals benoeming, ontslag, personeel van de ombudsman en de verslaglegging. Decentrale overheden die geen eigen voorziening instellen, vallen onder het bereik van de Nationale ombudsman. Inmiddels kennen veel gemeenten een eigen ombudsman (die ze overigens soms met andere gemeenten delen). De provincies hebben tot dusver geen eigen ombudsman ingesteld.

De ombudsmannen oefenen een algemene behoorlijkheidscontrole uit. Die controle vormt een verbinding tussen de politieke controle door de volksvertegenwoordigende organen en de rechtmatigheidscontrole door de rechter.

Bevoegdheden

De ombudsman[103] kan over gedragingen van bestuursorganen en hun ambtenaren een rapport uitbrengen en aanbevelingen doen; niet meer (dus geen vernietiging uitspreken, geen schadevergoeding toekennen[104]), maar ook niet minder. Het gezag van de Nationale ombudsman is zodanig groot, dat zijn rapporten en aanbevelingen doorgaans zeer serieus worden genomen. Zijn gezag, maar ook dat van de decentrale ombudsmannen, moet worden verkregen en behouden door degelijk en accuraat werk en nuttige aanbevelingen.

Om gedegen onderzoek te kunnen doen, beschikt hij over diverse ingrijpende onderzoeksbevoegdheden: hij kan onder meer bij bestuursorganen inlichtingen inwinnen, schriftelijke stukken vorderen en alle plaatsen behalve woningen betreden (afdeling 9.2.3. Awb).

---

103 Hiermee zijn hierna steeds zowel de Nationale ombudsman als de decentrale ombudsmannen bedoeld. De Nationale ombudsman wordt bijgestaan door enkele substituut ombudsmannen (waaronder de Kinderombudsman, die een eigen werkterrein heeft) en vele stafleden. Men verwarre de Nationale ombudsman en de decentrale ombudsmannen niet met 'televisie-ombudslieden' als de VARA-ombudsman, die voor het recht niet van belang zijn.

104 Een rapport van de ombudsman, waaruit blijkt dat een bestuursorgaan op grond van de behoorlijkheid schadevergoeding zou moeten toekennen, kan dus niet rechtstreeks leiden tot vergoeding van vermogensschade of de grondslag vormen voor de vaststelling van de omvang van die schade (ABRvS 7 april 2010, *AB* 2010/206 m.nt. F.M.J den Houdijker).

Hij kan een onderzoek instellen zowel op verzoek van een klager als op eigen initiatief. Als uitgangspunt geldt dat hij verplicht is aan het verzoek te voldoen (art. 9:18 lid 3), maar op die verplichting gelden nogal wat uitzonderingen en in sommige gevallen is hij zelfs niet bevoegd (art. 9:22 tot en met art. 9:24). Degene die om een onderzoek wil verzoeken, moet voorafgaand daaraan bij het desbetreffende orgaan een klacht indienen tenzij dit redelijkerwijs niet kan worden gevergd of de klacht juist de wijze van klachtbehandeling betreft (art. 9:20). Aldus is er ook bij het externe klachtrecht een soort bestuurlijke voorprocedure (eerst gebruikmaken van het interne klachtrecht).

Beoordelingsmaatstaf

De ombudsman beoordeelt een gedraging op behoorlijkheid. In zijn rapport concludeert hij dat een gedraging wel of niet behoorlijk is geweest. Behoorlijkheid omvat in dit verband zowel normen van rechtmatigheid en doelmatigheid als van fatsoen. Voor de toetsing van besluiten kan de ombudsman aansluiten bij het geschreven en ongeschreven normenkader zoals ook de bestuursrechter dat hanteert. Vooral bij feitelijke handelingen heeft de ombudsman een aanvullend eigen normenkader ontwikkeld.[105] Het gaat er in het algemeen om dat het orgaan de grenzen van hetgeen van een behoorlijk handelende overheid mag worden verwacht niet overschrijdt. De burger moet zich van zijn kant realiseren dat het bestuur vele taken heeft en dat ook het bestuur niet tot het onmogelijke is gehouden. In 6.2.5 werden reeds enkele gedragsnormen genoemd, die geen wettelijke basis hebben, maar waaraan bestuursorganen zich volgens de ombudsman op grond van de behoorlijkheidsmaatstaf zouden moeten houden. Voorbeelden daarvan zijn het aannemen van een houding gericht op samenwerking, het uit eigen beweging herstellen van ontdekte fouten, het verlenen van hulp bij het indienen van aanvragen, het achterwege laten van grievende opmerkingen en het goed telefonisch bereikbaar zijn. Ook een voortvarende behandeling van aanvragen, het op de hoogte houden van burgers van de voortgang van de besluitvorming en het (anderszins) uit eigen beweging verschaffen van informatie behoren tot die normen.

Te zuinig was de overheid, in dit geval de Belastingdienst, op het punt van informatieverstrekking toen zij haar standpunt over een informatieplicht van een burger in een belastingzaak slechts aan die burger zelf stuurde en niet aan de gemachtigde die voor betrokkene steeds met de Belastingdienst had gesproken. Ruim genoeg daarentegen was de mededeling in een plaatselijk dagblad dat van gemeentewege een actie ter verwijdering van fietswrakken bij het Utrechtse NS-station zou worden gehouden; het was niet nodig en ook niet doenlijk de eigenaren van de wrakken op te sporen en aan te schrijven.[106]

105 Zie hierover uitgebreid de studie die onder supervisie van de Nationale ombudsman zelf is verschenen, getiteld *Werken aan behoorlijkheid*, Den Haag: BJu 2007.

106 Zie achtereenvolgens No 27 augustus 1998, *AB* 1998/402 m.nt. P.J. Stolk en No 25 april 1995, *AB* 1995/330 m.nt. P.J. Stolk.

Beperkingen
De ombudsman is niet bevoegd een onderzoek in te stellen ten aanzien van zaken die onder de rechter zijn, besluiten[107] waartegen beroep openstaat of waarover de bestuursrechter een uitspraak heeft gedaan, zaken van algemeen regeringsbeleid en algemeen verbindende voorschriften (art. 9:22 Awb).

107 De ombudsman is wél bevoegd waar het gaat om het niet tijdig nemen van een besluit. In sommige jaarverslagen heeft de Nationale ombudsman kritiek geuit op de traagheid van sommige overheidsinstanties. waartegen beroep openstaat of waarover de bestuursrechter een uitspraak heeft gedaan, zaken van algemeen regeringsbeleid en algemeen verbindende voorschriften (art. 9:22 Awb).

TOEGIFT

In hoofdstuk 1 is een casus gepresenteerd over een ontheffing voor het houden van wurgslangen in een woonwijk. Naar aanleiding van die casus zijn vragen gesteld. Die kunnen aan de hand van de in de voorgaande hoofdstukken behandelde stof worden beantwoord. De antwoorden strekken ertoe een aantal belangrijke punten nog eens in herinnering te roepen, maar zijn beknopt gehouden om (uitgebreide) herhaling van het voorgaande te vermijden. Per antwoord is naar een of meer relevante hoofdstukken verwezen. Deze toegift heeft ook een controlefunctie. De lezer zal aan de hand van de antwoorden kunnen nagaan of – en als het goed is: kunnen constateren dat – hij veel meer van bestuursrecht weet en begrijpt dan toen hij dit boek ging bestuderen; en daar was het om begonnen.

a. Wat is een APV en wat is een ontheffing? Op grond waarvan mogen verboden worden ingesteld en aan burgers plichten opgelegd?

De APV is een autonome raadsverordening (art. 149 Gemeentewet juncto art. 147 Gemeentewet). Zij is een voorbeeld van een wet in materiële zin, die algemeen verbindende voorschriften bevat, waaronder tot burgers gerichte verboden. Dergelijke verboden mogen alleen worden ingesteld door organen die daartoe een wettelijk toegekende bevoegdheid hebben. Hetzelfde geldt voor het opleggen van plichten. Dit brengt het legaliteitsvereiste mee; zie hoofdstuk 2. Een ontheffing is een bepaald soort beschikking (een besluit dat niet van algemene strekking is), namelijk één waarbij voor een of enkele personen een uitzondering wordt gemaakt op een wettelijk verbod.

b. Waarom wordt een APV door de gemeenteraad vastgesteld, terwijl een ontheffing door B en W wordt verleend?

Alle gemeenten hebben een gemeenteraad, een college van B en W en een burgemeester. Deze organen hebben wettelijk toegekende bevoegdheden, waarbij een zekere taakverdeling zichtbaar is. De raad is bevoegd verordeningen te maken, althans voor zover de bevoegdheid daartoe niet aan B en W of de burgemeester is toegekend (art. 147 Gemeentewet). Die toekenning + kan wat B en W betreft plaatsvinden in medebewindswetten; aan de burgemeester is ook in de Gemeentewet een beperkte verordenende bevoegdheid toegekend (noodverordeningen). Voor het vaststellen van de APV is geen ander orgaan dan de raad bevoegd gemaakt.

Het geven van een ontheffing is een uitvoeringsbevoegdheid (art. 82 APV wordt uitgevoerd). Dergelijke bevoegdheden berusten meestal bij het dagelijks bestuur; dat is het college van B en W. In de APV in de casus is de bevoegdheid ontheffingen te geven geattribueerd aan B en W. Attributie is het in het leven roepen en vervolgens toekennen van een bevoegdheid. Organen kunnen ook op andere wijzen bevoegdheden verkrijgen (delegatie en mandaat). Zie over de verkrijging van bevoegdheden hoofdstuk 3.

c. Welke andere bevoegdheden dan het maken van APV's en het geven van ontheffingen heeft het gemeentebestuur?

Bestuursorganen van gemeenten, maar ook van de provincies en het rijk, hebben tal van bevoegdheden: het maken van verordeningen, plannen, beleidsregels, het geven van beschikkingen, waaronder het toekennen van subsidies, toeslagen e.d., het geven van vergunningen en het nemen van sanctiebesluiten, het verrichten van feitelijke handelingen en het uitoefenen van privaatrechtelijke rechten voor de rechtspersoon waartoe ze behoren. Ook organen van andere openbare lichamen en zelfstandige bestuursorganen hebben bevoegdheden, zij het niet altijd alle genoemde. Zo is niet elk orgaan tot regelgeving bevoegd. In hoofdstuk 5 is een overzicht gegeven van de taken en bevoegdheden van de diverse bestuursinstanties. In hoofdstuk 4 zijn de juridische aspecten van de bevoegdheden afzonderlijk besproken.

d. In de casus is sprake van beleid ter uitvoering van de ontheffingsbevoegdheid. Moet er altijd beleid worden gevoerd? Wat is beleid eigenlijk juridisch gezien?

Voor de beantwoording van de hier gestelde vragen is van belang of er bij de uitoefening van de bevoegdheid in kwestie een zekere vrijheid voor het bestuursorgaan is (zij het uiteraard binnen de grenzen van het recht). Het kan gaan om beleidsvrijheid en om beoordelingsvrijheid. Beleidsvrijheid is de vrijheid om een bevoegdheid wel of niet (eventueel onder voorwaarden of onder het stellen van voorschriften of beperkingen) te gebruiken, beoordelingsvrijheid is de vrijheid een vage wettelijke term of norm naar eigen inzicht te preciseren. Bij vrije bevoegdheden moet het bestuur in beginsel, tenzij het om eenmalige aangelegenheden gaat, beleid vormen en dienovereenkomstig handelen (consistentiebeginsel). Dat wil zeggen dat het orgaan volgens een bepaalde lijn te werk moet gaan. Beleid is dus de consistentie in het bestuurlijk handelen, waartoe organen rechtens verplicht zijn. Van een beleidslijn kan alleen en moet dan ook worden afgeweken wanneer daarvoor goede redenen aanwezig zijn (bij beleidsregels: wanneer het volgen van de beleidsregel voor een of meer belanghebbenden gevolgen zou hebben die wegens bijzondere omstandigheden onevenredig zijn in verhouding tot de met de beleidsregel te dienen doelen; art. 4:84 Awb). In dat geval moet die afwijking wel goed worden gemotiveerd. Zie hoofdstuk 6.

e. Hoe verloopt de besluitvorming bij de overheid? Moet voor een ontheffing een schriftelijk verzoek worden ingediend? Krijgt de verzoeker voorafgaand aan de beslissing de gelegenheid tot een mondelinge toelichting?

De besluitvorming bij het openbaar bestuur is deels geregeld in de Awb, deels in bijzondere wettelijke regelingen en wordt aanvullend genormeerd door ongeschreven rechtsbeginselen. Een aanvraag om een ontheffing moet schriftelijk worden ingediend (art. 4:1 Awb). De indiener hoeft alleen te worden gehoord (schriftelijk dan wel, indien hij dat wenst, mondeling) wanneer de aanvraag geheel of gedeeltelijk wordt afgewezen en deze afwijzing (mede) berust op gegevens die de aanvrager niet heeft aangeleverd (art. 4:7 lid 1 Awb). Wanneer de afwijking van de aanvraag voor de aanvrager van geringe betekenis is, hoeft hij zelfs helemaal niet te worden gehoord (art. 4:7 lid 2). Zie hoofdstuk 6.

f. Stel dat de slangenhouders zich niet aan de ontheffingsvoorschriften houden; (hoe) kan het gemeentebestuur daartegen dan optreden? Kan het de slangen doen verwijderen? Kan het de slangenhouders straffen met een bestuurlijke boete?

Het gemeentebestuur, meer in het bijzonder het college van B en W, heeft de bevoegdheid om de overtollige slangen te verwijderen door middel van toepassing van bestuursdwang. In de last onder bestuursdwang moeten de slangenhouders wel een termijn krijgen waarbinnen zij zelf de slangen kunnen verwijderen alvorens het gemeentebestuur dat zo nodig zal doen. In het laatste geval kunnen de kosten van de verwijdering en het afvoeren en eventueel bewaren van de slangen op de overtreders (de slangenhouders dus) worden verhaald. B en W kunnen de slangenhouders ook, in plaats van een last onder bestuursdwang, een last onder dwangsom opleggen die de slangenhouders ertoe verplicht zelf de slangen te verwijderen. Geven zij geen (of niet tijdig) gehoor aan de last, dan verbeuren zij een of meer dwangsommen. Tot het opleggen van een boete had het gemeentebestuur in het jaar waarin de casus speelt (1991) voor gevallen als dit nog niet de benodigde wettelijke bevoegdheid gekregen. Zo'n bevoegdheid zou er nu, op grond van art. 154b lid 1 Gemeentewet, wel in de desbetreffende gemeente kunnen zijn als aan de daar bedoelde vereisten is voldaan, aannemende dat we hier mogen spreken van een gedraging die kan leiden tot overlast in de openbare ruimte. De boetebevoegdheid is de afgelopen decennia overigens steeds vaker aan bestuursorganen toegekend. Inmiddels is ook sprake van een nieuw soort boete in de vorm van de bestuurlijke strafbeschikking. Zie hoofdstuk 7.

g. Wat is een bezwaarschrift? Wie beslist daarop?

Een bezwaarschrift is een schriftelijk verzoek aan een orgaan dat een besluit heeft genomen om dit besluit te heroverwegen en een nieuw of gewijzigd besluit te nemen. Op dit verzoek wordt beslist door het orgaan dat het bestreden besluit nam. Gebruikelijk is dat een bestuursorgaan zich daarbij laat adviseren door een commissie, veelal met een externe voorzitter. Het verzoek kan worden ingediend door een belanghebbende (art. 8:1 Awb juncto art. 7:1 Awb). Zie hoofdstuk 8.

h. Wie kan waartegen in beroep gaan bij de rechter en bij welke rechter?

In het algemeen kan de belanghebbende in beroep gaan. De bijzondere wet kan echter anders bepalen (bijvoorbeeld alleen beroep voor de aanvrager). Beroep staat open tegen besluiten, behalve tegen besluiten die van beroep zijn uitgezonderd, waaronder algemeen verbindende voorschriften en beleidsregels (art. 8:3 Awb). Het beroep staat open bij de bestuursrechter. Dat is in beginsel de rechtbank, maar in nogal wat gevallen een andere rechter, zoals de Afdeling bestuursrechtspraak van de Raad van State of het College van Beroep voor het bedrijfsleven, alsdan rechtsprekend in eerste en enige aanleg. Als beroep op de rechtbank openstaat, is vrijwel altijd hoger beroep mogelijk. Er zijn diverse hogerberoepsrechters (appelrechters); na de door de regering voorgenomen reorganisatie van de hoogste bestuursrechtspraak kan dit anders komen te liggen. Afhankelijk van het type zaak moet men bij de ene of de andere instantie zijn; in de Awb (inclusief bijlage 2) is te vinden bij welke rechter hoger beroep kan worden ingesteld. Zie hoofdstuk 8.

i. Wat kan degene die in beroep gaat bij die rechter bereiken?

De rechter kan onder meer het besluit vernietigen en op verzoek schadevergoeding toekennen. Hij kan gebreken in een besluit passeren als belanghebbenden door die gebreken niet zijn benadeeld en hij kan bepalen dat de rechtsgevolgen van een vernietigd besluit in stand blijven als het gebrek dat tot de vernietiging leidde inmiddels is geheeld. Soms kan hij zelf een nieuw besluit in de plaats stellen voor het vernietigde besluit, in elk geval wanneer sprake zou zijn van een strikt gebonden bevoegdheid, maar soms ook in andere gevallen. In casu was de ontheffingsbevoegdheid geen gebonden bevoegdheid. Indien de rechter het beroep gegrond zou hebben bevonden, had hij het orgaan kunnen opdragen een nieuw besluit te nemen. Wanneer de beleidsvrijheid door beleidsregels of anderszins danig zou zijn ingeperkt, zou de rechter evenwel ook zelf in de zaak hebben kunnen voorzien. Sinds 2007/2008 probeert de bestuursrechter zo veel mogelijk de aan hem voorgelegde geschillen finaal te beslechten; art. 8:41a Awb verplicht hem daar inmiddels toe. Diverse van de bovengenoemde bevoegdheden staan hem daartoe ten dienste. Na de vernietiging van een boetebeschikking is de rechter verplicht zelf in de zaak te voorzien. Zie hoofdstuk 8.

Slotoverweging

Het bestuursrecht heeft uiteraard aanzienlijk meer inhoud dan een inleiding in dit rechtsgebied kan laten zien. Over onderwerpen als het legaliteitsvereiste, het besluitbegrip, zelfstandige bestuursorganen, gebruik van het privaatrecht door de overheid, de beginselen van behoorlijk bestuur, bestuurlijk gedogen en de last onder dwangsom, om maar enkele voorbeelden te noemen, zijn afzonderlijke boeken (vaak proefschriften) geschreven. De jurisprudentie biedt een schat aan materiaal, waarvan slechts het belangrijkste in de vaktijdschriften kan worden ontsloten. De grote hoeveelheid wetgeving en bijbehorende parlementaire stukken zijn alleen nog elektronisch behoorlijk te raadplegen. Er is dus een enorme verbreding en verdieping in de bestudering van het bestuursrecht mogelijk. Maar zonder degelijke basis hoeft men daaraan niet te beginnen. Hopelijk is die basis met het voorgaande gelegd.

JURISPRUDENTIEREGISTER

In dit register verwijzen de nummers achter het jurisprudentie-item naar de paragrafen

Afdeling bestuursrechtspraak Raad van State

20 november 1998	*AB* 1999/82 m.nt. F.C.M.A. Michiels	2.5
3 december 1998	*AB* 1999/107 m.nt. F.C.M.A. Michiels, *JB* 1999/13 m.nt. F.A.M. Stroink	8.3
18 november 1999	*JB* 2000/9	4.2.1
21 december 1999	*AB* 2000/78 m.nt. dG	8.5.3
4 februari 2000	*AB* 2000/242 m.nt. L.J.M. Damen	8.5.1
24 februari 2000	*JB* 2000/96	8.2.3
2 april 2000	*AB* 2000/222 m.nt. M. Schreuder-Vlasblom	8.5.5
16 mei 2000	*AB* 2000/325 m.nt. F.C.M.A. Michiels	8.2.3
22 juni 2000	*AB* 2000/313 m.nt. F.C.M.A. Michiels	4.5.2
27 juni 2000	*AB* 2000/314	4.5.2
29 september 2000	*AB* 2000/474 m.nt. F.C.M.A. Michiels	7.5.2
22 maart 2001	*AB* 2001/195 m.nt. dG	6.5.7
12 september 2001	*AB* 2002/172 m.nt. L.J.M. Damen	6.3.2
7 november 2001	*AB* 2002/177 m.nt. G.T.J.M. Jurgens	7.5.1, 7.5.2
21 november 2001	*AB* 2002/183 m.nt. A.M.L. Jansen	8.7
12 december 2001	*AB* 2002/126 m.nt. A.T. Marseille	6.1
12 december 2001	*AB* 2002/323 m.nt. A.T. Marseille	6.5.7
30 januari 2002	*JB* 2002/91 m.nt. J.H. Gerards	6.5.4
27 februari 2002	*AB* 2002/224 m.nt. F.C.M.A. Michiels	7.7
10 april 2002	*AB* 2003/98 m.nt. F.J.L. Pennings	8.5.3
8 mei 2002	*JB* 2002/202 m.nt. F.A.M. Stroink	2.5
22 mei 2002	*JB* 2002/170 m.nt. R.J.N. Schlössels	6.5.5
22 mei 2002	*JB* 2002/203 m.nt. Hans Peters	3.3
4 juni 2002	*AB* 2002/219 m.nt. F.C.M.A. Michiels	7.7
19 juni 2002	*AB* 2002/266 m.nt. M.P. Jongma	8.5.3
19 juni 2002	*AB* 2002/282 m.nt. A.M.L. Jansen	8.5.3
3 juli 2002	*AB* 2003/306 m.nt. B.J. Schueler	8.5.3
17 juli 2002	*JB* 2002/248 m.nt. E.C.H.J. van der Linden	4.2.3
31 juli 2002	*JB* 2002/277 m.nt. E.C.H.J. van der Linden	8.5.3
25 september 2002	*AB* 2002/409 m.nt. A. van Hall	6.5.4
6 november 2002	*Gst.* 7182/56	7.3.2
13 november 2002	*JB* 2003/14 m.nt. Hans Peters	3.3
15 januari 2003	*AB* 2003/221 m.nt. A.T. Marseille	8.2.3
26 februari 2003	*AB* 2003/265 m.nt. J.H.A. van der Grinten	6.5.7
19 maart 2003	*AB* 2003/301 m.nt. Hans Peters	3.3
29 april 2003	*AB* 2003/254 m.nt. A. van Hall	2.5
18 juni 2003	*AB* 2003/394 m.nt. F.R. Vermeer	7.7
25 juni 2003	*AB* 2004/5 m.nt. F.C.M.A. Michiels	6.3.2
23 juli 2003	*AB* 2003/413 m.nt. dG	2.5

6 augustus 2003	*AB* 2003/355 m.nt. R.J.G.M. Widdershoven en P.A. Willemsen	8.5.5
6 augustus 2003	*AB* 2004/140 m.nt. Hans Peters	3.3
6 augustus 2003	*AB* 2004/169 m.nt. F.R. Vermeer	6.3.2
27 augustus 2003	*AB* 2004/10 m.nt. N. Verheij	3.3
3 september 2003	*AB* 2004/205 m.nt. J.C.A. de Poorter	6.3.2
29 oktober 2003	*AB* 2004/361 m.nt. O.J.D.M.L. Jansen	2.5
10 december 2003	ECLI:NL:RVS:2003:AN9718	7.5.1
24 december 2003	*AB* 2004/117 m.nt. F.C.M.A. Michiels	8.2.1
24 december 2003	*AB* 2005/95 m.nt. J.G. Brouwer en A.E. Schilder	2.2
4 februari 2004	*Gst.* 7205/66 m.nt. R. Kooper	2.6
11 februari 2004	*BR* 2004/121	7.3.2
18 februari 2004	*AB* 2004/113 m.nt. G.J.M. Cartigny	6.3.2
3 maart 2004	*AB* 2004/252 m.nt. N. Verheij	8.3
7 april 2004	ECLI:NL:RVS:2004:AO7117	4.2.1
21 april 2004	*AB* 2004/214 m.nt. A.J.Th. Woltjer	2.6
28 april 2004	*AB* 2004/222 m.nt. A.B. Blomberg	4.5.2
28 april 2004	*JB* 2004/236 m.nt. F.A.M.S.	6.2.4
28 april 2004	*AB* 2004/276 m.nt. R.J.G.M. Widdershoven	8.5.5
19 mei 2004	*JB* 2004/256 m.nt. Hans Peters	3.3
19 mei 2004	*JB* 2004/274 m.nt. A. van Eijs	6.5.8
2 juni 2004	*JB* 2004/277 m.nt. R.J.N. Schlössels	6.3.2
30 juni 2004	*JB* 2004/293 m.nt. C.L.G.F.H. Albers (*Dakopbouw Haarlem*)	7.3.2
28 juli 2004	*Gst.* 7223/23 m.nt. A.P. Klap	4.2.3
11 augustus 2004	*AB* 2004/370 m.nt. F.R. Vermeer	6.6.1
18 augustus 2004	*AB* 2005/13 m.nt. A. Tollenaar	4.2.4
18 augustus 2004	*AB* 2005/106 m.nt. A.G.A. Nijmeijer	2.5
18 augustus 2004	*AB* 2004/395 m.nt. N. Verheij	2.5
8 september 2004	*BR* 2004/188 m.nt. A.A.J. de Gier	6.5.7
8 september 2004	*AB* 2005/1007 m.nt. F.R. Vermeer	2.5
12 januari 2005	*AB* 2005/265 m.nt. F.R. Vermeer	6.3.2
19 januari 2005	*AB* 2005/50 m.nt. A.B. Blomberg	7.3.2
26 januari 2005	*Gst.* 7241/187 m.nt. J.M.H.F. Teunissen	6.3.2
9 februari 2005	*JB* 2005/88	7.5.2
2 maart 2005	*AB* 2005/146 m.nt. dG	2.5
9 maart 2005	*AB* 2005/251 m.nt. J.G. Brouwer en A.E. Schilder	6.3.2
4 mei 2005	*JB* 2005/187 m.nt. F.A.M.S.	8.5.3
1 juni 2005	*AB* 2005/247 m.nt. F.C.M.A. Michiels	7.2.1
22 juni 2005	*Gst.* 7235/131 m.nt. M.C. de Voogd	8.3

28 oktober 2009	*JB* 2010/3 m.nt. T. Lam	6.3.2
4 november 2009	ECLI:NL:RVS:2009:BK1939	6.5.7
18 november 2009	*JB* 2010/9	2.5
18 november 2009	ECLI:NL:RVS:2009:BK3629	6.5.4
25 november 2009	*JB* 2010/12	6.3.2, 7.5.1
25 november 2009	ECLI:NL:RVS:2009:BK4305	6.3.2
2 december 2009	*AB* 2010/179 m.nt. G.A.C.M. van Ballegooij en P. van Duijvenvoorde	3.3
10 december 2009	*AB* 2010/207 m.nt. Hans Peters	3.3
17 december 2009	*AB* 2010/120 m.nt. F.R. Vermeer	7.5.1
23 december 2009	*AB* 2010/221 m.nt. Hans Peters	3.3
23 december 2009	*AB* 2010/53 m.nt. F.C.M.A. Michiels	6.5.2, 7.3.2
23 december 2009	*JM* 2010/8 m.nt. F. Arents	7.5.1
30 december 2009	*AB* 2010/55 m.nt. W. den Ouden	4.2.1
6 januari 2010	*AB* 2010/32 m.nt. O.J.D.M.L. Jansen	6.4.2
13 januari 2010	*AB* 2010/162 m.nt. R. Ortlep	4.2.1
27 januari 2010	*AB* 2010/48 m.nt. O.J.D.M.L. Jansen	6.5.2, 7.3.2, 7.4
27 januari 2010	*JB* 2010/65 m.nt. J.L.W. Broeksteeg	8.2.3
10 februari 2010	*AB* 2010/220 m.nt. L.J.A. Damen	6.2.4
24 februari 2010	ECLI:NL:RVS:2010:BL5333	4.2.1
24 maart 2010	ECLI:NL:RVS:2010:BL8716	7.5.1
31 maart 2010	*JV* 2010/194	7.6
7 april 2010	*AB* 2011/7 m.nt. O.J.D.M.L. Jansen	7.3.1
7 april 2010	*AB* 2010/206 m.nt. F.M.J. den Houdijker	8.9.3
14 april 2010	*JB* 2010/139 m.nt. A.M.M.M. Bots	7.5.2
19 april 2010	*AB* 2010/153 m.nt O.J.D.M.L. Jansen	8.5.3
21 april 2010	*JB* 2010/140 m.nt. C.L.G.F.H. Albers	7.5.1
28 april 2010	*JB* 2010/154	3.3
12 mei 2010	*AB* 2010/270 m.nt. L.J.A. Damen, *Gst.* 2010/91 m.nt. J.M.H.F. Teunissen	7.5.2
12 mei 2010	*AB* 2010/185 m.nt. O.J.D.M.L. Jansen	7.5.3
26 mei 2010	ECLI:NL:RVS:2010:BM5582	4.2.1
23 juni 2010	*AB* 2010/247 m.nt. A.T. Marseille, *JB* 2010/178	6.3.2
7 juli 2010	ECLI:NL:RVS:2010:BN0466	8.5.3
14 juli 2010	*Gst.* 2010/77 m.nt. J.M.H.F. Teunissen, *JB* 2010/215 m.nt. D.G.J. Sanderink	7.3.2
21 juli 2010	ECLI:NL:RVS:2010:BN1883	7.3.2
21 juli 2010	*JB* 2010/201	7.7
21 juli 2010	*AB* 2010/329 m.nt. B.P.M. van Ravels, *JB* 2010/204	8.7

3 augustus 2010	ECLI:NL:RVS:2010:BN3689	6.3.2
4 augustus 2010	*AB* 2010/273 m.nt. Hans Peters	3.3
4 augustus 2010	ECLI:NL:RVS:2010:BN3146	5.9
4 augustus 2010	*AB* 2010/261 m.nt. F.C.M.A. Michiels, *BR* 2010/171 m.nt. C.A.H. van de Sanden	8.5.1
6 augustus 2010	*AB* 2010/260 m.nt. F.C.M.A. Michiels	7.7
8 september 2010	*AB* 2010/307 m.nt. A. Tollenaar en F.R. Vermeer	7.3.2
8 september 2010	*Gst.* 2010/118 m.nt. L.J.J. Rogier	7.3.2
15 september 2010	*Gst.* 2011/12 m.nt. L.J.M. Timmermans	7.3.2
6 oktober 2010	*JB* 2010/252	7.5.1
6 oktober 2010	*AB* 2010/306 m.nt. A. van Hall	7.5.2
13 oktober 2010	*AB* 2010/290 m.nt. L.J.A. Damen	4.2.3
13 oktober 2010	*AB* 2010/330 m.nt. F.R. Vermeer	7.3.2
13 oktober 2010	*AB* 2010/326 m.nt. A.G.A. Nijmeijer, *JB* 2010/255 m.nt. C.L.G.F.H. Albers	7.5.2
3 november 2010	ECLI:NL:RVS:2010:BO2739	5.9
10 november 2010	*AB* 2010/319 m.nt. V.H. Affourtit en A.C. Beijering-Beck	7.5.5
10 november 2010	ECLI:NL:RVS:2010:BO3512	7.6
23 november 2010	*AB* 2011/12 m.nt. A.A.J. de Gier	4.5.3
8 december 2010	*JB* 2011/26	7.4
22 december 2010	ECLI:NL:RVS:2010:BO8271	7.7
29 december 2010	*Gst.* 2011/20 m.nt. L.J.M. Timmermans	6.3.2
12 januari 2011	ECLI:NL:RVS:2011:BP0510	8.5.3
19 januari 2011	*JB* 2011/57	7.5.1
19 januari 2011	*AB* 2011/47 m.nt. A.A.J. de Gier en B.W.N. de Waard	8.2.3
26 januari 2011	*AB* 2011/98 m.nt. K.J. de Graaf en A.T. Marseille	6.3.2
26 januari 2011	*JB* 2011/48 m.nt. M.A. Heldeweg	8.2.3
26 januari 2011	*AB* 2011/83 m.nt. R.J.G.M. Widdershoven	8.5.1
2 februari 2011	*JB* 2011/67	7.3.2
9 februari 2011	*JB* 2011/69	8.2.1, 8.5.3
9 maart 2011	*JB* 2011/91 m.nt. C.L.G.F.H. Albers en R.J.N. Schlössels, *AB* 2011/130 m.nt. A.B. Blomberg en M.A. Grapperhaus	8.5.1
9 maart 2011	*AB* 2011/104 m.nt. F.R. Vermeer	7.7
27 april 2011	*JB* 2011/142	6.3.2
6 juli 2011	*AB* 2011/197 m.nt. R. Ortlep	6.5.7
21 september 2011	*AB* 2011/299 m.nt. R. Ortlep	8.2.3

5 oktober 2011	*AB* 2011/307 m.nt. F.R. Vermeer, *JB* 2011/261 m.nt. C.L.G.F.H. Albers	7.3.2
16 november 2011	*AB* 2012/115 m.nt. F.R. Vermeer	2.5
7 december 2011	*AB* 2012/34 m.nt. R. Ortlep	8.2.3
11 januari 2012	*AB* 2012/52 m.nt. P.J. Stolk	2.5
11 januari 2012	*AB* 2012/131 m.nt. B.W.N. de Waard	6.3.2
11 april 2012	*JB* 2012/147 m.nt. R.J.N. Schlössels	6.3.2
16 mei 2012	ECLI:NL:RVS:2012:BW5949	7.5.1
30 mei 2012	*JB* 2012/181 m.nt. R.J.N. Schlössels	6.5.7
27 juni 2012	*AB* 2013/346 m.nt. L.J.A. Damen	6.5.7
11 juli 2012	*AB* 2012/255 m.nt. F.R. Vermeer	7.5.2
18 juli 2012	*AB* 2012/343 m.nt. A.T. Marseille en B.W.N. de Waard	8.2.3
27 juli 2012	ECLI:NL:RVS:2012:BX4821	8.5.4
3 oktober 2012	*AB* 2013/361 m.nt. L.M. Koenraad	7.5.1
24 oktober 2012	*AB* 2013/130 m.nt. F.R. Vermeer	7.5.2
31 oktober 2012	*AB* 2013/72 m.nt. F. Spijker en C.M.M. van Mil	7.5.2
5 december 2012	*AB* 2013/347 m.nt. L.J.A. Damen	6.5.7
12 december 2012	Gst. 2013/24 m.nt. L.J.M. Timmermans	7.5.1
28 december 2012	*JB* 2012/60 m.nt. D.W.M. Wenders	2.5
9 januari 2013	*AB* 2013/197 m.nt. Hans Peters	2.5
16 januari 2013	ECLI:NL:RVS:2013:BY8571	4.2.3
13 februari 2013	ECLI:NL:RVS:2013:BZ1263	6.3.2
20 februari 2013	*AB* 2013/348 m.nt. L.J.A. Damen	6.5.7
27 februari 2013	*AB* 2013/154 m.nt. F.R. Vermeer	7.3.2
13 juni 2012	*JM* 2012/103 m.nt. T.N. Sanders	7.5.1
24 juli 2013	*AB* 2013/308 m.nt. F.R. Vermeer	7.5.2
6 november 2013	*AB* 2013/405 m.nt. F.R. Vermeer	7.5.1
11 december 2013	*AB* 2014/122 m.nt. F.R. Vermeer	7.3.2
18 december 2013	*Gst.* 2014/37 m.nt. F. Zafar	2.5
24 december 2013	ECLI:NL:RVS:2013:2545	6.5.4
29 januari 2014	*AB* 2014/115 m.nt. T. Barkhuysen en M.L. van Emmerik	6.4.1, 8.5.2
26 maart 2014	*AB* 2014/161 m.nt. H. Peters	3.3
23 april 2014	*AB* 2014/232 m.nt. H.D. Tolsma	6.3.2
27 augustus 2014	ECLI:NL:RVS:2014:3218	7.5.1
4 juni 2014	*AB* 2014/451 m.nt. F.R. Vermeer (*Meerpaal Zaanstad*)	7.3.2

17 september 2014	*AB* 2015/129 m.nt. H. Peters	3.3
17 september 2014	*AB* 2015/130 m.nt. Hans Peters	3.3
12 november 2014	*AB* 2015/55 m.nt. J.G. Brouwer en A.E. Schilder	8.2.3
19 november 2014	*AB* 2015/93 m.nt. E.C. Pietermaat	2.6
17 december 2014	*AB* 2015/131 m.nt. Hans Peters	3.3
19 december 2014	*AB* 2015/73 m.nt. H.D. Tolsma	6.3.2
24 december 2014	*AB* 2015/153 m.nt. C.N.J. Kortmann	7.3.2
14 januari 2015	*AB* 2015/218 m.nt. E. Dans en J. Mohuddy	2.5
14 januari 2015	*AB* 2015/219 m.nt. E. Dans en J. Mohuddy	2.5
11 februari 2015	*AB* 2015/154 m.nt. C.N.J. Kortmann	7.3.2
8 april 2015	*AB* 2016/141 m.nt. A.G.A. Nijmeijer	8.5.3
13 mei 2015	*AB* 2015/308 m.nt. W. den Ouden	3.3
17 juni 2015	*AB* 2016/92 m.nt. R. Ortlep	2.5
17 juni 2015	ECLI:NL:RVS:2015:1870	6.3.2
24 juni 2015	*AB* 2016/91 m.nt. R. Ortlep	2.5
8 juli 2015	ECLI:NL:RVS:2015:2158	6.5.4
23 september 2015	*Gst.* 2015/128 m.nt. C.N. van der Sluis	2.6
7 oktober 2015	ECLI:NL:RVS:2015:3093	1.1
7 oktober 2015	*JB* 2015/189	6.5.3, 7.4
27 januari 2016	ECLI:NL:RVS:2016:157	2.6
10 februari 2016	*JB* 2016/65 m.nt. A.M.M.M. Bots	8.5.3
16 maart 2016	ECLI:NL:RVS:2016:737	6.3.2
6 april 2016	ECLI:NL:RVS:2016:911	2.5

Voorzitter Afdeling bestuursrechtspraak Raad van State

13 juni 1994	*AB* 1994/625 m.nt. F.C.M.A. Michiels	7.5.1
27 september 1994	*AB* 1995/5	6.1
10 maart 1995	*AB* 1995/464 m.nt. F.C.M.A. Michiels	7.6
18 augustus 1995	*AB* 1996/330	7.3.2
3 oktober 1997	*JB* 1997/283 m.nt. Marc de Werd	8.5.1
6 januari 1998	*AB* 1998/172 m.nt. F.C.M.A. Michiels	7.2.2
7 juli 1998	*AB* 2000/99 m.nt. A.B. Blomberg	6.6.1
5 september 2002	*JB* 2002/318 m.nt. A.M.L. Jansen	8.2.3
18 augustus 2004	*AB* 2004/424 m.nt. F.C.M.A. Michiels (*Knorhof IV*)	7.3.2

Afdeling rechtspraak Raad van State

12 januari 1982	*AB* 1982/299 m.nt. P.C.E. van Wijmen	6.5.2
23 augustus 1983	*AB* 1984/17 m.nt. J.H. van der Veen	7.5.2
22 november 1983	*AB* 1984/154 m.nt. M.P.P. de Planque	6.5.2
20 mei 1985	*M en R* 1986, p. 88	4.2.1
7 juni 1985	*AB* 1986/48 m.nt. P.J.J. van Buuren	7.5.2
17 februari 1986	*AB* 1986/348	6.3.2
2 september 1986	*AB* 1987/379 m.nt. J.H. van der Veen	8.5.3
6 maart 1987	*AB* 1987/320 m.nt. J.H. van der Veen	4.2.1
19 oktober 1989	*AB* 1990/467 m.nt. J.H. van der Veen	6.5.7
10 januari 1991	*AB* 1992/69 m.nt. I.C. van der Vlies	6.2.3
14 januari 1991	*AB* 1991/533	4.2.1
26 maart 1991	*ABkort* 1991/485	4.2.1
6 oktober 1992	*AB* 1993/91 m.nt. A.F.M. Brenninkmeijer	6.5.8
21 december 1992	*AB* 1993/287	5.3
28 juni 1993	*AB* 1994/422	5.3

Voorzitter Afdeling rechtspraak Raad van State

17 november 1977	*BR* 1980, p. 272	7.7
3 november 1983	*tB/S* V, nr. 321 m.a. CC	3.2
19 februari 1985	*AB* 1985/565 m.nt. P.J.J. van Buuren	3.2

Afdeling voor de geschillen van bestuur Raad van State

27 februari 1989	*AB* 1989/182	6.5.2

Centrale Raad van Beroep

18 februari 1975	*AB* 1975/243 m.nt. Stellinga	6.2.3
18 juni 1976	*AB* 1979/35	3.3
24 december 1986	*AB* 1987/213	6.2.5
17 februari 1994	*AB* 1994/323	6.5.7
26 juli 1994	*AB* 1995/229	2.5
28 juli 1994	*AB* 1995/133 m.nt. R.M. van Male	2.5
28 november 1995	*JB* 1995/329	8.5.1
14 oktober 1999	*JB* 1999/303 m.nt. A.M.L. Jansen	8.5.5
31 oktober 2001	*AB* 2002/264 m.nt. F.J.L. Pennings	6.5.7
21 maart 2002	*TAR* 2002/108	4.5.3
26 september 2003	*JB* 2003/349 m.nt. JHK	2.5
12 november 2003	*AB* 2004/206 m.nt. RW en P.A. Willemsen	8.5.5

College van Beroep voor het bedrijfsleven

10 juni 1997	*AB* 1997/338 m.nt. J.H. van der Veen	6.5.4
30 juni 2005	*AB* 2005/433 m.nt. J.H. van der Veen	8.6
21 maart 2006	*AB* 2006/314 m.nt. G.J.M. Cartigny	6.3.2
21 januari 2009	*AB* 2009/58	4.5.2
22 januari 2009	*AB* 2009/186 m.nt. G.J.M. Cartigny	7.3.2
30 januari 2009	*AB* 2010/144 m.nt. O.J.D.M.L. Jansen	7.3.2
31 maart 2009	*AB* 2009/257	3.3
3 juni 2009	*Gst.* 2009/132 m.nt. R. Kooper	4.2.2
9 juli 2009	*AB* 2009/295 m.nt. F.C.M.A. Michiels	6.6.1
29 september 2009	*AB* 2009/395 m.nt. Sewandono	6.5.6
27 oktober 2009	*AB* 2009/394 m.nt. F.C.M.A. Michiels, *JB* 2009/279 m.nt. C.L.G.F.H. Albers	6.5.2, 7.3.2
22 december 2009	*AB* 2010/74 m.nt. R. Ortlep	4.5
22 december 2009	*AB* 2010/216 m.nt. O.J.D.M.L. Jansen	7.3.2, 7.6
16 maart 2010	*JWWB* 2010/98	4.5.2
7 juli 2010	*AB* 2010/235 m.nt. R. Stijnen, *NJB* 2010/1426	6.4.1, 8.3
16 juli 2010	*RSV* 2010/231	4.2.4
20 augustus 2010	*AB* 2010/242 m.nt. I. Sewandono	7.7
15 oktober 2010	*AB* 2011/24 m.nt. R. Ortlep	4.2.4
2 februari 2010	*AB* 2010/317 m.nt. O.J.D.M.L. Jansen	7.4, 8.5.1
3 februari 2010	*AB* 2010/95 m.nt. G.J.M. Cartigny	8.2.3
11 februari 2010	*AB* 2010/135 m.nt. O.J.D.M.L. Jansen	6.4.2
11 februari 2010	*AB* 2010/243 m.nt. I. Sewandono	7.4
7 januari 2011	*AB* 2011/244 m.nt. R. Ortlep	4.5
1 september 2011	*AB* 2012/102 m.nt. I. Sewandono	4.2.2
27 mei 2015	*AB* 2016/155 m.nt. C.J. Wolswinkel onder nr. 156	2.5
28 december 2015	*AB* 2016/131 m.nt. J. Wieland	6.3.2

Hoge Raad

13 februari 1922	*NJ* 1922, p. 473	5.3
27 juni 1938	*NJ* 1938, p. 1021 m.nt. W.P.J. Pompe	5.3
14 januari 1949	*NJ* 1949/557	6.5.5
4 maart 1952	*NJ* 1952/365 m.nt. BVAR	5.3
13 april 1962	*AB* 1962/487 m.nt. Stellinga	4.2.1
12 juni 1962	*NJ* 1962/484 m.nt. W.P.J. Pompe	5.3
4 januari 1963	*NJ* 1964/202-204	4.6
19 januari 1968	*NJ* 1968/166 (*Eindhoven/Staals*)	4.6
10 maart 1972	*AB* 1972/193 m.nt. Stellinga (*Vermeulen/Lekkerkerker*)	4.2.1

Hof Amsterdam

Hof Arnhem

Hof Den Haag

Rechtbank Amsterdam

Rechtbank Den Haag

1 juli 2005	*AB* 2006/171 m.nt. C.M. Bitter	8.2.1
3 februari 2010	ECLI:NL:RBSGR:2010:BQ4781	6.5.4
20 maart 2013	*AB* 2013/156 m.nt. A. Drahmann	3.3

Rechtbank Groningen

4 maart 2003	*Gst.* 7185/85 m.nt. L.J.J. Rogier	5.3

Rechtbank Leeuwarden

18 augustus 2010	*NJF* 2010/493 (ECLI:NL:RBLEE:2010:BN4321)	3.2

Rechtbank Overijssel

28 oktober 2015	*AB* 2016/12 m.nt. H.D. Tolsma	8.2.3

Rechtbank Roermond

5 augustus 2009	*Gst.* 2010/19	4.6

Rechtbank Rotterdam

18 mei 2005	*AB* 2005/272 m.nt. S.E. Zijlstra	3.3

Pres. Rb. Rotterdam

23 juni 1994	*AB* 1994/567 m.nt. R.M. van Male	6.5.5

Koninklijk Besluit

5 juni 1986	*AB* 1986/569	5.9
17 oktober 1996	*Gst.* 7047/4	5.9

Nationale ombudsman

25 april 1995	*AB* 1995/330 m.nt. P.J. Stolk	7.5.2, 8.9.3
27 augustus 1998	*AB* 1998/402 m.nt. P.J. Stolk	8.9.3

Europees Hof voor de Rechten van de Mens

Hof van Justitie van de EG/EU

Gerecht van Eerste Aanleg van de EG

ZAKENREGISTER

In dit register verwijzen de nummers achter de trefwoorden naar de paragrafen